温家宝谈教育

福家同志：

杜建敏秘书长转来的《对同济大学的祝愿》的译文收到了，感谢你对此文的关注。为了使译文更准确，特别是中国经典引语的译文与原意更为贴切，我请贾宝钧先生作了修改。现将改稿送你，供参用。如何办好大学，是我经常思考的问题，虽然多次谈了些意见，但总觉得工作做的不够，现实问题不少。最近去北师大与师生作了一次对话，阐述了我对教育的一些看法，想必你已看到了报道。不知你有何看法，很愿听听你的建议。此致

敬礼！

温家宝

二〇〇七年九月十四日

图书在版编目（CIP）数据

温家宝谈教育 /《温家宝谈教育》编辑组 编. —北京：人民教育出版社，2013.10
ISBN 978-7-107-27510-4

Ⅰ. ①温… Ⅱ. ①温… Ⅲ. ①教育工作—中国—文集 Ⅳ. ①G52-53

中国版本图书馆 CIP 数据核字（2013）第 243524 号

温家宝谈教育
WEN JIABAO TAN JIAOYU

《温家宝谈教育》编辑组 编

人民教育出版社
人民出版社
出版发行

（100081 北京市海淀区中关村南大街17号院1号楼
100706 北京市东城区隆福寺街99号）

网址：http://www.pep.com.cn
http://www.ccpph.com.cn

北京汇林印务有限公司印刷 全国新华书店经销

2013年10月第1版 2013年10月第1次印刷
开本：787毫米×1 092毫米 1/16 印张：37.5 字数：503千字

ISBN 978-7-107-27510-4 定价：95.00元

邮购地址：100081 北京市海淀区中关村南大街17号院1号楼
北京人教希望读者服务有限责任公司 电话（010）58759394 58759316
100706 北京市东城区隆福寺街99号
人民东方图书销售中心 电话（010）65250042 65289539

2009年9月25日,温家宝同志在四川省都江堰市新建小学与孩子们在一起

2003年9月9日,温家宝同志会见全国农村中小学优秀教师代表和第一届高等学校教学名师奖获得者

2004年5月29日,温家宝同志向北京市海淀区行知实验学校的农民工子女赠送书包,并亲手给他们背上肩

2006年5月31日,温家宝同志来到北京市东城区史家小学,参加城乡十所小学联合举行的“同在蓝天下,城乡共发展”主题队日活动。当史家小学三年级学生张梦雯将自己和同伴制作的陶艺花瓶赠送给温家宝同志时,温家宝同志高兴地向小梦雯致少先队队礼,表示感谢

2006 年 9 月 7 日,温家宝同志与北京市西城区黄城根小学五年级学生一起上课

2007年2月17日,温家宝同志在东北大学学生活动中心与同学们一起高唱《歌唱祖国》

2007年9月9日,温家宝同志与北京师范大学免费师范生座谈

2008年9月9日,温家宝同志在中南海与来自基层的中小学教师座谈

2009年6月1日,温家宝同志邀请孩子们参观中南海

2009年9月4日,温家宝同志在北京市第三十五中学初二(5)班听课

2010年5月4日，温家宝同志在北京大学五四大道与学生交谈

2010年11月2日，温家宝同志到北京市西城区虎坊路幼儿园调研时，与孩子们一起做手工

2011 年 8 月 28 日，温家宝同志在河北省张北县农村教师大会上讲话

2011年10月25日,温家宝同志到天津南开中学看望师生,并向周恩来雕像敬献花束

2012年9月14日,温家宝同志到清华大学看望师生

谈了些意见，但总觉得工作做得不够，现实问题不少。最近在北师大与新生作了一次对话，阐述了我对教育的一些看法，想必你已看到了报道，不知你有何看法，很愿听听你的建议。此致

敬礼！

温家宝

二〇〇七年九月十四日

福家同志：

杜建敏秘书长转来的《对同济大学的祝愿》的译文收到了，感谢你对此文的关注。為了使译文更准确，特别是中国经典引语的译文与原意更为贴切，我请资中筠先生作了修改。現將改稿送你，供参用。如何办好大学，是我經常思考的问題，虽然多次小桦：

你六月的信，近日才收到。经过这场大的灾难，你不再是一个爱哭的小女孩子了，好象一下子长大了、坚强了、懂事了。我惦念你，惦念灾区所有的孩子们。我希望你们在灾难中懂得人生的艰难，也看到未来的光明，从而更加努力学习，艰苦奋斗，长大和灾区人民一道把家乡建设得更加美好。向你的同学们问好，向你的家人问好，向乡亲们问好！

温家宝 二〇〇八年七月十三日

出版说明

温家宝同志始终心系教育，关心教育，高度重视教育工作。在担任国务院总理十年间，他更是坚持把教育摆在优先发展战略位置，深入基层学校视察调研，对教育工作做出了一系列重要指示和战略部署。编辑出版《温家宝谈教育》的主要目的，就是帮助广大干部群众特别是教育工作者学习领会温家宝同志的教育思想。本书体现了温家宝同志对教育事业的重视和关心，展示了他根据时代要求和教育发展规律所提出的一系列重要教育论断，对于我们深入学习贯彻中共十八大精神，在新时期进一步落实科教兴国战略和人才强国战略，实施《国家中长期教育改革和发展规划纲要(2010—2020年)》，对于促进教育公平，提高教育质量，推动教育事业科学发展，完善中国特色社会主义现代教育体系，都具有重要指导意义。

本书内容涉及基础教育、高等教育、教师教育、职业教育等各个方面，涵盖了温家宝同志自1995年9月至2013年3月的代表性教育论述，包括讲话、报告、信函、谈话等66篇，另收录新闻媒体报道文章17组、教育活动图片50余幅。编选过程中，对部分文稿另拟了标题；对有些文稿做了少量的文字整理；全书各部分文稿除个别篇目外，均按时间顺序编排；为了便于读者阅读，编者对一些专业用语或重要事件、人物等在全书正文首次出现时做了简要的注释，附在篇末。

人民教育出版社、人民出版社、中国教育科学研究院抽出精干力量，在编辑、出版等方面倾心投入，确保了本书高质量出版；新华社等单位为本书提供了相关文字资料和图片。谨在此一并致谢。

本书编辑组

2013年10月

目　录

第二部分　关于教育工作的通信

第三部分　与大学师生的座谈

附录　重视教育工作纪事

强国必强教，强国先强教*
（代序）

一、在新的起点上全面谋划教育改革发展

人类社会发展的历史表明，教育对每个国家和民族的发展都十分重要。我们这样一个人口众多的发展中国家，尤其要把发展教育摆在更加突出的位置。只有办一流教育，出一流人才，才能建设一流国家。

新中国成立特别是改革开放以来，我国教育发展取得了举世瞩目的成就。我们开辟了中国特色社会主义教育发展道路，建成了世界最大规模的教育体系，有力保障了亿万人民群众受教育的权利。进入新世纪，我们以推进教育公平为重点，加快教育改革和发展，城乡免费九年义务教育〔1〕全面普及，农村教育得到加强，职业教育快速发展，高等教育进入大众化阶段，教师队伍素质明显提高。经过多年努力，大批学校面貌焕然一新，在广大农村特别是偏远地区，到

---

* 这是 2010 年 7 月 13 日温家宝同志在全国教育工作会议上的讲话。

处可以看到最好的建筑是学校；义务教育适龄儿童都能上学，即使是经济困难家庭的孩子，也能基本保证他们不因贫困而失学；国民受教育的年限明显增加，有知识有文化的年轻一代已成为新增劳动力的主体。教育的发展极大地提高了全民族的素质，推进了科技创新、文化繁荣，为经济发展、社会进步和民生改善做出了不可替代的贡献。

制定《国家中长期教育改革和发展规划纲要（2010—2020年）》[2]（简称《教育规划纲要》），是党中央、国务院着眼于全面建成小康社会和现代化建设全局做出的战略决策，是对我国未来十年教育事业发展进行全面谋划和前瞻性部署。中央的主要考虑是：第一，教育发展要面向未来。十年树木，百年树人。教育是千秋大业，关系到国家民族的长远发展，关系到人的全面发展，必须整体考虑、精心设计。既要立足当前解决突出问题、满足现实需要，又要着眼未来、明确长远目标和任务；既要培养能够满足我国当前发展需要的各类人才，又要造就更多引领经济社会未来发展的杰出人才。教育改革发展必须面向未来，超前部署，才能保证我们的事业后继有人、兴旺发达。第二，教育发展要适应经济社会发展对人才需求和全面提高国民素质的要求。一个国家的发展和强盛，从根本上取决于国民素质；国民素质的提高，关键靠教育。我国要全面建成小康社会，进而实现现代化，必须把经济发展真正转移到依靠科技进步和提高劳动者素质的轨道上来，必须实现社会的全面进步和人的全面发展，这对教育提出了新的更高的要求。同时，就世界范围来看，科技和人才越来越成为国家竞争力的决定性因素，各国都在积极研究制定教育、科技、人才发展战略，我国的教育发展也必须走在前面。第三，教育发展要顺应人民群众对接受更多更好教育的新期盼。随着社会不断发展进步，广大人民群众对通过接受教育提高自身素质、改变命运的愿望更加强烈。经过多年努力，我国教育基本解决了有学上的问题，但上好学的问题依然突出，这对教育公平提出了更高的要求。为广大群众提供更多、更好、更公平接受教育的机会，是政府的职责。我们一定要解决好教育领域人民群众最关心的突出问题，办好人民满意的教育。第四，教育发展要进一步深化改革。教育发展不是简单的数量扩张，而必须以提高质量为前提。要实现教育的科学发展，根本出路在改革创新。这就要求我们解放思想，实事求是，敢于冲破传统观念和体制机制的束缚，在人才培养、考试招生、办学方式、管理体制等方面进行大胆创新，允许和鼓励各地进行探索和试验。通过改革创新使教育发展更加符合时代发展的潮流，更加符合建设中国特色社会主义对人才的需要，更加符合广大人民群众对教育的殷切期望。

基于上述考虑，《教育规划纲要》确定了“优先发展，育人为本，改革创新，促进公平，提高质量”的教育工作方针，提出了到2020年基本实现教育现代化、基本形成学习型社会、进入人力资源强国行列的战略目标，并对未来十年教育改革和发展的主要任务和重大政策措施做出了明确部署。《教育规划纲要》特别提出到2012年要实现国家财政性教育经费支出占国内生产总值4%的目标，这表明了党和政府推动教育改革和发展的坚定决心。《教育规划纲要》制定历时近两年，社会各界广泛参与，专家学者建言献策，是科学民主决策的产物，是广大教育工作者共同努力的结果。《教育规划纲要》规划了未来十年我国教育改革发展的蓝图，是符合我国国情、体现时代特点、反映人民意愿的纲领，必将对教育改革发展产生深远的影响。

二、大力促进教育公平

教育涉及所有人，接受教育是每个人获得发展的基本前提。缩小不同群体的发展差距，消除家庭贫困的代际传递，实现人的自由全面发展，首先要保障人人有受教育的机会。基于此，我们说，教育公平是社会公平的重要基础，是最基本最重要的公平，是实现社会公平“最伟大的工具”。

要进一步办好义务教育。义务教育是教育公平的基础。义务教育的本质，是要为每一个人的生存和发展提供一条公平的起跑线。对我们这样的人口大国，教育公平的首要任务是要确保所有适龄儿童都能接受基础教育。我们已经在全国城乡实行了免费义务教育，把义务教育经费全面纳入国家财政保障范围。这是我国教育体制的一个历史性变革，从而使几千年来“有教无类”〔3〕的理想变成了现实。在基本解决了有学上的问题之后，我们下一步的工作重点是要逐步解决义务教育资源配置不均衡问题，以满足人民群众上好学的要求。要做到这一点，在全国或省（自治区、直辖市）范围内，教育资源就要向农村地区、革命老区、民族地区、边疆地区、贫困地区倾斜；在同一城市和县域范围内，教育资源就要向薄弱学校倾斜，逐步实现师资、设备、图书、校舍等均衡配置。由于各地经济社会发展水平的差异，义务教育发展的差异短期内不可能完全消除，但我们要把缩小义务教育差距作为促进教育公平的首要任务。

要不断完善国家助学制度〔4〕。这是促进教育公平的一项重要措施。在非义务教育阶段，我们要保障每一个孩子接受教育的基本权利，主要靠实行奖助学金制度来实现。我们的目标是，只要孩子们能考上学校，就要保证他们完成学业。这几年国家助学制度不断完善，中央财政用于普通本科高校、高等和中等职业学校的国家奖学金、助学金投入，由2006年的20.5亿元增加到今年的260亿元。今后要进一步完善国家助学制度，各级政府要继续加大投入，扩大奖学金、助学金规模和覆盖面，为助学贷款提供的担保、贴息要更加符合各级各类教育的特点。政府投入主要用于资助经济困难家庭学生的学费和基本生活费用。学校也要从学费中拿出相应的比例资助困难学生。鼓励社会各界以多种形式设立奖学金、助学金等助学项目。支持学生开展多种形式的勤工俭学活动，以自己的劳动收入资助学业。

要切实解决特殊群体孩子的上学问题。这是社会文明进步的重要体现。随着我国工业化、城市化加快推进，农民工子女和农村留守儿童〔5〕上学问题日益突出，解决这些孩子上学问题的任务更加艰巨。要进一步完善农民工等流动就业人口子女上学的政策，保证他们能够在全日制公办学校免费接受义务教育。现有学校不足的，要做好规划，加大学校建设投入。要切实关心和解决农村留守儿童的上学问题，主要通过加强农村寄宿制学校建设和管理，让留守儿童有学上，在社会关爱中健康成长。保障残疾孩子平等接受教育，应该引起政府和全社会的高度重视。要加快特殊教育学校建设，同时创造条件让更多的残疾学生在普通学校上学。“同在蓝天下，共同成长进步。”〔6〕我们一定要实现这个美好愿望。

三、推动教育全面协调发展

未来十年我国教育的发展任务是在办好义务教育的基础上，实现各级各类教育全面协调发展。这是构建终身教育体系、形成学习型社会的基础，也是为经济社会发展培养多方面人才、满足人民群众接受更多更好教育的需要。《教育规划纲要》对发展各级各类教育进行了全面部署，这里我着重讲一讲职业教育、高等教育、学前教育发展的有关问题。

职业教育是面向人人、面向整个社会的教育，根本目的是让人学会技能和本领，能够就业，成为有用之才。目前我国接受职业教育的学生，85％以上来自农村和城市低收入家庭。发展职业教育，使他们能够掌握一定的专业技术，顺利实现就业，摆脱贫困，从而过上有尊严的生活，这是促进社会公平、实现社会和谐的有效途径。近年来，我们对教育结构进行了较大调整，加快了职业教育发展，但仍不能满足需求。要把职业教育纳入经济社会发展规划，促使职业教育在规模、专业设置上与经济社会发展需求相适应。要注重学生实际操作能力的教学和训练，培养更多的应用型、技能型人才。加强职业院校实习培训设施和教师队伍建设。要加快发展面向农村的职业教育，加大培养适应农业和农村发展需要的专业人才，增强服务“三农”[7]的能力。要完善支持职业教育发展政策，动员全社会力量兴办职业教育。提高技能型人才的社会地位和待遇，形成行行出状元的良好社会氛围，增强职业教育的吸引力。

高等教育要坚持稳步发展和提高质量相结合，重点放在提高质量上。目前我国高等教育毛入学率达到24.2％，大学生数量居世界前列。但是与发达国家相比，我国大学生占总人口的比例还较低，从长远看，我们还要适度扩大高等教育规模，以满足人民群众和经济社会发展对高等教育的需求。坚持以教学为中心，把培养人才作为高等学校的第一职责。学校和教师都要把主要精力放到搞好教学和培养好学生上。教授要上讲坛给本科生上课。科学研究也是高等学校的重要职能，但要与教学和培养人才紧密结合。要适应经济社会发展对人才的多样化需求，引导高等学校合理定位，克服同质化倾向，形成独具特色的办学理念和风格。对不同层次、不同类型的学校，要同样重视，给予支持，鼓励各类学校办出水平、办出特色、争创一流。要优化高等学校区域布局，中央财政要加大对中西部地区高等教育发展的支持力度。要加快一流大学和一流学科建设，争取到2020年建成一批国际知名的高等学校，若干所大学达到或接近世界一流大学水平。高水平的大学不在高楼大厦，不在那些张扬的东西，而在于有崇高的办学理念，有勇于担当的社会责任感，有追求真理、勇于创新的精神，有一流的教师和一流的教学科研水平。一旦涌现出一批有特色、高水平的大学，就会出现一批又一批真正杰出的人才，整个国家就充满希望。

学前教育在各级各类教育中是一个十分薄弱的环节，人民群众意见较多。要推动全国城乡学前教育普遍发展。抓紧解决群众反映强烈的“入园难”问题。学前教育资源不足地区，要搞好幼儿园规划建设。要特别重视发展农村、中西部地区、偏远地区、民族地区的学前教育。进一步健全公办民办并举的办园体制，政府要增加投入，同时大力扶持民间资本发展学前教育事业。城乡中小学布局调整富余出来的校舍，要优先满足学前教育需要，教师可以经过培训转入学前教育。政府公共投入应主要承担“保基本”〔8〕的责任。严格规范公办幼儿园收费标准，不能用公共投入办高标准、高收费、为少数人服务的幼儿园。要建立健全经济困难家庭孩子入园补助机制，为孩子们进入幼儿园学习、生活创造公平机会。

四、全面推进素质教育

教育的根本任务是培养人才。党的教育方针是培养德、智、体、美全面发展的社会主义建设者和接班人。新时期教育改革发展的主要任务，就是全面贯彻党的教育方针，创新人才培养模式，提高人才培养水平，做到因材施教，鼓励个性发展，促进人人成才，形成人才辈出、拔尖创新人才不断涌现的局面。

素质教育是教育改革发展的战略主题，是贯彻党的教育方针的时代要求。《教育规划纲要》重申德、智、体、美全面发展，具有重要的现实意义。德育、智育、体育、美育是一个有机整体。德育的核心是帮助学生树立正确的人生观、价值观，确立崇高的人生目标，使学生有高尚的道德情操，成为有责任心、有正义感、有奉献精神的人。智育不是简单灌输知识，而是点燃人心智的火焰，把受教育者内在的潜质开发、启蒙出来，让学生积极主动地去追求新知。体育不仅可以强身健体，而且可以培养人的坚毅勇敢、吃苦耐劳和团结协作精神。美育陶冶人的情操，提高人的审美情趣，激发人对真善美的追求和美好未来的向往。多年来我们所强调的素质教育，实质上就是强调学生的全面发展，就是促进德育、智育、体育、美育的有机结合。

古往今来的许多事例证明，素质教育是培养杰出人才的基础。杰出人才应该是全面发展的人，应该是站在巨人肩上的人。因为他是全面发展的人，知识广博，能够融会贯通、举一反三，从而有所发明、有所创造。因为他站得高、看得远，前瞻未来，能开风气之先，引领新潮流。中外历史上许多杰出人才，尽管从事的职业不同，但他们往往有一个共同的特点，就是集科学、文学、艺术、哲学于一身，表现出全面的良好素质。究其原因，科学、文学、艺术、哲学的结合使他们想象力更丰富，视野更开阔，善于抓住事物的本质和掌握事物的规律，因而获得广泛的成就。

推进素质教育，培养全面发展的优秀人才和杰出人才，关键要深化课程和教学改革，创新教学观念、教学内容、教学方法，着力提高学生的学习能力、实践能力、创新能力。要为学生创造充分的自由发展空间。注重维护学生的尊严和人格，尊重学生的意愿和选择，激发学生的学习兴趣和好奇心。要切实减轻学生课业负担和学习压力，规范和从严控制各种教辅材料和课后班、补习班，让学生有更多的时间去思考，去锻炼，去选择性地读课外书，去了解社会，去接触书本上没有的知识，促进学生身心健康、全面发展。要改革课程内容，使之具有时代特点，适应经济社会发展需要，有利于提高学生素质。要调整专业设置，更新课程设计和教学内容，注重培养学生应对变化、把握机会和解决问题的能力。要改革教学方式方法，注重启发式、探究式、讨论式、参与式教学。教育不仅要传授知识，更重要的是启发思维，培养学习思考能力。爱因斯坦〔9〕说，想象力比知识更重要。要鼓励学生独立思考、自由表达，增强他们的自信心，保护和激发他们的想象力、创造力。要注重学思结合、知行并重，让学生不仅学到知识，还要学会动手，学会动脑，学会做事，学会生存，学会与别人共同生活。

五、深化教育体制改革

教育要发展，根本在改革。教育体制改革是一项长期而艰巨的任务，不可能一蹴而就。必须解放思想，大胆探索，坚决破除不利于教育发展的体制机制障碍，为教育事业持续健康发展提供强大动力。

要落实和扩大学校办学自主权。促进教育发展，政府责无旁贷，但必须切实转变职能，把该管的管好，把该放的放开。我们提倡学校自主办学，不是说对学校放任不管，而是如何管，以什么手段管，管到什么程度的问题。政府的管理应该是宏观管理而不是微观管理，应该是间接管理而不是直接管理。要改进管理方式，减少和规范对学校的行政审批和直接干预，更多地运用法规、政策、标准、公共财政等手段引导和支持教育发展。具体到每个学校如何管好、办好，还是要由学校负责。要保障高等学校依法自主开展教学、科研活动，自主调整学科、专业设置，自主管理和使用人才，自主进行学校内部管理。要扩大普通高中和中等职业学校在办学模式、育人方式、合作办学等方面的自主权。要逐步取消各类学校实际存在的行政级别和行政化管理模式，克服行政化倾向。总之，各级政府都要按教育规律管教育，各级各类学校都要按教育规律办教育。

要推进学校民主管理。公办高校要坚持和完善党委领导下的校长负责制。在此基础上，进一步健全议事规则，实行科学决策。建立健全学术委员会、职工和学生代表大会参与学校民主管理和监督的制度。完善中小学和中等职业学校校长负责制，完善校长任职条件和任用办法。建立健全教职工代表大会制度，中小学还要建立家长委员会，不断完善学校科学民主决策和评价机制。

要倡导教育家办学。教育的发展有其自身的规律。一个好老师，可以教出一批好学生；一个好校长，可以成就一所好学校；一批教育家，可以影响国家和民族的未来。我国教育事业要兴旺发达，一个重要条件就是让真正懂教育的人来办教育。因为他们有远大理想，关注国家和民族的前途、命运，尊重、敬畏教育的价值和规律，拥有系统的教育理论和丰富的实践经验，对教育充满热爱并深深扎根于教学第一线。新中国成立特别是改革开放以来，我国教育战线涌现出一大批优秀教育工作者，各级党委和政府要创造条件，让他们在教育事业发展中大显身手。要放手使用一批有前途、有能力的学校管理人才。大胆开展面向社会公开招聘各类学校校长的探索和试点，打破级别、资历等条条框框，不拘一格用人才。努力培养和造就一大批献身教育事业、具有先进教育理念和独特办学风格的人民教育家。这是振兴我国教育事业的希望所在。

要大力发展民办教育。民办教育是我国教育的重要组成部分。发展民办教育，是满足人民群众多样化教育需求、增强教育发展活力的必然要求。国外许多著名学校，都是非营利性的私立学校。经过改革开放三十多年的发展，我国民间资本已有相当基础，也有越来越多的人热心教育事业。要鼓励他们以多种方式出资、捐资兴办教育。要进一步清理对民办学校的各类歧视性政策，落实民办学校、学生、教师与公办学校、学生、教师平等的法律地位。我们的企业家和社会各界，都要关心教育事业，把支持教育事业作为自己光荣的社会责任，办教育不以营利为目的。在这方面，爱国华侨陈嘉庚〔10〕先生就是杰出的榜样。要健全公共财政对民办教育的扶持政策，特别是对非营利性民办学校要给予大力支持。要支持一批民办大中专学校办出水平和特色，成为一流学校。在学前教育、职业教育、继续教育等社会力量参与较多的领域，政府可采取购买服务的办法，支持民办教育发展。

要扩大教育对外开放。教育对外开放是优化我国教育资源、培养具有国际竞争力人才的重要举措。中国的发展离不开世界，中国教育事业的发展要始终面向世界。要瞄准世界教育发展变革的前沿，学习和借鉴世界先进的教育方法和教育经验，紧密结合我国教育实际，提高我国教育发展水平和国际化水平。要坚持“引进来”与

“走出去”相结合，多种方式利用国外优质教育资源。积极探索中外合作办学新模式，鼓励各级各类学校开展多种形式的国际合作，推动高水平教育机构海外办学。扩大外国学生来华留学规模，继续支持出国留学。

六、加强教师队伍建设

如果说教育是国家发展的基石，教师就是奠基者。有好的教师，才可能有好的教育。我国有 1 600 万教育工作者，他们长期以来兢兢业业，默默耕耘，不计名利，甘为人梯，培养了一批又一批优秀人才，为我国教育事业和现代化建设做出了不可磨灭的贡献。但是必须看到，我国教师队伍整体素质亟待提高，教师的地位、待遇有待提高，教师管理机制需要完善。造就一支师德高尚、业务精湛、结构合理、充满活力的高素质专业化教师队伍，是我国教育发展中一项重要而紧迫的任务。

教育是心灵与心灵的沟通，灵魂与灵魂的交融，人格与人格的对话。教师应该成为传道、授业、解惑者，成为具有教育智慧的学者，成为人格修养的楷模。如果说教师是太阳底下最光辉的职业，其光辉之处就在于教师可以照亮一代又一代新人，从而提高全民族的素质和推动社会的发展进步。教师不仅要注重教书，更要注重育人；不仅要注重言传，更要注重身教。必须更加重视教师职业理想和职业道德教育，增强广大教师教书育人的责任感和使命感。广大教师要自觉加强师德修养，“学为人师，行为世范”[11]。要以自己的人格魅力和学识魅力教育感染学生，做学生健康成长的指导者和引路人。教师是知识的传播者和创造者，教师的知识和业务水平决定着教育的质量。要想给学生一杯水，自己必须先有一桶水。这就要求教师具备广博的知识和广泛的兴趣，具备深厚的专业功底和独特的教学艺术，具有出色的教学效果和对教育教学的深入研究。为了提高教师业务水平，优化教师队伍结构，要完善并严格教师准入制度，严把教师入口关，完善教师退出机制；加强学校岗位管理，创新聘用方式，完善激励机制，激发教师积极性和创造性；加快完善教师培养培训体系，通过研修培训、学术交流、项目资助等方式，造就一批教学名师和学科领军人。

建设一支高素质的教师队伍，必须办好师范教育。教育是为人类文化承先启后的事业。以教育为职业者，必须具有淡泊名利的高尚志趣、刻苦勤学的精神、诚挚友爱的感情。师范教育的目标绝不是造就“教书匠”，而是要造就堪为人师的教育家。师范教育不能仅注重让学生在知识、能力和专业素质方面得到应有的发展，更要注重未来教师气质的培养，最重要的是文化熏陶。师范学校的专门训练，不限于教学的技能，而尤其在于多年的教育文化氛围的涵濡浸润，使学生对教育实践的兴趣油然而生，对教育事业的敬仰日益坚定。

要特别重视加强农村教师队伍建设。这是我国教师队伍的薄弱环节。现在，一些地方农村教师工作环境和生活条件还比较艰苦，医疗、社保、住房、交通等方面的保障水平还不高。受各种因素制约，农村教师队伍总体上学历偏低、年龄偏大。必须创新农村教师队伍补充机制，吸引更多的优秀人才从教。继续实施农村义务教育学校教师特设岗位计划[12]。同时，完善相关制度和政策，关心农村教师的生活和成长，使优秀教师在农村能够进得来、留得住、用得好。对长期在农村基层和艰苦边远地区工作的教师，在工资、职务、职称等方面实行倾斜政策，有条件的地方要逐步提高津贴补贴标准。

尊师重教是社会文明进步的体现。一个国家重视不重视教育，首先要看教师的社会地位。各级政府都要满腔热忱地支持和关心教育工作，积极改善教师的工作和生活条件，吸引更多优秀人才长期从教、终身从教。要认真落实教师绩效工资等政策措施，制定和完善教师医疗养老等社会保障政策和住房优惠政策，依法保证教师平均工资水平不低于或者高于国家公务员的平均工资水平并逐步提高。要大力宣传教育战线的先进事迹，让尊师重教蔚然成风，让教师成为全社会最受人尊敬、最值得羡慕的职业。

强国必强教，强国先强教。教育是一项复杂的社会系统工程。在一个拥有13亿人的大国，推进教育事业改革和发展是一项长期而艰巨的任务。《教育规划纲要》的制定和实施只是一个新的起点，办好人民满意的教育任重而道远。我们要在以胡锦涛同志为总书记的党中央领导下，以邓小平理论和“三个代表”重要思想为指导，深入贯彻落实科学发展观，解放思想，开拓创新，锐意进取，扎实工作，努力开创我国教育事业改革和发展的新局面。

注　释

〔1〕义务教育是国家统一实施的所有适龄儿童、少年必须接受的教育。我国实行的是小学和初级中学共计九年的义务教育制度。普及九年义务教育制度是我国政府推行的教育政策，旨在帮助所有适龄儿童、少年都有机会接受教育，以利于提高全民族素质。为保障这项公益性事业的顺利开展，《中华人民共和国义务教育法》第二条明确规定，“实施义务教育，不收学费、杂费”，即实施免费义务教育。2008年下半学期，国家开始免除城市义务教育阶段学生学杂费。至此，我国全面实现了城乡中小学生免费义务教育。

〔2〕《国家中长期教育改革和发展规划纲要（2010—2020年）》是进入21世纪以

来我国颁布的第一个教育规划纲要，是指导教育改革和发展的纲领性文件。制定《教育规划纲要》是党中央、国务院做出的一项重大决策。

2008 年 8 月 29 日，温家宝同志主持召开国家科技教育领导小组第一次会议，审议并原则通过《教育规划纲要》制定工作方案，正式启动了《教育规划纲要》研究制定工作。2009 年 1 月 7 日，《教育规划纲要》工作小组办公室发布了《关于就研究制定〈国家中长期教育改革和发展规划纲要〉公开征求意见的公告》，随后两次在网上向全社会广泛征求意见。2010 年 4 月 15 日，温家宝同志主持召开国家科技教育领导小组会议，审议并原则通过了《教育规划纲要》。2010 年 5 月 5 日，温家宝同志主持召开国务院常务会议，审议并通过《教育规划纲要》。2010 年 6 月 21 日，中共中央政治局召开会议，审议并通过《教育规划纲要》。

《教育规划纲要》分为序言、总体战略、发展任务、体制改革、保障措施、实施 6 部分，共 22 章。《教育规划纲要》提出，以“优先发展、育人为本、改革创新、促进公平、提高质量”为工作方针，到 2020 年，基本实现教育现代化，基本形成学习型社会，进入人力资源强国行列。

〔3〕“有教无类”是孔子最先提出的一种教育主张，见《论语·卫灵公》。

〔4〕国家助学制度是国家对家庭经济困难学生的资助制度。新世纪以来，国家把促进教育公平作为基本教育政策，加大对家庭经济困难学生的资助。2001 年，国家实行农村义务教育阶段贫困家庭学生“两免一补”资助政策，即全部免除学杂费，全部免费提供教科书，对寄宿生提供生活补助。2007 年，国务院颁发《关于建立健全普通本科高校高等职业学校和中等职业学校家庭经济困难学生资助政策体系的意见》，在高等教育阶段建立起国家奖学金、国家励志奖学金、国家助学金、国家助学贷款（包括高校国家助学贷款和生源地信用助学贷款）、师范生免费教育、勤工助学、学费减免等多种形式有机结合的高校家庭经济困难学生资助政策体系；中等职业学校实行以国家助学金和免学费为主，以校内奖学金、学生工学结合、顶岗实习、学校减免学费等为辅的资助政策体系；普通高中按照“加大财政投入、经费合理分担、政策导向明确、多元混合资助、各方责任清晰”的基本原则，建立以政府为主导，国家助学金为主体，学校减免学费等为补充，社会力量积极参与的普通高中家庭经济困难学生资助政策体系。到 2012 年，我国已基本建立健全从学前教育到高等教育的学生资助政策体系，从制度上基本保障了家庭经济困难学生上得起学。

〔5〕留守儿童，指父母一方或双方在外打工，而被留在家乡，并需要其他人照顾，年龄在 16 岁以下的孩子。

〔6〕这是温家宝同志于2003年教师节考察北京市玉泉路小学时，在黑板上写下的字句。玉泉路小学于1980年建校，是一所流动人口子女比较集中的学校。

〔7〕“三农”是农业、农村、农民的简称。

〔8〕“保基本”是我国建设基本公共服务体系的基本要求之一。此处是指构建覆盖城乡、布局合理的学前教育公共服务体系，政府公共投入保障实现基本普及学前教育，满足适龄儿童入园需求。2010年11月21日，国务院颁发《关于当前发展学前教育的若干意见》，指出要大力发展公办幼儿园，提供“广覆盖、保基本”的学前教育公共服务，保障适龄儿童接受基本的、有质量的学前教育。

〔9〕爱因斯坦（Albert Einstein，1879—1955），美国物理学家。生于德国。1900年毕业于苏黎世工业大学，后入瑞士籍。1913年返回德国，任柏林威廉皇帝物理研究所所长和柏林大学教授。1921年获诺贝尔物理学奖。后因受纳粹政权迫害，移居美国，任普林斯顿高级研究所教授，1940年入美国籍。他提出狭义相对论、广义相对论、量子理论等，在物理学多个领域均有重大贡献。

〔10〕陈嘉庚（1874—1961），爱国华侨领袖。福建同安（今厦门市同安区）人。他长期侨居新加坡，从事橡胶业，热心兴办文化教育公益事业。1910年在新加坡参加中国同盟会。1911年任福建保安会会长。1913—1920年，在福建集美先后创办中小学和师范、水产、航海、农林、商科等学校。1919年在新加坡创办南洋华侨中学。1921年在福建厦门创办厦门大学。1938年在新加坡倡立“南侨总会”，领导南洋华侨支持祖国的抗日战争。1940年组织南洋华侨回国慰劳视察团，回国慰问抗战军民。日本投降后，创办《南侨日报》，从事爱国民主运动。1949年出席全国政协第一届全体会议。曾任中央人民政府委员、全国政协副主席、全国人大常委会委员、国家侨委委员、中国侨联主席等职。

〔11〕“学为人师，行为世范”是北京师范大学的校训，其基本含义是：学问足以担当他人老师，品行堪称天下楷模。

〔12〕农村义务教育学校教师特设岗位计划，即农村义务教育阶段学校教师特设岗位计划，简称“特岗计划”。该计划于2006年开始实施。国家通过该计划，公开招募高校毕业生到西部“两基”攻坚县县以下农村义务教育阶段学校任教，引导和鼓励高校毕业生从事农村教育工作，逐步解决农村教育师资总量不足和结构不合理等问题，提高农村教师队伍的整体素质，最终促进农村义务教育的均衡发展。2009年，该计划的实施范围扩大到中西部地区国家扶贫开发工作重点县。

第一部分
关于教育工作的讲话

充分发挥高校科技优势，大力培养青年科技人才*

（1996年4月22日）

今天请几位中青年学者[1]来座谈，听听大家对发展我国高科技的意见。你们几位在科研或教学岗位上取得了显著的成绩，在科技界有一定的影响，有的已经走上了领导岗位。刚才看了陈章良[2]领导的蛋白质工程[3]与植物基因工程[4]国家重点实验室[5]。这个实验室承担了许多重要的科研任务，其中包括多项国际合作项目，在生命科学研究的一些重要领域取得了可喜的成绩，并且培养了人才。我希望北大生命科学学院的全体教学和科研人员，继续努力，勇攀高峰。也希望在座的其他几位同志在各自的研究领域继续努力，勇攀高峰。下面，我就高校的科技工作讲几点意见。

---

* 这是温家宝同志在考察北京大学生命科学学院并与中青年科学家座谈时的讲话。温家宝同志时任中共中央政治局候补委员、中共中央书记处书记。

高校是发展我国科技事业的一支重要力量

对于高校的科技工作，小平同志有多次明确阐述。他在1977年7月29日的一次讲话中指出："重点大学既是办教育的中心，又是办科研的中心。"〔6〕同年8月8日再次讲道："高等院校，特别是重点高等院校，应当是科研的一个重要方面军，这一点要定下来。它们有这个能力，有这方面的人才。事实上，高等院校过去也承担了不少科研任务。随着高等院校的整顿，学生质量的提高，学校的科研能力会逐步增强，科研的任务还要加重。朝这个方向走，我们的科学事业的发展就可以快一些。"〔7〕"重点大学都要逐步加重科研的分量，逐步增加科研的任务。"〔8〕

全国有1 054所普通高校，教职工约104万人，其中专任教师40余万人；有近300万本专科在校学生，约15万在校研究生；有科研机构3 309个，理、工、农、医等学科的研究与开发人员约60万人。全国高校已建成国家重点实验室101个，国家工程研究中心〔9〕15个，国家工程技术研究中心〔10〕3个，分别占全国总数的64.7%、31.9%和6.7%。在国家教育委员会〔11〕的统一领导和科技部门的支持下，高校这支科技力量承担了大量的研究开发任务，为繁荣我国的科技事业、促进经济与社会的发展发挥了重要作用。据了解，"八五"期间，高校承担国家科技任务的比例是：攀登计划〔12〕课题约占30%；国家自然科学基金〔13〕中面上基金课题约占67%，重点项目约占36%；国家社会科学基金〔14〕项目约占60%；高技术863计划〔15〕民口五大领域的专题数约占49%；科技攻关任务经费额约占14%。

高校取得这么显著的科技成果，表明高校特别是重点高校是国家整个科技队伍的一支重要方面军，同时也表明这支方面军已经纳入了国家科技发展的总体部署，成为执行各项科技计划不可缺少的力量。今后要继续统筹规划，加强各有关部门的协调配合，充分发挥高校这支科技力量的作用。

发挥高校的科技优势，促进我国基础研究和高科技研究的发展

我国的科技力量大体以五种形式分布在社会各个领域：第一种是包括中科院在内的国家、地方和部门的专业科技力量；第二种是高校的科技力量；第三种是企业的科技力量；第四种是国防系统的科技力量；第五种是社会的科技力量。我们要通过科技体制改革，特别是结构调整和人才分流，解决目前存在的机构重叠、力量分散、课题重复、效益和效率比较低的问题，使各方面的科技资源达到最佳配置。这是科技体制改革的一项重要任务。

高校的科技优势在哪里？第一，多学科人才密集，组成宏大的人才梯队，并且从下至上形成不同学科人才选拔、培养、输送、起用的规范渠道和跨地区、跨部门甚至跨国界交流的网络。第二，高校特别是综合性大学，设置文、理、工、农等学科，兼有数、理、化、天、地、生等专业，具有综合学科和综合集成的优势。第三，已建成一批国家级的科研教学基地，包括一百多个重点实验室。第四，具有教学与科研结合的机制，可以利用一部分教学条件和实验设备，通过培养研究生等形式从事科学研究。第五，基础理论教学和研究的实力比较雄厚，为科技成果的开发、应用和转化提供了有利条件。社会主义市场经济体制的建立和完善，又为高校的科技工作者提供了广阔的舞台。

如何发挥这些优势?

第一,根据"九五"计划和2010年远景目标[16]的要求,全面贯彻党的教育方针,实施科教兴国战略[17],坚持面向现代化,面向世界,面向未来,大力培养德、智、体全面发展的合格科技人才。小平同志指出:"我国科学研究的希望,在于它的队伍有来源。科研是靠教育输送人才的,一定要把教育办好。"[18]高校要把为经济建设和科技事业培养、输送人才作为第一位的任务。

第二,在基础研究和高技术研究领域,要瞄准国家确定的目标和世界科技前沿,统筹规划,大力协同,集中力量,重点攻关。对于高校承担的攀登计划、863计划和国家自然科学基金项目,国家教委要加强组织和协调,鼓励师生努力攀登科学高峰,取得高水平的科技成果。有应用前景的基础性研究和高科技研究要与技术开发工作相衔接,实现产业化。北大方正[19]的激光照排系统[20]就是这方面的成功范例。

第三,要坚持实行教学与科研相结合,高校、科研院所与生产相结合,达到优势互补、科技资源共享、相互促进。大力提倡教学人员与科研人员相互兼职,鼓励高校与科研单位实现多种形式的联合与合作,共同使用科技图书、资料和科研设施,共同承担科研课题,共同培养人才。高校还要与产业部门特别是国有大中型企业进行多种形式的合作,使科技成果尽快转化为现实生产力。

第四,改革教学内容和方法。总的要求是使人才的培养能更加适应经济建设和科技发展的需要。其一,要让学生打牢基础,为今后从事科技工作练好基本功。其二,要注意吸收当代先进的科技知识、科学理论和科技成果,不断丰富和更新教材,使学生及时了解最新的科技动态,扩大知识面。其三,培养学生的创新能力。一个民族没有创新精神是没有希望的。创新能力的培养必须从娃娃抓起,从学生抓起。要让学生学会动脑、动手，学会运用先进的科技手段来解决问题。其四，研究生的培养要与科研任务结合，在实践中提高科研水平和技能。其五，在培养大批专业科技人才的同时，要注意培养科技“帅才”，即能在一个方面领导并组织科技工作的人才、既懂科技又懂经营管理的复合型人才和目光远大并能筹划未来的学科带头人。

关于人才的培养和青年科技工作者的成长问题

培养和造就青年科技人才是各级党委和政府实施科教兴国战略的一项重大任务，传、帮、带是老科学家第一位的任务。要为青年科学家的成长创造良好的环境和条件。

要给青年人压担子。打破论资排辈，敢于在科研、教学中起用青年人，让他们挑大梁，使他们尽快成长为学科带头人。

要及时解决青年科技人员的职称，特别是高级职称问题。评定职称不受年龄限制。两院〔21〕院士中也要逐步增选一些青年人。后继有人是我国科技事业兴旺发达的标志。

要鼓励青年人创新，努力形成一种有利于青年人创新的环境，激发和培养他们的创新精神和创新能力，并允许失败。

要尽可能地为青年科技人员的工作、生活创造良好的条件，帮助他们解决实际困难。生活条件主要是解决住房问题；工作条件主要是让青年人有科研项目，有工作任务。

要加大自然科学基金对青年科学家的支持力度。

要采取措施吸引出国留学人员回国，或以多种形式参加国内科技工作，如合作研究、短期聘用、访问讲学等。只要有利于国家的科技事业，有利于科学研究，有利于学术交流，有利于出成果，为国服务的形式可以不拘一格。

青年科技人才是我国科技事业的未来。今天在座的都是事业有成的中青年科学家。借这个机会，我向中青年科技工作者提几点希望：一是继续勇攀科技高峰，攻占科学前沿；二是正确处理学科带头人与科研群体的关系，团结合作；三是正确对待荣誉和地位，淡泊名利；四是担任领导工作或社会工作要注意减少不必要的应酬；五是虚心向老科学家学习，继续发扬优良传统。总之，希望你们能接好班。老一辈科学家，如钱学森〔22〕、钱三强〔23〕、李四光〔24〕等，为我国科技事业做出了重大贡献。我企盼着中青年科学家也像他们那样，为国争光。

注　释

〔1〕指时任中国科学院副院长白春礼，时任北京大学副校长陈章良，清华大学教授、中国科学院院士赵玉芬，北京理工大学教授冯长根。

〔2〕陈章良时任北京大学副校长。

〔3〕蛋白质工程是改造蛋白质的结构，使其具有新的特性的一项生物技术。它为运用基因工程技术获取比天然蛋白质更理想的新型蛋白质创造了条件，也被称为“新一代基因工程”。

〔4〕基因工程，也称遗传工程。它是一种遗传学技术，利用生物化学的手段，将一种生物细胞中的遗传物质转移到另一种生物的细胞内，以改变另一种生物的遗传性状或创造新的生物品种。

〔5〕1984年，由国家计划委员会牵头，国家科委、教育部和中国科学院等部门和机构共同组织实施了国家重点实验室建设计划。国家重点实验室是依托大学和科研院所建设的科研实体，实行“开放、流动、联合、竞争”的运行机制，它着眼于国家需求，定位于基础研究、竞争前沿战略高技术研究和公益性研究，致力于把对科学前沿

的探索和国家目标在战略方向上统一起来，它为国民经济、社会发展和国防建设中的重大基础性、关键性问题的解决做出了重要贡献。

〔6〕见《邓小平文选》第2卷，人民出版社1994年版，第423页，注释31。

〔7〕见邓小平《关于科学和教育工作的几点意见》，《邓小平文选》第2卷，人民出版社1994年版，第53页。

〔8〕同上。

〔9〕国家工程研究中心是国家创新体系的重要组成部分，它是国家发展和改革委员会根据建设创新型国家和产业结构优化升级的重大战略需求，以提高自主创新能力、增强产业核心竞争能力和发展后劲为目标，组织具有较强研究开发和综合实力的高校、科研机构和企业等建设的研究开发实体。

〔10〕国家工程技术研究中心是国家科技发展计划的重要组成部分，它是由国家科学技术部根据国情需要，在"创新、产业化"方针指引下，以促进科技体制改革、培养一流的工程技术人才、建设一流的工程化实验条件为目的，统筹规划，统一安排，所形成的我国科研开发、技术创新和产业化基地。

〔11〕国家教育委员会，简称国家教委，是由第六届全国人民代表大会常务委员会于1985年6月批准成立的国务院主管教育的行政领导机关（同时撤销教育部）。1998年3月，根据第九届全国人民代表大会第一次会议批准的国务院机构改革方案和《国务院关于机构设置的通知》（国发〔1998〕5号），国家教育委员会更名为教育部。

〔12〕攀登计划是国家基础研究和应用基础研究的关键项目，自1991年起开始实施。我国通过实施该计划，培养了一批年轻有为的科研骨干人才，加强了科学研究力量，集中了一批高水平的研究队伍，在一些重要的学科领域中取得了突破，为世界科学的发展做出了贡献。

〔13〕国家自然科学基金设立于1986年，由国家自然科学基金委员会负责组织、实施、管理。该基金主要根据国家发展科学技术的方针、政策、规划以及科学技术发展方向，面向全国资助基础研究和应用研究，逐渐形成了研究项目、人才项目和环境条件项目三大系列组成的资助格局，建立了面上、重点、重大项目和重大研究计划、联合资助基金、实质性国际合作研究等多层次相互配合衔接的资助项目系列。

〔14〕国家社会科学基金，简称国家社科基金，是国家为适应社会发展的需要，繁荣我国哲学社会科学研究，于1986年专门设立的。该基金由全国哲学社会科学规划办公室负责管理，实行国家、省（自治区、直辖市）、项目负责人所在单位三级管理体制。该基金设立重大项目、重点项目、一般项目和青年项目等，每年评审一次。项目

申报范围包括哲学社会科学的23个学科。教育学、艺术学、军事学3个学科作为单列学科，其相关项目分别由全国教育科学规划领导小组办公室、全国艺术科学规划领导小组办公室、全军哲学社会科学规划办公室另行规划和管理。

〔15〕863计划，即高技术研究发展计划。该计划是以政府为主导，以对中国今后发展有重大影响的几个高技术领域为研究目标的国家性研究发展计划。由于该计划的提出与邓小平同志的批示都是在1986年3月，因此被称为“863计划”。

〔16〕1996年3月5日召开的第八届全国人民代表大会第四次会议，审议了李鹏总理代表国务院所做的《关于国民经济和社会发展“九五”计划和2010年远景目标纲要的报告》。《报告》提出我国未来15年的主要奋斗目标是：“‘九五’时期，全面完成现代化建设的第二步战略部署，2000年在人口将比1980年增长3亿左右的情况下，实现人均国民生产总值比1980年翻两番；基本消除贫困现象，人民生活达到小康水平；加快现代企业制度建设，初步建立社会主义市场经济体制。2010年，实现国民生产总值比2000年翻一番，使人民的小康生活更加宽裕，形成比较完善的社会主义市场经济体制。在推进改革和发展的同时，社会主义精神文明和民主法制建设要取得显著进展，实现社会全面进步。”

〔17〕科教兴国战略，是我国大力发展科技、教育，并使之与经济紧密结合的经济和社会发展的战略方针。1995年5月6日颁布的《中共中央国务院关于加速科学技术进步的决定》，首次提出在全国实施科教兴国战略。其主要内容是：在科学技术是第一生产力思想的指导下，坚持教育为本，把科技和教育摆在经济、社会发展的重要位置，增强国家的科技实力及向现实生产力转化的能力，提高全民族的科技文化素质，把经济建设转移到依靠科技进步和提高劳动者素质的轨道上来，加速实现国家的繁荣昌盛。

〔18〕见邓小平《关于科学和教育工作的几点意见》，《邓小平文选》第2卷，人民出版社1994年版，第50页。

〔19〕北大方正，即北大方正集团，是中国改革开放以后成长起来的高科技企业，由北京大学于1986年投资创办。

〔20〕指“华光”激光照排系统，是由王选教授主持下的北京大学汉字信息处理研究室综合运用数学、计算机等多学科知识，历经15个寒暑研制成功的激光汉字编辑排版系统。该系统的开发被誉为中国印刷技术的第二次革命，为汉字告别铅字印刷开辟了通途。

〔21〕指中国科学院和中国工程院。中国科学院成立于1949年11月，院部设在

北京，是中国科学技术的最高学术机构，也是自然科学与高新技术的综合研究与发展中心。1955年成立学部，选聘全国优秀科学家为学部委员。1993年10月，学部委员改称院士。中国工程院成立于1994年6月，院部设在北京，是中国工程科学技术界最高荣誉性、咨询性学术机构。

〔22〕钱学森(1911—2009)，中国物理学家、社会活动家。出生于上海，籍贯浙江杭州。1935年赴美国留学，1955年回国。曾任中国科学院力学研究所所长、第七机械工业部副部长、国防科工委副主任、中国科学技术协会主席等职。中国科学院学部委员、院士，中国工程院院士。第六至八届全国政协副主席，中共第九至十二届中央候补委员。他直接参与并组织领导了中国运载火箭、导弹、卫星的研制攻关和试验工作，为发展中国的航天事业做出了卓越贡献。1986年获国家科学技术进步奖特等奖，1999年被授予“两弹一星”功勋奖章。

〔23〕钱三强(1913—1992)，中国物理学家、社会活动家。浙江吴兴(今浙江湖州)人。1937年赴法国留学，1948年回国。曾任中国科学院近代物理研究所所长、中国科学院副院长、第二机械工业部副部长、中国科学技术协会副主席等职。中国科学院学部委员。第六届全国政协常委。他为中国原子能科学事业的创立、发展和“两弹”研制做出了卓越贡献。1999年被追授“两弹一星”功勋奖章。

〔24〕李四光(1889—1971)，中国地质学家。湖北黄冈人。早年留学日本、英国。1948年当选为中央研究院院士。新中国成立后任地质部部长、中国科学院古生物研究所所长、中国科学院副院长、中国科学技术协会主席等职。中国科学院学部委员。第二至四届全国政协副主席，中共第九届中央委员。他毕生从事古生物学、冰川学、地震学和地质力学的研究及教学工作，是地质力学的创始人，为中国的石油勘探事业做出了卓越贡献。

高校是发展我国科技事业不可缺少的力量*

（1996年7月18日）

全国高等院校科技工作会议今天就要结束了。会上，韦钰[1]同志做了很好的报告，岚清[2]同志做了重要讲话，开轩[3]同志还要做总结。会议交流了经验，部署了高校的科技工作，开得很成功。这次会议对于发挥高校在科教兴国伟大事业中的重要作用，必将产生积极的影响。

在国家教育委员会的领导和有关部门的支持下，高校承担了大量的科学研究和技术开发任务，成为发展我国科技事业不可缺少的力量。广大教学、科研人员辛勤耕耘，刻苦钻研，取得大量的科技成果。近年来，全国重大科技成果，高校占四分之一。高校有近300万本专科在校学生、约15万在校研究生，每年都为各行各业输送大批优秀人才，成为现代化建设的生力军。高校积极推进教育体制和教学方法的改革，在教育与科研的结合上，探索了新的路子，积累了有

---

* 这是温家宝同志在全国高等院校科技工作会议上的讲话。

益的经验。高校发挥自身的优势，实行产、学、研结合，促进了科技成果的转化和高技术产业的发展。实践证明，高校既出各类人才，又出科研成果，在国民经济和社会发展中发挥着重要作用。实施科教兴国和可持续发展战略，必须重视并依靠高校这支科技力量。

我国社会主义现代化建设正处在重要历史时期，教育处于优先发展的战略位置，科技进步成为经济和社会发展的主要推动力量和决定性因素。高校科技工作的任务，就是根据“九五”计划和2010年远景目标的要求，按照国家关于教育、科技发展的总体部署，为国民经济和社会发展培养大批德、智、体全面发展的合格人才，全面适应现代化建设的需要；瞄准国家目标和世界科学前沿，在广泛的领域和学科组织基础性研究和高科技研究，努力攀登科学高峰；面向经济建设的主战场，推进科技开发和成果转化，开展各种科技服务，在实现经济体制和经济增长方式的根本性转变中发挥积极作用。

搞好高校的教育和科技工作，必须全面贯彻邓小平同志的教育思想和科技思想，继续深化教育体制改革和科技体制改革，建立起与社会主义市场经济体制相适应、符合教育和科技发展规律的新体制。我们的教育体制和科技体制，都应该是有利于人才成长和促进经济社会发展的体制。要通过深化改革，切实解决教育、科技、经济相互之间脱节的问题，坚持教育与科研结合，坚持产、学、研结合。第一，改革教学内容和教学方法，加强对学生的基础教育和现代科技知识教育，培养学生的创新能力和解决实际问题的能力。第二，完善高校科研体制，根据教学任务、科研力量和基础条件，紧密结合专业和学科特点，开展科技工作，并通过提高科学研究水平，进一步丰富教学内容。第三，重点高校要充分发挥人才密集、多学科综合集成、基础理论教学与科研实力比较雄厚的优势，以基础性研究和高技术研究为重点，办成教育中心和科研中心。第四，鼓励高校与科研单位实现多种形式的联合与合作，提倡教学人员与科技人员相互兼职，达到优势互补、资源共享、相互促进、共同发展。第五，紧紧围绕经济建设，继续推进多种形式的产、学、研相结合，使高校更好地面向四化建设，促进科技成果尽快转化为现实生产力。

发展科技事业，要充分调动各个方面的积极性。在高校，特别要注意调动广大教师的积极性。教师具体承担着教书育人和科学研究的双重任务，教师的水平不仅决定教学的水平，而且决定科研的水平。高校要根据教学和科研任务的需要，合理部署力量，使教学与科研紧密结合、相互促进。要发扬学术民主，鼓励科技创新，提倡团结协作，充分发挥教师的聪明才智。广大教师要坚持坚定正确的政治方向，以振兴中华为己任，在教学与科研的实践中不断提高政治、业务素质。高校的党政领导要全面贯彻党的教育方针和科技工作方针，对教学和科研统筹规划、合理安排。要加强和改进思想政治工作，努力改善教师的工作和生活条件，充分依靠广大师生员工的智慧和力量，全面提高办学质量和科研水平。

同志们，在跨世纪的宏伟大业中，高校肩负着重大的历史责任。让我们以邓小平建设有中国特色社会主义理论和党的基本路线为指导，紧密团结在以江泽民同志为核心的党中央周围，为繁荣我国的科技和教育事业，实现“九五”计划和2010年的目标而努力奋斗！

注　释

〔1〕韦钰时任国家教委副主任。

〔2〕即李岚清。李岚清时任中共中央政治局委员、国务院副总理。

〔3〕即朱开轩。朱开轩时任国家教委主任、党组书记。

迎难而上，
发展祖国航空航天事业*

（2003年4月18日）

同学们身体都还好吧？这个时期要特别注意身体健康，除了大家都知道的卫生知识外，如果身体有什么不舒服，有头疼脑热的情况，要早点找医生看，多些户外活动。大家现在学习很紧张，离期中考试还有一个星期，要注意劳逸结合。

同学们，多难兴邦[1]。我们国家现在遇到的实际上是一个突发的疾病灾害[2]，但是我们这个民族是有凝聚力的，也是有顽强意志的。我们只要尊重科学，依靠科学，加强预防工作，一定能打胜这场防治"非典"[3]的战役。困难才能见真情，困难才能见团结，困难才能见意志。这场同疾病的斗争，对于我们各级领导和全国人民都是一场锻炼和考验。

我来看望大家，因为大家都是国家未来的栋梁之材。昨天下午，我同丁肇中[4]先生谈了一个小时。他准备利用宇航飞行做一次

---

* 这是温家宝同志于"非典"时期在北京航空航天大学看望师生时的讲话。温家宝同志时任中共中央政治局常委、国务院总理。

实验。大家知道，世界是由物质构成的，有物质就有反物质[5]，这种反物质实验只有在太空中才能取得结果，他要把实验装置通过航天飞机[6]运送到空间站[7]来进行这个实验。他讲了一个小时，我认真听了一个小时。原来我知道暗物质[8]，暗物质占了宇宙的95%以上。暗物质也是物质，反物质跟物质就不一样。为什么说暗物质也是物质呢？因为电磁波[9]可以通过。从这件事，我更加认识到了航天、航空的重要性。最近我收到王大珩[10]先生的一封信，他已经是八十几岁的老人了，我准备给他回封信。他信里最惦记的是中国大型飞机[11]的制造。新中国成立五十多年了，我们能造汽车了，能造战斗机了，但是我们还不能造大型客机。美国人要我们买波音[12]，法国人要我们买空客[13]。近期，法国总理要来中国访问。这个时期要来，当然是对中国友好，但很重要的一个目的是要推销30架空客。我总想，什么时候中国的大型飞机能够制造成功，飞上蓝天。我相信，这个愿望是能实现的，但实现这个愿望是非常艰巨的。我看这副重担就落在在座的同学们身上。你们现在要身体好、学习好，担负起建设祖国的重任，让中国的飞机上天，让中国的飞船上天，让中国的科学技术能在世界上占一席之地。

丁肇中先生看了一下神舟五号飞船[14]。他说我们的制造技术还是很好的，像这种大型的科学设施，需要科学技术的综合集成。现在你们学的每一门知识，将来都能用得上，都很需要。

请同学们放心，我们党和政府一定和广大人民在一起，团结一致，努力奋斗，战胜一切困难，把经济建设搞好。我在这里再次希望同学们多保重身体。留得青山在，不怕没柴烧。大家要多锻炼，多做户外活动，多通风，多洗手。这个时期老师要特别关心学生，学校的党组织、团组织也要特别关心学生，大家相互之间也要特别关心。

总之，我惦记你们！我惦记全国的孩子们！我惦记全国的同学们！

注　释

〔1〕语出《左传·昭公四年》。原文为："邻国之难，不可虞也。或多难以固其国，启其疆土；或无难以丧其国，失其守宇。"

〔2〕指2003年春夏期间我国局部地区发生的一场较大规模的"非典"疫情。

〔3〕"非典"，即非典型肺炎，又称严重急性呼吸综合征（Severe Acute Respiratory Syndrome，缩写SARS）。它是一种主要通过近距离空气飞沫和密切接触传染的呼吸道传染病，以发热、干咳、胸闷为主要症状，严重者出现快速进展的呼吸系统衰竭。

〔4〕丁肇中，美籍华裔物理学家。1936年生，祖籍山东日照。1962年获得美国密歇根大学物理学博士学位。现任美国麻省理工学院教授。中国科学院外籍院士、美国国家科学院院士。他因发现一种新的基本粒子，获得1976年诺贝尔物理学奖。

〔5〕反物质，即一种假想的物质形式。在粒子物理学中，反物质是反粒子概念的延伸。反物质是由反粒子构成的，如同普通物质是由普通粒子所构成的一样。物质与反物质的结合，如同粒子与反粒子的结合一样，会导致两者湮灭，并因此而释放出高能光子或伽马射线。

〔6〕航天飞机，又称太空梭或太空穿梭机，是一种可重复使用、往返于太空和地面之间的航天器。它既能代替运载火箭把人造卫星等航天器送入太空，也能像载人飞船那样在轨道上运行，还能像飞机那样在大气层中滑翔着陆。航天飞机的制造使用是航天史上的一个重要里程碑。

〔7〕空间站，又称航天站、太空站、轨道站，是一种在近地轨道长时间运行，可供多名航天员巡访、长期工作和生活的载人航天器。空间站分为单一式和组合式两种：单一式空间站可由航天运载器一次发射入轨；组合式空间站则由航天运载器分批将组件送入轨道，在太空组装而成。

〔8〕暗物质，指由天文观测推断存在于宇宙中的不发光物质。暗物质包括不发光天体、星系晕物质以及仅参与引力作用和弱相互作用而不参与电磁作用的非重子中性粒子等。

〔9〕电磁波，指由同相振荡且互相垂直的电场与磁场在空间中以波的形式移动而形成的交变电磁场。其传播方向垂直于电场和磁场构成的平面，能有效地传递能量和动量。

〔10〕王大珩(1915—2011)，中国应用光学专家。祖籍江苏苏州。毕业于清华大学物理系，后赴英国留学。曾任中国科学院长春光学精密机械研究所所长、中国科学技术协会副主席等职。中国科学院学部委员、院士，中国工程院院士。新中国光学事业的主要奠基人和创始人。1985 年获国家科学技术进步奖特等奖，1999 年被授予"两弹一星"功勋奖章。

〔11〕大型飞机，一般指起飞总重超过 100 吨的运输类飞机，包括军用大型运输机和民用大型运输机，也包括一次航程达到 3 000 千米的军用飞机。

〔12〕波音，指由美国波音(Boeing)公司制造的波音系列飞机。

〔13〕空客，指由欧洲空中客车(Airbus，又称空中巴士)公司制造的空客系列飞机。

〔14〕神舟五号飞船，即神舟五号载人航天飞船，是神舟系列飞船之一，也是中国首次发射的载人航天飞行器。该飞船于 2003 年 10 月 15 日将航天员杨利伟送入太空。这次成功发射标志着中国成为继俄罗斯和美国之后，第三个有能力独自将人送入太空的国家。

农业院校毕业生要树立毕生为农民服务的志向*

（2003年5月4日）

今天是五四青年节，我早晨还在办公室上班，突然想起这个日子，就想来看望一下同学们，向同学们表示祝贺，向大家表示问候！

我刚从清华过来，我在那儿已经讲了一篇话。在中国农业大学，我想讲一点别的。我曾经在许多地方都讲过，如果我再有一次上大学的机会，我一定报考农科院校。这个话，我在清华、北大都没讲，我只是在农大讲，因为确实是我的心里话。因为工作的关系，这几十年来，我接触了许多地方的农民。我对中国农民不仅有相当的了解，而且有很深的感情。我们说实现现代化，如果没有农业的现代化，就谈不上全国的现代化；我们说实现小康，如果没有农村的小康，就谈不上全国的小康。

我们的国家很大，发展极不平衡。应该说，绝大多数地区农民的

---

* 这是温家宝同志在中国农业大学的讲话。

生活水平还很低。就像一个人一样，我们工业和城市这条腿比较长，农业和农村这条腿比较短。如果一条腿长、一条腿短，这个人、这个国家肯定站不稳。如果谈到社会发展，我觉得，农村这条腿就更短，农村的文化教育水平、农村的医疗卫生条件，和城市相比，都差很多。因此，在当前这场抗击"非典"的斗争中，我最关心、也最担心的是农村。因为农民缺少医疗条件和卫生知识，收入也比较低，他们常常有病也看不起。在这种情况下，就相当危险。我们当前防治"非典"的工作，必须重视和加强农村的预防工作。国务院准备后天召开全国农村防治"非典"的电视电话工作会议。我们要提出若干条具体措施，有些要把它形成机制，比如农村疾病卫生防疫网络。我在云南问省长〔1〕，如果一个村发现一个"非典"病人，省里能不能知道。他说，云南还做不到，现在的卫生防疫网络只到县。于是，我就请他们花上一点儿钱把卫生防疫网络连到乡。这件事情不单是应急，而且要建立一种机制长期保留下去。

我们还在考虑，要建立应急卫生防疫队伍。这个防疫队伍主要面向农村，各省防疫队伍建立起来以后要永远存在下去。这也不仅是应急，而且要形成一种机制。像北京这样的大城市，虽然疫情较为严重，但是它的医疗条件、医疗资源还是雄厚的，而广大农村在这方面是缺乏的。因此，我们一定要把预防工作做在前面。

同学们都是学农的，我希望通过这次防"非典"的特殊战斗，每个同学思想上更加成熟起来，不怕困难，同时树立起毕生为农民服务的志向。党和政府很关心同学们的学习和健康。希望同学们在这个特殊的时期，要特别注意锻炼身体，努力学习，立志成才，将来更好地为农民服务，为人民服务！中国农民富裕之时、中国农村发达之时，就是整个国家强盛的时候！这一天一定会到来的，但是要经过一个较长的艰苦奋斗的过程，同学们要为此而努力！

最后，再一次祝愿大家节日好，身体健康！

注　释

〔1〕指徐荣凯。

深化农村教育改革，加快农村教育发展*

（2003 年 9 月 19 日）

最近，国务院认真分析了当前农村教育形势，就进一步加强农村教育工作做出了决定。今天，召开全国农村教育工作会议进行部署。这次会议的主要任务是：以“三个代表”重要思想和党的十六大精神为指导，加快农村教育发展，深化农村教育改革，推进农村小康建设和城乡协调发展。至立〔1〕同志将代表国务院做教育工作报告。下面，我先讲几点意见。

一、充分认识农村教育在全面建设小康社会中的战略地位

教育是现代文明的基石。提高国民素质，增强综合国力，必须大

* 这是温家宝同志在全国农村教育工作会议上的讲话。

力发展教育事业。农村教育影响广泛，关系到农村经济和社会发展的全局。改革开放以来，我国城乡面貌发生了巨大而深刻的变化，这同教育特别是农村教育的发展密不可分。农村实行家庭联产承包责任制[2]，极大解放了生产力。农业先进实用技术之所以能得到大面积推广，乡镇企业之所以能异军突起，农村富余劳动力之所以能大量向沿海地区和城镇转移，其中一个根本原因，就是有数以亿计受过义务教育的农村劳动力作为基础和支撑。农村普及义务教育有很大成绩，功不可没。当前，我国农业和农村经济正处在关键的发展阶段，优质、高效、生态、安全农业的发展，农业产业化经营的扩大，农村富余劳动力的转移等，都迫切需要全面提高农村劳动力素质。世界新科技革命的兴起和全面建设小康社会的推进，对广大农村人口科学文化素质和思想道德素质提出了更高的要求。没有农村全面“普九”[3]，没有农民素质的全面提高，就很难实现全面小康。我们必须充分认识农村教育在全面建设小康社会中的基础性、先导性、全局性作用。

农村义务教育在整个国民教育体系中占有举足轻重的地位。我国是一个发展中的人口大国，兴办着世界上规模最大的教育。农村教育面广量大，中小学在校生多达1.6亿人。从小学到初中，正是他们身体发育和智力启蒙的阶段，小时候养成的品德、性格、习惯往往影响一生，学校和老师的影响有时超过家庭和父母。因此，农村中小学教育质量的高低，不仅直接关系到农村青少年德、智、体、美的全面发展，而且关系到国家各级各类人才的培养和全民族素质的提高。新中国成立以来，一大批来自农村的高级专门人才活跃在社会主义现代化建设的各条战线上，一些人成为著名的科学家、工程师、医生、教授和文学艺术家，他们的成才同青少年时代在农村接受的良好基础教育是分不开的。今天，我们要完成党的十六大提出的造就数以亿计的高素质劳动者、数以千万计的专门人才和一大批拔尖创新人才的宏大任务,把沉重的人口负担转化为巨大的人力资源,离开农村教育的发展,根本无从谈起。

普及农村义务教育,有利于缩小社会差距和实现社会公平。没有教育机会的均等,就谈不上社会公平。谁能享受良好的义务教育,谁就能获得更多的发展机会,否则就难以融入现代社会。特别是在欠发达的中西部地区,摆脱经济贫困首先必须改变教育落后。“今天的辍学生,就是明天的贫困户”,这是农民群众从现实生活中得出的结论。目前,我国城乡之间、地区之间经济社会发展水平存在明显差距,一个重要原因就是农村和欠发达地区广大群众受教育水平和接受教育机会明显落后于城市和发达地区。我们要缩小教育差距,促进城乡之间、地区之间的协调发展,就必须大力发展农村和欠发达地区的教育。

发展农村教育,有助于积累国民经济增长的后劲。纵观世界各国现代化进程,发达国家都是在经济欠发达时期就开始普及义务教育,而且对农村教育给予特别关注。正是由于这样做,才有尔后的经济腾飞。我国要实现全面建设小康社会和现代化的宏伟目标,必须从现在做起,进一步动员全党全社会的力量,把农村教育扎扎实实搞上去。否则,就有可能丧失机遇,甚至会贻误现代化建设大业。今天,我们比以往任何时候都更加深切地感受到加快发展农村教育的历史责任感和紧迫性,务必牢牢抓住机遇,全力以赴,发展农村教育。

二、大力推进农村教育的发展和改革

到 20 世纪末,我国完成了基本普及九年义务教育和基本扫除青壮年文盲的历史性任务，人均受教育年限达到 8 年，超过了世界平均水平，取得了举世瞩目的伟大成就。但是，农村教育整体薄弱的状况还没有得到根本改变。全国还有 431 个县没有“普九”，已经“普九”的部分地区水平很低、基础不稳，不少地方存在学生因贫辍学、拖欠教师工资、学校危房年久失修、公用经费短缺等突出问题，引起全社会的广泛关注。同时，农村教育办学体制、运行机制以及教学内容与方法等，也存在与农村经济和社会发展不相适应的状况。解决这些问题，办好农村教育，必须一手抓发展，一手抓改革。

今后一个时期，我国农村教育发展的总体目标是：在巩固“两基”[4]成果的基础上，努力实现全面普及九年义务教育，全面提高义务教育质量，同时大力发展职业教育和成人教育，促进农村各类教育协调发展。普及义务教育，仍然是当前农村教育工作的重点。要坚持积极进取、实事求是、分区规划、分类指导的原则：西部地区集中力量打好“两基”攻坚战；中部地区切实抓好“两基”的巩固和提高；东部地区实现高质量高水平“普九”。这里，我要着重谈谈西部“两基”攻坚问题。

国务院决定：到 2007 年，力争使西部地区九年义务教育普及率达到 85%以上，青壮年文盲率[5]降到 5%以下。承担西部“两基”攻坚任务的 372 个县，国土面积达 345 万平方公里，覆盖人口 8 300 多万，主要分布在“老少边穷”地区[6]。在这些地区完成“两基”攻坚任务，有利于在全国范围内实现全面普及九年义务教育的目标，并将对推进西部扶贫开发、促进民族团结、维护边疆稳定起到非常重要的作用。同时，要清醒地看到完成这一任务的复杂性和艰巨性。这些地区经济落后、县乡财政困难、教育基础薄弱，地广人稀、生源分散、办学成本高，条件艰苦、人才出去多回来少、合格教师短缺，少数群众观念落后、偏重眼前利益、重男轻女，适应少数民族地区特殊需要的教材教具和双语师资力量缺乏等，使得提高入学率、控制辍学率面临着比别的地区更多的困难。中央已经做出郑重承诺，并且下定决心办好这件大事，各地必须高度重视，精心部署，狠抓落实，讲求实效，来不得半点形式主义和浮夸虚报。一是国务院有关部门和西部各省（自治区、直辖市）要在充分调查研究的基础上，制定工作规划，设立专项经费，认真组织实施，每年督促检查一次。二是县级政府要负起主要责任，发扬扶贫攻坚那种“领导苦抓、部门苦帮、群众苦干”的精神，真抓实干，锲而不舍，注重实效，财政再紧张也要确保教育投入。乡（镇）政府和村民自治组织要大力宣传《义务教育法》[7]，动员和帮助贫困家庭农民子女入学。三是广大教师要怀着对“老少边穷”地区群众的深厚感情，提高教学质量，帮助困难学生完成学业。四是采取有力措施解决特殊问题，如兴办寄宿制学校，资助家庭经济困难学生，做好少数民族地区教师培养、教材编写和教学资源开发工作。总之，要坚定信心，克服困难，千方百计，如期完成西部地区“两基”攻坚任务。

已经实现“两基”的中部地区，农村人口众多，经济和教育基础薄弱，不少是粮食主产区和农业人口大县，财政比较困难，巩固提高“两基”的任务相当繁重。各地要保持和发扬当年实现“两基”迎难而上的进取精神，采取得力措施解决前进中的困难和问题，中央将给予必要的支持。

深化农村教育改革，是推动农村教育发展的强大动力。农村教育改革必须全面贯彻党的教育方针，更新教育思想，坚持为“三农”服务的方向，拓宽教育服务领域，增强教学的针对性和实效性，从而满足农村人口多样化的学习需求。当前，深化农村教育改革要重点抓好以下工作。一是推进教学改革。农村中小学在实现国家规定的基础教育基本要求时，要紧密联系农村实际，突出农村特色。职业教育以就业为导向，成人教育以农民技能培训为重点，两者都要实行多样、灵活、开放的办学模式和培训方式，切实培养能真正服务于农村的各类人才，促进农业增效、农民增收，推动农村富余劳动力向二、三产业转移。要充分利用现代远程教育〔8〕手段，促进城乡优质教育资源共享。二是推进办学体制改革。在我国广大农村，教育资源不足同农民群众教育需求日益增长的矛盾越来越突出，并将长期存在。各级政府要加大投入，积极发展公办教育，同时要鼓励和吸引社会力量参与农村办学。办好农村义务教育，是各级政府义不容辞的责任；农村高中阶段教育和幼儿教育，以政府投入为主，多渠道筹措资金，努力形成公办学校和民办学校共同发展的多元办学格局。三是推进农村中小学人事制度改革。办好农村学校，关键是要有好校长、好教师。中小学人事制度改革的出发点和落脚点，是提高农村师资队伍的质量，提高有限教育资源的利用效率。当前迫切需要建立健全同社会主义市场经济体制相适应、能进能出、富有活力的教师管理制度。要采取有效政策措施，吸引优秀人才到西部任教，鼓励城镇教师到乡村任教，通过定向招生等方式培养乡村教师，切实解决"老少边穷"地区乡村学校缺少合格教师和骨干教师不稳定的问题。四是推进"农科教结合"〔9〕和"三教统筹"〔10〕的综合改革。要进一步建立和完善农业、科技、教育等部门的合作机制，有效统筹基础教育、职业教育和成人教育的资源，构建相互沟通、协调发展的农村教育培训网络和科技推广网络。要彻底转变鄙薄职业教育的传统观念，使农村职业教育在今后几年有一个较大发展。这里，我要强调城市教育资源为农村服务的问题。城市和农村是有机统一的整体，应该相互促进、共同发展。地方各级政府要充分发挥城市教育资源的优势，更积极、更有效地为农村和农民提供服务，特别是为西部地区培养输送合格教师。要扩大城市各类职业学校面向农村的招生，开展进城务工农民的职业技能培训。一定要让进城务工农民的子女有书读、有学上，和城里孩子同在蓝天下成长进步。发达地区城市应进一步做好对贫困地区教育的对口支援工作。

农村教育新情况、新事物层出不穷。各地要在总结改革经验的基础上，进一步解放思想、实事求是，与时俱进、大胆改革，推出一批有效服务“三农”的办学新典型，创造同社会主义市场经济相适应、符合教育规律、具有农村特色的教育新经验。

三、切实加强对农村教育工作的领导

办好农村教育，是各级政府的一项重要职责，也是各级党委加强对农村工作领导的一个十分重要的方面。发展农村教育，有经费问题，有体制问题，有师资问题，核心是加强领导问题。这个问题解决了，其他问题就好解决。只要各级党政领导真正重视，有决心、办实事、求实效，农村教育的形势就一定会越来越好。

地方各级政府和国务院各有关部门都要从实践“三个代表”重要思想和执政为民的高度，把加强农村教育工作摆上重要议事日程，并且结合本地区、本部门实际，制定规划，组织实施，督促检查，狠抓落实。邓小平同志早在1985年就指出：“忽视教育的领导者，是缺乏远见的、不成熟的领导者，就领导不了现代化建设。各级领导要像抓好经济工作那样抓好教育工作。”[11]近年来，许多地方领导同志重视农村教育工作，特别是一些地方在财力并不宽裕的情况下，舍得增加农村教育投入。“再穷不能穷教育，再苦不能苦孩子。”

由于领导者真抓实干，当地教育落后的状况得到迅速改变。对这些有远见的领导者，党和人民应当给予充分肯定和鼓励。今后衡量一个领导干部任期内的政绩大小，不是光看经济增长指标，还要看辖区内特别是农村地区的教育发展状况。组织部门考察县乡干部，要了解当地学校和教育发展的状况，因为教育是一个地区经济社会发展的综合反映。各级政府主要负责同志应经常深入农村学校，了解实际情况，倾听群众呼声，及时解决农村教育发展和改革中遇到的实际困难和问题。

要认真落实"以县为主"的农村教育管理体制〔12〕。实行"在国务院领导下，由地方政府负责、分级管理、以县为主"的农村义务教育管理体制，把农村义务教育切实纳入公共财政体系予以保障，减轻农民负担，这是牵动农村经济和社会发展全局的一项重大改革。农村税费改革之后，中央加大转移支付〔13〕力度，有力保障了农村义务教育管理体制的调整。目前，一些地方反映农村义务教育"保工资、保安全、保运转"〔14〕所需经费存在缺口。解决好这个问题，关键是各级政府要调整财政支出结构，努力增加教育投入，确保农村义务教育的基本需求，认真落实好中央提出的新增教育经费主要用于农村的要求。中央要进一步增加对困难地区农村教育的转移支付。省、地(市)级政府特别是省级政府，更要切实负起领导责任：一是要通过增加转移支付，提高财政困难县义务教育经费的保障能力；二是安排使用中央下达的工资性转移支付资金，要全部补助到县；三是安排农村税费改革专项转移支付资金，要弥补农村教育费附加和农民集资取消后学校危房改造和运转的经费缺口，确保农村义务教育经费不低于税费改革前的水平并力争有所提高。要将维护、改造和建设农村中小学校舍所需经费纳入政府经常性预算。考虑到各地的实际困难，最近中央又安排了一笔专项资金用于补助困难地区中小学危房改造，各地一定要把这笔钱用好。

要特别关注和解决好农村家庭困难学生的就学问题。我们是社会主义国家，根据目前国力，应该也完全有能力为全体适龄儿童、少年接受义务教育提供帮助。从全国看，辍学率哪怕有一个百分点，在农村就会影响上百万孩子的一生和前途，将给国家和社会带来难以弥补的损失。我们一定要抓紧建立健全资助家庭经济困难学生就学制度，切实保障他们接受义务教育的权利。

要大力弘扬中华民族尊师重教的优良传统。古代大思想家荀子〔15〕说过："国将兴，必贵师而重傅；贵师而重傅，则法度存。"〔16〕他把尊师重教同国家治理和兴衰联系起来，发人深省。我国有数百万农村教师，他们默默无闻，年复一年，辛勤耕耘在农村教学第一线，为教育事业发展和农村现代化建设做出了巨大贡献。特别是长期工作在"老少边穷"地区的乡村教师，艰苦奋斗，无私奉献，他们的崇高品德和业绩应该得到全社会的尊重。我们要像宣传劳动模范、宣传科学家那样，大力宣传教育家、宣传优秀教师，进一步在全社会形成尊师重教和支持农村教育的良好风尚。

百年大计，教育为本。一个国家，一个民族，教育上去了，就大有希望。我们相信，有以胡锦涛同志为总书记的党中央的正确领导，有广大教育工作者的辛勤耕耘，有全党全社会的共同奋斗，我国农村教育工作必将开创崭新的局面！

注　释

〔1〕即陈至立。陈至立时任国务委员、国务院党组成员。

〔2〕家庭联产承包责任制，即农户以家庭为单位向集体组织承包土地等生产资料和生产任务的农业生产责任制形式。家庭联产承包责任制是我国农民的伟大创造，是农村经济体制改革的产物。中共十一届三中全会以后，在党中央的积极支持和大力倡导下，家庭联产承包责任制逐步在全国推开。

〔3〕“普九”，即我国普及九年义务教育的简称。

〔4〕“两基”，即基本普及九年义务教育和基本扫除青壮年文盲的简称。

〔5〕青壮年文盲率，指青壮年文盲人数占青壮年人口总数的比重。

〔6〕“老少边穷”地区，即革命老区、少数民族地区、边疆地区、穷困地区的简称。

〔7〕《义务教育法》，即《中华人民共和国义务教育法》，于1986年颁布实施。规定国家实行九年义务教育。2006年，全国人民代表大会常务委员会对《义务教育法》做了全面修订。《义务教育法》修订突出了保障适龄儿童、少年接受义务教育权利的理念，将义务教育经费保障机制以法律的形式固定下来，将素质教育上升为统一的法律规定，将义务教育均衡发展作为法律要求予以明确。

〔8〕现代远程教育，指通过音频、视频(直播或录像)以及包括实时和非实时在内的计算机技术把课程传送到校园外的教育。

〔9〕“农科教结合”，指通过政府统筹安排，使农业、科技、教育等部门的人力、物力、财力得以综合利用，形成科教兴农的强大合力，取得最佳的整体效益。其实质是使农业发展和农村经济建设转移到依靠科技进步与提高劳动者素质的轨道上来。

〔10〕“三教统筹”，指分级统筹管理基础教育、职业技术教育和成人教育。

〔11〕见邓小平《把教育工作认真抓起来》，《邓小平文选》第3卷，人民出版社1993年版，第121页。

〔12〕2001年5月29日，国务院印发《国务院关于基础教育改革与发展的决定》。《决定》指出：“进一步完善农村义务教育管理体制。实行在国务院领导下，由地方政府负责、分级管理、以县为主的体制。”简称为“以县为主”管理体制。这是我国基础教育特别是农村义务教育管理体制的重大转变。2006年6月29日第十届全国人民代表大会常务委员会第二十二次会议审议通过的修订后的《义务教育法》第七条规定：“义务教育实行国务院领导，省、自治区、直辖市人民政府统筹规划实施，县级人民政府为主管理的体制。”这就把“以县为主”管理体制以法律形式确定下来。

〔13〕转移支付是指不以直接取得实物或劳务为补偿的财政支出，可分为对个人的转移支付和对地方政府的转移支付。我国与世界上大多数国家一样，在调节中央

政府与地方政府之间财政分配关系时，采用政府间转移支付手段。

〔14〕这是农村义务教育“以县为主”管理体制规定的工作目标和经费保障措施。

〔15〕荀子（约前313—前238），战国末期思想家、教育家。名况，字卿。赵国人。著有《荀子》一书。

〔16〕见《荀子·大略》。

把目光投向中国*

（2003 年 12 月 10 日）

校长先生，

女士们，先生们：

衷心感谢萨默斯[1]校长的盛情邀请。

哈佛大学[2]精英荟萃，人才辈出。建校 367 年来，曾出过 7 位总统、40 多位诺贝尔奖[3]获得者。这是你们的光荣。今天，我很高兴站在哈佛的讲台上，同你们面对面地交流。我很喜欢青年，因为青年人富有朝气，最少保守思想，象征着世界的未来。在今年北京 SARS 肆虐的时候，我想到了学生。我既关心他们，又想从他们那里得到力量。于是，我到清华和学生一起吃饭，在北大和同学们在图书馆一道交谈，那时的气氛可能大家感受不到，但是我发现青年人的思想还是憧憬着光明的未来。他们指着窗户外的树对我说：人们都说当树叶都长出来的时候、树木葱绿的时候，这场灾难就会过去。他们说：我们都愿意做一片绿叶。他们问我：总理，在这棵大树上，你

---

* 这是温家宝同志访问美国期间在哈佛大学发表的演讲。

是哪一个部位？我立即回答他们，我说：我也是一片叶子。事情真是像他们想的那样，当大地复苏、树木葱绿的时候，这场疾病就被我们驱赶掉了。

作为一个演讲者，首先要知道听演讲的人是什么样的人，这样才可以彼此交心。

大家知道，我出生在一个教师家庭。我的童年是在战火中度过的，我没有在座的同学们那样一个童年。在日本侵略者用刺刀把人们赶到广场的时候，我依偎在妈妈的身边。后来战火无情地烧毁了我的家，连同我祖父在农村办的那所小学〔4〕。我大部分时间都是在中国最艰苦的地方工作的，因此，我对我的国家、对我的人民了解得深、爱得深。

我今天演讲的题目是“把目光投向中国”。

中美两国相隔遥远，经济水平和文化背景差异很大。但愿我的这篇讲演，能增进我们之间的相互了解。

要了解一个真实的、发展变化着的、充满希望的中国，就有必要了解中国的昨天、今天和明天。

昨天的中国，是一个古老并创造了灿烂文明的大国。

大家知道，在人类发展史上，曾经出现过西亚两河流域〔5〕的巴比伦文明〔6〕，北非尼罗河流域〔7〕的古埃及文明〔8〕，地中海北岸的古希腊和罗马文明〔9〕，南亚印度河流域〔10〕的古文明，还有就是发源于黄河—长江流域的中华文明〔11〕，等等。由于地震、洪水、瘟疫、灾荒，由于异族入侵和内部动乱，这些古文明，有的衰落了，有的消亡了，有的融入了其他文明。而中华文明，以其顽强的凝聚力和隽永的魅力，历经沧桑而完整地延续了下来。拥有五千年的文明史，这是我们中国人的骄傲。

中华民族传统文化博大精深、源远流长。早在两千多年前，就产生了以孔孟为代表的儒家学说[12]和以老庄为代表的道家学说[13]，以及其他许多也在中国思想史上有地位的学说流派，这就是有名的“诸子百家”[14]。从孔夫子[15]到孙中山，中华民族传统文化有它的许多珍贵品质，许多人民性和民主性的好东西。比如，强调仁爱，强调群体，强调和而不同[16]，强调天下为公[17]。特别是“天下兴亡，匹夫有责”[18]的爱国情操，“民惟邦本”[19]、“民贵君轻”[20]的民本思想，“己所不欲，勿施于人”[21]的待人之道，吃苦耐劳、勤俭持家、尊师重教的传统美德，世代相传。所有这些，对家庭、国家和社会起到了巨大的维系与调节作用。

今年9月10日中国教师节[22]，我专程到医院看望北京大学老教授季羡林[23]，他已经92岁高龄，学贯中西，专攻东方学[24]。我很喜欢读他的散文。他有个很好的习惯，就是住在医院里，每天还把所见所闻写一篇很好的散文。他研究的吐火罗文[25]，现在世界上大概很少有人研究这种语言。我们在促膝交谈中，谈到近代有过“西学东渐”[26]，也有过“东学西渐”[27]。17—18世纪，当外国传教士把中国的文化典籍翻译成西文传到欧洲时，曾引起西方一批著名学者和启蒙思想家的极大兴趣。笛卡儿[28]、莱布尼茨[29]、孟德斯鸠[30]、伏尔泰[31]、歌德[32]、康德[33]等，都对中国传统文化有过研究。

我年轻的时候读过伏尔泰的著作。他说过，作为思想家来研究这个星球的历史时，首先要把目光投向包括中国在内的东方。他说，当其他许多国家的人还在争论人的起源的时候，中国人已经在认真写自己的历史了。

非常有意思的是，一个半世纪前，贵国著名的哲学家、杰出的哈佛人——爱默生[34]先生，也对中国的传统文化情有独钟。他在文章中摘引孔孟的言论很多。他还把孔子和苏格拉底[35]、耶稣[36]相提并论，认为儒家道德学说“虽然是针对一个与我们完全不同的社会，但我们今天读来仍受益不浅”。

今天我们重温伏尔泰和爱默生的这些名言，不禁为他们的睿智和远见所折服。

今天的中国，是一个改革开放与和平崛起的大国。

费正清[37]先生关于中国人多地少有过这样的描述：美国一户农庄所拥有的土地，到了中国却居住着整整一个拥有数百人的村落。他还说，美国人尽管在历史上也曾以务农为本，却体会不到人口稠密的压力。

人多，不发达，这是中国的两大国情。中国有13亿人，我常常给大家介绍一个关于13亿的简单也很复杂的乘除法。这就是：多么小的问题，乘以13亿，都可以变成很大的问题；多么大的经济总量，除以13亿，都变成很小的数目，就是成为很低的人均水平。这是中国领导人任何时候都必须牢牢记住的。

解决13亿人的问题，不能靠别人，只能靠自己。中华人民共和国成立以来，我们的建设取得了很大成就，同时我们也走了一些弯路，失去了一些机遇。从1978年开始改革开放，我们终于找到了一条发展自己的正确道路。这就是：中国人民独立自主地建设中国特色社会主义。

这条道路的精髓，就是调动一切积极因素，解放和发展生产力，尊重和保障中国人民追求幸福的自由。

中国的改革开放，从农村到城市，从经济领域到政治、文化、社会领域。它的每一步深入，说到底，都是为了放手让一切劳动、知识、技术、管理和资本的活力竞相迸发，让一切创造社会财富的源泉充分涌流。

中国在相当长时间内曾实行高度集中的计划经济体制。随着社会主义市场经济体制改革的深入和民主政治建设的推进，过去人们在择业、迁徙、致富、投资、资讯、旅游、信仰和选择生活方式等方面无形和有形的不合理限制，被逐步解除。这就带来了前所未有的、广泛而深刻的变化。一方面，广大城乡劳动者的积极性得以释放，特别是数以亿计的农民得以走出传统的村落，进入城市特别是沿海地区，数以千万计的知识分子的聪明才智得到充分发挥；另一方面，规模庞大的国有资产得以盘活，数万亿元的民间资本得以形成，5 000 亿美元的境外资本得以流入。这种资本和劳动的结合，就在中国 960 万平方公里的国土上，演进着人类历史上规模极为宏大的工业化和城市化。过去 25 年间，中国经济之所以以年均 9.4％的速度迅速增长，其奥秘就在于此。

25 年间中国创造的巨大财富，不仅使 13 亿中国人基本解决了温饱问题，基本实现了小康，而且为世界发展做出了贡献。中国所有这些进步，都得益于改革开放，归根到底来自于中国人民基于自由的创造。

我清醒地认识到，在中国现阶段，相对于有限的资源和短缺的资本，劳动力的供应是十分充裕的。不切实保护广大劳动者特别是进城农民工的基本权利，他们就有可能陷于像狄更斯〔38〕、德莱塞〔39〕小说所描写的那种痛苦境地。不切实保护公民的财产权利，就难以积累和吸引宝贵的资本。

因此，中国政府致力于两个保护：一个是保护劳动者的基本权利；一个是保护财产权利，既要保护公有财产，又要保护私人财产。关于这一点，中国的法律已经做出明确规定，并付诸实施。

中国的改革开放正是为了推动中国的人权进步，两者是相互依存、相互促进的。改革开放为人权进步创造了条件，人权进步为改革开放增添了动力。如果把两者割裂开来，以为中国只注意发展经济而忽视人权保护，这种看法不符合实际。正如贵国前总统罗斯福[40]曾指出的，“真正的个人自由，在没有经济安全和独立的情况下，是不存在的”，“贫者无自由”。

我并不认为，今天中国的人权状况是尽善尽美的。对人权方面存在的这样那样的弊端和消极现象，中国政府一直认真努力加以克服。在中国，把发展、改革和稳定三者结合起来，具有极端的重要性和艰巨性。百闻不如一见。只要朋友们到中国实地看一看，对改革开放以来中国的人权进步和中国政府为保障人权所做的艰苦努力，就会有客观的理解和认识。

中国是个发展中的大国。我们的发展，不应当也不可能依赖外国，必须也只能把事情放在自己力量的基点上。这就是说，我们要在扩大对外开放的同时，更加充分和自觉地依靠自身的体制创新，更加充分地依靠开发越来越大的国内市场，更加充分地依靠把庞大的居民储蓄转化为投资，更加充分地依靠国民素质的提高和科技进步来解决资源和环境问题。中国和平崛起发展道路的要义就在于此。

当然，中国仍然是一个发展中国家。城市和农村、东部和西部存在着明显的发展差距。如果你们到中国东南沿海城市去旅行，就会看到高楼林立、车流如织、灯火辉煌的现代景观。但是，那不是中国的全部。我国的农村特别是中西部农村还有不少落后的地方。前不久，美国商务部长艾伦斯跟我谈中美贸易问题。他先去了中国西部的农村，带来了两张照片，反映了中国西部农村的落后情况。他深有感触，说永远也不会忘记那里的人民。我说，中国有 2 500 个县，我跑过了 1 800 个，最穷的地方我都到过了，你看到的不是最穷的。我说，如果你懂得了中国的真实情况，那我们会谈的问题就很好解决了。那确实是一次有益的会谈。在那些贫穷的偏僻山村，人们还在使用人力和畜力耕作，居住的是土坯房，大旱之年人畜饮水十分困难。我在心里常默念郑板桥[41]的两句诗，就是“衙斋卧听萧萧竹，疑是民间疾苦声”[42]。作为中国的总理，每念及还有3 000万农民同胞没有解决温饱问题，还有2 300万领取最低生活保障金的城镇人口，还有6 000万需要社会帮助的残疾人，我忧心如焚、寝食难安。中国要达到发达国家水平，还需要几代人、十几代人甚至几十代人的长期艰苦奋斗。

明天的中国，是一个热爱和平和充满希望的大国。

中华民族历来酷爱和平。两千多年前，秦始皇[43]修筑的长城[44]是防御性的。一千多年前，唐朝拓展通向西域的丝绸之路[45]，是为了把丝绸、茶叶、瓷器等销往世界。五百多年前，明朝著名的外交家和航海家郑和[46]七下西洋，是为了同友邦结好，带去了精美的产品和先进的农业、手工业技术。正如俄罗斯伟大文学家托尔斯泰[47]所说，中华民族是“最古老的民族，最伟大的民族”，“世界上最酷爱和平的民族”。

近代以来，由于封建王朝愚昧、腐败和闭关锁国，导致社会停滞、国力衰竭，列强频频入侵。中华民族尽管灾难深重、饱受凌辱，但始终自强不息、愈挫愈奋。一个民族在灾难和挫折中学到的东西，会比平时多得多。

中国已经制定了实现现代化的“三步走”战略[48]。从现在起到2020年，中国要全面实现小康。到2049年，也就是中华人民共和国成立一百周年的时候，我们将达到世界中等发达国家的水平。我们清醒地估计到，在前进的道路上还要克服许许多多可以想见的和难以预料的困难，迎接各种各样严峻的挑战。我们不能不怀有这样的危机感。当然，中国政府和中国人民有足够的信心，励精图治，艰苦奋斗，排除万难，实现我们的雄心壮志。这是因为：

——当今世界的潮流是要和平、要发展。中国的发展正面临非常难得的战略机遇期。这种大的机遇期不多，稍纵即逝。我们已下定决心。

——中国坚持的是充满生机和活力的社会主义。我曾经在我担任总理的那天，做过一个比喻。我说，社会主义是大海，大海容纳百川，永不枯竭。我们立足国情，大胆推进改革开放，勇于吸收人类一切优秀文明成果来充实自己。善于自我调整、自我完善的社会主义，它的生机和活力是无限的。

——改革开放25年来已积累起一定的物质基础，中国经济在世界已占有一席之地。中国亿万人民追求幸福、创造财富的积极性，乃是推进国家现代化取之不尽、用之不竭的巨大力量。

——中华民族具有极其深厚的文化底蕴。“和而不同”是中国古代思想家提出的一个伟大思想。和谐而又不千篇一律，不同而又不彼此冲突；和谐以共生共长，不同以相辅相成。用“和而不同”的观点观察、处理问题，不仅有利于我们善待友邦，也利于国际化解矛盾。

女士们，先生们：

加深理解是相互的。我希望美国青年把目光投向中国，也相信中国青年会进一步把目光投向美国。

美国是一个伟大的国家。从移民时代开始，美利坚民族的顽强意志和拓荒气概，务实和创新精神，对知识的尊重和人才的吸纳，科学和法治传统，铸就了美国的繁荣。美国人民在遭受“9·11”恐怖袭击〔49〕时所表现出来的镇定、互助和勇气，令人钦佩。

进入21世纪，人类面临的经济和社会问题更加复杂。文化因素将在新的世纪里发挥更加重要的作用。不同民族的语言各不相同，而心灵情感是相通的。不同民族的文化千姿百态，其合理内核往往是相同的，总能为人类所传承。各民族的文明都是人类智慧的成果，对人类进步做出了贡献，应该彼此尊重。人类因无知或偏见引起的冲突，有时比因利益引起的冲突更可怕。我们主张以平等和包容的精神，努力寻找双方的共同点，开展广泛的文明对话和深入的文化交流。

贵国著名诗人麦尔维尔〔50〕在《麦尔文山》中曾这样写道："无论世界怎样变化，树木逢春便会绿叶招展。"

青年代表着国家和世界的未来。面对新世纪中美关系的广阔前景，我希望两国青年更加紧密地携起手来！

女士们，先生们：

中华民族的祖先曾追求这样一种境界："为天地立心，为生民立命，为往圣继绝学，为万世开太平。"〔51〕今天，人类正处在社会急剧大变动的时代，回溯源头，传承命脉，相互学习，开拓创新，是各国弘扬本民族优秀文化的明智选择。我呼吁，让我们共同以智慧和力量去推动人类文明的进步与发展。我们的成功将承继先贤，泽被后世。这样，我们的子孙就能生活在一个更加和平、安定和繁荣的世界里。我坚信，这样一个无限光明、无限美好的明天，必将到来！

谢谢诸位。

注　释

〔1〕萨默斯（Lawrence H. Summers），1954 年出生，哈佛大学第二十七任校长。曾任哈佛大学经济学教授、世界银行首席经济学家、美国财政部长等职。

〔2〕哈佛大学，美国的私立大学。1636 年创立于马萨诸塞州剑桥。原名"哈佛学院"，1780 年改现名。

〔3〕诺贝尔奖是以瑞典著名化学家、工程师、无烟火药发明人诺贝尔（Alfred

B. Nobel，1833—1896)的遗产作为基金而设立的。1895年，诺贝尔立下遗嘱，将部分遗产作为基金，以其每年的利息分设物理学、化学、生理学或医学、文学及和平五项奖金，1968年增设经济学奖金，授予世界各国在上述领域对人类做出重大贡献的个人或组织。1901年起，每年在诺贝尔逝世日12月10日颁发。

〔4〕指温家宝同志的祖父温瀛士(1895—1960)于1930年9月创立的温氏私立普育女子小学，即普育学校。“普”，即普适、普及；“育”，即教育、培育。1933年，温氏私立普育女子小学改称私立普育小学。温瀛士题写校训“勤劳真实”，并设计校旗、制作校徽、统一校服、教唱校歌。1936年，普育小学因正式招收男生而改名私立士范小学。士范即培养才智之士的典范之意。该校后毁于战火。

〔5〕两河流域，亦称美索不达米亚，即西亚底格里斯河与幼发拉底河之间的平原，位于叙利亚东部和伊拉克境内。它是世界古文明发祥地之一，曾建有巴比伦、亚述等古国。

〔6〕巴比伦文明是两河流域文明的重要组成部分。巴比伦是古代两河流域最大城市，也是古巴比伦王国的首都及古巴比伦文明的核心，位于今伊拉克巴格达之南，始建于公元前3000年代后期。前2000年代至前1000年代中期，巴比伦城是西部亚洲著名的商业和文化中心；前4世纪末渐趋衰落，至2世纪化为废墟。公元前18世纪，古巴比伦王国国王汉穆拉比统一两河流域，建立中央集权的奴隶制国家，制定了世界上第一部比较完备的成文法典，即《汉穆拉比法典》。

〔7〕尼罗河位于非洲东北部，全长6 671千米，为世界最长河流。流域面积287.5万平方千米，约占非洲大陆面积的1/10。河口为典型的弓形三角洲，面积2.4万平方千米。尼罗河流域是世界古文明发祥地之一。

〔8〕古埃及是非洲东北部尼罗河下游的文明古国，是世界文明的发祥地之一，在文字、历法、建筑、艺术、科学知识等方面，对西亚和欧洲曾有相当影响。一般认为，古埃及文明具体指古埃及人于公元前5000年的塔萨文化到641年阿拉伯人征服埃及为止这段时间，在尼罗河第一瀑布至三角洲地区间创造的文明。

〔9〕这是古希腊和古罗马文明的统称。古希腊文明是欧洲古代文明中主要的、最有成就的部分。公元前6—前4世纪，古希腊社会政治、经济发展，产生了丰富多彩的文化，尤以雅典城邦为著；在文学、艺术、哲学、科学等领域表现出多方面的、创造性的智慧，对古罗马和后世欧洲的文化有很大影响。古罗马文明也是欧洲古代文明的重要组成部分。早期多受伊特鲁里亚和古希腊文明的影响。公元前3世纪以后，古罗马的政治、经济发展迅速，成为地中海地区的强国，其文明亦随之发展起来。古

罗马文明在政制、法学及建筑艺术方面对西方文明有很大影响。

〔10〕印度河为南亚大河。发源于中国西藏冈底斯山，上游为狮泉河和噶尔河。流经克什米尔、巴基斯坦，注入阿拉伯海。全长 3 180 千米，流域面积约 96 万平方千米，是世界古文明发祥地之一。

〔11〕中华文明，亦称华夏文明。它是世界上最古老的文明之一，也是世界上持续时间最长的文明。一般认为，中华文明的直接源头有三个，即黄河文明、长江文明和北方草原文明，中华文明是三种区域文明交流、融合、升华的结果。

〔12〕儒家学说是指中国学术思想中崇奉孔子学说的学派主张。学说主要内容是“祖述尧舜，宪章文武”，崇尚“礼乐”和“仁义”，提倡“忠恕”和不偏不倚、无过不及的“中庸”之道，主张“德治”和“仁政”，重视伦理道德教育和自我修身养性。战国时儒家有八派，重要的有孟子和荀子两派。自汉武帝“罢黜百家，独尊儒术”后，其学说逐渐成为中国封建社会文化的主流。

〔13〕道家学说是指以先秦老子、庄子关于“道”的学说为中心的学派主张。老子是道家的创始人，庄子继承和发展了老子的思想。道家学说以老庄自然天道观为主，强调人们在思想、行为上应效法“道”的“生而不有，为而不恃，长而不宰”。政治上主张“无为而治”，“不尚贤，使民不争”，伦理上主张“绝仁弃义”，与儒墨之说形成明显对立。道家思想对中国的政治、思想、科技、文化、艺术等方面都有深刻影响，是中国传统文化中的重要组成部分。

〔14〕“诸子百家”是先秦至汉初各个学派的总称。诸子指各派的代表人物，如儒家的孔子、孟子，墨家的墨子，道家的老子等；亦指各派学者的代表作。百家指学术上的各种派别。

〔15〕即孔子。孔子(前 551—前 479)，春秋末期思想家、政治家、教育家，儒家学派的创始人。名丘，字仲尼。鲁国陬邑(今山东曲阜东南)人。孔子一生的主要言行，经其弟子和再传弟子整理，编成《论语》一书，成为后世儒家学派的经典。

〔16〕和而不同，指和谐相处，协调不同意见，但不盲从苟同。语出《论语・子路》。原文为：“君子和而不同，小人同而不和。”

〔17〕天下为公，原指君位不为一家所私有，后亦指一种美好的、权利平等的社会政治理想。语出《礼记・礼运》。原文为：“大道之行也，天下为公。”

〔18〕语出清代顾炎武《日知录・正始》。原文为：“保天下者，匹夫之贱，与有责焉耳矣。”

〔19〕语出《尚书・五子之歌》。原文为：“民惟邦本，本固邦宁。”

〔20〕语出《孟子·尽心下》。原文为："民为贵，社稷次之，君为轻。"

〔21〕见《论语·颜渊》。

〔22〕1985年1月21日，第六届全国人民代表大会常务委员会第九次会议做出决议，将每年的9月10日定为我国的教师节。

〔23〕季羡林（1911—2009），中国语言学家、翻译家、作家。山东清平（今并入临清）人。1934年毕业于清华大学，1941年获德国格丁根大学哲学博士学位。1946年回国后，任北京大学东方语言学系教授、系主任，副校长。曾任中国语言学会会长、中国敦煌吐鲁番学会会长、中国东方文化研究会会长等职。中国科学院学部委员。第二至五届全国政协委员，第六届全国人大常委会委员。他精通梵、巴利、吐火罗等多种文字，在佛教文化、印度历史与文化、中印文化关系史等领域颇有建树。

〔24〕东方学是研究东方（亚洲、东北非洲）各国的语言文字、社会历史、艺术、宗教以及其他物质、精神文化诸学科的总称。产生于16—17世纪欧洲资本主义对外扩张时期。18—19世纪以来，随着古文字译解的成功，该学科有新的发展，并出现了埃及学、亚述学等专门学科。

〔25〕吐火罗文，即焉耆-龟兹语文，是古代流传在新疆吐鲁番、焉耆和库车一带的一种语言文字。属印欧语系支派。20世纪初以来，在我国新疆吐鲁番、焉耆、库车等地发现了这种语言的文献（多属7—8世纪）。

〔26〕西学东渐是指明朝末年一直到近代，西方学术思想向中国传播的历史过程。在"西学东渐"过程中，西方的哲学、政治学、社会学、经济学、法学、史学、文学、艺术、天文学、物理学、化学、医学、生物学、地理学、应用科技等大量传入中国，对中国的文学、艺术、学术、思想、政治和社会经济都产生了重大影响。

〔27〕东学西渐是指以中国为主的东方文化向西方国家传播、影响的历史过程。这个过程历史悠久，对世界文化的发展有十分深远的影响。同时，它也是与"西学东渐"互相补充的东西方文化交流过程。

〔28〕笛卡儿（René Descartes，1596—1650），法国哲学家、物理学家、数学家、生理学家。他是解析几何的创始人，也是欧洲近代唯理论的创始人。

〔29〕莱布尼茨（Gottfried W. von Leibniz，1646—1716），德国自然科学家、数学家、哲学家。在数学上，他同牛顿并称为微积分的创始人，同时又是数理逻辑的前驱者。在哲学上，他是唯理论的主要代表人物之一。

〔30〕孟德斯鸠（Charles de Secondat, baron de Montesquieu，1689—1755），法国启蒙思想家、法学家。他提出了三权分立学说和地理环境决定政治制度的理论。

〔31〕伏尔泰(Voltaire,1694—1778),法国启蒙思想家、作家、哲学家。他主张开明的民主制度,强调自由与平等。

〔32〕歌德(Johann W. von Goethe,1749—1832),德国诗人、剧作家、思想家。他的作品对德国和世界文学有很大影响。

〔33〕康德(Immanuel Kant,1724—1804),德国哲学家。他是德国古典唯心主义的创始人。

〔34〕爱默生(Ralph W. Emerson,1803—1882),美国散文家、诗人。他是美国超验主义运动的核心人物。

〔35〕苏格拉底(Socratēs,前469—前399),古希腊哲学家。他在欧洲哲学史上最早提出唯心主义的目的论。

〔36〕耶稣(Jeshus),基督教所信奉的救世主,称为基督或耶稣基督。后人据《新约全书》推算,耶稣生平当在1世纪初期。

〔37〕费正清(John K. Fairbank,1907—1991),美国汉学家、历史学家。他是哈佛大学东亚研究中心的创始人。

〔38〕狄更斯(Charles Dickens,1812—1870),英国作家。他是英国现实主义文学的重要代表人物之一。其作品从人道主义出发,抨击资本主义社会,主张用改良手段变革社会。

〔39〕德莱塞(Theodore Dreiser,1871—1945),美国小说家。他曾加入美国共产党,是倾向社会主义的美国现实主义作家。

〔40〕罗斯福(Franklin D. Roosevelt,1882—1945),美国总统(1933—1945),民主党人。他在任内推行新政对付经济危机,颇有成效。第二次世界大战爆发后,他反对德、意、日集团的侵略政策。

〔41〕郑板桥(1693—1765),即郑燮,清代书画家、文学家。字克柔,号板桥。“扬州八怪”之一。他擅长诗词创作,其作品对民间疾苦的描写颇为深刻。

〔42〕见清代郑板桥《潍县署中画竹呈年伯包大中丞括》。

〔43〕秦始皇(前259—前210),即嬴政。战国时期的秦国国君、秦王朝的建立者。

〔44〕春秋战国时期,各国为了互相防御,分别在形势险要的地方修筑长城。战国时,齐、楚、魏、燕、赵、秦和中山等国也相继兴筑长城。灭六国完成统一大业后,为防御匈奴南侵,秦始皇于公元前214年下令将秦、赵、燕三国的北边长城予以修缮,连贯为一。该长城故址西起临洮(今甘肃岷县),北傍阴山,东至辽东,俗称“万里长城”。

至今犹存有遗迹。

〔45〕丝绸之路，亦称丝路。它是古代以中国为始发点，向亚洲中部、西部及非洲、欧洲等地运送丝绸等物品的交通道之总称。

〔46〕郑和（1371 或 1375—1433 或 1435），明朝宦官、航海家。云南昆阳州（今晋宁）人。永乐三年（1405 年）率舰队通使西洋，两年而返。以后又累次航海，至宣德八年（1433 年），28 年间，计 7 次远航，遍访 30 多个国家和地区，最远曾达非洲东岸和红海海口，为中外航海史上的壮举，促进了中国和亚非各国的经济、文化交流。

〔47〕托尔斯泰（Лев Толстой，1828—1910），俄国作家。他的创作时期长达 60 余年，其作品深刻反映出以宗法社会为基础的农民世界观的矛盾，对世界文学有很大影响。

〔48〕“三步走”战略，是指分“三步走”基本实现中国社会现代化的发展战略。1987 年由中共十三大提出。第一步，到 20 世纪 80 年代末，实现国民生产总值比 1980 年翻一番，解决人民的温饱问题；第二步，到 20 世纪末，使国民生产总值再增长一倍，人民生活达到小康水平；第三步，到 21 世纪中叶，人均国民生产总值达到中等发达国家水平，人民生活比较富裕，基本实现现代化。2000 年，“三步走”战略的前两步目标顺利实现。1997 年中共十五大及 2002 年的中共十六大将第三步目标具体化为：到 2010 年，实现国民生产总值比 2000 年翻一番的目标，人民的小康生活更加宽裕，形成比较完善的社会主义市场经济体制；到 2020 年，实现国内生产总值比 2000 年翻两番的目标，国民经济更加发展，各项制度更加完善；到 2049 年，基本实现现代化，建成富强、民主、文明的社会主义国家。2012 年，中共十八大进一步提出，在中国共产党成立一百周年时全面建成小康社会，在新中国成立一百年时建成富强、民主、文明、和谐的社会主义现代化国家。

〔49〕“9·11”恐怖袭击，指 2001 年 9 月 11 日国际恐怖分子在美国东部地区制造的恐怖袭击事件。

〔50〕麦尔维尔（Herman Melville，1819—1891），美国作家。其代表作《白鲸》以象征手法揭示了资本主义的罪恶，是美国文学史上最伟大的小说之一。

〔51〕见北宋张载《张子语录》。

坚持启发式教育，培养杰出人才*

（2005年8月13日）

同学们好，老师们好：

我这次到湖南是考察中部地区的发展问题。今天下午先是到了农民进城招工的服务中心，然后到了袁隆平[1]的研究所看他的“超级稻”[2]，耽搁的时间长了，让老师和同学们久等了！

方才，我看了我们学校里研究的部分成果，也就是今年获得国家技术发明一等奖的炭/炭复合材料[3]。我知道我们学校还有很多优秀的成果，今天我来不及一一地去看。我愿意借此机会向老师们、同学们问好！同时，给老师和同学们提三点希望，也是我自己的感受。

第一，高等学校的培养方针就是要培养热爱祖国、自主创新、明辨是非、艰苦奋斗、德智体全面发展的社会主义建设者和接班人。这就需要坚持启发式教育，让学生学会自己动脑、动手、用心，只有这样才能达到“教是为了不教”[4]。

* 这是温家宝同志在视察中南大学时的讲话。

第二,高等学校要培养杰出的人才。前两天我看望钱学森先生,我给他谈“十一五”规划和科技长远发展规划。他跟我说:“这些我都赞成,我只提一点,就是我们的大学要培养杰出人才。”什么是杰出人才?就是拔尖人才、有创新能力的人才、一流的人才、领军的人才。他还给我提了一个建议,他说:“学工科的、学理科的,也要学习一点文学艺术,很多灵感就是在文学艺术的修养中产生的。”我今天把他这番话转达给老师和同学们,我希望我们这所拥有 7 万多名师生的著名大学能够培养出大批的杰出人才。

第三,在学校当中,除了学习知识以外,还要学习做人。学习做人就是让学生懂得一个最重要的道理:你是天下的人,你应该为天下着想。天下最大的事情是什么呢?是万民的忧乐。因此,立身要以万民的忧乐为自己的忧乐,行事要“先天下之忧而忧,后天下之乐而乐”〔5〕。我希望我们的同学们立身行事时刻想着老百姓!

谢谢大家!

注　释

〔1〕袁隆平,中国杂交水稻育种专家。1930 年出生于北平(今北京),籍贯江西德安。现任国家杂交水稻工程技术研究中心主任、湖南农业大学教授、联合国粮农组织首席顾问等职。中国工程院院士,美国国家科学院外籍院士。1981 年,其籼型杂交水稻研究成果获得我国迄今为止唯一的“国家发明特等奖”。2001 年获得国家最高科学技术奖。被誉为“杂交水稻之父”。

〔2〕“超级稻”是比现有水稻品种在产量上有大幅度提高(大面积推广增产 15%)并兼顾品质与抗性的新型水稻品种。

〔3〕炭/炭复合材料(简称 C/C)是一种特殊类型的复合材料。其主要特点是:经过防氧化处理后在很高温度(1 600 ℃—2 800 ℃)下仍能保持良好性能,同时具

有很好的断裂韧性。2005 年 3 月，中国工程院院士黄伯云领衔发明的高性能炭/炭航空制动材料的制备技术，获得国家技术发明奖一等奖。

〔4〕语出叶圣陶《大力研究语文教学，尽快改进语文教学》。叶圣陶在该文中提出："教师教任何功课（不限于语文），'讲'都是为了达到用不着'讲'，换个说法，'教'都是为了达到用不着'教'。"

〔5〕见北宋范仲淹《岳阳楼记》。

身体力行，教书育人*

（2005年9月9日）

在第二十一个教师节来临之际，我代表党中央、国务院向全国的老师们表示热烈的祝贺、衷心的慰问和诚挚的感谢！向获得第五届高等教育国家级教学成果奖[1]的代表们表示祝贺和感谢！

中国的教育当前面临三大任务：第一，普及义务教育；第二，发展职业教育；第三，提高高等教育的质量。

提高高等教育的质量靠什么？关键靠教师，靠教师自身素质的提高。提高高等教育的质量，除了需要深化高等教育体制和管理机制的改革外，还需要做三件具体的事情。

第一，大力推进启发式教育。孔子说："不愤不启，不悱不发。"[2]这八个字的意思，就是要把学生作为教育的中心，使学生在学习的整个过程中保持着主动性，主动去提出问题，主动去思考问题，主动去发现问题，主动去探索问题。启发式教育的核心，就是要培养学生独立思考和创新思维。所谓教是为了不教，

---

* 这是温家宝同志在接见第五届高等教育国家级教学成果奖获奖代表时的讲话。

就是要使学生自己掌握学习的方法，提高创新的能力。只有这样，他们才可以离开教师，他们才可以超过教师，他们才可以成为人才。

第二，我在这里郑重倡议，教授、名师要上课堂。有一句名言，大学不在于有大楼，而在于有大师。〔3〕我们现在有许多学校，教授、名师不上课堂，这种做法不好，应该改变。教授、院士要上课堂给学生讲基础课。大家都是从学生时代走过来的，知道著名老师给我们讲的每一堂课在我们心目中留下多么深刻的印象，甚至终生难忘。我的晶体光学课就是池际尚〔4〕教授讲的，她不是仅仅讲一堂课，而是整整给我们讲了半年。至今，我都清清楚楚地记得她的音容笑貌。她讲得是那么清楚、那么深刻，甚至费氏台〔5〕的操作她都自己进行。我希望各个高等学校都要继承和发扬这一优良传统。

第三，教书育人。教师除了教学还有另一项任务，就是育人。韩愈〔6〕讲："师者，所以传道授业解惑也。"〔7〕在这句话中，他很注意把"传道"摆在第一位。何谓"传道"？就是要教育学生热爱祖国、热爱人民，具有强烈的社会责任感。

让我用伟大的教育家陶行知〔8〕的一句话来结束我今天的讲话：千教万教，教人求真；千学万学，学做真人。〔9〕我们培养的学生，不单是某一个方面的专家，而应该是一个有学问的人、有道德的人、全面发展的人。

谢谢大家！

注　释

〔1〕高等教育国家级教学成果奖是国务院确定的国家级奖项。1988年4月，国家教委发出《关于加强普通高等学校本科教育工作的意见》。《意见》提出了加强普通高等学校本科教学工作的10条措施；明确1989年召开全国高等学校教学工作奖励大会，以后每4年进行一次。1994年3月，国务院颁布《教学成果奖励条例》，形成了由国家法规所确定的国家级教学成果奖励制度。

〔2〕见《论语·述而》。

〔3〕1931年12月2日，梅贻琦在担任清华大学校长的就职演讲中提出“所谓大学者，非谓有大楼之谓也，有大师之谓也”的著名论断。

〔4〕池际尚（1917—1994），中国地质学家、岩石学家。湖北安陆人。毕业于西南联合大学，后赴美国留学，获博士学位。曾任清华大学副教授，北京地质学院、中国地质大学教授。中国科学院学部委员、院士。第六届全国政协委员，第七届全国政协常委。她对花岗岩、超基性岩、变质岩及岩组学等均有较深的研究，首先提出中国金伯利岩的分类和命名及其含矿性的化学成分判别公式。

〔5〕费氏台是俄国结晶学家、矿物学家、岩石学家费多洛夫（Евграф Стеланович Фёдоров，1853—1919）首创的一种旋转台，它使得矿物的一个任意切面能够在三度空间中围绕几个轴旋转，从而获得所要求的定向切面。为纪念费多洛夫的开创性贡献，人们将这种工作台命名为“费多洛夫台”（简称“费氏台”）或“费多洛夫旋转台”（简称“旋转台”）。

〔6〕韩愈（768—824），唐代文学家、哲学家。河南河阳（今河南孟州南）人。他是唐宋八大家之一，在文学成就上同柳宗元齐名，并称为“韩柳”。他还是唐代古文运动的倡导者，后世称其“文起八代之衰”。

〔7〕见唐代韩愈《师说》。

〔8〕陶行知（1891—1946），中国教育家。原名文濬，后改名知行、行知。安徽歙县人。1914年毕业于南京金陵大学，后赴美留学。先入伊利诺伊大学学习市政，获文科（政治学）硕士学位；后入哥伦比亚大学师范学院学习教育，师从杜威（John Dewey，1859—1952）等。1917年回国后，任南京高等师范学校专任教师、教务主任、教育科主任，东南大学教授、教育科和教育系主任。1919年7月提出教育要“自新、

常新、全新”和“自主、自立、自动”的主张，并参加《新教育》杂志编辑工作。1923 年参与发起组织“中华平民教育促进会”，编写《平民千字课》，推广平民教育。1926 年发表《中华教育改进社改造全国乡村教育宣言书》，倡导乡村教育运动。次年 3 月在南京创办试验乡村师范学校（即晓庄学校），提出“生活即教育”“社会即学校”等理论；10 月在萧山湘湖创办浙江省立乡村师范学校。1931 年发起“科学下嫁”运动，从事科学普及工作。次年组织生活教育社，创办山海工学团，倡导“教学做合一”教育活动。“一二・九”运动后，积极投入抗日救亡运动，提倡国难教育、战时教育，在重庆先后创办育才学校和社会大学。1945 年加入中国民主同盟，任中央常委兼教育委员会主任委员，主办《民主》周刊。毛泽东同志题词称他为“伟大的人民教育家”。

〔9〕语出陶行知给广东省大埔县百侯中学复校十周年写的祝词。原文为：“千教万教兮教人求真，千学万学兮学做真人。”

努力把博士后工作搞得更好*

（2005年10月21日）

今天我们在这里隆重表彰全国优秀博士后先进个人和博士后工作先进单位。我们用这种方式纪念我国博士后制度[1]建立20周年是很有意义的。我代表党中央、国务院向大家表示祝贺！并向辛勤工作在各条战线、各个领域的广大博士后研究人员表示亲切的问候！

中国的现代化建设需要大批的高级科技人才，博士后科研流动站制度[2]就是培养高级科技人才的一种好的方法。我国的博士后制度是在李政道[3]先生的倡议下，由邓小平同志亲自决策建立的。20年来，我国设立了2 381个博士后科研流动站和工作站，培养了32 000多名高层次专业技术人才，取得了一批高水平的科研成果，为推进我国经济社会发展和科技创新做出了积极贡献。事实证明，建立博士后制度是完全正确的。

总结20年来的经验，培养造就现代化建设需要的高层次创新人

---

* 这是温家宝同志在接见全国优秀博士后表彰大会代表时的讲话。

才必须具备四个条件。

第一，要有一个好的制度。博士后研究活动在世界上已有一百多年的历史，第二次世界大战后在一些发达国家逐渐形成博士后研究制度。博士后制度有两个优势：一是博士后研究人员自己找方向、找方法、找结果，可以面向更多的研究领域；二是几千个博士后站，人员可以流动，便于开阔视野，也更富有生气。

第二，要有正确的培养方法。无论是大学生、研究生，还是博士后，都必须提倡培养创造性思维，也就是说培养独立思考和独立发现问题的能力。独立思考就是要不受既有理论和框框的束缚，用你的想象力去发现和提出问题。想象力比知识更重要，因为知识是有限的，而想象力概括着世界的一切，是一切知识的源泉，推动着科学的进步。

第三，要有大批的优秀教师队伍。我曾讲过，要提倡院士、名师上课堂。今天我要在这里强调，名师要善于发现高徒。教师要把主要精力投入到教学上，对有才华的学生，包括博士后，要采取“一对一”的培养方法，每周拿出一天或半天时间和学生谈学习、谈研究，这样才能使人才脱颖而出。我国老一辈杰出科学家大都是名人的学生。例如，周培源〔4〕师从海森堡〔5〕和爱因斯坦学习物理；钱学森是冯·卡门〔6〕的学生；李政道是费米〔7〕的学生，和爱因斯坦面对面讨论过问题；钱三强曾在居里实验室学习和工作；等等。

第四，要有活跃的学术气氛。就是要继续提倡百家争鸣，在科学界形成正确的、活跃的学术气氛。我们要重视规划，因为规划是在总结经验和展望未来的基础上形成的。但也要重视规划以外的科学发明和发现，许多新发明、新创造，往往不是在规划之中。我们要努力为博士后的成长创造良好的环境，我希望在我们的博士后中能培养出像钱学森、朱光亚〔8〕这样的科技领军人物，能出像杨振宁〔9〕、李政道这样的世界级科学家。

同志们，我们刚刚胜利召开了党的十六届五中全会，神舟六号载人航天飞船〔10〕飞行取得圆满成功。我们正站在一个新的历史起点上，实现“十一五”规划和全面建设小康社会的宏伟目标，关键在人才。我们要抓住机遇，开拓进取，扎实工作，把博士后工作搞得更好，为全面落实科学发展观，增强国家自主创新能力做出新的更大的贡献。

注　释

〔1〕指 1985 年开始实行的在高等学校和科研院所等机构里设置一些特殊职位，提供给优秀的博士学位获得者，以便他们在规定的期限内从事科学研究工作的制度。

〔2〕博士后科研流动站制度是指按照规定条件，评审出一些学术水平高、科研和后勤条件较好的高等学校或科研机构，批准其在某些学科内招收国内外获得博士学位的优秀年轻博士从事博士后研究工作的制度。

〔3〕李政道，美籍华裔物理学家。1926 年出生于上海，祖籍江苏苏州。抗战期间曾在浙江大学、西南联合大学学习。1946 年赴美国芝加哥大学研究院攻读博士学位，师从物理学家费米教授。曾任普林斯顿高等研究院教授，后任美国哥伦比亚大学教授。中国科学院外籍院士、美国国家科学院院士、意大利林琴科学院院士。因发现弱相互作用中宇称不守恒定律，他与杨振宁共同获得 1957 年诺贝尔物理学奖。

〔4〕周培源（1902—1993），中国物理学家、教育家、社会活动家。江苏宜兴人。毕业于清华学校（清华大学前身），后留学美国，获加利福尼亚理工学院博士学位。新中国成立后，曾任清华大学教授、校务委员会副主任，北京大学教授、校长，中国科学院副院长、主席团成员，中国物理学会理事长，中国科学技术协会书记处书记、主席，九三学社中央委员会主席等职。中国科学院学部委员。第五届全国人大常委会委员，第三、四届全国政协常委，第五至七届全国政协副主席。他在广义相对论引力论和宇宙论、流体力学湍流理论方面均有重要研究成就。

〔5〕海森堡（Werner K. Heisenberg，1901—1976），德国物理学家。毕业于慕尼

黑大学，获哲学博士学位。他于20世纪20年代创立量子力学，开辟了20世纪物理学时代的新纪元。1932年，他获得诺贝尔物理学奖。

〔6〕冯·卡门(Theodor von Kármán，1881—1963)，美籍匈牙利力学家、航空工程学家。毕业于布达佩斯皇家理工综合大学，获德国格丁根大学哲学博士学位。他以研究“卡门涡街”而著名，对边界层、薄壳结构、跨声速和超声速空气动力学及火箭喷气推进技术均有较大建树。

〔7〕费米(Enrico Fermi，1901—1954)，美籍意大利物理学家。毕业于比萨大学，获哲学博士学位。意大利皇家学会会员，英国皇家学会国外会员。他在现代物理理论和实验物理学方面都有重大贡献。

〔8〕朱光亚(1924—2011)，中国物理学家。湖北武汉人。毕业于西南联合大学，后留学美国，获密歇根大学物理学博士学位。曾任中国科学技术协会主席、国防科工委科学技术委员会主任、中国工程院院长等职。中国科学院学部委员、院士，中国工程院院士。第八届全国政协常委，第九届全国政协副主席。他是我国核科学事业的开拓者之一。1985年获得国家科学技术进步奖特等奖，1999年被授予“两弹一星”功勋奖章。

〔9〕杨振宁，美籍华裔物理学家。1922年出生于安徽合肥。毕业于西南联合大学，后赴美留学，获美国芝加哥大学博士学位。曾任普林斯顿高等研究院教授、纽约州立大学理论物理研究所所长等职。中国科学院外籍院士、美国国家科学院院士、英国皇家学会国外会员。因发现弱相互作用中宇称不守恒定律，他与李政道共同获得1957年诺贝尔物理学奖。

〔10〕神舟六号载人航天飞船，是神舟系列飞船之一，也是完全由中国自行研制生产的载人航天飞行器。该飞船于2005年10月12日9时整在酒泉卫星发射中心成功发射，17日顺利返回。它是我国成功发射和顺利返回的第二艘载人航天飞船。

献身、求实、负责*

（2005 年 10 月 23 日）

同学们，老师们：

大家好！

10 月 27 日是河海大学建校九十周年，在此，我向全校广大师生员工表示热烈祝贺！

这所有悠久历史的学校，曾经培养了许多杰出的人才。你们这里，张闻天〔1〕读过书，钱正英〔2〕做过校长。分布在全国各地水利战线和水电战线的技术骨干，很多都是河海大学的学生。新中国的水利和水电事业的发展，是同我们这里输送的大批的人才分不开的。这是你们的光荣！

说起水利，这是一门古老而又和国民经济、社会发展联系十分密切的科学。大家知道，最早研究水利学的，就是大禹〔3〕。《史记》〔4〕上记载，说大禹披九山、通九泽、决九河、定九州〔5〕。在此之前，在《诗经》〔6〕《尚书》〔7〕上也都有记载。大禹是一个了不起的人物，

---

* 这是温家宝同志在视察河海大学时的讲话。

大家都知道他劳身焦思，在外 13 年，过家门而不入，这反映了一种献身精神，这是水利精神第一重要的、必须懂得并持之以恒的精神。其实，从河海大学出去的许多学生，翻山越岭，风餐露宿，工作在祖国各地，都是具备着献身精神的，我们应该发扬这种精神！

第二，就是求实的精神。我常给大家讲，都江堰的水利工程〔8〕，经受住了 2 255 年历史的检验。水利工程是要经得住时间和历史检验的。你看都江堰的工程，宝瓶口〔9〕、分水堰〔10〕、飞沙堰〔11〕，六字诀——“深淘滩，低作堰”〔12〕，至今还是水利学上的经典。如果没有都江堰，就没有成都平原的灌溉农业。这里我们不由得想起当时做蜀郡守的李冰父子〔13〕。我们河海大学出去的学生是讲求实际的，是尊重科学的，他们所做的每一项工程都要经得住当代，也要经得住后代的考验。

第三，负责。负责的精神和献身的精神、求实的精神是分不开的。1998 年抗洪〔14〕最紧张的时候，我到荆州去，同随行的同志们说，在旧社会，如果大坝决口，第一个跳江的就是水官，不是说他有负责精神，是因为要追究他的责任。而我们不同，我们从上学的这一天起，一直到工作，心里装着的，就是祖国和人民！就是要献身和负责！

我最崇拜历史上的一个人物就是林则徐〔15〕。大家光知道他是民族英雄这段历史，大概很少人知道他还是一个水利专家。他在进京做官以前，大概做了 18 年的地方官，2 次在江苏，这是 1823 年到 1831 年。在江苏期间，第一次是治理三条河，就是淞江、浦江、娄江。第二次是治理太湖，他坐着船，绕着太湖转，一直疏浚和太湖有关的很多条河流，包括淀山湖。以后他又治理黄河。当时搞水利的要看水势，也就是说我们现在要看地形、地貌、地势、水流。可是那时没有汽车，他从山东到河南要骑马，来回奔波两个月。因为终日骑马奔波，老百姓感动地画了一幅林则徐骑马在黄河岸上奔波的图画。鸦片战争[16]以后，他被免职削官，发配到新疆，可是在路经河南的时候，遇到道光年间[17]河南最大的一次黄河发大水，当时的道光皇帝[18]又把他留下，戴罪治理黄河。他成功地战胜了那次水灾，但是腐朽的朝廷并没有宽恕他，让他继续西行。他坐着木轮车走了三个月，到了伊犁[19]。走到西安的时候，他不得不把妻子留在西安，只身独行。走到兰州的时候，才写了那个脍炙人口的句子，就是“苟利国家生死以，岂因祸福避趋之”[20]。他到伊犁以后，第二天就登山，观水情，他引伊犁水浇灌了20万亩伊犁的土地，以后他到南疆走了8个郡，又治理了80万亩土地。他还推广了著名的坎儿井[21]，也就是“林公井”[22]，现在在新疆还有。

我们现在同旧社会不同了，我们是在党的领导下，人民当家作主的社会，我们要学习前人的榜样，但我们一定要超过前人。这就是我给你们概括的六个字，我看已经写到水利实验室的大厅墙壁上了，就是“献身、求实、负责”的精神。

水利事业在我们国家是一项宏伟的事业。大家只要看一看水旱灾害每年给国家、给群众带来的损失，就知道我们身上的责任有多么重大；大家只要了解现在大批水电站的建设，就会懂得开发水电资源在中国有多么重要的意义！

我希望我们这个学校能培养大批的水利专家和水利方面的杰出人才，为人民造福。

我以这番话作为我对河海大学建校九十周年纪念的祝贺！

谢谢大家！

注　释

〔1〕张闻天(1900—1976),中国无产阶级革命家。江苏南汇(今属上海)人。1931年起任中共中央宣传部长、中央政治局委员和书记处书记等职。遵义会议上他反对“左”倾冒险主义,赞成毛泽东的正确主张,被选为中央政治局常委,会后代替博古负总责。1951年后任中国驻苏联大使、外交部第一副部长等职。1959年中共八届八中全会上,他批评“大跃进”“人民公社化”,受到错误批判及处理。“文化大革命”中遭受迫害。1976年7月,在江苏无锡病逝。1979年8月,中共中央为其平反昭雪。

〔2〕钱正英,中国水利水电专家。1923年出生于上海,籍贯浙江嘉兴。上海大同大学土木工程系肄业。曾任水利部副部长、水利电力部部长、中国红十字会会长等职。中国工程院院士。第七至九届全国政协副主席,中共第十至十四届中央委员。她主持审定、决策了许多重大的水利水电工程建设项目。

〔3〕大禹,夏代建立者。颛顼之孙,姓姒,号禹。相传他因治理洪水有功,受舜禅让为天子,世称为大禹。他是中国人所共知的一位治水英雄,为治水三过家门而不入。

〔4〕《史记》,作者司马迁,最初称为《太史公书》,是我国第一部纪传体通史,也是“究天人之际,通古今之变,成一家之言”的伟大历史著作。该书记述了我国上自轩辕黄帝、下至汉武帝,共三千多年的历史。

〔5〕语出《史记·五帝本纪》。原文为:“唯禹之功为大,披九山,通九泽,决九河,定九州,各以其职来贡,不失厥宜。”

〔6〕《诗经》,我国第一部诗歌总集,共收入自西周初年至春秋中叶的诗歌305篇,分为“风”“雅”“颂”三大类,对我国两千多年来的文学发展有深广的影响。

〔7〕《尚书》,意为“上古之书”,是中国上古历史文献和部分追述古代事迹作品的汇编。春秋战国时称《书》,到了汉代,才改称《尚书》。儒家尊之为经典,故又称《书经》。《尚书》是我国最早的一部史书。

〔8〕都江堰水利工程,位于四川成都平原西部都江堰市西侧的岷江上。该工程建于公元前256—前215年,是战国时期秦国蜀郡守李冰及其子率众修建的一座大型水利工程,也是全世界迄今为止年代最久、唯一留存、以无坝引水为特征的宏大水利工程。

〔9〕宝瓶口，前山（今名灌口山、玉垒山）伸向岷江的长脊上凿开的一个口子。它是人工凿成控制内江进水的咽喉，因形似瓶口而功能奇特，故名宝瓶口。

〔10〕分水堰是为使岷江水能够顺利东流且保持一定的流量，并充分发挥宝瓶口的分洪和灌溉作用，而在岷江中修筑的水利设施。分水堰将江水分为两支：一支顺江而下，一支流进宝瓶口。分水堰建成以后，内江灌溉的成都平原就很少有水旱灾害了。

〔11〕飞沙堰是李冰父子在修建都江堰过程中，为调节流入宝瓶口的水量，在正对着宝瓶口的鱼嘴分水堰尾部所修建的水利设施。飞沙堰的作用主要是当内江的水量超过宝瓶口流量上限时，多余的水便从飞沙堰自行溢出；如遇特大洪水，它还会自行溃堤，让大量江水回归岷江正流。

〔12〕李冰在主持都江堰水利工程时，还制作石犀，埋在内江中，作为岁修时候淘挖泥沙的深度标准。岁修的原则是"深淘滩，低作堰"。"深淘滩"是说淘挖淤积在江底的泥沙要深些，以免内江水量过小，不敷灌溉之用；"低作堰"是说飞沙堰堰顶不可修筑太高，以免洪水季节泄洪不畅，危害成都平原。后人把这六字诀刻在内江东岸为纪念李冰父子而建的二王庙的石壁上。

〔13〕指战国时水利科学家李冰和他的儿子二郎。李冰是中国战国时期杰出的水利工程学家，也是都江堰的设计者和组织兴建者。生卒年不可考。约公元前256—前252年，他被秦昭王任命为蜀郡守，同其子二郎一道，征发民工在岷江流域兴办多项水利工程。

〔14〕指1998年汛期长江流域发生特大洪水灾害后，在党中央和国务院的领导和决策下，我国数百万军民所开展的抗洪抢险斗争。

〔15〕林则徐（1785—1850），清末政治家。福建侯官（今福建福州）人。1811年考取进士，历任江南道监察御史、江苏巡抚、湖广总督、两广总督等职。他严厉禁烟，曾在虎门销毁英美烟贩的鸦片，是禁烟派代表人物之一。他积极筹备海防，倡办义勇，屡次打退英军挑衅。后受诬被革职发配新疆。他曾在新疆兴办水利，开辟屯田。

〔16〕鸦片战争是1840—1842年英国对中国发动的侵略战争。从18世纪末期起，英国将大量鸦片走私输入中国，毒害中国人民并使中国白银大量外流。1838年底，清政府派林则徐为钦差大臣去广州查禁鸦片。1839年6月，林则徐下令当众销毁从英、美等国不法商人手中缴获的鸦片230多万斤。1840年，英国借口保护通商，发动侵华战争。清政府在战争中动摇妥协，只有部分军队同人民群众一道奋起抵抗侵略者。最后，英军迫使清政府在1842年8月签订了丧权辱国的《南京条约》。从

此，中国逐步沦为半殖民地半封建社会。

〔17〕指1821—1850年。

〔18〕道光皇帝，即爱新觉罗·旻宁(1782—1850)，清朝入关后的第六位皇帝，嘉庆皇帝第二子。嘉庆二十五年(1820年)七月即位，以次年为道光元年。道光皇帝在位共30年。

〔19〕伊犁，旧边疆政区名。此处当指清乾隆二十七年(1762年)以后伊犁将军和参赞大臣的直辖区，相当于今巴尔喀什湖以南的伊犁河流域和拜卡达姆以东的塔拉斯河、吹河、伊塞克湖流域。

〔20〕见清代林则徐《赴戍登程口占示家人》。

〔21〕坎儿井是干旱、半干旱地区开发利用浅层地下水进行自流灌溉的一种地下暗渠。坎儿井早在《史记》中便有记载，时称"井渠"。吐鲁番现存的坎儿井，多为清代以来陆续修建，如今仍浇灌着大片绿洲良田。

〔22〕鸦片战争后，林则徐被发配到新疆"效力赎罪"。年近六旬、身为"罪臣"的林则徐把个人荣辱得失置之度外，到新疆不久，便拖着病体组织当地人民开垦荒地，发展农耕，兴修水利。在林则徐兴办水利之前，坎儿井只存在于吐鲁番地区，只有30余道；在他的推动下，1845—1877年，吐鲁番、鄯善、托克逊新挖坎儿井300多道。为纪念林则徐对新疆做出的贡献，当地群众也把坎儿井称为"林公井"。

更加重视和加快发展职业教育*

（2005 年 11 月 7 日）

这次全国职业教育工作会议非常重要。会议的主要任务，就是统一思想，明确任务，狠抓落实，推动中国特色职业教育的发展。下面，我讲几点意见。

一、深刻认识大力发展职业教育的重要性和紧迫性

当前，我国正处于全面建设小康社会、加快推进现代化的关键阶段，经济和社会发展面临许多重大而艰巨的任务。统观全局，必须坚持把教育事业放在优先发展的战略地位。加快教育发展，使我国经济建设切实转到依靠科技进步和提高劳动者素质的轨道上来，是提高经济增长质量和竞争力的可靠保证，也是把我国巨大的人口压力转化为人力资源优势的重要途径。职业教育是现代国民教育体

---

* 这是温家宝同志在全国职业教育工作会议上的讲话。

系的重要组成部分，在实施科教兴国战略和人才强国战略[1]中具有特殊的重要地位。党中央、国务院高度重视发展职业教育，改革开放以来，特别是近几年来，积极推进职业教育发展，支持各级各类职业教育办出特点、办出水平，各地区和许多企业进行了积极探索，也积累了不少经验。但从总体上看，职业教育的发展仍然是薄弱环节，不适应经济社会发展的需要。大力发展职业教育，既是当务之急，又是长远大计。现在，我国就业和经济发展正面临着两个大的变化，社会劳动力就业需要加强技能培训，产业结构优化升级需要培养更多的高级技工。我们要从国家现代化建设的大局出发，深刻认识加强职业教育的重要性和紧迫性。

大力发展职业教育，是推进我国工业化、现代化的迫切需要。基本实现工业化，大力推进信息化，加快建设现代化，是本世纪头 20 年我国经济社会发展的战略任务。我们要坚持以信息化带动工业化，以工业化促进信息化，走出一条科技含量高、经济效益好、资源消耗低、环境污染少、人力资源优势得到充分发挥的新型工业化路子，要推进产业结构优化升级，转变经济增长方式，提高自主创新能力，不断提高现代化水平，都对我国人力资源的结构和素质提出了新的更高的要求。国民经济的各行各业不但需要一大批科学家、工程师和经营管理人才，而且需要数以千万计的高技能人才和数以亿计的高素质劳动者。没有这样一支高技能、专业化的劳动大军，再先进的科学技术和机器设备也很难转化为现实生产力。我国目前在生产一线的劳动者素质偏低和技能型人才紧缺问题十分突出。现有技术工人只占全部工人的 1/3 左右，而且多数是初级工，技师和高级技师仅占 4%。从制造业比较发达的沿海地区看，技术工人短缺已成为制约产业升级的突出因素。我国已是制造业大国，工业增加值居世界第四位，但还不是制造业强国，我国的制造业生产技术和管理水平与发达国家还有不小的差距。主要问题是产业结构不合理，技术创新能力不强，产品以低端为主，附加值低，资源消耗大，而且安全生产事故也多，这些都与从业人员技术素质偏低、高技能人才匮乏有很大关系。现在经济全球化深入发展，国际产业结构加快调整与重组，我们要抓住机遇，努力提高我国制造业水平，使"中国制造"在国际市场上真正有竞争力。这就必须从源头抓起，更加重视和加快发展职业教育，全面提升人力资源的整体素质。

大力发展职业教育，是促进社会就业和解决"三农"问题的重要途径。人口多、劳动力多，特别是农民多，是我国的基本国情。就业问题在我国是一个不可回避而且必须解决好的大问题。目前，全国城镇每年需要就业的劳动力有 2 400 万人左右，还有大批农村富余劳动力需要转移出来。促进社会就业，必须发展职业教育，普遍提高城乡劳动力的就业、创业能力。要适应经济社会发展对劳动力需求的变化，把发展各种形式的职业教育作为促进城市就业的重要措施，特别要加强新增劳动力和下岗失业人员的技能培训，提高城市就业率。解决"三农"问题，必须实行城乡统筹。一方面，要引导农村富余劳动力向非农产业和城镇转移就业，推进工业化和城镇化；另一方面，要大力发展现代农业，推进社会主义新农村建设〔2〕。这都需要加强职业教育，提高农村劳动力的整体素质。目前，我国农村劳动力整体文化水平较低，缺乏职业技能。必须在农村普及九年义务教育的同时，大力发展职业教育和技能培训，使广大农民适应工业化、城镇化和农业现代化的要求，这也是我国现代化建设的一项重大战略性任务。

大力发展职业教育，也是完善现代国民教育体系的必然要求。我们说的职业教育是个统称，它既包括技术教育也包括技术培训，既包括职业教育也包括职业培训，既包括中等职业教育也包括高等职业教育。发展职业教育是我国教育事业发展规律的内在要求。要把基础教育、职业教育和高等教育放在同等重要位置，统筹兼顾，协调推进。这三个方面相辅相成，共同构成我国的现代国民教育体系。过去，我们比较重视基础教育和高等教育，这是必要的，今后仍应这样做。近些年来，我们越来越清楚地认识到，必须同样重视发展职业教育。我国人力资源丰富，但劳动力整体素质不高，人才结构不尽合理，重要原因是教育结构不够完善，职业教育发展滞后。目前，全国城乡每年有一千多万初中毕业生不能升入高中，数百万高中毕业生不能升入大学；同时，大学毕业生就业难的问题越来越突出，每年有上百万大学毕业生不能及时找到工作。而社会对各类技能型人才的需求量却很大，近些年来一直供不应求。从我国人口结构变化和发展的趋势看，高中教育和高等教育需求的高峰即将到来。如果只有高中和大学这一条“独木桥”，不仅教育需求与教育资源供给之间的矛盾很难缓解，还会造成教育资源和人力资源的浪费。因此，必须进一步完善国民教育体系，加快发展职业教育，合理配置教育资源，实行教育合理分流。这样，才能最大程度地满足社会成员多样化的求学愿望，才能适应经济社会发展对多层次人才和劳动力的需求，也才能有利于构建和谐社会。

当今世界，教育同产业的结合愈来愈密切。无论是发达国家还是新兴工业化国家，都把发展职业教育作为振兴经济、增强国力的战略选择。这是因为国家核心竞争力的增强，需要拥有大量素质高、适应性强的技能型人才。国际经济竞争的核心，是技术和人才的竞争。我国要更加有效地参与国际合作和竞争，切实提高产业和产品的竞争力，就必须不失时机地大力推进职业教育的发展。

总之，我们要从国家现代化建设全局和战略的高度，从贯彻落实科学发展观和构建和谐社会的高度，进一步增强紧迫感和使命感，采取有力的措施，切实加强职业教育工作，加快职业教育事业发展。

二、坚持走中国特色的职业教育发展路子

职业教育具有鲜明的职业性、社会性、人民性。我国职业教育的先驱黄炎培〔3〕先生曾把职业教育的目的概括为："使无业者有业，使有业者乐业。"〔4〕职业教育应该是面向人人的教育，使更多的人能够找到适合于自己学习和发展的空间，从而使教育事业关注人人成为可能。

世界各国经济发展水平不同，劳动就业制度不同，职业教育各具特色。凡是成功的模式，都有一个共同的特点，就是与本国实际紧密结合，有效促进经济社会发展。中国正在举办着世界上规模最大的职业教育。我们必须走自己的路，解放思想、与时俱进，在实践中探索中国特色的职业教育发展路子。

中国特色的职业教育，必须服务于社会主义现代化建设，着力培养适应经济社会发展需要的高素质劳动者和技能型人才；必须满足城乡居民对职业教育的多样化需求，为他们就业、创业和成才创造条件；必须与社会主义市场经济体制相适应，实行政府主导、面向市场、多元办学的机制；必须与生产劳动和社会实践紧密结合，实行灵活多样的人才培养模式。通过坚持不懈的努力，逐步形成完备的现代职业教育体系。

我国职业教育的根本任务，就是培养适应现代化建设需要的高技能专门人才和高素质劳动者。当前和今后一个时期，我们要重点抓好三个方面。一是城乡需要就业人员的职业技能培训。包括农

村富余劳动力转移就业培训和城市就业、再就业培训。二是高技能人才的培养，重点是高级技工和技师的培养。要提高我国的制造业水平，必须培养大批掌握新技术、能操作最新的机床、有创新精神的高技能人才。这类人才现在是最缺乏的。三是在岗人员的技术培训和继续学习。由于技术进步日新月异，在岗职工也需要不断更新知识和提高技能水平。对在岗职工的培训，也是职业教育的一项十分重要的任务。这三个方面涉及几亿人，是一项规模浩大的社会工程。国务院已经下发了《国务院关于大力发展职业教育的决定》[5]，明确提出今后一个时期发展职业教育的主要任务和措施，特别要着力抓好以下几项工作。

（一）合理调整教育结构，重点加强职业教育。教育结构调整总的方向是：普及和巩固义务教育，大力发展职业教育，提高高等教育质量。无论是中等教育还是高等教育，都要扩大职业教育的规模。在高中教育阶段，要坚持普通高中教育和中等职业教育并重、协调发展。“十一五”期间，要重点发展中等职业教育，使中等职业学校招生和普通高中招生规模大体相当。在高等教育阶段，要相对稳定普通大学招生规模，重点发展高等职业院校，扩大高等职业教育招生规模，到2010年，使高等职业教育招生规模占高等教育招生规模的一半以上。要扩大高级技工、技师培养规模。发展多形式、多渠道的职业教育和培训。今后五年，我们要实施“四大工程”，包括技能型人才培养工程、农村劳动力转移培训工程、农村实用人才培训工程、城市职工继续教育和再就业培训工程。这四大工程将惠及千家万户，要认真组织实施，务必取得成效。

（二）推进体制机制创新，形成多元化办学格局。发展职业教育，要面向市场，发挥政府主导作用，同时要充分发挥企业、行业和社会力量举办职业教育的积极性。要进一步整合职业教育资源，优化职业教育布局，加强规划和协调管理，办好一批起骨干示范作用的职业院校。要积极办好公办职业院校，大力发展民办职业教育，形成公办民办共同发展的新格局。要推动公办职业院校办学体制改革与创新，深化内部管理体制改革。要把民办职业教育纳入职业教育发展的总体规划，落实支持民办教育发展的政策，鼓励和引导社会资金投资兴办职业教育。在师资队伍建设、招生和学生待遇等方面，对民办职业院校与公办学校要一视同仁。企业是举办职业教育的重要力量。要鼓励有条件的企业、企业集团或行业组织发展职业教育。职业院校可由企业单独办、企业联办，也可校企联办。鼓励和扶持中外合作办学，积极引进优质职业教育资源。总之，思想要更解放一点，路子要更宽一点，机制要更活一点，促进我国职业教育更好更快地发展。

（三）以就业为导向，努力提高职业院校办学水平和质量。职业教育要认真贯彻党的教育方针，全面实施素质教育。一方面，要搞好以敬业和诚信为重点的职业道德教育，学习必要的基础理论知识；另一方面，要坚持手脑并用、做学合一的教学原则，突出学生的动手能力和职业技能训练。要深化职业教育的教学内容、教学方法改革，培养目标、专业设置、课程教材、学制安排等，都要适应企业和社会的需求，着眼于提高学生的就业和创业能力。教学内容要注重学以致用。要改变传统的以学校课堂为中心的做法，职业教育的课堂有些要设在学校，有些可以设在工厂车间、服务场所和田间地头。要加快职业院校实训基地建设。有条件的地方和学校，学生可以一面在学校学习，一面在企业工作，工学结合、半工半读。这既可减轻学生和家长的经济负担，也可使学生毕业后容易找到工作。职业教育面向就业，重要的是面向企业，培养企业需要的人才。职业院校毕业生在取得学历毕业证书的同时，应能获得相应的职业资格证书。要从教育体制上搭建基础教育、职业教育、高等教育互联互通的桥梁，搞好中等职业教育、高等职业教育的合理分工和相互衔接，为各类学校毕业生就业成才和终身学习创造条件。要加强职业教育师资队伍建设，这是当前职业教育发展中最薄弱的一个环节。职业院校教师工作是重要的，而且是光荣的。要加强职业教育师资培养和培训，建立职业教育专业教师到企业生产一线实践的制度，制定和完善职业教育兼职教师聘用政策，鼓励工程技术人员、高技能人才到职业院校兼职。

（四）重视发展面向农村的职业教育，提高广大农民的职业技能和转移就业能力。今后，我国新增劳动力的主要来源在农村。农村初高中毕业生不仅是农业现代化建设的骨干力量，也是我国产业工人的后备军，搞好农村职业教育具有特殊重要的意义。要制订农村职业教育和培训计划。面向农村、面向农民的职业教育和技能培训，要注重多样化、灵活性和实用性。各级各类职业学校都要扩大面向农村初高中毕业生的招生规模。充分利用广播电大、自学考试、远程教育等方式，发展面向农村青年的职业教育。要加强县级职业教育中心建设，每个县（市）都要重点办好一所职业教育中心或中等职业技术学校。加强农民工转移就业培训，继续实施好“农村劳动力转移培训阳光工程”〔6〕，提高进城务工农民的职业技能和就业能力。同时，做好在乡务农青年的农业实用技术培训工作。

三、切实加强对职业教育工作的领导

普及九年义务教育，加强职业教育，提高高等教育质量，是今后相当长一个时期内我国教育发展和改革的三大任务。鉴于当前职业教育比较薄弱，亟待解决的困难和问题较多，要更加重视加强对这项工作的领导。

（一）切实把加强职业教育作为关系全局的大事。改变职业教育薄弱的状况，要解决体制问题、投入问题、社会环境问题，但首先是要解决对职业教育的思想认识和领导重视问题。认识要到位，领导要到位，工作要到位。现在，一些具有远见卓识的领导者都认识到，职业教育越来越重要，抓职业教育，就是抓就业、抓产业素质、抓投资环境、抓发展后劲和竞争力。目前，从中央到地方都在制定国民经济和社会发展“十一五”规划，一定要把加强职业教育纳入各级发展总体规划，统筹安排，加大扶持力度，促进职业教育与其他各类教育协调发展。发展职业教育的责任主要在地方。地方各级政府都要真正重视和加强职业教育，切实解决职业教育发展和改革中的困难和问题。

（二）进一步理顺职业教育管理体制。要在国务院领导下，充分发挥职业教育工作部际联席会议制度〔7〕的作用，进一步形成齐抓共管的格局。国务院有关部门要按照各自职责分工做好工作，加强相互配合。地方政府也要建立相应的工作机制。要整合现有职业教育资源，改变职业院校条块分割、多头管理的状况。要进一步落实职业院校的办学自主权，增强其自主办学和自主发展的能力。要大力推进职业教育的城乡统筹、区域合作和对口支援，探索劳动力输出地和输入地职业培训沟通和合作机制。

（三）深化劳动人事制度改革。要改变劳动用工、人才选拔中片面追求学历而轻视技能的做法，制定和完善涉及技能型人才的政策，形成有利于职业教育发展的激励机制。要建立健全专利制度〔8〕、标准体系〔9〕和知识产权保护制度〔10〕，从法律与政策上鼓励和保护技能型人才的发明创造。对生产一线工人改进工艺、优化流程和取得的各种技术革新成果，凡是能产生较大经济效益和社会效益的，都应予以重奖。

（四）加大公共财政对职业教育的投入。国务院已决定，“十一五”期间中央财政对职业教育投入100亿元，重点用于支持职业教育实训基地建设，充实教学设备，资助贫困家庭学生接受职业教育。地方政府也要增加对职业教育的投入，加强职业教育基础能力建设。要建立和完善职业教育学生助学制度，使贫困家庭学生通过国家帮助和本人勤工俭学得以顺利完成学业，进一步体现社会主义教育的公平与公正。

（五）形成有利于职业教育发展的社会舆论氛围。重视技能、重视技工，要成为全社会的一种文明风尚。我们不仅要尊重那些有理论素养的教授、专家，也要尊重那些自己动手、实际操作、有发明创造的技术专家。广播、电视、报纸、网络、出版和其他大众媒体，都要大张旗鼓地宣传职业教育的重要地位和作用，宣传优秀技能人才和高素质劳动者的劳动价值和社会贡献，扫除重学历轻技能、鄙薄职业教育的陈腐落后观念，使新的求学观、择业观和成才观在全社会蔚然成风。要认真总结和推广近年来各地发展职业教育的成功经验和办得好的职业院校的经验，推动各级各类职业教育的改革和发展。

加快职业教育发展，是全面建设小康社会、加快推进现代化事业的重大而紧迫的任务。我们要在以胡锦涛同志为总书记的党中央领导下，以邓小平理论和“三个代表”重要思想为指导，全面落实科学发展观，振奋精神，开拓创新，扎实工作，为我国职业教育的繁荣和发展而努力奋斗！

注 释

〔1〕人才强国战略，是新世纪党中央继科教兴国战略之后提出的又一项战略方针。2002年，中共中央制定颁发《2002—2005年全国人才队伍建设规划纲要》，明确提出实施人才强国战略。2003年12月，全国人才工作会议强调：把实施人才强国战略作为党和国家一项重大而紧迫的任务抓紧抓好，努力造就数以亿计的高素质劳动者、数以千万计的专门人才和一大批拔尖创新人才，建设规模宏大、结构合理、素质较高的人才队伍，充分发挥各类人才的积极性、主动性和创造性，开创人才辈出、人尽其才的新局面，大力提升国家核心竞争力和综合国力，为全面建设小康社会和实现中华民族的伟大复兴提供重要保证。

〔2〕社会主义新农村建设是指对农村进行经济、政治、文化和社会等方面的建设，最终实现农村经济繁荣、设施完善、环境优美、文明和谐的建设目标。2005年10月，中共十六届五中全会通过《中共中央关于制定国民经济和社会发展第十一个五年规划的建议》，提出要按照"生产发展、生活宽裕、乡风文明、村容整洁、管理民主"的要求，扎实推进社会主义新农村建设。

〔3〕黄炎培(1878—1965)，中国民主革命家、教育家。江苏川沙(今属上海浦东新区)人。清末举人。1905年加入同盟会。辛亥革命后任江苏省教育司长、省教育会副会长。1917年在上海创办中华职业教育社，大力提倡职业教育。抗日战争时期，任国民参政会参政员，并参与筹组中国民主政团同盟，为第一任主席。1945年7月访问延安，同年发起成立中国民主建国会。1949年出席中国人民政治协商会议第一届全体会议。新中国成立后，任中央人民政府委员、政务院副总理兼轻工业部部长、民建中央主任委员等职。第一至三届全国人大常委会副委员长，第二至四届全国政协副主席。

〔4〕20世纪初叶，黄炎培提出了中华职业教育社的终极目标："使无业者有业，使有业者乐业。"

〔5〕2005年10月28日，国务院发布《国务院关于大力发展职业教育的决定》，明确今后一个时期职业教育改革与发展的指导思想、目标任务和政策措施。

〔6〕2003年，国务院办公厅转发了农业部等六部门联合制定的《2003—2010年全国农民工培训规划》，组织实施了农村劳动力转移培训阳光工程。阳光工程是由

政府公共财政支持，主要在粮食主产区、劳动力主要输出地区、贫困地区和革命老区开展的农村劳动力转移到非农领域就业前的职业技能培训示范项目，按照“政府推动、学校主办、部门监管、农民受益”的原则组织实施。

〔7〕为调动各方面举办和参与职业教育的积极性，2002 年印发的《国务院关于大力推进职业教育改革与发展的决定》提出，要“在国务院领导下，建立职业教育工作部际联席会议制度，研究解决职业教育工作中的重大问题”，以“建立并逐步完善在国务院领导下，分级管理、地方为主、政府统筹、社会参与的职业教育管理体制”。2004 年 6 月，由教育部、国家发改委、财政部、人事部、劳动保障部、农业部、国务院扶贫办等七部门组成的职业教育工作部际联席会议制度正式建立。

〔8〕专利制度是科技进步和商品经济发达的产物。它是依照专利法的规定，通过授予发明创造专利权来保护专利权人的独占使用权，并以此换取专利权人将发明创造的内容公之于众，以促进发明创造的推广应用，推动科技进步和经济发展的一种法律制度。

〔9〕标准体系，即在一定范围内的标准按其内在联系所形成的科学的有机整体。也可以说，标准体系是一种由标准组成的系统。标准体系具有六个特征，即集合性、目标性、可分解性、相关性、整体性、环境适应性。《中华人民共和国标准化法》将我国标准分为国家标准、行业标准、地方标准、企业标准四级。

〔10〕知识产权保护制度是 1983 年《中华人民共和国商标法》正式生效后，我国陆续制定的包括专利法、商标法、版权法、反不正当竞争法等在内的一系列知识产权法律、法规，并加入多项知识产权国际条约所建立起的一套较为完善的用于保护知识产权的制度。它既是保证社会主义市场经济正常运行的重要制度，又是开展国际科学技术、经济、文化交流与合作的基本环境和条件之一。

继续为实现全民教育的目标而努力*

（2005年11月28日）

尊敬的各位来宾，女士们，先生们：

上午好！联合国教科文组织〔1〕第五届全民教育高层会议今天召开，来自五大洲和国际组织的朋友相聚北京，共商世界全民教育发展大计。我谨代表中国政府和人民向各位表示热烈欢迎！对本次会议的召开表示衷心祝贺！

教育是人类文明传承不熄的火炬，是经济社会发展通向明天的桥梁，是实现人的全面发展的基本条件。从1990年《世界全民教育宣言》〔2〕，到2000年《达喀尔行动纲领》〔3〕和"联合国千年发展目标"〔4〕，联合国教科文组织、联合国开发计划署〔5〕、联合国儿童基金会〔6〕、世界银行〔7〕等国际组织和各国政府一道，为全球2015年实现全民教育目标做出了不懈努力。事实证明，联合国教科文组织将全民教育计划作为重中之重的优先项目，完全符合世界各国和国际社

* 这是温家宝同志在联合国教科文组织第五届全民教育高层会议上的致辞。

会的愿望。这次会议以推动全球范围的全民教育为宗旨，以扫盲和农村教育为主题，体现了国际社会对农村和不发达地区教育的高度关注。我相信，这次会议必将对世界全民教育发展产生重要影响，成为这一历史进程中新的里程碑。

女士们，先生们：

中国是一个拥有13亿人的发展中大国，正在举办着世界上规模最大的教育。我们深刻地认识到，只有加快发展教育，提高全体国民素质，才能把巨大的人口压力转化为人力资源优势，才能使经济建设切实转到依靠科技进步的轨道上来，才能提高全体人民的生活质量和水平。中国政府对国际社会倡导的全民教育做出了庄严承诺，并体现在国家发展战略之中。我们制定并实施科教兴国战略，坚持以人为本，树立科学发展观，将教育放在优先发展的战略地位。为此，我们不断完善国民教育体系，推进教育可持续发展，把普及九年义务教育，发展职业教育，提高高等教育质量，作为教育发展的三大任务，致力于建设学习型社会〔8〕。

我们认为，实行全民教育，首先是政府的责任。我们确立了以政府为主的教育投入体制，主要从四个方面推进全民教育。一是把普及农村义务教育作为教育发展的重中之重。中国有2亿多中小学生，其中81.7%在农村。为此，中国政府在农村和贫困地区实施了基本普及九年义务教育、基本扫除青壮年文盲的“两基”攻坚计划。国家把每年新增的教育经费主要用于农村。在农村新建中小学校舍和改造危房，改善农村办学条件；发展远程教育，使农村和边远地区的孩子能够享受到城市的优质教育资源。二是把扫除文盲作为反贫困的重要措施。采取多种形式，在农村和贫困地区开展扫盲工作，特别重视扫除青壮年、妇女和少数民族文盲。在过去15年中，中国有9 400万人脱盲，为降低世界文盲比例做出了贡献。三是大力发展职业教育。着力提高劳动者的职业技能和就业能力、创业能力，使教育成为面向所有人的教育。在中国的 2 000 多个县，每一个县都要建设一所职业教育中心，帮助农村青年人提高职业技能，促进农村现代化建设。四是加强教师队伍建设。尊师是中华民族的传统美德。中国近千万中小学教师，辛勤教书育人，为全民教育做出了重要贡献，赢得了全社会的尊重。我们一直重视建立一个比较完善的教师培养培训体系，不断改善教师的工作生活条件。在广大农村和贫困地区，主要由中央政府承担并保证教师工资发放。

教育公平是全民教育的灵魂。没有教育机会的均等，就谈不上社会公平。中国人民有重视教育的优良传统，“有教无类”的教育平等思想源远流长。中国政府致力于保障所有儿童、少年平等接受教育的权利，推进义务教育均衡发展，努力缩小城乡之间、地区之间教育发展的差距。我们为城乡经济困难家庭学生建立了助学制度。对农村贫困家庭学生免收学杂费、书本费，补助寄宿生生活费，这一政策已惠及全国 3 600 多万中小学生。从明年开始，中国将用两年时间在农村全面免除义务教育阶段的学杂费。同时，积极解决成千上万进城就业务工农民子女上学问题，保障适龄女童接受教育的权利，发展残疾儿童、少年教育。我们要使所有的孩子在同一片蓝天下，共同成长进步。

中国的全民教育取得了历史性进步。到 2004 年年底，全国普及九年义务教育人口覆盖率达到 94%，青壮年文盲率下降到 4%，女童入学率达到 98.9%。全民教育的蓬勃发展，直接推动了中国举世瞩目的巨大变化。

但是，我们也清醒地看到，中国全民教育发展也面临着诸多困难，城乡之间、地区之间教育发展的差距依然存在，教育的基础还比较薄弱。我们要继续为实现全民教育的目标做出不懈努力。

女士们，先生们！

当今世界，各国人民的命运从来没有像今天这样紧密相连、休戚与共。中国坚持走和平发展的道路，愿以自身的发展为建立一个持久和平、共同繁荣的和谐世界做出贡献。中国的先贤说过："一年之计，莫如树谷；十年之计，莫如树木；终身之计，莫如树人。"[9]为了推进世界全民教育发展，支持发展中国家的教育事业，我提出几点建议：

第一，联合国有关机构和国际组织应发挥更大的作用。我们希望教科文组织等联合国机构和其他国际组织，继续将全民教育作为优先的项目来抓，并对非洲、南亚和其他地区的最不发达国家给予更多关注，协调各国和国际社会各方面力量，共同努力完成2015年全民教育发展目标。

第二，进一步加强国际合作。发展全民教育是世界各国的共识，是国际社会全体成员的共同责任。广大发展中国家经历了太多的苦难，那里的人民、那里的孩子迫切需要教育，需要发展，需要和平。发达国家应该承担更多的义务，为发展中国家的全民教育提供有效的和没有附加条件的帮助。同时，发展中国家也应当互相帮助、加强合作。

第三，尊重文化与教育发展的多样性。世界各国的经济发展水平不同，历史与文化传统千差万别，这就决定了各国实现全民教育的途径和步骤会有所不同。要尊重世界各国创造和发展适合本国国情的多种类型、多种模式的全民教育。多样性的教育和文化将使我们这个世界更加丰富多彩。

中国愿意为世界全民教育发展做出更多的贡献。我愿在这里表示，中国将进一步加强对发展中国家教育的援助。一是扩大发展中国家校长、教师来华培训规模，由现在的每年500名增加到1 500名。

二是向联合国教科文组织非洲能力建设中心[10]和女童妇女教育中心[11]提供100万美元援助,共同开展有针对性的研究与培训。三是根据发展中国家的需要,在今后3年内为发展中国家援助100所农村学校,并提供配套的教学设备。四是增加接收发展中国家来华留学生数量,增加政府奖学金名额。目前,中国政府每年为6 700多名来华留学生提供政府奖学金,其中发展中国家占2/3。从2006年起,我们将把中国政府奖学金名额增至每年10 000人次,并适当提高资助标准。五是增加对遭受地震、海啸、飓风等严重自然灾害的发展中国家灾区教育的援助。

实现全民教育,需要进一步加强国际合作。这次会议将通过新的行动计划,在这一历史进程中,中国将是国际社会永远和可靠的合作伙伴。让我们紧密地携起手来,积极地行动起来,为在全球实现全民教育的崇高目标而共同努力!

注　释

〔1〕联合国教科文组织,即联合国教育、科学及文化组织(United Nations Educational,Scientific and Cultural Organization,缩写UNESCO)。1946年11月成立,为联合国专门机构之一。是各国政府间讨论关于教育、科学和文化问题的国际组织。总部设在法国巴黎。该组织的宗旨是通过教育、科学和文化促进各国间合作,对和平和安全做出贡献。其主要机构有大会、执行局和秘书处。中国是联合国教科文组织创始国之一。

〔2〕1990年3月,第一次世界性全民教育大会在泰国举行。155个国家、33个国际组织和125个非政府组织的1 500名代表出席会议。会议最后通过《世界全民教育宣言》和《满足基本学习需要的行动纲领》,表达国际社会的共同承诺:广泛动员人力、财力和技术资源,加强基础教育,在20世纪末达到满足所有儿童、青少年和成人的基本学习需要的目标。

〔3〕2000 年 4 月，联合国教科文组织世界教育论坛在塞内加尔首都达喀尔举行，会议通过了《达喀尔行动纲领》，确认实现全民教育的六项目标，即扫盲、发展幼儿教育、普及初等教育、促进男女教育机会均等、生活技能培训和全面提高教育质量。核心的两项目标就是：到 2015 年在全民范围内实现免费初等义务教育；在 2005 年消除小学和初中教育阶段性别的差别，2015 年消除所有教育阶段性别的差别。

〔4〕2000 年 9 月，联合国千年首脑会议在美国纽约举行，会议确定“联合国千年发展目标”，包括以下内容：(1)消除极端贫穷和饥饿；(2)普及小学教育；(3)促进两性平等并赋予妇女权利；(4)降低儿童死亡率；(5)改善产妇保健；(6)与艾滋病毒/艾滋病、疟疾和其他疾病做斗争；(7)确保环境的可持续能力；(8)全球合作促进发展。这些目标和指标被置于全球议程的核心，为整个联合国系统达成共同目标而一致努力提供了框架。中国政府已郑重承诺于 2015 年前实现“联合国千年发展目标”。

〔5〕联合国开发计划署(United Nations Development Programme，缩写 UNDP)是联合国技术援助计划的管理机构。1966 年 1 月在合并 1949 年设立的“技术援助扩大计划”和 1959 年设立的“特别基金”的基础上成立。总部设在美国纽约。其宗旨是帮助发展中国家加速经济和社会发展，向它们提供系统的、持续不断的援助。联合国开发计划署的援助项目是无偿的，资金主要来源于各国政府的自愿捐款，由联合国工业发展组织、联合国粮食及农业组织、世界卫生组织、联合国教科文组织、联合国贸易和发展会议等 30 多个机构承办和具体实施。

〔6〕联合国儿童基金会(United Nations Children's Fund，缩写 UNICEF)为联合国常设机构之一，于 1946 年 12 月成立。其前身是联合国国际儿童紧急基金会，1953 年改为现名。总部设在美国纽约。着重帮助解决发展中国家儿童的保健、福利和教育等问题。

〔7〕世界银行(World Bank)，亦称国际复兴开发银行(International Bank for Reconstruction and Development，缩写 IBRD)。1945 年 12 月成立，为联合国专门机构之一。行址在美国华盛顿。

〔8〕建设学习型社会，即形成全民学习、终身学习的良好制度与氛围，建设能够满足人民群众知识更新、技能提升和身心发展要求的社会。建设学习型社会是提高全民族思想道德素质和科学文化素质的要求，是经济社会发展的需要，是现代社会文明进步的重要体现。

〔9〕见《管子・权修》。

〔10〕非洲能力建设中心，即非洲国际能力培养研究所(International Institute for

Capacity Building in Africa,缩写 IICBA),1999 年 10 月正式成立,是联合国教科文组织机构之一,总部设在埃塞俄比亚首都亚的斯亚贝巴。

〔11〕女童妇女教育中心,即非洲女童和妇女教育国际中心(International Centre for Girls' and Women's Education in Africa,缩写 CIEFFA),2005 年 10 月正式成立,是联合国教科文组织机构之一,总部设在布基纳法索首都瓦加杜古。

尊重不同文明，共建和谐世界*

（2005 年 12 月 6 日）

尊敬的教育部长先生，尊敬的校长先生，

同学们，老师们：

法国巴黎综合理工大学[1]是法兰西的骄傲。这里聚集了才华横溢的知识精英，培养出许多像贝可勒尔[2]、勒威耶[3]、阿莱[4]这样的杰出人才，为法兰西乃至世界文明的进步做出了贡献。应邀来这所知名学府演讲，我感到很高兴。

我演讲的题目是：尊重不同文明，共建和谐世界。

在人类社会的历史长河中，我们勇敢、智慧和勤劳的祖先创造了丰富多彩的文明。随着时间的推移，这些文明有的成为了历史，有的生生不息地一直延续下来，有的相互交融产生了新的文明。今天，人类文明正在发生深刻的变革。科技进步和经济文化交往缩短了各种文明之间的距离。无论在巴黎的香榭丽舍大街[5]还是在北京的长安街[6]，都可以看到不同服装、不同肤色、不同母语的人们接踵而行。无论在东方还是在西方，人们的交往从来没有像今天这样

* 这是温家宝同志访问法国期间在法国巴黎综合理工大学发表的演讲。

密切，影响人们日常生活的因素已不再局限于某一种文化。文化是一个民族的灵魂，是她赖以生存和延续的基础。无论对中华民族还是对法兰西民族来说，我们各自继承和发扬的文化都是民族之根、国家之魂。文化多样性是人类文明的重要特征。文化多样性之于人类社会，就如同生物多样性之于自然界一样，是一种客观现实。只有尊重文化的多样性，才能使人类文明得以发展。

如何才能使不同文明共存和发展，归根结底在于“和”。这就是国与国之间的和平，人与人之间的和睦，人与自然之间的和谐。

站在人类文明发展的高度上，我们应该把和平放在第一位。不同文明的国家之间有没有可能和平相处？答案是肯定的。我们生活的这个星球上，有 60 多亿人，200 多个国家，2 500 多个民族，6 000 多种语言，有基督教〔7〕、伊斯兰教〔8〕、佛教〔9〕和道教〔10〕等多种宗教。正是这些不同文明的相互依存、相互交流、相互借鉴、相映生辉，才构成今天这个丰富多彩的世界。中国自古就有以和为贵、和而不同、和实生物〔11〕的思想。“以和为贵”就是说国家之间、民族之间、人与人之间要以团结互助、友好相处为最高境界；“和而不同”就是说一个国家、一个民族既能容纳不同的文明存在，又能保留自己的优秀文明传统；“和实生物”就是说只有不同文明之间相互吸收借鉴，才能文物化新，推进文明的进步。“和”是中国文化传统的基本精神，也是中华民族不懈追求的理想境界。早在一千多年前，中国的唐代对外交流就非常活跃。世界上与唐朝交往的国家有 70 多个。丝绸之路上和平的使团、商队络绎不绝。中国文化那时就传播到了东罗马帝国〔12〕、阿拉伯国家〔13〕，同时唐代的舞蹈、音乐、绘画、食品、服装、宗教也吸纳了外来文化的精华，将中华文明推向一个新的高峰。

人与人之间的和睦相处是社会文明的重要标志，也是国家稳定的基础。中国古代著名思想家孟子[14]说过："天时不如地利，地利不如人和。"[15]就是说，只要人们和睦相处，就什么困难都能克服。要真正实现人与人之间的和睦，就需要发展社会生产力，消除贫穷与落后，使人们过上富裕的生活；就需要实现社会的公平与正义，坚持法律面前人人平等，尊重和保障人权；就需要提倡不同民族、不同信仰的人们相互包容、相互尊重、与人为善、以邻为伴。

人与自然的和谐相处是人类文明发展的前提。中国文化提倡"天人合一"的思想。所谓天人合一，包含着人与自然界相统一的意思。资源与环境是人类生存的基本条件，人类文明的发展从来就是依附于自然的。人可以认识自然，在与自然的和谐相处中谋生存、求发展，而不能破坏自然。有的古文明由兴盛走向衰败的一个重要原因就是对自然界肆意开发和掠夺，最终导致自然对人类的惩罚，酿成了文明的悲剧。因此，关爱自然，善待自然，关系到全人类的共同利益。一个失衡的地球是支撑不起现代文明大厦的。

刚刚过去的20世纪是人类文明大发展的时期。在这一百年中，科技上的进步、经济上的发展、思想上的解放和艺术上的创新，都是人类智慧空前的展现，是以往几千年都难以做到的。然而，事情还有另外一面，20世纪同样见证了人类之间的相互残杀，对自然的大规模破坏和大量的贫困、饥荒、疾病。21世纪人类文明正面临前所未有的发展机遇，也面临空前的挑战。只有实现了国与国之间的和平，人与人之间的和睦，人与自然之间的和谐，人类文明才能持续发展。

世界上任何一种文明都是在变革中发展进步的。中国古代的哲学经典《周易》[16]提出"穷则变，变则通，通则久"[17]的思想。中华文明源远流长，却不是一成不变的。几千年来，中华文明延续发展，虽然在近代曾经一度落后，但又能奋起图强，大步前进，这不是偶然的。中华文明发展的基础和内在动力，在于它的刚健自强，在于它的独立意志，在于它的开放包容，在于它的维新变革。中华文明正是通过不断变革而传承下来并发扬光大的。

20世纪中叶新中国的成立，标志着“中国人民从此站立起来了”。这是中华文明漫长历史中的一个重要里程碑。中国的社会主义社会是一个变革的社会，是一个开放的社会，是一个不断发展和完善的社会。改革开放将贯穿中国社会主义现代化建设的全过程。自20世纪70年代末以来，中国在社会主义制度的基础上实行了改革开放的政策。中国的改革是全面的改革，我们在推进经济体制改革的同时，积极推进政治体制、文化体制和社会管理体制等方面的改革。实行改革开放，就是要充分激发亿万人民群众的积极性和创造性，进一步解放和发展生产力，不断满足人们日益增长的物质文化需要；就是要充分吸收和借鉴世界一切优秀文明成果，使社会主义永葆生机与活力；就是要贯彻科学发展观，构建和谐社会，实现人的全面发展；就是要健全民主制度，扩大公民有序的政治参与，贯彻依法治国的基本方略，建设社会主义法治国家。总之，我们通过改革将使社会更加发达、更加自由、更加平等，也更有秩序、更有法制，使中华文明更加灿烂辉煌。

摆脱贫困、谋求发展，是一代又一代中国人的追求和梦想。多少年来，我们的民族，即使在最艰难的时刻，心中总有着一盏明灯，它照亮我们的前程，使每个中国人燃起希望和勇气的火焰。我们深知，中国是一个拥有13亿人的不发达国家，在发展中所遇到的问题，无论就其规模还是复杂性而言，都是举世罕见的，彻底摆脱贫困和落后还有很长的路要走。但我们坚信，一代又一代中国人传承着希望和勇气的灯火，不畏艰辛、百折不挠、团结奋斗，一定能够把中国建设成富强、民主、文明的社会主义现代化国家。

中国坚定不移地走和平发展道路，实行互利共赢的开放政策。全世界有识之士都看到，中国的发展对世界是机遇，而不是威胁。中国的稳定和发展本身就是对世界和平与繁荣的贡献。中华民族的悠久历史和深重灾难，培养了她自强不息、厚德载物[18]的民族精神。中国作为世界大家庭中的一员，千百年来虽饱经忧患，但以自己的勤劳和智慧推动着世界文明的进步与发展。中华民族历来是一个讲信修睦、崇尚和平的民族。近代以来，中华民族曾经饱受列强入侵的苦难，深知和平的可贵。中国走和平发展道路是基于中国历史文化传统和现实利益需要的必然选择，是长期的、坚定不移的。

女士们，先生们：

中法之间的文化交流是东西方文明发展史上的佳话。中国人很早就对法国文化产生了浓厚兴趣。卢梭[19]、孟德斯鸠等思想家的书籍很早就翻译成中文，在中国进步知识分子中广为流传。法国大革命[20]“自由、平等、博爱”的理念传到了中国，为中国近代反对封建主义和殖民主义运动提供了精神武器。那时，中国的思想家严复[21]就提出了“身贵自由、国贵自主”[22]的观点。中国现代的许多革命家、思想家、文学家和艺术家都曾求学法国，受过法国文化的熏陶。中国老一辈领导人周恩来、邓小平曾在法国勤工俭学[23]，追求新知。中国当代著名的文学家巴金[24]就说过：“我要向法国老师表示感谢，因为爱真理、爱正义、爱祖国、爱人民、爱生活、爱人间美好的事物，这就是我从法国老师那里受到的教育。”

从 17 世纪开始，中国的《论语》[25]《大学》[26]等儒家经典，就通过法国传入欧洲。巴黎曾成为欧洲“中国文化热”的中心。法国的一批杰出的思想家，如笛卡儿、伏尔泰、魁奈[27]、孟德斯鸠，都对中国文化有很深的研究。伏尔泰在其名著《风俗论》[28]中写道：“中国拥有世界上任何其他国家无法相匹的悠久历史，而且形成了光辉的理性主义文化。当世界上其他民族尚处在神话传说的时代,中国人已经在编撰自己的历史了。"许多法国现代的政治家和文学家对中国文化都有很深的感情。1960 年诺贝尔文学奖得主、法国诗人圣琼·佩斯〔29〕的长篇杰作《远征》〔30〕,就是他在北京西郊的一座道观中完成的。

当前,中法关系正处在历史上最好的时期。战略互信不断增强,经贸关系日益密切,文化交流空前活跃。中国政府珍视同法国的友好合作关系,中国人民珍惜同法国人民的友好情谊。我们把法国看成是值得信赖的朋友和伙伴。我们对中法关系的前景充满信心。

女士们,先生们:

文化是沟通人们心灵最好的桥梁。法兰西文明和中华文明,都是世界文明百花园的奇葩,都有着厚重的历史积淀,都在创新中迸发着无穷的活力。我希望,刚刚结束的中法文化年能够成为中法文化交流与合作的历史新起点。"为了祖国、科学和荣誉"是贵校的校训,也代表了法国青年的理想与追求。青年是国家的希望,是世界的未来。我热切期待着:中法两国人民特别是两国青年携起手来,加强交流,增进了解,使中法文明交相辉映,共同构建和平、和睦、和谐的新世界!

注　释

〔1〕巴黎综合理工大学创建于 1794 年,学校初名"中央公共工程学校",1795 年改为现名。其校训为"为了祖国、科学和荣誉"。目前该校是一所旨在培养未来科学家和具有高级科学修养的管理人才的综合性理工大学。

〔2〕贝可勒尔(Antoine H. Becquerel,1852—1908),法国物理学家。因发现自发

放射性现象，他和居里夫妇共同获得1903年诺贝尔物理学奖。

〔3〕勒威耶（Urbain Le Verrier，1811—1877），法国天文学家。曾任巴黎大学理学院教授、巴黎天文台台长等职。他用数学方法推算出当时尚未发现的海王星的位置，并且系统研究行星运动理论，精确计算出行星星历表。

〔4〕阿莱（Maurice Allais，1911—2010），法国经济学家。1988年获得诺贝尔经济学奖。其研究领域为市场均衡及如何最好地在消费者之间配置资源问题。

〔5〕香榭丽舍大街是法国巴黎一条著名的街道，位于巴黎第八区，城市的西北部。它起始于协和广场，由东向西延伸1 915米，前半段较平坦，接着有一段上坡路直到戴高乐广场，广场中心屹立着凯旋门。香榭丽舍大街被誉为巴黎最美丽的街道。

〔6〕长安街是中国北京的一条东西轴线，东起东单，西至西单。修建于明代。长安街中点的北侧是天安门，南侧是天安门广场。

〔7〕基督教在1世纪时起源于巴勒斯坦，相传为耶稣创立。该教包括天主教、正教、新教以及一些较小派别。它与佛教、伊斯兰教并称为世界三大宗教。

〔8〕伊斯兰教是7世纪初由阿拉伯半岛麦加人穆罕默德创传的一种宗教，强调顺服唯一之神安拉的旨意。该教主要教派有逊尼和什叶两派。

〔9〕佛教相传是公元前6—前5世纪由古印度北部迦毗罗卫国（今尼泊尔境内）净饭王之子（姓乔答摩，名悉达多，即释迦牟尼）所创。该教基本教理有四谛、五蕴、十二因缘等，以断除烦恼而成佛为最终目的。

〔10〕道教是中国固有的宗教。该教起源于古代神仙信仰和方仙之术，奉老子为教祖，尊称为“太上老君”，以“道”为最高信仰，认为“道”是化生宇宙万物的本原。道教的主要典籍有《道德经》《太平经》等。

〔11〕语出《国语·郑语》。原文为：“夫和实生物，同则不继。”

〔12〕东罗马帝国，亦称拜占庭帝国，简称拜占庭，是在西罗马帝国崩溃后依然存在的罗马帝国东半部。它位于欧洲东部，领土曾包括亚洲西部和非洲北部广大地区。其存在时间通常被认为始自395年罗马帝国正式分裂为东、西两部分，直至1453年它为奥斯曼土耳其人所灭。东罗马帝国是古代和中世纪欧洲历史最悠久的君主制国家。

〔13〕阿拉伯国家一般指居民以阿拉伯民族为主的国家，主要分布在亚洲西部和非洲北部地区。

〔14〕孟子（约前372—前289），战国时期的思想家、政治家、教育家。名轲，字子舆。邹（今山东邹城东南）人。他继承并发扬孔子的思想，成为仅次于孔子的儒家宗

师，有“亚圣”之称，与孔子合称为“孔孟”。

〔15〕见《孟子·公孙丑下》。

〔16〕《周易》，亦称《易经》，简称《易》，是儒家经典之一。其内容包括《经》和《传》两部分。

〔17〕见《周易·系辞下》。

〔18〕语出《周易》中的卦辞：“天行健，君子以自强不息”，“地势坤，君子以厚德载物”。

〔19〕卢梭(Jean J. Rousseau，1712—1778)，法国启蒙思想家、哲学家、教育学家、文学家。其思想影响了法国大革命。

〔20〕法国大革命亦称法国资产阶级革命，是1789—1794年法国推翻封建专制统治、确立资本主义制度的革命。这次革命促进了法国资本主义的发展，也震撼了欧洲封建体系，推动了欧洲各国革命。

〔21〕严复(1854—1921)，中国思想家、翻译家。福建侯官(今福建福州)人。清末时他反对顽固保守，主张维新变法，翻译大量西学著作，传播西方资产阶级政治经济思想和逻辑学，并首次提出“信、达、雅”的翻译标准。辛亥革命后，其思想趋于保守。

〔22〕见严复《原强(修订稿)》。

〔23〕从1919年3月到1920年年底，中国先后有17批学生赴法勤工俭学，总数达1 600多人。通过勤工俭学，他们对西方社会先进的科学技术有了更多的了解，对中国社会的落后、愚昧状况有了更深刻的认识，变革中国社会的愿望更加强烈。他们中的先进分子如周恩来、赵世炎、蔡和森、李维汉、王若飞、李立三、向警予、陈毅、陈延年、陈乔年、聂荣臻、邓小平、李富春等，利用在欧洲的有利条件，努力学习马克思主义，研究俄国十月革命的经验，相继成为马克思主义者，对中国革命做出重要贡献。在赴法勤工俭学的学生中，也有一部分人学习科学技术，回国后从事科技工作。此次留法勤工俭学运动在中国新民主主义革命和教育发展史上，均具有重要意义。

〔24〕巴金(1904—2005)，中国文学家、出版家、翻译家。原名李尧棠。出生于四川成都，祖籍浙江嘉兴。新中国成立前，发表大量作品，风格热烈而浪漫，具有激进的批判现实的意义。新中国成立后，曾任上海市文联主席、中国作家协会主席、中国文联副主席等职。第五届全国人大常委会委员，第六至十届全国政协副主席。1985年，创议建立中国现代文学馆。2003年，被授予“人民作家”荣誉称号。

〔25〕《论语》是儒家经典之一。全书共20篇，由孔子的弟子及其再传弟子编撰

而成。它以语录体和对话文体为主，记录孔子及其弟子的言行，集中体现孔子的政治主张、伦理思想、道德观念及教育原则等。

〔26〕《大学》是儒家经典之一，原是《礼记》中的一篇，约为秦汉之际儒家作品。宋代时将其从《礼记》中抽出，与《论语》《孟子》《中庸》合为“四书”。南宋以后，它成为理学家讲伦理、政治、哲学的基本纲领。

〔27〕魁奈(François Quesnay，1694—1774)，法国经济学家。他是重农学派的创始人。

〔28〕《风俗论》是伏尔泰的代表作之一，是作者另一名作《路易十四时代》的姊妹篇。该书用大量事实揭露教廷的黑暗和腐朽，反对宗教狂热、宗教迫害和教派斗争，向人们展示世界各重要民族的精神和风俗。

〔29〕圣琼·佩斯(Saint-John Perse，1887—1975)，法国诗人。曾任法国驻北京公使馆秘书、驻上海领事馆领事等职。其作品倾向象征主义，诗作词汇丰富、音韵铿锵。1960年，他获得诺贝尔文学奖。

〔30〕《远征》是圣琼·佩斯被派驻北京公使馆担任三等秘书后，以自己横越戈壁大沙漠的经历所写作的史诗。《远征》单行本于1924年问世。1930年，这部诗作被译为英文出版。

不断深化教育改革，全面提高办学水平*

（2006 年 7—11 月）

现在，我们正在考虑两个问题：一个是教育发展问题，一个是教育改革问题。就教育的发展问题，我们已有一些考虑和想法。比如说，我们现在对教育发展大的格局是这样设计的，就是普及和巩固九年义务教育，大力发展职业教育，提高高等教育质量。我们将采取措施来完成这些任务。请大家来座谈，是谈另外一个方面的问题，就是：教育怎么搞，学校怎么办？小学教育、中学教育、大学教育怎么改革？群众有什么意见，有什么议论？老师有什么想法？我是听到一些，有一些耳闻，但是心里没底。所以，我就请你们这些熟悉教育的，你们都是教育家，来谈谈你们的想法和意见。很多国家政府领导都有教育顾问，你们就做我的教育顾问。我可以向你们保证，我能做到四条：

---

* 2006 年 7 月 18 日上午、8 月 22 日上午、11 月 16 日上午和 11 月 20 日上午，温家宝同志分别主持召开国务院有关教育改革发展、基础教育、职业教育和高等教育的专题座谈会，听取王湛、韦钰、朱清时、刘彭芝、霍懋征、顾明远、陶西平、叶澜、丁强、蓝继红、王明达、龙德毅、马树超、高军民、魏崴、杨福家、周远清、王大中、卢铁城、纪宝成、谈松华等 21 位教育界人士的意见，并做了重要讲话。本文为温家宝同志四次讲话要点。

第一，我有使命感。我们政府要把教育摆在重要位置。第二，我对教育有热情。这种热情不仅基于我对它的认识，而且基于我有一种特殊的情感。我的祖父在天津办普育学校，担任校长，为办好学校，到处招好老师，化缘找钱，努力刻苦进修学习。后来我的父亲母亲也都做教师，几乎一家人都是教师，所以我说我有热情，我有一种特殊情感。第三，我有意志。教育发展面临的问题很多，但是我们能够克服困难，把中国的教育一步一步地推向前进。第四，我对我们的教育家充满信任。至立[1]同志提出今年是不是开一个全国教育会议，我觉得非常必要，但是我脑子比较空，因此我第一个想到的是求教于你们。

我就谈这四点，使命感、热情、意志和信任。我能够在大家的帮助下，我们共同努力把教育事业推向前进。国务院再忙，我还是要坚持把这个调研做好，将分别邀请不同阶段，小学、中学、大学，包括学前教育阶段的专家座谈。

一、办一流教育，建设一流国家

我们的经济已经连续28年高速增长，年均9.6%的速度，现在已经成为世界第四大经济体，这确实创造了世界的奇迹。但是人们要问中国还能不能继续繁荣下去，中国还有没有机遇保持可持续发展。我的回答是“有”。做的结果，取决于我们政策的正确和应对能力。国家能否继续繁荣下去，能否保持可持续发展，能否在世界上具有竞争力，关键在人才，根本在教育。从这个角度上讲，我以为中国振兴的重要标志就是教育的振兴。教育事业关系着我们国家的未来。现代化建设、国民素质、精神文明、道德力量，都离不开教育。教育显示一个国家整体的实力，它能反映一个国家整体的面貌。只有一流的教育，我们国家才有一流的实力，才能够成为经济社会发展一流的国家。教育的发展不仅关系当前而且关系长远，不仅关系经济发展，而且关系社会进步、关系国民素质的提高，确实是百年大计。教育是决定今后几代人、十几代人以至几十代人的事情。把中国的教育搞上去，这不仅仅是我们这一代人的任务，还将是今后若干代人的任务。

我国经济社会处在一个持续快速发展的时期，我国的教育也处在一个发展时期，面临很好的机遇。我们要把教育摆在优先发展的战略地位，放在更加突出的位置，坚持教育兴国、教育强国。这是国家意志，是国家发展的战略。在教育上体现公平、正义，让每个人都有享受教育的机会，这是构建社会主义和谐社会的要求，是国家的政策。确立教育方针、教育体制、教育布局和教育投入，都属于国家行为。我讲这些，就是说国家应该干什么，国家应该管教育发展的大政方针。

普及义务教育，从今年开始在西部农村实行免费的九年义务教育，明年在全国农村实行，然后逐步在城市实行免费的九年义务教育。基础教育如何改革和提高质量？免费义务教育是给孩子们上学创造了条件，我们的最终目的还是要提高孩子们的学习质量。要把基础教育办好，提高整个民族的素质，这是我们的目的。所以在实行免费义务教育，加强基础教育的同时，就面临着教育改革和提高的问题。这个问题比较重大。我们把职业教育定位在一个面向全社会的教育，是使人人能够受教育的一个重要领域。对高等教育，我们现在逐步控制规模，着重提高教育质量，包括合理配置专业。

现在有些地方片面追求升学率，和经济上追求GDP一样。我在电视上看到南京曾经有过这么一场争论，就是素质教育与考大学的关系。我们不能以高考升学率来衡量教育质量的好坏，但也不会把高考取消掉。“文化大革命”〔2〕以后，做的第一件事就是恢复高考。我们不会走回头路的。

几次座谈会讨论涉及了教育方面的许多重要问题，对我启发很大，比如对素质教育的全面理解。素质教育包含的范围很广，但是其中三个问题应该辩证地看。第一，我们应该改革考试制度，但是学校还必须进行考试和考核。我把它概括成三个性，即考试和考核应该具有全面性、综合性和经常性。我曾对这三个性都做了具体解释：所谓综合性，就是要教学生既会动脑，又会动手；所谓全面性，就是要使学生德、智、体、美全面发展；所谓经常性，就是要根据学生长期的学习表现决定成绩。第二，我们提倡减轻学生过重的负担，但是，这绝不意味着对学生和教师的要求降低了，而是更高了。减轻学生过重的负担，对学生来说，是让学生有时间去接触社会、接触生活、接触实践，让他们学会动脑，学会动手。对老师来说，是要求老师不仅要在课堂上关心学生学习，而且在课下要关心学生的全面发展。第三，我们提倡各级各类学校协调发展，但是，绝不意味着让学校失去风格，学校还是要有特色的，要办出自己的风格，办出自己的品牌。一个国家如果没有知名的学校，无论大学、中学还是小学，都绝不能说教育改革是成功的。我认为，这些是素质教育当中的一部分，不是全部，我们要正确地引导和加以理解。我们要给教育改革创造一个好的舆论氛围，大家都来关心和支持。

二、努力建设高素质的教师队伍，培养一批杰出的教育家

在今年的《政府工作报告》中，我就提出，中国需要建设一支高

素质教师队伍，培养一大批教育家。现在如果说科学家，大家可以举出好多人的名字，比如钱学森、华罗庚[3]、李四光。但是中国的教育家有哪些？应该说有很多。但我们宣传得不够，这也反映社会上重视不够。对老教育家，大家一提起陶行知，都熟悉。我们现在确实需要大批的教育家，应该多宣传。当教师就应像陶行知讲的，“千教万教，教人求真；千学万学，学做真人”，这个话比讲一篇套话管用得多。没有爱就没有教育。我们需要更多的把爱献给教育的人当老师。我们应该有更多的让学生永久铭记的老师。在他学习时，你不爱他，你不精心，他长大以后也很快把你忘记了。如果你伤了孩子的心，那就更糟糕了，他会记恨你的。

教师的知识面要广，教理工的要懂一点文史，教文史的要懂一点理工，这是我们的方向。我们要提倡的是启发式，不是灌输式，而现在我们的讲课有时候相反。我到北师大去，才发现很多师大的学生毕业不当老师。他们送给我一张我父亲在北师大的文凭，是 1937 年的。我回家仔细看一下，我父亲写了一个保证书，毕业后一定要当老师。我注意到，那时要“具保”，就是一定要当老师，为什么？就是上学免费，全部都免费，甚至还发点衣服。

我有一个想法，上师范大学可以免费。要做到全国的师范大学都免费，可能一步做不到，但是必须向社会发出一个积极的信号。因此我在考虑，首先在六所教育部直属的师范大学实行免费教育[4]。叫学生签订责任书，毕业以后要当老师。这样我们就可能吸收一批家庭困难的，但很努力的、很优秀的学生进入师范学习。他们的志愿将来就是当老师。六所学校能起到很大的示范作用，就是人们争先要上师范。我算了一下，大概就几亿元，我们拿得起。不是贷款。要把师范办好，学生入学就是免费的，他的吃、住、学费等都免费，但是他必须当老师。这不妨碍他读研究生，读完研究生他还当老师。如果大家意见一致，我们明年就在六所师范大学实行。

对教育部管的六所师范大学实行免费教育，这是一个政策引导，目的并不止六所，这六所只是中央管的。然后我们号召、影响地方也这样做，对自己管理的师范院校学生免费，用自己财政的钱。但是有一个条件，就是学师范的人必须当老师，要签订合同。这个我们要论证，可否在明年秋季开始实施。为什么要这样做呢？因为必须要有好的老师，才能有好的教育。所以这些事情我们下决心要办。

农村实行免费义务教育以后，农村教师的收入问题就暴露了。很多省普遍反映农村教师的收入降低了。实行了免费教育，乱收费的口子堵上了，教师的实际收入怎么办？现在有两种办法是万万不能做的：一个是从住宿中多收取费用，一个是从伙食中多收取费用。孩子住宿、吃饭都关系着他们的健康。因此，我们就得在摸清情况的基础上，想办法解决农村教师的工资待遇问题。当然，这又面临着两个问题。一是农村教育要改革。有相当一部分地区的农村教师数量多，而质量不高。二是这些年计划生育成效显现，小学的入学人数减少，一部分农民工把孩子带到城里去上学，所以农村学校的人数不像过去那么多。农村小学教师待遇适当提高，得在改革的基础上进行。

在教育发展上，我有时还敢谈点意见，但是在如何办好学校上，我确实是很谨慎的，不敢多谈意见。为什么呢？因为我以为，学校办得好坏，还得靠实践，靠历史来做结论，靠人民的评价，靠社会的反响。这不是谁说了就算，谁说了就对。我认为新中国成立以来我们教育有了很大的发展，应该说是空前的、前所未有的、巨大的发展。但是像钱老讲的，没有出现多少有名的教育家。我不是说在座的这些教育家没有贡献或者没有成就，你们都是有很大的成就。为什么呢？因为中国终身从事教育事业的教育家太少了，把自己毕生精力都投入教育的人太少了。很多校长一半精力在搞教育，一半精力在搞科研，甚至用于科研的时间比教育的时间还要多，他要出成果。因此，现在就很难出现像陶行知、叶圣陶〔5〕那样的大教育家。他们毕生都投入了教育事业。也很难出现像黄炎培那样的社会学家，他是办职业教育的，他当然还有其他贡献。甚至我也很难发现一些像张伯苓〔6〕、梅贻琦〔7〕那样的校长，他们可能在学术上没有多少论文留在后世，但他们留下了很光辉的学校发展阶段，诸如清华、南开、西南联大〔8〕。我们校长换得太勤，校长不能像行政干部一样五年一换。在学校待上二十年、三十年甚至一辈子，值得。我不赞成按行政干部来搞教育干部体制，学校应有学校的特点。

三、要把发展职业教育放在更加突出更加重要的位置

去年我们开了全国职业教育工作会议。职业教育必须高度重视，因为这是我国经济社会发展的现实需要，直接关系到制造业的水平、服务业的服务质量。职业教育还关系到成千上万人的就业，关系到进城务工人员的培训，与经济社会发展实际联系非常紧密、非常直接。老一辈认为这是面向人人的教育、面向社会的教育。估计再用不到5年，我们的中职招生可以达到800万人，相当于高中阶段入学人数的一半。从政策上，国家在“十一五”期间用100亿元扶持职业教育，还可以再增加。社会对职业教育的重视程度越来越高，但总的还是不够，还没有摆到更为突出更为重要的位置。很多人重视普通教育、高等教育，但不太重视职业教育。这需要有个观念转变、社会风气形成的时间。职业教育要有更为细致完整的规划，有许多典型经验要很好

地总结。我认为要走中国特色的路子。比如厂办学校，学校与工厂结合，上学与就业结合，培训与就业结合，等等。在教育过程中，文化学习与动手操作技能结合。要有一批好的职业学校。

研究职业教育的专家、有关负责人和校长发表了很好的意见。我希望你们在这一崇高的岗位上坚持工作下去，推动职业教育兴旺发达，提高全民素质。你们是成千上万职业教育工作者的代表。我们开这个座谈会就是要向社会传达一个信息，职业教育已经列入中南海的议事日程。教育是现代化建设的根本，职业教育是不可或缺的重要组成部分，是非常有希望、有前途的。现在不是每一个领导干部、每一个地方都懂得这个道理。这要变成全社会特别是领导干部的共同认识，需要艰苦的过程。

现在我国的技工受过职业培训的只有 1/3，还是不够重视。领导认识跟不上，行业企业认识差得更多。我们 13 亿多人的大国，比德国大得多，职业教育应该办得更好才行。职业资格准入的制度不配套，有的上岗前根本没有参加过任何培训。现在对职业学校办学质量，需要实践认可、社会认可，最终是用人的企业认可。职业学校培养的人有技术、有本领，才能体现出价值。毕业生出来工资比本科高，就是企业认可。但社会讲究学历文凭的观念一时还难以转变，千军万马挤本科去，毕业就业困难也不管。有了好文凭、好名声，不等于有好职业。有些本科生现在也是什么活都干了。高技能人才能够获得高薪，学生会慢慢懂得的。

我认为，职业教育既是经济社会发展的需要，也是社会公平正义的需要，既要立足于经济建设，又要以人为本、为提高民族素质服务。在教育结构布局中，把职业教育放在更加突出的地位非常必要。在几种教育类型当中，面向人人、面向社会的终身教育就是职业教育。义务教育是初级阶段，职业教育不然，到工作以后还要不断接受职业教育培训。黄炎培先生就是这么说的，他成立了中华职教社[9]，面向的是劳动者。我认为，政府对职业教育的政策和投入支持主要有三个方面：第一，加大资金投入，我们正在做，根据财政状况还要增加；第二，对困难学生奖励和补助，职业学校相当部分学生是困难群体；第三，政策支持，鼓励企业办学。另外，还有师资队伍建设需要大大加强。

关于职业教育的发展与改革，一是要提高政府认识，加以重视。二是职业教育要建立行业、企业、学校共同参与的机制。三是理顺管理体制，现在力量分散，不利于职业教育发展。各个部门自建培训机构，重复建设。本来钱不够，资源配置还不合理。要统筹资源。关于职业教育宏观管理体制问题，请建敏[10]同志协调一下，论证以后就敲定下来。企业行业照常办学，但是政府管理避免重复。四是如何把职业教育、培训与就业准入以及解决就业问题结合起来。还有职业资格的认定、职业等级的评定和技能型人才的选拔。五是职业教育要把学校学习与劳动实践结合起来，动脑与动手结合起来，知识与技能结合起来，今天的学习与明天的就业结合起来，需要有一套完善的办学体制、管理机制。国家和地方制定发展规划，在政策制度上给予保障。我赞同国务院表彰高技能人才，国家领导人会见，就是要好好宣传，带有社会倡导和导向作用。

我国《职业教育法》[11]颁布实施十年了，现在要考虑职业教育立法与政策关系的问题了。职业教育新确定的大的方向、道路、政策，要用法律固定下来。对《职业教育法》的修改，教育部可以先开始研究。像一些紧迫的问题，如劳动就业条例，先由国务院制定法规或者规章。

四、巩固扩招成果，深化教学改革，大力提高高等教育质量

关于高等教育，有几个很重要的问题。第一个问题，就是去年钱学森同志跟我谈科技中长期发展纲要[12]的时候说的那番话，后来登在《人民日报》上，那是经过他本人核定的。钱学森对我说：你讲的我都同意，但是我考虑的问题，就是我们的大学为什么培养不出杰出人才？原话就是这样。我心里想，他指的这个杰出人才绝不是一般人才，因为我们的大学在改革开放二十多年里培养了很多杰出人才，但是他的标准是高的，是指像他那样的大师级的人才、有影响的人才。然后，他跟我讲了科学与艺术结合的问题，就是搞理工的、搞科学的要学一点文学和艺术，搞文学艺术的也要学一点科学技术。他还介绍了自己年轻的时候擅长画画，而且画得很好，现在有些画流传在海外。培养杰出人才，这是我非常焦虑的一个问题。当前，我们学生在增多，我们学校的规模也在扩大，但是，如何能够培养出杰出人才是摆在我们面前的重要问题。

第二个问题，高校招生规模扩大是件好事，现在高等教育在校生规模达到 2 300 万人，毛入学率达到 21%了，说明中国教育在发展。但是，在此基础上，如何提高高等教育的质量，是高等教育的核心问题。所以，我们在教育的总体布局上有三句话：普及和巩固义务教育，大力发展职业教育，提高高等教育质量，这是一个整体。我们不会缩小高等教育的规模，要稳步发展，但是要把重点放在提高质量上。特别是一流水平的大学，不能再超过 50 个人一个班了。记得杨振宁跟我说过，当时费米、爱因斯坦教他们的时候，甚至是一对一。不像现在，有的学生毕业了，还见不到教授的面。

第三个问题，就是教育经费保障。任何国家教育经费的保障都应该以国家投入为主。我们提出了财政性教育经费要达到GDP的4%的目标。这个目标是很艰巨的。但是，我在几次国务院会上都讲了，这个目标我们不更改，而且要努力去实现，越早越好。大家不完全理解我们财政的构成。比如，今年1—10月份财政教育经费支出，我昨天看到的数字是4 950亿元，我估计今年年底可以达到6 000亿元。6 000亿元占多少呢？差不多是占财政支出的1/7—1/8的样子。与GDP总量比，那就是2%—3%。中国还有一个特殊问题，就是不少高等学校欠债。这恐怕是许多国家不存在的事情。究竟有多少债务，我也弄不清，有人说是2 000亿元，有人说是3 000亿元，有人说你要统计起来至少5 000亿元。不统计则已，你要统计起来，这些债务就会都冒出来了。这样下去不行。

大家谈高等教育，一个结论性的、共同的、一致的看法就是，要巩固扩招的成果，继续深化高教改革，大力提高高等教育的质量。要总结我们前一个阶段，甚至还可以再追溯更远一点的我国高等教育的办学经验、教训。从中国的实际出发，并且借鉴世界的经验，确立高等教育的定位、办学的方法。这里很重要的就是要创新。我想在教育思想上、在办学方法上要鼓励大胆创新。我刚才讲国家管的这些方面与创新应该是统一的、一致的，但是具体到每个学校应该如何办好，应该是百花齐放、各有特色。创新就必须解放思想。我最近说过一句话，解放思想和创新是因果关系，如果说创新是果的话，那么解放思想就是因，首先必须解放思想。

这里我举一个例子，也不一定考证过。就是张伯苓当年在办南开的时候，在前一阶段他是自主的，他是创新的。但是后来蒋介石为了架空他，有意地把他提升为考试院院长，实际上是把他从南开调出来。这时，南开就失去了自己的风格，很快就下来了。这就说明一个校长对一个学校起相当大的作用。当然，对张伯苓的人和教育思想的总体评价，今天我们不去谈。1951 年张伯苓逝世后，周总理在吊唁时，还是肯定了他。我想，现在还是应该提倡创新，从国情出发，借鉴吸收外国经验，大胆创新。

五、教育公平是社会最大的公平，要完善政府资助困难学生制度

国家对教育的支持，我们都考虑到了。比如说，我们提出财政性教育经费的增长要高于财政增长的幅度，达到占国内生产总值的4%。这已写入“十一五”规划，应该坚定不移，努力去实现。国家再困难，也要千方百计增加教育方面的投入，这一点国家能做到。

今年和明年将在农村实现免费义务教育，这在新中国成立以后的历史上是一个很大的举措。明年以后农村的孩子上小学和初中就不再交任何学费和杂费了，困难的地区国家还要补助书本费和寄宿生生活费。最近有关部门曾经考虑过，是不是一下子把城市的免费义务教育一并实行，后来仔细分析，这件事情不简单。因为如果仅按照城市的学杂费也就 130 亿元左右，政府负担得起。但是实际上城市的中小学整个费用远远超过 130 亿元，很多教师的工资津贴都是从学生收费中发放的。有关部门后来计算，可能到 290 亿元。我觉得 290 亿元也打不住，因为很多收费并不完全是透明的。如果一下子把它规范了、免费了，很快城市教师的收入水平就下降了，政府一下子负担不起，补助不了。所以，我们考虑对城市义务教育免除学杂费这件事在进一步调查研究以后再实施。

我还有一种想法，就是把有限的财力先用于全国农村免费义务

教育,继续投入到困难孩子身上。比如说加大对农村、城市困难群体孩子上高中的补助,给予奖学金、助学金;加大对困难学生上大学的扶持力度。这不是平均分配,而是把我们有限的财力用在最困难的孩子身上,然后再着手规范城市中小学收费的问题。

高中阶段教育,我们要采取一个措施,就是实行助学金和奖学金的制度。而且随着国家财力的增强,助学金和奖学金的比重会逐步加大。这是一个过渡。在中国这么多人中实现高中的免费教育,可能需要一定的时间。但是我们要用助学金、奖学金来过渡一下。

我们的资金有限,农村九年制义务教育免费,今后 5 年安排 2 200 亿元。下一步该做什么? 奖学金、助学金制度,高中、大学、中职,哪个先做? 城镇义务教育免费先缓一缓。但是,过 5 至 10 年,城镇义务教育肯定还是要免费的,义务教育法已经规定得很清楚了。以后中小学教师提工资,要像公务员那样先规范。

最大的公平就是教育公平。让每个孩子都上学体现了社会的公平。人人享有受教育的权利,才能体现社会的公平。平均主义的公平是低水平的公平。不要走极端,把我们已经形成的优势抹掉,这就不好了。没有差别是不符合规律的,一万年也要承认差别。如果把现在的优质教育资源往下拉,我们就失败了。

政府要下决心办一些事情,而且能做到。到明年,给农村九年制义务教育全部实行免费,5 年内要花 2 200 亿元。这是第一件事情。在此基础上,我们还要关注困难学生,对农村困难的学生免除课本费,补助住宿生所需要的费用,我们还要对城市的困难学生,包括农民工子女给予适当补助,这是义务教育阶段。然后,我们要建立和完善奖助学金制度,包括高中的、中等职业教育的和高等院校的。我一直在考虑,这三者哪个更重要,哪个更迫切一点儿? 依我看，高等学校奖助学金制度可能应该排在第一位。现在已经有了，但是力度小，要加大力度。就是说，穷人的孩子具备了上大学的条件，就要让他上得起。与此同时要完善助学贷款制度，助学贷款也是财政贴息。然后可能就是中等职业教育，再其次是高中教育。这要在调查研究的基础上把钱用好。这是我们要办的。

专家提了两个我过去想过但没有归纳出来的问题。一个是教育领导机关职能的转变，一个是学校的自主权。对专家提到的一些教育改革发展的具体建议，我想请周济[13]同志梳理一下，有些政策可以在全国教育工作会议上再做部署，有些就可以立即做了。第一，一个很重要的问题，就是教育部门的职能转变的问题。第二，如何落实学校办学的自主权问题，实现共性与特性统一的问题。第三，建立教育督导和教育质量监测制度的问题。第四，如何确立阶段性的教育公平的目标，达到国家规定的教育标准，合理地对公共教育资源进行配置，包括投入、条件、师资等。第五，提高教师质量，完善教师准入制度，对教师进行评价和考核，加强教师培训，保障教师合法权益的问题。第六，关于形成公办教育与民办教育共同发展的格局问题。第七，规范办学行为，包括规范教育市场。坦诚地讲，我不大主张讲“教育市场”这个词，但是现在已经形成，你回避不了。我们可以不用这个词，但是很多市场的行为要规范，如广告、出版、网络，等等。

几次座谈会大家谈得很好。大家分别就教育改革发展、基础教育、职业教育、高等教育等问题，谈了很多重要的思想，提了许多具体的建议。如：要把基础教育作为一个系统工程加以全面研究和部署；如何正确处理素质教育与应试教育的关系；如何体现教育公平；如何把我们自己国家教育的优良传统同吸收世界教育的一些先进经验结合起来。我觉得这些讨论都开阔了我们的眼界，各位专家的建议都非常实在，而且有可操作性。现在，座谈研究已经进入这个阶段，就到了可以确立一些政策的程度。希望教育部能够把专家的思想进一步引申，继续加以深化和讨论。我希望在全国教育工作会议上，我们也能够提出几点政策，不仅管当前，而且还能管今后若干年，以统一教育界的思想，统一全国的思想。

注　释

〔1〕即陈至立。陈至立时任国务委员、国务院党组成员。

〔2〕“文化大革命”是1966年5月至1976年10月由毛泽东错误发动和领导，被林彪、江青两个反革命集团利用，给党、国家和各族人民带来严重灾难的内乱。

〔3〕华罗庚(1910—1985)，中国数学家。江苏金坛人。1931年入清华大学。1936年赴英国剑桥大学访问、学习。1938年回国后任西南联合大学教授。1946年赴美国，任普林斯顿高等研究院研究员、普林斯顿大学和伊利诺伊大学教授。1950年回国。曾任清华大学教授，中国科学院数学研究所、应用数学研究所所长和名誉所长，中国科学院副院长、主席团成员，中国科技大学数学系主任、副校长，中国科学技术协会副主席等职。中国科学院学部委员，美国国家科学院外籍院士，第三世界科学院院士。第一至六届全国人大常委会委员，第六届全国政协副主席，中国民主同盟中央委员会副主席。他在解析数论、矩阵几何学、典型群、自守函数论、多复变函数论等方面有深刻的研究和开创性的贡献。

〔4〕2007年5月，国务院决定在教育部直属的六所师范大学实行师范生免费教育。这六所大学是：北京师范大学、华东师范大学、东北师范大学、华中师范大学、陕西师范大学和西南大学。首届免费师范生于2007年秋季入学。

〔5〕叶圣陶(1894—1988)，中国作家、教育家、出版家、社会活动家。名绍钧。江苏苏州人。早年任小学教师并开始文学创作。新中国成立前曾先后任商务印书馆、开明书店编辑。新中国成立后，他亲自领导和组织编写了一系列全国通用的中小学教科书，成为我国基础教育的开拓者。曾任中央人民政府出版总署副署长、教育部副部长、人民教育出版社社长兼总编辑、中央文史研究馆馆长等职。第五届全国人

大常务委员，第一届、第五届全国政协常务委员，第六届全国政协副主席，中国民主促进会中央委员会主席。

〔6〕张伯苓(1876—1951)，中国教育家。原名寿春。天津人。1895 年北洋水师学堂毕业，后在海军军舰见习。1917 年留学美国哥伦比亚大学。自 1904 年起，他先后创办南开中学、南开大学、南开女中部、南开小学部和南渝中学(后更名为重庆南开中学)。1938 年任西南联合大学校务委员会常委。曾任国民参政会副议长、中央监察委员、考试院院长等职。

〔7〕梅贻琦(1889—1962)，中国教育家。字月涵。天津人。南开中学第一期学生，后留学美国，获机械工程硕士学位。回国后到清华大学任教，曾任清华大学教务长、教育部高等教育司司长等职。1931 年任清华大学校长。抗日战争时期，任西南联合大学校务委员会常委，负实际责任。1945 年日本投降后，他回北平筹备复校。晚年他多居住在美国和我国台湾，并在台湾创办新竹“清华大学”。

〔8〕西南联大，即西南联合大学。抗日战争爆发后，北京大学、清华大学、南开大学迁往长沙，1937 年 8 月合并成立长沙临时大学，设文、理、工、法商四学院，共 17 个系。1938 年 4 月再迁至昆明，更名国立西南联合大学，增设师范学院，扩充至 26 个系。该校会集一批著名学者，培养人才斐然可观。抗战胜利后，各校回迁复校。

〔9〕中华职教社，即中华职业教育社，由黄炎培联合教育界、实业界的蔡元培、梁启超、张謇、宋汉章等 48 位知名人士于 1917 年在上海创立。中华职业教育社现在是主要由教育界、经济界、科技界从事、关心和支持职业教育的人士组成的全国性的人民教育团体，总部设在北京。其主要任务是：致力于联系台湾同胞、港澳同胞、海外侨胞中热爱祖国、有志于职业教育的人士，为发展祖国教育事业和完成祖国统一大业贡献自己的力量。

〔10〕即华建敏。华建敏时任国务委员、国务院党组成员兼国务院秘书长、机关党组书记、国家行政学院院长。

〔11〕《职业教育法》，即《中华人民共和国职业教育法》，于 1996 年 9 月 1 日正式施行。它以我国《宪法》《教育法》和《劳动法》为基本依据，规定了我国职业教育的范畴体系、地位作用、办学方针以及职业教育的保障条件等，是我国职业教育发展史上第一部专门性法律。

〔12〕即《国家中长期科学和技术发展规划纲要(2006—2020 年)》。中共十六大提出，要制定我国中长期科学和技术发展规划。未来 10—20 年是我国经济社会发展的重大战略机遇期，也是科技发展的重大战略机遇期，全面建设小康社会宏伟目标

的实现，国防实力、综合国力的提高，世界新科技革命的挑战，都对科技提出了更高的要求。国务院从 2003 年 6 月开始，组织 2 000 多名各方面专家学者和有关部门力量，在深入进行战略研究的基础上，制定《国家中长期科学和技术发展规划纲要(2006—2020 年)》。这一规划是我国进入 21 世纪新阶段对科学技术发展进行的第一次全面规划，也是在社会主义市场经济条件下制定的第一个中长期科技发展规划。

〔13〕周济时任教育部部长。

尊重教育，崇尚教师*

（2007年2月4日）

我今天利用这个时间，征求大家对师范院校实行免费教育的意见。因为这件事情一旦定下来就要实行。

国家的兴亡和发展，最终在于国民的素质，在于教育，在于人才。因此，我们想从今年的新学年开始，对教育部直属的六所师范大学实行免费教育。这个免费教育，不止免学杂费，连生活费也免除。国家准备拿出5亿元来做示范。但是，这要有一个条件，免费的学生必须跟国家签订一个合同，就是毕业以后到基层去，主要是到中小学去当老师。这将写入《政府工作报告》里。如果征求意见后都同意的话，我们就要通过全国人民代表大会表决，然后执行。为什么先选六所？主要是先起到一个带动作用、示范作用。也就是说，将来其他地方师范院校也可以这样做。我们让最好的学生，包括家里最困难的学生，都积极报考师范院校，让最好的学生去当老师。因为在我们的社会，只有最好的学生、最有才华的人，也就

* 这是温家宝同志在东北师范大学看望师生时的讲话。

是说，德、智、体、美全面发展的人去当老师，才能把年轻一代带好、教好、培养好。这是关系子孙后代、关系国家发展大局的事情。

办教育不只是实施九年义务教育，那只是一个方面，关键还得有优秀的教师。现在我们的很多师范院校，从学校的建制、课程的设计，包括学生的就业，已经不完全像师范院校。我们想通过这个办法，吸引最优秀的学生去师范院校学习。我总想，我们现在报纸、杂志宣传讲科学家的多，讲文学家、艺术家的也不少，但讲教育家的不多。要大张旗鼓地讲教育家，宣传教育家。中国得有成千上万名杰出的教育家来办学。像陶行知等老一辈知识分子中，有些人可能没有过多的其他专长，但是他们一生就是从事教育，他们有教育的理论和实践，他们影响的不是一个专业的成果，而是一代人和几代人。从这个意义上说，教育家不比科学家不重要，应该说更重要。我今天算是走群众路线了，到了要直接实行这个政策的学校来，就是想听听学生们、老师们的意见，看你们赞同不赞同。

这件事情在做之前，我们还要进行半年的制度设计。怎么个做法，还要设计、论证，还是要兼顾学生的全面发展。同时，加强教育理论和教育实践方面的教学。要制订一套办法，把它制度化。这件事实际上我们已经酝酿一年了，我们打算再用半年的时间来制定制度，从今年秋季的招生开始实行这一制度。

也有人有顾虑，提出了担心的事情。有一位校长跟我讲，他听到这个消息以后，跟很多校长打电话，说这样可能会影响学校的科研。我说不会的。我们应该思考一个问题，就是创立师范院校的目的是什么，如果师范院校和其他普通高等院校完全一样，那何必还叫师范院校呢？创立师范院校的目的就是为了培养教师，或者说主要就是为了培养教师。教师对学生来讲，他的知识面、他的思想深度、他的创新能力、他的创造性思维，也就是他的素质，会影响学生。

你们心里一定有很多你们一生不会忘记的老师，他们对你们的教育让你们终生受益。那为什么我们现在不去培养一批这样的老师呢？所以我想，让孩子们上学，这是全中国人民的梦想，这个目标已经实现了，或者说基本实现了。我们第二个目标就是让孩子们上好学，接受真正的教育，培养优秀的人才。这对国家发展、对国家前途的作用不可限量。在这个过程中，我们的研究生怎么设计，学生当中涌现出的对某一个学科有特别兴趣、特别专长、特别能力的人怎么培养，这些都要因人而异，不能千篇一律。但对大多数师范院校的学生来讲，就业是应该面向基础教育的。但这种选择完全自主、自愿，自愿报名，自愿签订合同。我们这样做，还会有一批人才涌进来，那就是家里非常穷，但确有才能的学生，这在农村很多，他们上不起学，但可以到实行免费教育的师范院校来学习。

王珉〔1〕书记是搞教育出身的，当过校长。他说东北师大的教育办得是比较好的，人才质量也比较高。我们将来的东北师大，可能除了原来的一些传统优势以外，还会出现新的面貌、新的精神，那就是崇尚教育、崇尚教师、尊重教育。我们要在全社会形成一种风尚，当教师是最优秀的，当教师是最受尊重的、最光荣的。

我就利用这样一点时间，听听你们的意见，告诉你们这件事情。我再有一个月就要做报告，打算把这件事情写进《政府工作报告》里。

注　释

〔1〕王珉时任吉林省委书记。

海纳百川，全面发展*

（2007年5月14日）

没有讲稿，同老师和同学们谈谈心。

我刚下飞机就来同济大学，这是我这次在上海考察的第一个地点。之所以这样安排，有两个考虑。第一，再过几天就是同济大学一百周年校庆，我是来给老师们、同学们祝贺的。百年沧桑，同济走过了一条光辉的道路，培养了数十万工作在祖国各条战线的人才，你们经常提到的知名院士有贝时璋[1]、李国豪[2]、裘法祖[3]、吴孟超[4]，其实不止这几位。长江后浪推前浪，一代新人胜旧人。同济还将会出现更多的杰出人才。我祝愿同济大学百尺竿头，更进一步。第二，大学在经济社会发展中具有十分重要的作用。考察历史，许多国家的发展、民族的振兴，是从办教育开始的。中国什么时候有大学，历史学家有考证。我知道起码在西汉时期或者还早，在孔子的时代就有，那时称太学[5]，也可以叫大学。如果我们看看西方发展的历史，意大利最早的博洛尼亚大学[6]，有近千年的历史，法国的巴黎大学[7]、美国的哈佛大学、英国的牛津大学[8]，这些大学在

---

* 这是温家宝同志在同济大学建校一百周年校庆前夕，到同济大学看望师生时的讲话。

培养和造就国家栋梁之材中都起过重大作用。

我认为，一个国家要发展必须靠三个方面：一是靠人、人才、人的智慧和心灵；二是靠能够调动和发挥人的积极性和创造活力的政治体制和经济体制；三是靠科学技术和创新能力。而这三者都离不开人、人才，离不开现代大学的培养。

在纪念同济大学一百周年的时候，我想提几点祝愿。

第一，要树立为社会服务的办学理念。同济，就是同舟共济。在古籍中最早见于《孙子兵法》[9]。《孙子兵法》讲："夫吴人与越人相恶也。当其同舟而济，遇风，其相救也，如左右手。"[10]许多事情非常巧合。《孙子兵法》讲的吴越[11]之间，就在你们这里，北边是吴，南边是越，中间是震泽[12]或者叫太湖。"同舟共济"告诉我们一个什么哲理呢？就是要把学校的命运，每一个老师和同学的命运同国家和民族的命运紧紧联系在一起。无论在困难的时候，还是在顺利的时候，都要与国家和民族同舟共济，都要为国家和民族学习、工作。

第二，要把学校办出特色。我们对学校的要求绝不是千人一面，而应该是各具特点。我刚才在飞机上想，同济有什么特点？除了她的精神以外，就是她的综合性与专业性的结合，就是她的学科与社会的结合。我概括得不准确，但是我提出了一个题目，这篇文章你们可以继续写。无论什么样的大学，都要有综合性。有一位教育界的前辈说得好：没有一流的文科，就没有一流的理科；没有一流的理科，就没有一流的工科。[13]这就是说，我们培养的人，应该是全面的、具有综合素质的人。爱因斯坦曾经讲过这样一句话：大学出来的人，应该是全面发展的人，而不仅仅是某个方面的专门人才。我又给他加了一句话：大学出来的人，应该是关心国家命运的人，而不是自私自利的人。学习理工科的，也要学习人文科学，学习文学和艺术。同样，学习人文科学和文学艺术的，也要学习自然科学。

这就是大批杰出人才成长所走过的道路。钱学森是这样的，李四光也是这样的。钱学森能画很好的画，李四光谱写了我国第一部小提琴协奏曲。无论什么样的大学，都要有专业性，特别是要有自己杰出的专业、杰出的老师和杰出的人才，学术上有自己的一席之地。比如同济的医学、土木、建筑、桥梁等专业。

第三，要培养全面发展的人才。在这里，我特别强调学生的独立思考和老师的启发式教育。我常引用孔子的话，叫“不愤不启，不悱不发”。这是对老师讲的，也是对学生讲的。学生尤其要重视独立思考。每位学生都有自己的头脑、自己的智慧、自己的创造能力，要使他们充分发挥独立思考的能力。学生在学习期间，知识要广博，但是必须善于独立思考和创新思维。这样，你才会有真知灼见，有与众不同的见解。一位哲人说，发现一个问题比解决一个问题更重要，就是告诉我们，要善于发现问题，追求真理，追求真知。我今天看了同济大学生科技成果展，觉得同学们很有创造潜力。我们这个民族确实需要一大批人才。有一句哲言：一个民族有一些关注天空的人，他们才有希望；一个民族只是关心脚下的事情，那是没有未来的。我们的民族是大有希望的民族！我希望同学们经常地仰望天空，学会做人，学会思考，学会知识和技能，做一个关心世界和国家命运的人。

第四，要开放办学。一个民族只有开放才能进步，只有开放才能够海纳百川，吸收世界先进的文化、知识和技术。我们一方面要继承前人，继承我们民族的文化传统；另一方面又要眼睛盯着世界的变化，盯着世界每一项新的发明成果和新的进步。这样的学校胸怀是广阔的，这样的老师和学生胸怀也是广阔的。同济因为历史的原因，与世界上许多国家和学校有着密切的联系，比如德国、意大利、法国。当然，和德国的渊源更深。我希望你们与这些国家的一些优秀大学加强交流、相互学习、共同进步。

第五，要勤俭办学。一所好的大学，不在高楼大厦，不在权威的讲坛，也不在那些张扬的东西，而在有自己独特的灵魂，这就是独立的思考、自由的表达。要通过讨论与交流，师生共进，教学相长，形成一种独具特色的学术氛围，并不断完善和发扬，影响越来越多的人。这样，真正的大学就形成了，就会有一批有智慧的杰出人才出现，整个国家就有了希望。

这就是大学的精神，也是同济的精神。有人告诉我，有近一千年历史的博洛尼亚大学，现在的墙壁四周还是断壁残垣，有的地方不得不用一根水泥柱顶起来，防止它倒掉。当然，它一方面保护了千年的古迹和文化，但我以为更重要的是保护了一种精神、一种美德。我希望我们的同学要认真地做人，刻苦地做学问，要长真本事，不图虚名，不骛虚声，来不得半点的虚伪和骄傲、半点的弄虚作假。真理，包括一切文化和科学成果，都需要经得住考验，最终的判断是实践。我希望同济借百年校庆，发扬你们光荣的历史传统，规划你们美好的未来，大步向前走！

同济的未来是美好的！

注　释

〔1〕贝时璋(1903—2009)，中国生物学家、教育家。浙江镇海(今属浙江宁波)人。1928年获德国图宾根大学自然科学博士学位。1948年当选为中央研究院院士。曾任浙江大学生物系教授、系主任及理学院院长，中国科学院实验生物研究所和生物物理研究所研究员、所长等职。中国科学院学部委员、院士。第三至六届全国人大常委会委员。他是中国细胞学、胚胎学的创始人之一，也是中国生物物理学的奠基人。

〔2〕李国豪(1913—2005)，中国桥梁工程与力学专家、教育家。广东梅县(今广

东梅州)人。毕业于同济大学,后留学德国,获德国达姆施塔特工业大学工学博士和特许任教博士学位。曾任同济大学校长、名誉校长,上海市科协主席等职。中国科学院学部委员、院士,中国工程院院士。第三、五届全国人大代表,第七届全国政协常委,上海市第六届政协主席。他毕生致力于教学和科学研究工作,培育了几代科学技术人才,对桥梁理论的发展做出创造性的贡献。

〔3〕裘法祖(1914—2008),中国外科学家、医学教育家。浙江杭州人。毕业于同济大学医学院,后留学德国,获慕尼黑大学医学博士学位。曾任上海同济大学医学院教授、武汉医学院院长、华中科技大学同济医学院名誉院长等职。中国科学院院士。第四至七届全国人大代表,第三届全国政协委员。他长期从事外科学医疗、教学、科研工作,是我国腹部外科及普通外科发展的主要开拓者,也是我国晚期血吸虫病外科治疗的开创者,还是我国器官移植事业的开拓者和奠基人之一。

〔4〕吴孟超,中国肝胆外科专家。1922 年出生于福建闽清。1927 年侨居马来西亚,1940 年回国求学,1949 年获同济大学医学院学士学位。曾任第二军医大学副校长等职。现任中国人民解放军第二军医大学东方肝胆外科医院院长、东方肝胆外科研究所所长、中华医学会副会长、解放军医学科学技术委员会常务委员等职。中国科学院学部委员、院士。他创立了肝脏外科的关键理论和技术体系,开辟了肝癌基础与临床研究的新领域,创建了世界上规模最大的肝脏疾病研究和诊疗中心,培养了大批高层次专业人才。2005 年获得国家最高科学技术奖。被誉为“中国肝胆外科之父”。

〔5〕太学是中国古代的大学。其名始于西周。《大戴礼记·保傅》记载:“帝入太学,承师问道。”汉武帝元朔五年(公元前 124 年)设五经博士,弟子 50 人,为西汉太学建立之始。东汉时太学大发展,质帝时太学生达 3 万人。魏晋到明清,或设太学,或设国子学(国子监),或两者同设,均为传授儒家经典的最高学府。

〔6〕博洛尼亚大学创建于 1088 年,是欧洲历史最悠久的现代意义上的大学之一,位于意大利艾米利亚-罗马涅大区的首府博洛尼亚。

〔7〕巴黎大学创建于 1231 年(一说 1180 年),是法国的国立大学,也是欧洲历史最悠久的大学之一。

〔8〕牛津大学创建于 1168 年,是欧洲历史最悠久的大学之一。自建校以来,该校培养了一大批政治家、科学家和近 40 位诺贝尔奖获得者。

〔9〕《孙子兵法》,亦称《孙子》《孙武兵法》。全书共 13 篇,约 6 000 字,为我国春秋末期兵家孙武所著。该书是我国古代最著名的兵书,也是世界现存最古老的军事

理论著作，对我国古代军事学术的发展产生了巨大而深远的影响。

〔10〕见《孙子兵法·九地》。

〔11〕吴越，指古代的吴国和越国。吴国包括今江苏、上海市大部和安徽、浙江的一部分。越国包括今江苏北部运河以东、江苏南部、安徽南部、江西东部和浙江北部。

〔12〕古泽薮名，又名“具区”。《尚书·禹贡》：“三江既入，震泽底定。”即今江苏太湖。

〔13〕这是华中科技大学原校长杨叔子院士在其著作《教育雏论选》中提出的一个观点。

只要教育在继续，我们的民族就有希望*

（2008 年 5 月 23 日）

在升旗仪式上的讲话

同学们，老师们：

这是我第三次来北川中学了。

第一次，是在地震[1]刚发生的时候，我赶到了学校抢救现场。

第二次，是昨天，我又到了你们的学校，那里已经成了一片废墟，正在进行清理。

这一次，我来的北川中学，是在地震灾害中临时建立起来的一所特殊学校。我不知道地震前后北川中学老师、同学的数目发生了多大的变化，因为我听到这个数字，心里一定会和你们一样非常难过。

让我们记住这次“5·12”大地震，记住你们生长的北川，记住你

* 这是温家宝同志在四川省北川中学看望师生时的两段讲话。“5·12”大地震后，温家宝同志曾多次到北川中学视察灾情，慰问师生。

们学习的地方——北川中学吧！这样，你们就会懂得生活——生活如同道路一样是崎岖不平的。在生活中，不仅有困难，甚至有灾难。但是，人，特别是青年，是我们整个国家、整个民族的希望。今天看到了孩子们，我们又看到了震区的希望，看到了国家的希望。

在地震刚发生的时候，我曾经要求大家要镇静，要有勇气、信心和力量。现在，我希望大家要面向光明的未来，昂起倔强的头颅，燃起火热的心，挺起不屈的脊梁，向前！向光明的未来前进！

今天，众多的人拯救了我们，安置了我们的生活；将来，我们学好了本领，要帮助更多的人，报答他们。这种互助，就是人世间的爱。

老师们、同学们，我希望你们把这次地震作为一生的一堂生动的课，铭刻在心里，永不忘记。

在地震期间，我三次来北川中学。同学们、老师们，我还会来的，还会来看望你们的！

谢谢大家！

在高三(1)班教室里的讲话

你们很快就要考大学，或者开始工作。这是你们人生最重要的一步。政府想到了这一点，把灾区高考的时间延长了。而且，我对你们讲，一定给你们创造一个复习功课、准备考试的时间和条件。

今天是地震发生后的第12天，这12天是我们难忘的12天。现实、灾难都给我们上了一堂难忘的课。这是刻骨铭心的课，是值得每一位同学，也相信每一位同学都会铭刻一生的一堂课。我知道在座的同学，有的家庭还完好，有的失去了亲人，你们有不同的遭遇，但是你们都幸运地活下来了。

地震以后，我们应该充满希望，面向未来，奋发努力。“多难兴邦”，我们要记住这四个字。为了明天，充满希望地向前迈进。我相信，受过灾难的人们，会更加努力。

将来，还会有一所新的北川中学。它不仅是一种信念，而且是受灾地区人民，以至全国人民的一个象征。那就是说：有了孩子们，教育在继续，我们的民族就有希望！

谢谢大家！

注　释

〔1〕指汶川大地震，亦称“5·12”大地震，是2008年5月12日14时28分，在以四川省汶川县映秀镇为中心的地区发生的里氏8.0级地震。这次地震直接严重受灾地区达10万平方千米，造成巨大的生命和财产损失。

百年大计，教育为本*

（2008 年 8 月 29 日）

研究制定《国家中长期教育改革和发展规划纲要（2010—2020 年）》，是贯彻落实党的十七大精神的要求，是本届政府必须着力做好的一件大事。

一、充分认识制定教育规划纲要的重大意义

教育是国家发展的基石。当今世界，知识成为提高综合国力和国际竞争力的决定性因素，人力资源成为推动经济社会发展的战略性资源，人才培养与储备成为各国参与国际竞争、占据制高点的重要手段。我国是人口大国，教育振兴直接关系国民素质的提高和国家振兴。只有有一流的教育，才有一流的人才，才能建设一流国家。党的十七大提出了建设创新型国家的任务。提高自主创新能力，

* 这是温家宝同志在国家科技教育领导小组会议上的讲话。

走中国特色的新型工业化道路，推进整个现代化建设，迫切需要源源不断地培养出一批又一批拔尖的创新人才。

教育事关民族兴旺、人民福祉和国家未来。当前，我国现代化建设面临许多困难，特别是能源资源相对短缺，生态环境比较脆弱。推动产业结构升级，转变经济发展方式，建设资源节约型和环境友好型社会，必须紧紧依靠科技进步和提高劳动者素质。我国在经济发展的同时，必须大力发展文化、科技、教育、卫生等社会事业，推进民主法制建设和社会公平正义，这都需要培养大批高素质的各类人才。

教育事业涉及千家万户，关乎群众的切身利益。要努力解决人民群众极为关注的"上学难、上好学"的问题，以及流动人口子女就学、农村学前教育、留守儿童教育等问题。提供公平的受教育机会，满足群众对发展教育的期望，要求我们推动教育在更高的起点上实现更大的发展。

党中央、国务院历来高度重视教育事业发展。1985 年中央下发了《关于教育体制改革的决定》[1]，提出普及九年义务教育的目标。1993 年，中央下发《中国教育改革和发展纲要》[2]。1995 年，中央提出实施科教兴国战略。党的十六大以来，中央始终把教育放在优先发展的战略地位，提出实施人才强国战略，并采取了一系列重大举措。党的十七大对优先发展教育，建设人力资源强国提出了新任务、新要求。现在，根据中央的总体部署，结合当前教育事业发展的实际，有必要制定教育中长期改革和发展规划。这次制定的教育规划，是进入 21 世纪以来我国的第一个教育规划，必将对我国教育事业的发展产生深远影响。我们一定要充分认识制定规划的重大意义，充分估计制定规划的艰巨性，努力把这项光荣的任务完成好，力争制定出一个人民群众满意、符合中国国情和时代要求的高水平规划。

二、制定规划需要把握的指导方针、基本原则和总体布局

我们要制定的这个规划是指导未来十年教育改革和发展的纲领性文件，必须与经济社会发展的总体规划相适应，体现全局性、宏观性、长远性和战略性。规划主要对2010年到2020年教育改革和发展做出安排。这十年也要分阶段规划，远期的目标、思路和措施要与全面建设小康社会对教育的要求联系起来考虑；近期可以规划得细一些，与教育"十一五"规划相衔接，保持教育改革和发展的系统性、连续性。但是，教育改革和发展的许多工作不必等规划全做好了才进行。有些看准了的事情，结合制定规划可以进行试点。试验成功了立即实行。这也是我们这次制定规划的一个特点。

指导方针是制定规划的主线，也是灵魂。在制定科技规划时，我跟大家讲，方针讲长了好讲，但不好记，讲短了比较难概括。我提出了若干方面请大家考虑，最后概括为"自主创新、重点跨越、支撑发展、引领未来"的十六字指导方针，大家都接受了。自主创新是贯穿科技规划的一条主线，是纲要的灵魂。教育规划的主线和灵魂是什么，需要认真调研和深入思考。以往我们提出过一些方针性的要求，现在要根据新形势，加以充实和完善。比如在优先发展、促进公平、改革创新、争创一流、"两个服务"[3]等方面，通过凝练，提出体现国家战略和群众需求、反映教育规律和世界发展趋势的指导方针，核心是培养全面发展的人才与和谐发展的人才。

规划要贯彻中国特色社会主义理论，以科学发展观为指导，坚定不移地走中国特色的教育发展道路，为社会主义现代化建设服务，为人民服务。这是制定规划要遵循的重大原则。具体来讲：一

要坚持面向现代化，面向世界，面向未来。就是邓小平同志给北京景山学校的题词。“三个面向”归根到底就是要赶上时代的要求，这是我国教育发展的方向。要立足于我国实现现代化的需求，从我国教育的实际出发，办出具有中国特色、中国风格、中国气派的现代化教育，这就要对教育改革和发展进行超前安排。要瞄准世界教育发展变革的前沿，借鉴世界先进的教育理念和教育经验，紧密结合我国教育实际，按照教育发展的规律办事。要把教育的改革发展放在我们正在实现工业化、城镇化的背景下和全面建设小康社会的大局中谋划，充分考虑国家现代化总体布局对人力资源开发和人才培养的需要，充分考虑国家未来人口发展和学龄人口的结构变化，使规划更好地服务于经济社会发展和创新型国家建设。二要坚持改革创新精神。同经济体制改革相比，我国社会事业改革相对滞后。教育要发展，根本靠改革。教育规划要成为一个改革创新的规划，必须坚持解放思想，大胆突破，勇于创新。要树立先进的教育理念，冲破传统观念和体制的束缚，在办学体制、教学内容、教育方法、评价方式等多方面进行大胆探索。三要坚持教育优先发展的战略。教育兴国、教育立国、教育强国都是国家意志。把教育摆在优先发展的战略地位，是我国现代化建设需要长期坚持的方针，必须在教育规划中得到充分体现。四要坚持以人为本的核心要求。充分考虑群众的期盼，把促进教育公平，满足人民群众不断增长的多层次、多样化的教育需求作为规划的重点，把促进人的全面发展，办人民满意的教育作为规划的落脚点。五要坚持立足基本国情。既要看到我国经济总体实力在不断壮大，又要正视人均水平还比较低，贫富差距大，城乡、地区发展不平衡的问题；既要看到现代经济和城市人口对教育的较高水平需求，又要重视农村教育和中低收入群体的实际情况，还必须充分考虑我国人口众多、现阶段农村人口大规模迁徙和流动的特征。

教育规划既要有总体规划，又要有分类规划。总体规划主要是以普及教育、提高国民素质、建设人力资源强国为核心，确定到2020年我国教育改革与发展的指导思想、战略目标、总体任务和重大政策措施，对教育规模、结构、质量等提出具体要求。分类规划主要是根据经济社会发展和建设创新型国家的需要，综合考虑人口结构、产业结构和就业结构的新特点，提出各级各类教育改革与发展的具体目标与政策措施。每个分类规划是总体规划中有特色的一部分，包括对大学、中学、小学、职业教育、学前教育、终身教育、民办教育等的发展，都要分门别类地做出专题性的规划。规划要有战略思想和宏观思路，也要有实实在在的政策措施，增强可操作性。

三、需要研究解决的一些重大问题

在制定规划的过程中，需要对一些重大问题进行深入系统的研究，给予明确的回答。

第一，关于义务教育问题。要把义务教育办好，提高学生的学习质量。对目前社会反映义务教育中优质教育资源分布不均衡的问题，要找准症结所在，提出解决问题的思路和措施。我非常赞同教育资金的多样化来源，在全社会崇文重教要利用全社会的资源，这项工作我们也可以列入规划。我们说企业家身上要流淌着道德的血液，其收益回报社会最好是投资教育。我们讲教育公平，教育公平指的是人人都有上学的机会。孔夫子说“有教无类”，有教无类就是教育公平。收入不公平会影响人的一时，但是教育不公平会影响人的一生。还必须注意的是，我们要重视教育资源的公平，但不能把学校办成千篇一律、千人一面，学校还是要有自己的特色、自己的风格。要进一步完善义务教育保障机制，把农村义务教育作为重中之重。“两免一补”以后，再推出的措施就是大幅度增加奖助学金经费。从高中阶段教育到大学教育，过去全国奖助学金加在一起仅有18亿元，今年已超过200亿元，今后还要逐年增加，要达到300亿元、400亿元。对义务教育，我理解不单是个免费的问题，它从社会学、教育学上来讲，带有强制的含义，就是具有制度性，既是国家的责任，也是公民的义务。要加大对贫困学生的扶持力度，高度重视流动人口子女的义务教育问题，把有限的国家财力多用在最困难的孩子们身上。还要研究如何办好高中阶段教育的问题。我们现在实行九年义务教育，还有高中阶段，高中阶段教育的负担要比初中和小学重好多倍。也有人提出要不要在将来一定时间把高中教育纳入义务教育范畴，实现十二年义务教育。这件事情要深入论证，广泛听取意见，最后形成统一的认识。

第二，关于农村教育问题。我们要加大对农村教育的扶持力度。发展农村教育要重视两点：一是要在教育改革和发展中，实行城乡统筹，把农村教育放在重要地位。解决农村教育的问题，必须改善农村的教学条件，包括校舍、设备、远程教育。所有学校的建筑，都要建成最安全的，也就是让群众最放心、让家长最放心、让学生最安心的地方。这就需要加大投入。我们要回顾和总结这几年危房改造工程实施的情况，制定和完善中小学校校舍建设的规划。二是要下决心解决农村教师缺乏的问题。农村教师在农村教育中起着关键作用。农村教师当前所面临的最大问题，一个是待遇问题，一个是素质问题。当然，这两个问题也是相互联系的。待遇问题，工资、职称、住房这些都应该逐步加以解决和提高。提高农村教师的素质，就得号召并有具体政策引导我们的大学生、师范生到农村去任教。有个现象值得我们注意，过去我们上大学的时候，班里农村的孩子几乎占到80%，甚至还要高，现在不同了，农村学生的比重下降了。这是我常想的一件事情。本来经济社会发展了，农民收入逐步提高了，农村孩子上学的机会多了，但是他们上高职、上大学的比重却下降了。其实很多名人都是苦出身或从农民中来。农村学校教育条件差，但是农村的孩子们素质并不差，同样能够成才。我们现在农村教师队伍整体素质还比较低。在这次教育改革和发展规划当中，要特别重视提高农村教师的素质。

第三，关于职业教育问题。大力发展职业教育，既是经济发展的需要，也是促进社会公平的需要。我国是一个有13亿人的大国，职业教育很重要，应该搞得更好。在整个教育结构和教育布局当中，必须把职业教育摆到更加突出、更加重要的位置。这样做有利于缓解当前技能型、应用型人才紧缺的矛盾，也有利于农村劳动力转移和扩大社会就业。特别是农民工已经成为我国产业工人的重要组成部分，这是我国工业化、城镇化进程的特点，要重视农民工培训。真正重视职业教育还是近几年的事情。国家确实把它放在重要位置。就拿奖助学金来讲，我们把最好的待遇给了职业教育。职业教育的根本目的是让人学会技能和本领，从而能够就业，能够生存，能够为社会服务。从这一点来说，职业教育是面向人人的教育，是面向整个社会的教育。职业教育面向的不仅是服务业，还有工业、农业。比如说数控机床的操作，那得需要职业教育的培训。现在我们要注意的是职业教育的规模、学科的设置，要和社会需求相吻合，因为它是面向整个社会的，所以又应该和社会发展相协调。我国的职业教育和发达国家的差距较大，问题在什么地方？一方面要转变社会观念。社会上有些人不把职业教育当作正规教育，认为上了职业学校低了一等。另一方面也要研究具体的引导办法，增强职业教育的吸引力，包括加大职业教育投入，对农村职业教育实施免费政策。提高技能型人才的社会地位和收入，合理确定中职和高职的比例，使职业教育的规模和专业设置与就业和社会需求相适应，做到合理、适度、协调、可持续。职业教育管理体制要认真研究，充分调动行业、企业、学校兴办职业教育的积极性。

第四，关于高等教育问题。从长远看，我们不仅要保持高等教育的规模和经济社会发展水平相适应，满足群众对高等教育的需求，更重要的是要考虑如何提高高等教育质量，把提高高等教育的质量摆在更加突出的位置。高等学校改革和发展归根到底是多出拔尖人才、一流人才。高校办得好坏，不在规模大小，关键是能否办出特色，形成自己的办学理念和风格。要对学科布局、专业设置、教学方法进行改革，建立和完善高等教育质量保障体系，推动高校科技创新、学术发展与人才培养紧密结合。要借鉴国外先进经验，结合我国实际，创造性地加以运用，加强高水平大学建设，建成若干国际一流大学，为国家培养更多的高质量、多样化的创新型人才。

第五，关于教育教学改革创新问题。关于课程改革，教师、学生包括家长都反响强烈，希望课程设置更贴近学生的实际，贴近社会的实际。其实，课改不光是课程的改革，应该是教学的改革、教育的改革。课程是其中的一部分，而且是很重要的一部分。教育和教学的改革，我们现在比较注重认知，认知是教学的一部分，就是学习。在认知方法上我们还有缺陷，主要是灌输，应该是启发，教学生学会如何学习，掌握认知的手段，而不仅在知识的本身。另一方面我们的学生差得就更多了，那就是要学会动手，学会动脑，学会做事，学会生存，学会与别人共同生活，这是整个教育和教学改革的内容。解放学生，不是像有些人讲的不去管他们，让他们去玩，而是给他们留下了解社会的时间，留下思考的时间，留下动手的时间。我们的教育还只是停留在认知上。认知还不全，还只是课本。我最近常思考，从自己的经历感受到，有些东西单从老师那里是学不来的，就是人的思维、人的思想、人的创造精神、人的道德准则。这些东西学校是启蒙，但更重要的要靠自己学习。学和思的结合，行和知的结合，对于学生来讲非常重要。人的理想和思维，老师是不能手把手教出来的，而恰恰是理想和思维决定了人的一生。这不是分数能代表的。教学改革还要回到学、思、知、行这四个方面的结合，就是学思要联系，知行要统一。我一直信奉这样一句话："教是为了不教。"不在于老师是一个多么伟大的数学家或文学家，而是老师能给学生以启蒙教育，教他们学会思考问题，然后用他们自己的创造思维去学习，终身去学习。"教是为了不教"，这是叶圣陶先生的一句话。

要围绕加强素质教育、多出人才，转变教育观念，深化教育改革。要对教育体制、办学模式以及小学、中学、大学的教育教学改革进行深入研究，整体谋划。教育的根本任务应是培养人才，人才培养观念更新和培养模式创新要成为规划的亮点。要认真思考我们为什么培养不出更多的杰出人才。我认为，关键是教育观念陈旧。要注重培养学生的社会责任感、实践能力和创造精神，注重培养复合型人才。文理科差别不要搞得太大，学理工的应当关心社会，提高人文素养；学文科的应当加强自然科学知识学习，提高科学素养。要加快研究教育质量评价体系改革问题。有些问题如高考改革，社会认识分歧比较大，也非常复杂，要多听各方面的意见，逐步完善。

第六，关于探索适应各类学校的办学体制问题。教育方针、教育体制、教育布局和教育投入，属于国家行为，应该由国家负责。具体到每个学校如何办好，还是应该由学校负责、校长负责。不同类型学校的领导体制和办学模式应有所不同，要尊重学校的办学自主权。教育事业还是应当由懂教育的人办。张伯苓是位教育家，他宁可做校长，不当部长。毛主席讲，办好一所学校，关键是校长和教师。要造就一批教育家，倡导教育家办学。我们有许多优秀的科学家，受到社会的尊重。我们更需要大批的教育家，他们同样应当受到社会的尊重。要加快民办教育发展，满足不同收入群体多样化的教育需求。

第七，关于教师的培养问题。百年大计，教育为本；教育大计，教师为本。有好的老师，才能有好的教育。要建设一支献身教育的高素质教师队伍。教育规划要把加强教师队伍建设作为一个重要内容，要采取有力措施吸引全社会最优秀的人才来当教师，提高教师队伍特别是农村教师的整体素质。要创造一种社会氛围，让尊师爱生的传统美德在全社会蔚然成风。中华民族素有尊师重教的优良传统，做学生的不论走到哪里，做出什么业绩，对老师的感激和爱戴之情永远不会改变。对老师来讲，没有爱就没有教育，“学为人师，行为世范”。这两者必须结合，这和我们的宣传很有关系。按说，一个孩子成为一个有用的人，最难忘的应该是老师，特别是启蒙教育的老师。

长期以来，我国广大教师特别是广大农村和边远贫困地区的教师，在艰苦清贫的条件下，恪尽职守，默默耕耘，为祖国的教育事业无私奉献，涌现出了许多可歌可泣的先进人物，充分体现了陶行知先生当年倡导的“捧着一颗心来，不带半根草去”[4]的崇高精神。这种平凡而伟大的精神，永远值得我们学习和发扬。我想借这个机会，也给老师提几点希望。一要志存高远，敬业奉献。人民教师的神圣职责就是传授知识，传承民族精神，为祖国和人民培养合格的人才。教师要忠诚于人民教育事业，以培育人才为己任，把自己的全部心血和才智奉献给培育下一代的神圣事业。二要为人师表，言传身教。教师的道德品质和人格对学生都有重要的影响。教师要注重言教，更要注重身教。身教重于言教。教师应该自觉地加强道德修养，率先垂范，成为学生做人的模范、道德的模范、学习的模范。以自己的高尚人格、进取精神教育和影响学生，激发学生勤奋学习、立志成才的热情和决心。三要严谨笃学，追求真知。严师出高徒。教师只有严格教学，才能培养出有真才实学的人才。教师应该具备求真务实、勇于创新、严谨自律的治学态度和学术精神，努力发扬优良的学术风气和学术道德。教师是知识的重要传播者和创造者，应该诲人不倦地为学生解疑释惑，并不断用新的知识充实自己，成为热爱学习、学会学习和终身学习的楷模。

第八，关于教育发展的保障问题。在教育投入上要强调政府的责任。这几年，政府对教育的投入增加较快，将来教育投入还要进一步增加。同时，也要深入研究怎样使教育资金使用更加合理。要重视教育投入的绩效，提高教育经费的使用效益。财政的钱要用好，惠及更多的学生和群众。

在制定规划中需要研究的重大问题不少。只有把这些重大问题研究透彻，找准问题所在，提出解决的思路和办法，规划才能看得远，同时又有针对性，有现实感，真正成为管用的规划。

四、加强领导，精心组织

制定教育规划是一项涉及面很广的社会系统工程，难度大、任务重，必须切实加强领导，充分调动各方面的力量共同完成。

要组建跨部门的工作班子。由教育部以及中央有关部门和中科院、社科院等参加，还可以选择一些地方政府分管教育的负责同志参加，组成高效精干的班子，集中力量做好规划的调查研究、文件起草和组织协调工作。在大班子下，可分若干小组，挑选懂教育、有声望的领导和专家参与工作。有关部门要根据自身职能，积极参与，密切配合，大力支持规划的编制工作。

要建立强有力的、有广泛代表性的专家咨询队伍。把熟悉教育情况、有思想、对国内外教育有研究的人吸纳到咨询班子中来；大、中、小学和职业教育各方面都要有代表人士参加；还要注意吸收一些科技、经济、管理、社会等教育界以外的专家学者参加。咨询专家的挑选要公开透明，体现规划制定工作的科学性和民主性。

要充分发扬民主。教育是重大民生问题，全社会都很关心。规划的制定要开放，充分听取社会各界的意见，特别是学生和家长的意见。每一类规划和一些重大问题，都可以拿到全社会讨论，在争论中求得共识，得到认同。要使规划的编制过程，成为发扬民主、集思广益的过程，成为统一思想、凝聚共识的过程。这样，规划才能得到大家的认同，在历史上站得住。

要制订详细的工作计划。从现在起，预计用一年左右的时间完成规划的研究制定和起草工作，可能还要用半年左右的时间在全社会征求意见，最后报党中央和国务院批准。要有充分的时间保证。也许这个时间还短，可能要两年。要制订比较详细的工作计划，明确各阶段的工作目标和任务，把各项工作落到实处。

注　释

〔1〕《关于教育体制改革的决定》,即《中共中央关于教育体制改革的决定》,发布于 1985 年 5 月 27 日,是我国改革开放以来第一个有关教育改革的重要文件。

〔2〕《中国教育改革和发展纲要》由中共中央、国务院于 1993 年 2 月 13 日印发,是指导我国 20 世纪 90 年代乃至 21 世纪初教育改革和发展工作的纲领性文件。

〔3〕“两个服务”,指教育工作要为社会主义现代化建设服务,为人民服务。

〔4〕语出陶行知写给在江苏省淮安市新安小学坚持从事农村教育工作的四位弟子——李友梅、蓝九盛、台和中、汪达文的信。见《陶行知全集》第 8 卷,四川教育出版社 1991 年版,第 295 页。

用发展的眼光看中国*

（2009年2月2日）

尊敬的校长，

老师们，同学们：

今天外边下着大雪，天气严寒，但是我的心是热的。我早已盼望在剑桥[1]同老师、同学们见面，互相交流。现在正是金融危机[2]的严冬季节，但是我看到年轻人，仿佛看到了春天，看到了光明和未来。因为我坚信，知识的力量，年轻人的勇气，可以改变人的命运、国家的命运、整个世界的命运。好的演讲应该是不加修饰的。用心说话，讲真话，这就是演讲的实质。我希望我的演讲能够给老师、同学们的思想以启迪。你们能够记住其中一两句话，那我也就满足了。

到高等学府，我的心里总是充满敬意。这种心情来源于我对知识、对老师、对学校的尊敬。所以，我方才深深地给校长、给老师们鞠个躬，那不是礼节，而是一个学生对待校长和老师应尽的礼貌。

---

* 这是温家宝同志访问英国期间在剑桥大学具有500年历史的“瑞德讲坛”发表的演讲。

来到向往已久的剑桥大学,非常高兴。剑桥举世闻名,培养出牛顿[3]、达尔文[4]、培根[5]等许多杰出的科学家、思想家,为人类文明进步做出了重要贡献。今年是剑桥建校800周年,我谨致以热烈祝贺!首先,我向剑桥大学赠送"中华数字书苑"[6],其中收录了中国出版的20万种电子图书,涉及中国政治、经济、历史、文化等各个领域,大家可以从中更多地了解中国。

这是我第四次访问英国。中英相距遥远,但两国人民的友好交往不断增多。香港问题[7]的圆满解决,经贸、文教、科技等领域的有效合作,为发展中英全面战略伙伴关系奠定了坚实基础。在此,我向长期致力于中英友好的朋友们表示崇高的敬意!

今天,我演讲的题目是:用发展的眼光看中国。

我深深爱着的祖国——古老而又年轻。

说她古老,她是一个有着数千年文明史的东方大国。中华民族以自己的勤劳和智慧,创造了灿烂的古代文明,对人类发展做出过重大贡献。

说她年轻,新中国成立才60年,改革开放才30年。中国人民经过长期不懈的斗争建立了新中国,又经过艰苦的探索,终于找到了适合国情的发展道路——中国特色社会主义道路,文明古国焕发了青春活力。

中国改革开放,最重要的是解放思想,最根本、最具有长远意义的是体制创新。我们推进经济体制改革,建立了社会主义市场经济体制。在政府的宏观调控下,充分发挥市场对资源配置的基础性作用。我们深化政治体制改革,把发展民主和完善法制结合起来,实行人民当家作主,依法治国,建设社会主义法治国家。

改革开放的实质,就是坚持以人为本,通过解放和发展生产力,满足人民日益增长的物质文化需求,在公正的条件下促进人的全面发展；就是保障人民的民主权利，让国家政通人和、兴旺发达；就是维护人的尊严和自由，让每个人的智慧和力量得以迸发，成功地追求自己的幸福生活。

30年来，中国贫困人口减少了2亿多，人均寿命提高了5岁，8 300万残疾人得到政府和社会的特殊关爱，这是中国保障人权的光辉业绩。九年免费义务教育的推行，农村合作医疗制度[8]的建立，社会保障体系的完善，使学有所教、病有所医、老有所养的理想正在变为现实。

我愿借用两句唐诗形容中国的现状："潮平两岸阔，风正一帆悬。"[9]中国人正在努力实现现代化，这是一个古而又新的发展中大国进行的一场伟大实践。掌握了自己命运的中国人民，对未来充满信心！

我深深爱着的祖国——历经磨难而又自强不息。

我年轻时曾长期工作在中国的西北地区[10]。在那浩瀚的沙漠中，生长着一种稀有的树种，叫胡杨。它扎根地下50多米，抗干旱、斗风沙、耐盐碱，生命力极其顽强。它"生而一千年不死，死而一千年不倒，倒而一千年不朽"，世人称之为英雄树。我非常喜欢胡杨，它是中华民族坚忍不拔精神的象征。

千百年来，中华民族一次次战胜了天灾人祸，渡过了急流险滩，昂首挺胸地走到今天。深重的灾难，铸就了她百折不挠、自强不息的品格。中华民族的历史证明了一个真理：一个民族在灾难中失去的，必将从民族的进步中得到补偿。

此时此刻，我不禁想起在汶川地震灾区的亲身经历。去年5月，四川汶川发生震惊世界的特大地震，北川中学被夷为平地，孩子伤亡惨重。可是，时隔10天，当我第二次到那里时，乡亲们已在废墟上搭起了板房教室，校园里又回荡着孩子们琅琅的读书声。当时我在黑板上，给同学们写下了“多难兴邦”几个字。自地震发生以来，我七次到汶川灾区，碰到这样感人的事迹不胜枚举。我为我们中华民族这种愈挫愈奋的精神深深感动。这种伟大的精神，正是我们的民族饱经忧患而愈益坚强、生生不息的力量源泉。

经过半个多世纪的艰苦奋斗，中国有了比较大的发展，经济总量跃居世界前列，但我们仍然是一个发展中国家，同发达国家相比还有很大的差距。人口多，底子薄，发展不平衡，这种基本国情还没有从根本上得到改变。中国的人均 GDP 水平，排在世界 100 位之后，仅为英国的 1/18。到过中国旅游的朋友，你们所看到的城市是现代的，而我们的农村还比较落后。

到本世纪中叶，中国要基本实现现代化，面临三大历史任务：既要努力实现欧洲早已完成的工业化，又要追赶新科技革命的浪潮；既要不断提高经济发展水平，又要实现社会公平正义；既要实现国内的可持续发展，又要承担相应的国际责任。中国要赶上发达国家水平，还有很长很长的路要走，还会遇到许多艰难险阻。但是，任何困难都阻挡不住中国人民前进的步伐。只要我们坚持不懈地努力奋斗，中国现代化的目标就一定能够实现。

我深深爱着的祖国——珍视传统而又开放兼容。

中华传统文化底蕴深厚、博大精深。“和”在中国古代历史上被奉为最高价值，是中华文化的精髓。中国古老的经典——《尚书》就提出“百姓昭明，协和万邦”[11]的理想，主张人民和睦相处，国家友好往来。

“和为贵”的文化传统，哺育了中华民族宽广博大的胸怀。我们的民族，既能像大地承载万物一样，宽厚包容；又能像苍天刚健运行一样，彰显正义。

15 世纪，中国著名航海家郑和七下西洋，到过三十几个国家和地区。他带去了中国的茶叶、丝绸、瓷器，还帮助沿途国家剿灭海盗，真正做到了播仁爱于友邦。

国强必霸，不适合中国。称霸，既有悖于我们的文化传统，也违背中国人民意志。中国的发展不损害任何人，也不威胁任何人。中国要做和平的大国、学习的大国、合作的大国，致力于建设一个和谐的世界。

不同国家、不同民族的文化，需要相互尊重、相互包容和相互学习。今天的中国，有 3 亿人在学英语，有 100 多万青年人在国外留学。我们的电视、广播、出版等新闻传媒，天天都在介绍世界各地的文化艺术。正因为我们善于在交流中学习，在借鉴中收获，才有今天中国的繁荣和进步。

进入 21 世纪，经济全球化、信息网络化，已经把世界连成一体，文化的发展将不再是各自封闭的，而是在相互影响中多元共存。一个国家、一个民族对人类文化贡献的大小，越来越取决于她吸收外来文化的能力和自我更新的能力。中国将永远坚持开放兼容的方针，既珍视传统，又博采众长，用文明的方式、和谐的方式实现经济繁荣和社会进步。

老师们，同学们：

我之所以强调用发展的眼光看中国，就是因为世界在变，中国也在变。如今的中国，早已不是 100 年前封闭落后的旧中国，也不是 30 年前贫穷僵化的中国。经过改革开放，中国的面貌已焕然一新。北京奥运会〔12〕向世界展示的，就是这样一个古老、多彩和现代的中国。我希望朋友们，多到中国走一走、看一看，了解今天的中国人究竟在想什么、做什么、关心什么。这样，有助于你们认识一个真实的、不断发展变化着的中国，也有助于你们了解中国是如何应对当前这场全球性金融危机的。

在这场前所未有的世界金融危机中，中国和包括英国在内的欧洲都受到严重冲击。现在危机尚未见底，由此可能带来的各种严重后果还难以预料。合作应对、共渡难关，是我们的首要任务。

我认为，应对全球性危机，需要增进合作。有多大程度的相互信任，就可能有多大程度的合作。中国政府主张：第一，要首先办好各国自己的事情，不把麻烦推给别人；第二，要精诚合作，不搞以邻为壑；第三，要标本兼治，不能头疼医头、脚疼医脚。我在达沃斯会议[13]上已重申，应该对国际货币金融体系进行必要的改革，建立公平、公正、包容、有序的国际金融新秩序，努力营造有利于全球经济发展的制度环境。

这里我想谈一谈中国是如何应对这场金融危机的。

金融危机对中国实体经济的影响日益显现。从去年第三季度以来，出口大幅下滑，经济增速放缓，就业压力加大。中国经济面临着严峻的局面。面对危机，我们果断决策，及时调整宏观经济政策取向，迅速出台扩大国内需求的十项措施[14]，陆续制定了一系列政策，形成了系统完整的促进经济平稳较快发展的一揽子计划。主要包括以下几个方面：

一是大规模增加政府支出扩大内需。中国政府推出了以财政支出带动社会投资，总额达 40 000 亿元的两年计划，规模相当于 2007 年中国 GDP 的 16%。主要投向保障性安居工程、农村民生工程、铁路交通等基础设施、社会事业、生态环保建设和地震灾后恢复重建。中国政府还推出了大规模的减税计划，一年可减轻企业和居民负担约 5 000 亿元。我们还大幅度降息和增加银行体系的流动性，出台了一系列金融措施。

二是大范围实施产业调整振兴计划。我们全面推进产业结构调整和优化升级，制定汽车、钢铁等十个重点产业的调整和振兴规划。我们采取经济和技术的措施，大力推进节能减排，推进企业兼并重组，提高产业集中度和资源配置效率。我们鼓励和支持企业广泛应用新技术、新工艺、新设备、新材料，开发适销对路产品。

三是大力推进科技进步和创新。科技是克服金融危机的根本力量。每一场大的危机常常伴随一场新的科技革命；每一次经济的复苏，都离不开技术创新。我们加快实施国家中长期科学和技术发展规划，特别是核心电子器件、核能开发利用、高档数控机床等16个重大专项，突破一批核心技术和关键共性技术，为中国经济在更高水平上实现可持续发展提供科技支撑。推动发展高新技术产业群，培育新的经济增长点。我们就是要依靠科学技术的重大突破，创造新的社会需求，催生新一轮的经济繁荣。

四是大幅度提高社会保障水平。继续提高企业退休人员基本养老金，提高失业保险金和工伤保险金标准，提高城乡低保、农村五保等保障水平。积极推进医药卫生体制改革，力争用三年时间基本建成覆盖全国城乡的基本医疗卫生体系，初步实现人人享有基本医疗卫生服务。我们坚持优先发展教育，正在制定《国家中长期教育改革和发展规划纲要（2010—2020年）》。我们实施更加积极的就业政策，重点解决高校毕业生和农民工就业问题。开辟就业岗位，缓解就业压力。

我们采取这些措施，把扩大国内需求、调整振兴产业、加强科技支撑、强化社会保障结合起来，把拉动经济增长和改善民生、增加就业结合起来，把克服当前困难和促进长远发展结合起来。这样做，有利于中国的发展，也将给包括英国在内的世界各国企业带来巨大的商机。

这场百年不遇的金融危机，留给世人的思考是沉重的。它警示人们，对现行的经济体制和经济理论，应该进行深刻的反思。

中国曾长期实行高度集中的计划经济，把计划看成是绝对的，束缚了生产力的发展。这场金融危机使我们看到，市场也不是万能的，一味放任自由，势必引起经济秩序的混乱和社会分配的不公，最终受到惩罚。真正的市场化改革，绝不会把市场机制与国家宏观调控对立起来。既要发挥市场这只“看不见的手”的作用，又要发挥政府和社会监管这只“看得见的手”的作用。两手都要硬，两手同时发挥作用，才能实现按照市场规律配置资源，也才能使资源配置合理、协调、公平、可持续。

国际金融危机再次告诉人们，不受监管的市场经济是多么可怕。从20世纪90年代以来，一些经济体疏于监管，一些金融机构受利益驱动，利用数十倍的金融杠杆进行超额融资，在获取高额利润的同时，把巨大的风险留给整个世界。这充分说明，不受管理的市场经济是注定行不通的。因此，必须处理好金融创新与金融监管的关系、虚拟经济与实体经济的关系、储蓄与消费的关系。

有效应对这场危机，还必须高度重视道德的作用。道德是世界上最伟大的，道德的光芒甚至比阳光还要灿烂。真正的经济学理论，绝不会同最高的伦理道德准则产生冲突。经济学说应该代表公正和诚信，平等地促进所有人，包括最弱势人群的福祉。被誉为“经济学之父”的亚当·斯密〔15〕在《道德情操论》〔16〕中指出：“如果一个社会的经济发展成果不能真正分流到大众手中，那么它在道义上将是不得人心的，而且是有风险的，因为它注定要威胁社会稳定。”道德缺失是导致这次金融危机的一个深层次原因。一些人见利忘义，损害公众利益，丧失了道德底线。我们应该倡导：企业要承担社会责任，企业家身上要流淌着道德的血液。

老师们，同学们：

英国是我这次欧洲之行的最后一站。这次访问，加深了我对欧洲的了解。中欧合作已经站在一个新的历史起点上。我对中欧发展全面战略伙伴关系更加充满信心。我们之间不存在历史遗留问题，也不存在根本利害冲突。中欧合作基础坚实，前景光明。英国是最早进入现代化的国家，你们在发展经济、保护环境等方面，都有许多成功的经验。我们愿意向你们学习，加强交流与合作。

未来属于青年一代。中英关系的美好前景要靠青年去开拓。抚今追昔，我想起对中英文化交流做出重要贡献的剑桥校友李约瑟〔17〕博士。他的鸿篇巨制《中国科学技术史》〔18〕，在东西方两大文明之间架起了一座桥梁。继承传统、勇于创新，是剑桥大学的优秀品格。希望更多的剑桥人关注中国，用发展的眼光看中国，做中英交流的友好使者。我相信，只要中英两国青年相互学习，携手共进，一定会谱写出中英关系的崭新篇章。

谢谢大家！

注　释

〔1〕即剑桥大学。剑桥大学创建于1209年，是英国也是全世界最著名的大学之一。

〔2〕指2008年以来肇始于美国、席卷全球的金融危机。2008年9月15日，美国雷曼兄弟公司破产，拉开席卷全球的金融危机序幕，世界经济陷入第二次世界大战以来最严重的衰退期。

〔3〕牛顿(Isaac Newton，1643—1727)，英国物理学家、数学家、天文学家。毕业于剑桥大学，后任该校教授。英国皇家学会会员、会长。他是万有引力定律的发现者。由其建立的经典力学基本体系，被称为“牛顿力学”。在数学上，他提出“流数法”，与莱布尼茨并称为微积分的创始人，并建立了二项式定理。

〔4〕达尔文(Charles R. Darwin,1809—1882),英国博物学家。他于1859年出版震动当时学术界的《物种起源》一书,成为生物学史上的一个转折点。他是进化论的奠基人,提出以自然选择为基础的进化学说。

〔5〕培根(Francis Bacon,1561—1626),英国哲学家。他对归纳法做出比较系统的论述,被认为是归纳逻辑的创始人。他还是英国唯物主义和现代实验科学的始祖。

〔6〕"中华数字书苑"是北京方正阿帕比技术有限公司推出的专业优质中文数字整合服务平台,是一套电子书数据库及数字图书馆系统。该系统共收录我国出版的20万种电子图书,内容涉及政治、经济、历史、文化等各个领域,代表了我国数字出版领域的最高技术水平。

〔7〕香港问题是指中英之间涉及香港主权的历史遗留问题。其由来及双方谈判解决过程,可参见《邓小平文选》第3卷,人民出版社1993年版,第387—390页,注释〔10〕。

〔8〕农村合作医疗制度是中国农村社会通过集体和个人集资,用以为农村居民提供低收费的医疗保健服务的一种互助互济制度。它既是中国医疗保障制度中有特色的组成部分,也是中国农村社会保障体系中的重要内容。新型农村合作医疗制度从2003年起在全国部分县(市)试点,到2010年逐步实现基本覆盖全国农村居民。

〔9〕见唐代王湾《次北固山下》。

〔10〕温家宝同志1968—1982年在甘肃省地质局工作。

〔11〕语出《尚书·尧典》。原文为:"克明俊德,以亲九族。九族既睦,平章百姓。百姓昭明,协和万邦。黎民于变时雍。"

〔12〕北京奥运会,亦称第二十九届夏季奥林匹克运动会,于2008年8月8—24日在中国北京举行。

〔13〕达沃斯会议,亦称"达沃斯论坛",即世界经济论坛召开的探讨世界经济问题和促进国际经济合作与交流的年会。世界经济论坛是一个非官方国际组织,总部设在瑞士日内瓦。其前身是1971年由现任论坛主席、日内瓦大学教授克劳斯·施瓦布创建的欧洲管理论坛。1987年,更名为世界经济论坛。

〔14〕为应对国际金融危机对我国经济的冲击,2008年11月5日,温家宝总理主持召开国务院常务会议,研究部署进一步扩大内需,促进经济平稳较快增长的措施。会议确定了十项措施:一是加快建设保障性安居工程;二是加快农村基础设施建设;三是加快铁路、公路和机场等重大基础设施建设;四是加快医疗卫生、文化教育事业

发展；五是加强生态环境建设；六是加快自主创新和结构调整；七是加快地震灾区灾后重建各项工作；八是提高城乡居民收入；九是在全国所有地区、所有行业全面实施增值税转型改革，鼓励企业技术改造，减轻企业负担 1 200 亿元；十是加大金融对经济增长的支持力度。

〔15〕亚当·斯密(Adam Smith，1723—1790)，英国古典政治经济学体系的建立者。他先后在英国爱丁堡大学和格拉斯哥大学讲授文学、逻辑学、道德哲学等。代表作有《国富论》和《道德情操论》。他从人类利己心出发，以经济自由为中心思想，以国民财富为研究对象，第一次系统地论述了政治经济学的主要内容。被尊称为“经济学之父”。

〔16〕《道德情操论》是亚当·斯密的代表作之一。全书共七部分，修订过六次。目前，该书已有多个中文译本。

〔17〕李约瑟(Joseph T. M. Needham，1900—1995)，英国科学家、中国科技史研究专家。胚胎生物化学创始人。中国科学院外籍院士、英国皇家学会会员、英国学术院院士。著有《中国科学技术史》，他在其中指出中国古代科学技术曾极大地影响了世界文明进程，为全人类做出过巨大贡献。他建立的剑桥东亚科学史图书馆、李约瑟研究所是世界研究中国科技文化的中心。

〔18〕《中国科学技术史》，亦称《中国的科学与文明》，作者为李约瑟。该书自 1954 年起由英国剑桥大学出版社陆续出版，原计划出版 7 卷 34 分册，截至 2011 年已出版 24 分册。该书通过丰富的史料、深入的分析和大量的东西方比较研究，全面而系统地论述了中国古代科学技术的成就及其对世界文明的贡献，内容涉及中国哲学、历史、科学思想、数学、物理学、化学、天文学、地理学、生物学、农学、医学及工程技术等诸多领域。

教育大计，教师为本*

（2009年9月4日）

一

老师们好！今天上午，我在三十五中初二(5)班听了5堂课，中午和同学们一起吃了饭。下午和老师们座谈，听取意见。国务院有关部门的负责同志也来了。在教师节前夕，我用整整一个上午听5堂课。一方面，用这种方式表示对老师们的尊重；另一方面，想深入地了解一些教学的真实情况。再过几天就是教师节了，我首先向全国广大教师致以节日的祝贺和诚挚的问候。

今天主要是听老师们的发言。为了使会议开得活泼一些，在大家发言之前，我想对上午的5堂课做个点评，互相切磋。如果说得不对，请你们批评。

第一堂听的是数学课。这堂数学课主要是讲三角形全等的判定。

---

* 2009年教师节前夕，温家宝同志到北京市第三十五中学看望师生。上午听了5节课，下午同北京市部分中小学教师座谈。这是他对5节课的点评和听了教师代表发言后的讲话。

老师讲清了概念，这非常重要，基础课必须给学生以清楚的概念。她还讲了三角形全等的四种条件，以及两边一角全等的几种情况。老师在讲这个内容的时候，用的是启发式教学，也就是启发同学们来回答。老师在问到学生如何丈量夹角的度数时，同学们回答了好几种，比如用量角器、圆规、尺子。我觉得这堂课贯穿着不仅要使学生懂得知识，还要学会应用的理念。最后老师提出两边夹一角的判定方案，也就是SAS判定方案，并且举出两个实例让学生思考：一是做一个对称的风筝，这个对称的风筝实际上是两边夹一角的全等三角形；二是一个水坑要测量中间距离，水坑进不去，是应用全等三角形的概念——对应边相等，用这个概念通过全等三角形把这个边引出来。这两个例子都是联系实际教学生解决问题。所以这堂数学课概念清楚、启发教育、教会工具、联系实际，说明我们数学的教学方法有很大的改进。总的看这堂课是讲得好的，但是我也提一点不成熟的意见：我觉得40分钟的课的包容量还可以大一点，就是说，一堂课只教会学生三角形全等判定，内容显得单薄了一些，还可以再增加一点内容。

第二堂听的是语文课。老师讲的是《芦花荡》[1]。在座的可能有不少老师讲过，我过去也读过，但今天和学生们一起读，觉得别有一番新意。缺点是开始没把作者的简要情况给同学们介绍。既然是讲《芦花荡》，作者又是孙犁[2]，是中国现当代的著名作家，他曾经写过什么著作，有过什么主要经历，我觉得有必要给学生讲讲。但是老师没有讲，也许是上堂课已经讲过或下堂课要讲。孙犁是河北安平人，他长期在白洋淀一带生活，1937年参加抗日，所以他才能写出像《芦花荡》和《荷花淀》[3]这样的文章。讲作者的经历是为了让学生知道作品源于生活。孙犁于1937年冬参加抗日工作以后，到过延安，然后陆续发表了反映冀中特别是白洋淀地区的优秀短篇小说，其中像《荷花淀》《芦花荡》都受到好评。但我紧接着就有一个惊喜，这是我过去上学时没有过的，就是老师让学生用4分钟的时间把3 300字的文章默读完，我觉得这是对学生速读的训练，是对学生能力的锻炼。不仅要求学生专心，而且要求学生具有一定的阅读能力。我们常讲人要多读一点书，有些书是要精读的，也就是说不止读一遍，而要两遍、三遍、四遍、五遍地经常读。但有些书是可以快速翻阅的。默读是我听语文课第一次见到的一种教学方法，而且是有时间要求的。我发现学生们大多数都读完了，或许他们事先有预习，或许他们真有这个能力。紧接着老师又叫学生概括主要故事情节，这是锻炼学生的概括能力，我以为非常重要。3 300字的文章要把它概括成为三句话：护送女孩，大菱受伤，痛打鬼子。要有一定的逻辑性，要抓住文章的核心，这不容易。我上学时最大的收获在于逻辑思维训练，至今受益不浅。这种方法就是训练学生的逻辑思维和概括能力。紧接着老师又要求学生通过时间、地点、人物、起因、经过、结果来懂得写人和写事，这里既贯穿着认知，又贯穿着思考和提升。老师特别重视人物的描写，因为孙犁这篇文章用非常质朴的语言写了一个性格鲜明的抗日老人，其中我记得最清楚的是四个字——自尊自信，这是他人格的魅力。因为他能够在十分困难的情况下表现出镇定，当他认为这件事情做得不好时又十分懊丧。语文教师还让学生进行了朗诵。我以为语文教学朗诵非常重要，它是培养学生口才的一条重要渠道。如果我们引申开来，由逻辑思维到渊博的知识到一种声情并茂的朗诵，就是一次很好的演讲，需要从小锻炼。老师特别重视对学生进行爱国主义教育。讲到课文的高潮时，她讲这位老人智勇双全、爱憎分明、老当益壮，点出老人的爱国情怀，然后概括出老人最大的特点是抗战英雄，人民抗战必胜，伟大的中国人民是不可战胜的，讲到这堂课的中心思想是要热爱祖国。这样，就把课文的内容升华了。

第三堂听的是走进研究性学习课。这是我从来没听过的课。听了课我懂了，其实是开阔学生的思维，用我们可以经常接触到的一些事情来深究科学的原理，提出问题，独立思考。这堂课老师讲的是“教室”，就是讲要建好的教室应具备哪些条件。学生纷纷回答，几乎我想到的他们都谈到了，从窗户到门，从隔音到节材。最后，老师把它概括为四个方面，叫作：你想研究什么问题——研究“教室”；怎么开展研究——研究“教室”的方方面面；和谁一起研究——老师和同学；怎样表达研究成果——把学生的经历、实践和参与结合在一起。但我坐在课堂上就在想，非常重要的一点学生们却没想到，就教室而言，建筑安全应是第一位的。学生没想到，教师也没想到。经济适用都想了，但是安全没想到，也就是说学生没有想到防震知识，这算个缺点吧？这堂课讲得还是不错的，比如教室的设备甚至深入到多媒体、投影、摄像头，节能深入到节能材料，深入到经济上的性价比。还有一点，就是老师提问时，一个学生说我喜欢岩石，想研究岩石，这个学生也可能不知道老师备课的内容是要讲“教室”，但是老师很快把他的问题扭过去了，因为这堂课不是这个主题。这里反映出一个问题，就是教这堂课要求老师的知识非常渊博，学生爱好涉及的是大自然，老师讲的是“教室”，而对学生好奇的大自然应该给予积极回应。对学生的回答，老师应因势利导，问他看过多少种岩石，知道名字吗？老师就可以讲岩石的分类：沉积岩〔4〕、岩浆岩〔5〕（也可称为火成岩）、变质岩〔6〕，启发学生热爱岩石，从而热爱地质。我不是让老师把原来备课的内容改变，而是因为学生想听的是大自然，老师要讲小空间，用简练的语言和提问的方式回答大自然的问题是必要的，而且并不困难。最后，老师展示了这个学校的研究成果，三十五中做过园林研究，做过抗紫外线的研究，做过冬小麦的研究，做过城门与城墙的研究，做过节水灌溉的研究，做过环境因素和生物的研究，还有很多学生获奖。这是一堂很好的课，但老师可以更放开一些，不要求老师是万能的，老师可以把学生提出的问题带回去思考，下次再给他们解答。

第四堂听的是地理课。老师用提问的方法，问学生暑假到过哪些地方。我真没想到学生到过那么多地方，不仅是国内，而且到过国外。我仔细翻了课本。这门课把我们过去的地理与自然地理合并了，甚至扩展到把地理、地质、气象、人文结合起来，是一本综合教材，可能现在学地理的时间要比过去少了。但是讲华北时一下子我就听糊涂了，因为课本讲的既不是自然分界，又不是经济分区，也不是行政分区，华北怎么把陕西、甘肃和宁夏包括进去了？课本对中国区域划分的依据不足，无论是自然的、经济的还是历史沿革的划分都没能讲清楚，有的是错误的。此外，课本关于中国的区域差异一章就讲了中国的五大区域，即华北、青藏、沿海、港澳和台湾，这就更不全面了。我赞成把地理、地质和气候结合起来，这就如同把人与自然、环境结合起来一样。过去大学的地质地理系就包含这三个方面。已故的刘东生[7]院士之所以在研究黄土高原方面取得很大成就，获得国家最高科技奖，主要是两方面原因：一是因为中国有世界上最厚、面积最大的黄土层，这给他提供了有利的研究条件；另一个原因是他对地理、地貌、地质和气候的关系，特别是黄土的成因以及黄土形成与气候变化的关系研究得很深。我赞成编写教材时把这几方面结合起来，但要把基本概念讲清楚。现在孩子们见识很广，他们到过很多地方，老师讲得也很好。课本要保持严谨规范和学术的百家争鸣，使学生从本质上理解地理学真正的科学内涵。

最后我听了一堂音乐课，应该说是欣赏了一堂音乐课。老师很活泼，这堂课先是播放了迈克尔·杰克逊[8]的《我们同属一个世界》[9]，这堂课的主题是让世界充满爱。我对音乐是门外汉，但是我边听边感到这是一堂艺术熏陶课，对孩子是艺术的熏陶，也可以说是堂美学课。美学是什么？大概中学没开过这门课。中国研究美学有名的是朱光潜[10]先生。美学从大的方面讲就是真善美，就是世界事物的真善美，这就是那首歌[11]的真谛。因此，听完课我就即席讲了一篇话，我说没有爱就没有教育，没有爱就没有一切。一堂音乐课让孩子们通过唱歌来懂得人世间的爱，懂得人世间的真善美。其次是人们的心底。孩子们都有心理活动，就是孩子们心底都有知、情、意。这就要求学生要有爱心，懂得爱父母、爱老师、爱家乡、爱祖国。在河南南阳我给学生们在黑板上题词就是三句话：爱父母，爱老师，爱南阳。我认为这是思想教育，孩子们记得清清楚楚。人最起码的爱就是这些，爱父母、爱老师、爱家乡，再归结起来就是爱祖国了。所以这就要求学生有爱心，懂得爱同学、爱老师、爱父母、爱家乡、爱祖国。这就要求学生有好奇心。好奇心是什么？就是追求真知。钱学森是大科学家，但很少人知道他是画家。他从小就受艺术的熏陶。大家都知道李四光是地质学家，但很少人知道他是我国第一首小提琴协奏曲的作者。钱老曾经亲口对我说：我现在的科学成就和小时候学美术、学音乐、学文学是分不开的。因此，他提倡学理科、工科的也要学艺术，学艺术的也要学工科、学理科。他在被授予功勋科学家时的即席讲话说："我有一半的功劳要归功于我的夫人。"他夫人蒋英[12]是钢琴家。我对他夫人说：你的艺术对他的科学工作很有启发。追求真知，辨别真伪，寻求真理，趋善避恶，为民造福，应该是美学教育的内容。我们要求学生做一个全面发展的人，就应该在这些方面都具备一定的知识，具备一定的爱好。上午听课时我也服从音乐老师的命令做了游戏，感觉和孩子们在一起非常幸福。我对孩子们说：我爱你们，我祝福你们。

二

刚才，几位老师的发言都很好。下面，我讲几点意见。

当前，我国教育改革和发展正处在关键时期。应该肯定，新中国成立60年来我国教育事业有了很大发展，无论是在学生的入学率还是在教育质量上，都取得了巨大成绩，这些成绩是不可磨灭的。但是，为什么社会上还有那么多人对教育有许多担心和意见？应该清醒地看到，我们的教育还不适应经济社会发展的要求，不适应国家对人才培养的要求。任继愈〔13〕老先生90岁生日时，我给他送了一个花篮祝寿，他给我回了一封信，这不是感谢信，而是对教育的建议信。我坦率告诉大家，他对我国教育的现状有一种危机感，他尖锐地指出了教育存在的一些问题。我多次看望钱学森先生，给他汇报科技工作，他对科技没谈什么意见，他说：你们做得都很好，我都赞成。然后，他转过话题就说：为什么现在我们的学校总是培养不出杰出人才？这句话他给我讲过五六遍。最近这次我看他，我认为是他头脑最清楚的一次，他还在讲这一点。我理解，他讲的杰出人才不是我们说的一般人才，而是像他那样有重大成就的人才。如果拿这个标准来衡量，我们这些年甚至新中国成立以来培养的人才尤其是杰出人才，确实不能满足国家的需要，还不能说在世界上占到应有的地位。最近，为应对国际金融危机，英国首相布朗〔14〕做了一次科技报告，他一开始就讲，英国这样一个不大的国家仅剑桥大学就培养出80多位诺贝尔奖获得者，这是值得自豪的。他认为应对这场危机最终起决定作用的是科技，是人才和人的智慧。其实，我们的学生也是很优秀的，在各种国际比赛当中经常名列前茅，许多到国外留学的学生学习成绩也很好。我们出去这么多留学生，也成长了一批人才，充实了各行各业，但确实很少有像李四光、钱学森、钱三强那样的世界著名人才。每每想到这些，我又感到很内疚。这就是为什么我们在形势很好的时候，还要制定《国家中长期教育改革和发展规划纲要(2010—2020年)》的原因。

老师们都很辛苦，特别是从事基础教育的老师。老师们承担着教育的重任。百年大计，教育为本；教育大计，教师为本。如果说教育是国家发展的基石，教师就是基石的奠基者。国家的兴旺、国家的发展系于教育。只有一流的教育才有一流的人才，才能建设一流的国家。我曾经引用过“教师是太阳底下最光辉的职业”这句话，这是17世纪捷克的大教育家夸美纽斯[15]讲的。俄国的化学家门捷列夫[16]也说过：“教育是人类最崇高、最神圣的事业，上帝也要低下至尊的头，向她致敬！”可以说，无论一个人的地位有多高、贡献有多大，都离不开老师的教育和启迪，都凝结了老师的心血和汗水，在老师面前永远是学生。国家各项事业的发展需要大批的人才，同样也离不开教育和老师的培养。我们国家大约有1 600万教育工作者，其中中小学教师1 200万。长期以来，广大教师牢记自己的神圣使命，兢兢业业，默默耕耘，培养了一批又一批优秀人才，为我国教育事业和现代化建设做出了突出贡献。这种不计名利、甘为人梯，成功不必在我、奋斗当以身先的精神，充分体现了中国知识分子以天下为己任的崇高境界。

这里，我想着重谈一下提高教育质量和水平问题。教育的根本任务是培养人才，特别是要培养德、智、体、美全面发展的高素质人才。从国内外的比较看，中国培养的学生往往书本知识掌握得很好，但是实践能力和创造精神还比较缺乏。这应该引发我们的深入思考。也就是说，我们在过去相当长的一段时间里比较重视认知教育和应试的教学方法,而相对忽视对学生独立思考和创造能力的培养。应该说,我们早就看到了这些问题,并且一直在强调素质教育。但是为什么成效还不够明显?我觉得要培养全面发展的优秀人才,必须树立先进的教育理念,敢于冲破传统观念的束缚,在办学体制、教学内容、教育方法、评价方式等方面进行大胆的探索和改革。我们需要由大批有真知灼见的教育家来办学,这些人应该树立终身办学的志向,不是干一阵子而是干一辈子,任何名利都引诱不了他,把自己完全献身于教育事业。我们正在研究制定的《国家中长期教育改革和发展规划纲要(2010—2020年)》,就是想通过改革来努力解决教育中存在的问题。这里,我想提四点要求供大家参考。

第一,教育要符合自身发展规律的要求。叶圣陶先生说:“教是为了不教。”就是说要注重启发式教育,激发学生的学习兴趣,创造自由的环境,培养学生创新的思维,教会学生如何学习,不仅学会书本的东西,特别要学会书本以外的知识。我曾经把学、思、知、行这四个字结合起来,提出作为教学的要求,也就是说要做到学思的联系、知行的统一,使学生不仅学到知识,还要学会动手,学会动脑,学会做事,学会思考,学会生存,学会做人。

第二,教育要符合时代发展的要求。我们说教育要面向现代化,面向世界,面向未来,归根到底就是要与时俱进,赶上时代发展的步伐,办出具有中国特色、中国风格、中国气派的现代化教育。这就要求我们必须放眼看世界,牢牢把握社会发展和科技进步的潮流,学习和借鉴人类优秀的文明成果。同时,也要深深地懂得中国,结合中国的实际和国情,推进教育改革,优化教学结构,更新教学内容,改进教学方式。

第三,教育要符合建设中国特色社会主义对人才的要求。改革开放和经济社会发展不仅需要各种各样的人才,而且对人才的要求越来越高。要立足于现代化建设对人才的实际需要，不断调整专业设置和课程设计，努力培养创新型、实用型和复合型人才。同时要加强爱国主义和理想信念教育，培养学生增强社会责任感，报效祖国，服务社会。

第四，教育要符合以人为本的要求。学校要坚持“以人为本”的办学理念，以“依靠人，为了人，服务人”为基本出发点，尊重学生、关爱学生、服务学生，发现和培养学生的兴趣和特长，塑造学生大爱、和谐的心灵。前两年我到医院看望季羡林先生，他对我说，讲和谐还要讲人的自我和谐，要使人对自己的认识符合客观实际，适应社会的要求，正确对待金钱名利，正确对待进退，正确对待荣辱，这才能和谐起来。

最后，我想对老师提点要求。教师的日常工作既平凡又不平凡，教师不是雕塑家，却塑造着世界上最珍贵的艺术品。广大教师应当成为善良的使者、挚爱的化身，做品格优秀、业务精良、职业道德高尚的教育工作者。

一要充满爱心，忠诚事业。“没有爱就没有教育”，这是实验二小霍懋征[17]老师的话。她念念不忘的就是希望拍一部反映老师教书育人的爱心和奉献精神的电影或电视剧。我在这里也大声呼吁，希望能有更多描写老师的影视作品。当一名教师，首先要是一个充满爱心的人，把追求理想、塑造心灵、传承知识当成人生的最大追求。要关爱每一名学生，关心每一名学生的成长进步，努力成为学生的良师益友，成为学生健康成长的指导者和引路人。

二要努力钻研，学为人师。当今时代知识更新换代的周期越来越短，每个人都需要不断学习才能适应工作要求。教师是知识的传播者和创造者，更要不断地用新的知识充实自己。要想给学生一杯水，自己必须先有一桶水。教师只有学而不厌，才能做到诲人不倦。

广大教师要崇尚科学精神，严谨笃学，做热爱学习、善于学习和重视学习的楷模。要如饥似渴地学习新知识、新科学、新技能，不断提高教学质量和教书育人的本领。要积极投身教学改革，把最先进的方法、最现代的理念、最宝贵的知识传授给学生。刚才座谈时有的老师提到要给教师创造培训的条件，我完全赞成。要建立包括脱岗轮训、带薪培训的制度，当然要讲求实效，把好事真正办好。

三要以身作则，行为世范。教育是心灵与心灵的沟通，灵魂与灵魂的交融，人格与人格的对话。不久前有一个学生给我写了一封信，他提到：现在青年学生自杀的很多，小小年纪厌世甚至走上绝路，总理能否在9月1日开学时专门和学生在网上对话，告诉学生要珍惜生命，热爱生活。他所说的事虽然是极个别的，但必须引起重视。教师个人的范例对于学生心灵的健康和成长是任何东西都不可能代替的最灿烂的阳光。好的老师是孩子最信任的人，有些话甚至不对父母讲也愿意跟老师讲，老师能帮助他解决思想问题包括实际问题，做到这一点不容易，没有爱心是不可能的。唯有教师人格的高尚，才可能有学生心灵的纯洁。教书者必先强己，育人者必先律己。我们不仅要注重教书，更要注重育人；不仅要注重言传，更要注重身教。广大教师要自觉加强师德修养，坚持以德立身、自尊自律，以自己高尚的情操和良好的思想道德风范教育和感染学生，以自身的人格魅力和卓有成效的工作赢得社会的尊重。

全社会要弘扬尊师重教的良好风尚。一个国家有没有前途，很大程度上取决于这个国家重视不重视教育；一个国家重视不重视教育，首先要看教师的社会地位。要注意提高教师特别是中小学教师的待遇。从今年起，在国家财政比较困难的情况下，按教师平均工资水平不低于当地公务员平均工资水平的原则，实行义务教育阶段教师绩效工资制度。中央财政今年已准备120亿元，全国计算大概是370亿元。这不是简单地涨工资，应该把薪酬待遇和个人工作成效密切挂钩。这是对教师辛勤劳动的尊重。我们要继续发扬中华民族尊师重教的优良传统，不断提高教师的政治地位、社会地位和生活待遇，把广大教师的积极性、主动性、创造性更好地发挥出来。各级政府都要满腔热忱地支持和关心教育工作，积极改善教师的工作和生活条件，吸引和鼓励高素质人才从事教育事业，尤其是到基层、农村和边疆地区任教。中小学教师非常重要，有些国家让最优秀的人教小学。要像尊重大学教授一样尊重中小学教师。要大力宣传教育战线的先进事迹，特别是终身从事中小学教育事业的典型，营造良好的舆论氛围，让尊师重教蔚然成风，让教师成为全社会最受人尊敬、最值得羡慕的职业。

注　释

〔1〕《芦花荡》是中国现当代作家孙犁的短篇小说代表作之一，是一篇描写抗日战争时期人民群众生活和战斗情景的佳作。它以独特的视角和艺术表现手法描写了美丽独特的芦花荡，给读者以全新的感受，使读者享受到美的心灵体验。

〔2〕孙犁(1913—2002)，中国小说家、散文家。原名孙树勋。河北安平人。1936年到安新县小学教书，了解到白洋淀一带劳动群众的生活。1944年赴延安，在鲁迅艺术文学院学习和工作，发表《荷花淀》《芦花荡》等短篇小说。他被誉为“荷花淀派”创始人。

〔3〕《荷花淀》与《芦花荡》是姊妹篇，“白洋淀纪事”之一，也是孙犁作为“荷花淀派”创始人的代表作品之一。

〔4〕沉积岩，是在地表常温、常压条件下，由风化物质、火山碎屑、有机物及少量宇宙物质经搬运、沉积和成岩作用形成的层状岩石。

〔5〕岩浆岩，也称火成岩，是来自地球内部的熔融物质在不同地质条件下冷凝固结而成的岩石。岩浆岩占地壳体积的64.7%。

〔6〕变质岩，是在地壳发展过程中，原来已存在的岩石因遭受变质作用，在基本保持固态的情况下，发生结构、构造和矿物组成的改变而形成的一类新的岩石。

〔7〕刘东生（1917—2008），中国地质学家。辽宁沈阳人。毕业于西南联合大学。曾任中国科学技术协会书记处书记、国务院环境委员会专家组组长、国际第四纪研究联合会主席、中国科学院地球环境研究所名誉所长等职。中国科学院学部委员、院士，第三世界科学院院士，欧亚科学院院士。第六、七届全国人大常委会委员。他在古脊椎动物学、第四纪地质学、黄土研究等领域做出了突出贡献，被誉为“黄土之父”。2003 年获国家最高科学技术奖。

〔8〕迈克尔·杰克逊（Michael J. Jackson，1958—2009），美国流行音乐歌手，被誉为“流行音乐之王”。

〔9〕《我们同属一个世界》（*We Are the World*），亦称《四海一家》《天下一家》。1985 年，“流行音乐之王”迈克尔·杰克逊和莱昂纳尔·里奇共同谱写该曲，后由迈克尔·杰克逊独自填词完成。它是 1985 年 1 月 28 日在美国洛杉矶举办的“生存援助音乐会”的主题歌，由 45 位美国歌星联合演唱，昆西·琼斯负责制作，旨在声援向非洲饥民捐款的大型慈善活动“美国援非”。此曲震撼了亿万人的心，风靡全球。

〔10〕朱光潜（1897—1986），中国美学家。安徽桐城人。1925 年起先后赴英国、法国研习哲学、心理学和艺术史，获博士学位。1933 年回国，先后在四川大学、武汉大学任教。新中国成立后长期任职于北京大学。曾任中华美学学会会长等职。中国科学院学部委员。第二至五届全国政协委员，第六届全国政协常务委员，第三、四届民盟中央委员。他是我国现代美学的奠基人和开拓者之一。

〔11〕指《让世界充满爱》。这是一首录制于 1986 年的中国公益歌曲，由郭峰作曲，陈哲等作词，100 多位中国流行音乐歌手演唱。

〔12〕蒋英（1919—2012），中国声乐教育家、女高音歌唱家。浙江海宁人。她尤其擅长演唱德国古典歌曲，音域宽广优美。

〔13〕任继愈（1916—2009），中国哲学史家、宗教学家。山东平原人。1942—1964 年任教于北京大学哲学系。1964—1985 年任中国科学院世界宗教研究所（现属中国社会科学院）所长、教授。他筹建了新中国第一所宗教研究机构，与北京大学合作培养宗教学本科生，为新中国培养了一大批宗教学研究人才。1987—2005 年任中国国家图书馆馆长。

〔14〕布朗（Gordon Brown），1951 年出生，2007—2010 年任英国首相。

〔15〕夸美纽斯（Johann A. Comenius，1592—1670），捷克教育家。他是欧洲近代

教育理论的探索者，其著作《大教学论》是西方教育史上第一部体系完整的教育学著作。

〔16〕门捷列夫（Менделеев，1834—1907），俄国化学家。他发现了元素周期律，并就此发表了世界上第一份元素周期表。

〔17〕霍懋征（1921—2010），中国教育家。山东济南人。1943年毕业于北京师范大学数理系，其后一直在北京师范大学第二附属小学（今北京第二实验小学）工作。1956年被评为全国首批特级教师。几十年来，她多次受到党和国家领导人的接见。周恩来同志称她为“国宝”，温家宝同志称她是“把爱心献给教育的人”。

努力办好农村教育*

（2010年9月10日）

今天是第二十六个教师节，我和延东[1]同志及教育部、河北省的有关领导来看望大家，并向全国广大教师和教育工作者致以节日的祝贺！

教育是国家发展的基石。国运兴衰系于教育。只有办一流教育，才会出一流人才，才能建一流国家。在整个教育事业中，中小学教育至关重要，它处在人生的文化启蒙和知识准备阶段，是教育体系的基础，是每个人终身发展的基础，是提高国民素质的基础。从这个意义上说，中小学教育是国家发展基础的基础。办好中小学教育，关键因素是教师。陶行知先生说过，在教师手里掌握着幼年人的命运，也就掌握着民族和人类的命运。广大中小学教师在平凡的岗位上默默耕耘、无私奉献，为我国教育事业发展和现代化建设做出了不可磨灭的贡献。

农村教育尤为重要。我国13亿人中超过半数生活在农村，一半

* 这是温家宝同志在河北省兴隆县六道河中学与教师座谈时的讲话。

以上的学龄儿童也在农村。要提高我国整体教育水平，必须加强农村教育这个薄弱环节。这个问题能不能解决好，关系到教育事业的现代化，关系到农村的长远发展，关系到整体国民素质的提高。我们一方面要保证农民工子女同城里孩子享受一样的待遇，能上学、上好学；另一方面，更为重要的是，不要忘记办好农村教育。如果丢了农村教育，我们就会走偏方向。早在20世纪20—30年代，一些有识之士就十分关心乡村教育。他们认为，学校是乡村的中心，而教师则是学校和乡村的灵魂，乡村教育对启迪民智必不可少。在农村，教育既是基础工程，也是民生工程和民心工程。广大农民群众热切企盼办好教育，生活再困难，也要供孩子上学。因为他们懂得，物质上的贫穷只是暂时的，只要孩子有文化、有知识，就能改变命运，生活就会有奔头。我们一定要通过坚持不懈的努力，让农村所有的孩子都能够上学，都能够接受现代文明的教育。

这些年来，我们在发展农村教育方面下了很大功夫，取得了很大成效。义务教育实现了全部免费，学龄儿童入学率达到98%以上，农村文盲大大减少。我们在加强农村教师队伍建设方面也做了大量工作，通过实施农村义务教育学校教师特设岗位计划、师范生免费教育和农村教育硕士计划等多项措施，农村教师队伍状况得到了很大改善。但也要看到，在相当多的农村地区，教育设施简陋、教学条件较差、教育经费困难等问题仍然存在，尤其是农村师资队伍建设问题比较突出。比如，农村教师待遇不高，生活条件艰苦，本地教师不安心，外地教师不愿来，学习深造机会少，存在知识老化现象等。对这些问题，我们必须进一步采取措施，努力加以解决。

提高农村教育水平，核心是农村中小学，关键是中小学教师。孩子受教育包括各个方面，学校教育、家庭熏陶、社会影响，时时处处都在进行。就整体环境看，农村孩子和城市孩子的家庭环境、社会环境相差很大，我们不可能在短期内消除城乡差距。如果不把农村的学校办得好一些，农村孩子受教育的条件和城市孩子相比差距就更大了。正基于此，从 2007 年起，国务院决定在教育部直属师范大学实行师范生免费教育试点。这个重要举措，就是向全社会发出重视师范教育的强烈信号，就是要鼓励更多的优秀青年从事基础教育工作，到农村、到艰苦的地方去当中小学教师，从而培养大批优秀的农村中小学教师。在教育部及有关方面的共同努力下，这项工作已经取得了较大进展，4 年累计招收免费师范生 4.6 万人，首批万名免费师范生即将到中小学校进行教育实习。今后，我们还要投入更多的财力、更大的精力推进这项试点工作，并认真总结经验，逐步在全国推广。

这里，我顺便回答一下大家在座谈中提到的有关问题。一是师范教育的实习经费要保证。政府不仅要免除师范生的学费、住宿费，补助生活费，而且要保证教育实习经费。二是要建立免费师范生录取、淘汰和奖励机制。任何学生，入学学习一段时间后，特长、特点才能表现出来。因此，必须有一个机制，使师范教育像活水一样，让合格的师范生留下，不适合的转入其他方面，还要让优秀的师范生得到奖励。品学优秀的免费师范生也应该享受奖学金。三是要切实保证 2007 级免费师范生就业。当时研究制定政策的时候，除了免费以外，还向师范生提出一个条件，就是要服从需要，到中小学任教。教育部和有关省要抓紧落实好政策，按照公开、公正、透明、优先的原则，使免费师范生顺利走上基层中小学教师岗位。四是关于免费师范毕业生的继续教育问题。师范生可以读硕士、读博士，也可以留学，但我希望他们最终都要回来当教师。霍懋征老师健在时曾经提出，小学生要由大学生来教。她是 1943 年北师大毕业的，一直教小学到离开教育岗位。那为什么中学生不能由硕士生和博士生来教呢？为什么不能由留学生来教呢？如果能形成这样一种风气，我们的教育就会出现一个新的局面。

今天，参加座谈会的有来自北京师范大学的免费师范生代表，同学们是未来农村教师队伍的新生力量，是提高农村教育质量的关键所在。这里我给大家提几点希望。

第一，要热爱农村教育。热爱是做好一切本职工作的前提。当好乡村教师，首先要热爱农村、热爱农民、热爱农村教育事业。没有爱便没有教育。有了爱，就有了做好工作的热情和动力，就有了克服困难的信心和勇气，就有了坚持下去的信念和毅力。要把我们的一颗心献给八亿农民，心里要装着农民的甘苦。最近，湖南宜章县乡村中心小学校长李黎明〔2〕的事迹，在全国引起强烈反响。李黎明同志呕心沥血二十多年，为农村教育奉献了青春和生命。他时常讲："我是农民儿子的老师，我也是农民的儿子。"他真正把心交给了农民和农村教育，是我们学习的好榜样。

第二，要立志干一番事业。现在有一种看法，认为中小学教师不会有大出息。我认为不是这样，教中小学也能出大师。叶圣陶先生年轻时，曾在苏州一家小学任教，试验推行新式教学法。他以后成了著名的教育家、文学家，还非常自豪地在履历表中填上"小学教师"。文学家鲁迅〔3〕、教育家杨昌济〔4〕、国学大师钱穆〔5〕等杰出人物，都是中小学教师出身。这些都说明，中小学教师大有作为，在这个平凡的岗位上完全可以成就一番不平凡的事业。

第三，要有吃苦耐劳精神。同城市相比，农村的生活环境和工作条件都还比较艰苦。同学们从事农村教育，必须要有吃苦耐劳的精神准备。人在年轻的时候，不要回避困难，也不要怕吃苦。有一句话说得好——吃苦是福。艰苦的环境，不仅可以磨炼人的意志，还能够增长才干。大家应当把从事农村教育视为自身发展的重要机遇，努力实现远大理想，锻炼成长为我国教育事业的栋梁之材。

办好农村教育，需要社会各方面共同努力。特别要重视和改善农村办学条件，提高农村教师待遇。要研究制定相关政策，逐步形成激励机制，让广大农村教师留得住、干得好、受尊重，培养和造就一支宏大的优秀农村教师队伍。

注　释

〔1〕即刘延东。刘延东时任中共中央政治局委员、国务委员。

〔2〕李黎明（1963—2009），湖南宜章人。曾任湖南省宜章县迎春镇学校教师，学区干事，中心小学副校长、校长、党支部书记。自1983年9月参加教育工作以来，他一直扎根山区教育第一线，多次荣立三等功，2009年荣获湖南省优秀教师称号。2009年9月14日，由于劳累过度，他倒在工作岗位上，年仅46岁。中共湖南省委追授他为优秀共产党员。

〔3〕鲁迅（1881—1936），中国文学家、思想家、革命家。原名周树人。浙江绍兴人。1918年5月，首次以“鲁迅”为笔名，发表了中国现代文学史上第一篇白话小说《狂人日记》。其著作以小说、杂文为主，代表作有《狂人日记》《呐喊》《彷徨》等。毛泽东同志评价他是伟大的无产阶级文学家、思想家、革命家，是中国文化革命的主将。

〔4〕杨昌济（1871—1920），中国教育家。湖南长沙人。1907年毕业于东京弘文学院普通科。次年入东京高等师范学校专攻教育学。1912年获伦敦阿伯丁大学文学士学位。回国后，曾任湖南省立第一师范学校、第四师范学校、湖南高等师范专科学校和湖南商业专科学校教员，北京大学教授等职。他参与发起组织北大哲学研究会，重视道德教育，提倡以道德教育为中心的德、智、体全面发展的教育。

〔5〕钱穆（1895—1990），中国历史学家。江苏无锡人。曾任燕京大学、北京大学等校教授。抗日战争时期，他先后在西南联合大学、华西大学、四川大学等校任教，并曾主持齐鲁大学国学研究所。后去香港，创办亚洲文商夜校（后更名新亚书院）。1967年移居台北，任教于“中国文化书院”（今文化大学）。他以研究学术思想和文化史见长。

肩负起教书育人的神圣使命*

（2011 年 6 月 17 日）

老师们，同学们：

大家好！非常高兴参加首届免费师范生的毕业典礼。首先，我要对即将加入人民教师队伍的同学们表示热烈祝贺，对辛勤培育你们的老师们表示衷心感谢！去年教师节，我到河北兴隆县六道河中学看望师生，与同去的北师大同学有个约定，我答应一定参加你们的毕业典礼，今天我是来履约的。最近我连续收到北师大和东北师大部分免费师范生的来信，同学们立志投身教育事业的理想和决心深深打动了我。大家希望在临毕业前，能与我进行面对面交流。实际上，我一直惦记着你们。同学们已经顺利完成学业，即将成为一名光荣的人民教师，走上神圣的讲坛，我感到非常高兴。今天我来，就是同大家谈谈心，说说心里话。

“善之本在教，教之本在师。”〔1〕教师是人类灵魂的工程师，是太阳底下最光辉的职业。教师肩负着开启民智、传承文明的神圣使

---

* 这是温家宝同志在北京师范大学首届免费师范生毕业典礼上的讲话。

命，承载着千万家庭的梦想和希望。中华民族历来有尊师重教的优良传统，《荀子·大略》就有“国将兴，必贵师而重傅”“国将衰，必贱师而轻傅”的名言。我的祖父和父母都是教师，我的父亲就毕业于北京师范大学，我对教师始终充满景仰之情。

前些年，不少优秀学生不愿意当老师，甚至师范院校的学生也不愿意当老师，更不愿意到中西部地区和农村中小学当老师，我心中确实有些担忧。实施师范生免费教育政策，就是向全社会发出重视师范教育的强烈信号，吸引最优秀、最有才华的学生做教师，鼓励更多的优秀人才终身做教育工作者；就是要进一步在全社会形成尊师重教的浓厚氛围，让教师成为最受尊重、最令人羡慕的职业。

我们高兴地看到，经过四年不懈努力和探索，师范生免费教育试点工作取得了重要进展和显著成效。六所部属师范大学 4 年共招免费师范生 4.6 万人，录取分数线高出本省重点线 40 分以上，越来越多的优秀学生志愿加入教师队伍。首届免费师范毕业生已经全部落实到中小学任教，超过 90%的学生到中西部中小学任教。上海、云南、江苏等地部分院校也开展了师范生免费教育试点，这项政策正在彰显出越来越大的示范引领作用。实践证明，国家实行师范生免费教育的决策是完全正确的。

师范生免费教育政策实施已经四年，社会各界十分关注。如何进一步完善好、实施好这项政策，是一件大事。我们要在搞好试点的基础上，认真总结经验，研究和解决存在的问题，加快落实和完善配套政策，让更多优秀毕业生下得去、留得住、干得好。经过认真研究，国务院将出台新的政策措施。我们要建立免费师范生录取和退出机制，加大高校自主招生力度，录取后经考察不适合从教的少数学生可以调整到非师范专业，选拔愿意从教的优秀非师范生转为免费师范生，让真正乐教适教的优秀学生读师范。要提高免费师范生生活补贴标准，给予优秀免费师范生更多奖励。要支持建设一批教师教育改革创新实验区，安排更多名师给免费师范生上课，提供更多观摩名师讲课的实习机会，提高免费师范生培养质量。要进一步改进免费师范生就业办法，通过建立健全分工负责、密切配合的跨部门工作机制，全面落实免费师范毕业生的编制和岗位。要支持到农村学校任教的免费师范毕业生，免试攻读在职教育硕士。要逐步在全国推广师范生免费教育政策，鼓励地方发展师范生免费教育，支持各地师范院校采取定向招生、免费培养的办法，为农村培养骨干教师。

有人认为，大学毕业后当中小学教师，尤其到农村当教师，是大材小用，没有前途。我不这样看。我认为，中小学教师同样能够出人才、出大家、出大师。我国近现代许多杰出人物都是从中小学讲坛成长起来的。文学家鲁迅、科学家钱伟长〔2〕、历史学家翦伯赞〔3〕、艺术家丰子恺〔4〕等，都当过中小学教师。中小学教师天天面对的是最渴望求知的眼神和最纯洁的心灵，往往最能体会学生对教育的真实需求，最有条件思考教育的实际问题，最能体会教育的本质，从而不断检验和修正自己的教育思想和教育理念。叶圣陶先生当过很长时间的小学老师，几十年的教学经历，使他成为我国著名的教育家、文学家。钱穆先生成为一代国学大师，与他 10 年小学加 8 年中学的教师经历有直接关系。他曾这样怀念他的中小学老师生涯："我个人的经验倒觉得在教小学时最快乐，教中学时又比教大学时快乐。"中小学教师另外一个独特优势，就是脚踏实地、扎根基层，广泛接触民众，深入了解民情、国情，有利于激发老师教育好下一代的责任感和使命感。老舍〔5〕的第一部长篇文学《老张的哲学》〔6〕就取材于他当小学校长时的经历。徐向前〔7〕元帅在回忆自己的一生时说："'五四'运动以后，在先进思想影响下，我心里也逐步萌发起改造黑暗社会的念头。当上教师我就想，要通过自己的努力，让学生从小就理解这一点，长成有用的人才，担负救国救民的重任。”

我曾多次倡导大学毕业生教小学，教授给中学生上课。俗话说，名师出高徒。中小学生正处在世界观、人生观的养成时期，老师往往就是他们做人的榜样。如果老师人格高尚、眼界开阔、知识渊博、志向远大、思想活跃，他们的言传身教对学生的影响是巨大而深远的。湖南省立第一师范学校〔8〕是民国时期一所著名高级中学，曾培养出毛泽东、蔡和森〔9〕、何叔衡〔10〕、任弼时〔11〕等许多优秀学生，其中一个重要原因就是它拥有像黎锦熙〔12〕、周世钊〔13〕、杨昌济、徐特立〔14〕这样一批老师。他们中有的是大学教授、学者，有的是诗人、文学家，堪称大师。南开学校之所以人才辈出，师资力量强也是一个重要原因。张伯苓先生当年就提倡硕士生、博士生乃至留学生教中学。前些年，霍懋征老师给我写信，提出让大学毕业生教小学，而且要蔚成风气。

同学们要树立长期从事中小学教育的志向，首先要有一种精神和信念。鲁迅先生曾经说过：我们中华民族自古以来，就有埋头苦干的人，有拼命硬干的人，有为民请命的人，有舍身求法的人，这就是中国的脊梁。纵观历史，任何国家、任何时代，那些真正开启人类心智的人，当时大都默默无闻。他们淡泊名利，生活清贫，被人误解，受到忽视，靠着理想和信念，靠着对事业的热爱，他们坚忍不拔地奋斗下去，用自己的心血点燃智慧的火把，照亮人间，传承着人类文明的火种。但历史不会忘记他们，他们的英名和事业将永远镌刻在人类文明的丰碑上。大学毕业生立志做中小学教师，就要有这种燃烧自己、照亮别人的奉献精神。

今天，在来这里的路上，我还在想，同学们经过四年学习，很快就要奔赴基层教师岗位，到比较艰苦的环境去工作，你们是否做好了吃苦的思想准备？我觉得，对一个人的成长来说，吃苦是一种磨炼，是一种财富，到艰苦环境中锻炼是年轻人成才的必修课。孟子说："天将降大任于斯人也，必先苦其心志，劳其筋骨，饿其体肤，空乏其身。"[15]说的就是，但凡能成就大事的人，都吃过大苦，都经受过各种磨砺。艰难困苦，玉汝于成。艰苦的环境磨炼人的意志，增强人的勇气和信心。成功没有捷径，艰辛成就事业。我们的周围就有很多生动的例子。就拿你们的校友次旺俊美[16]为例，他是 1970 年从教育系毕业的一位藏族学生，自愿要求返回条件十分艰苦的家乡工作，经过多年的基层磨炼，后来成为西藏大学校长和西藏自治区社会科学院院长，为西藏科教事业做出了突出贡献。你们的另一位校友窦伯菊[17]，1951 年从生物系毕业后，自愿到内蒙古乌兰浩特当一名普通教师，先是教初中，后来到高中和大学任教，由于工作出色，1983 年被任命为内蒙古师范大学校长。条件差的地区更需要人才，艰苦的环境更能锤炼人的意志品质。从人的一生看，年轻的时候吃些苦、受些累，更有利于自身的成长进步。希望大家不要怕吃苦受累，不要怕经受挫折，要敢于经风雨、见世面，敢于到基层、到落后地区、到最艰苦的地方锻炼成长。

教师的工作岗位看似平凡，其实当一名教师并不容易，当一名合格的中小学教师更不容易。这里，我想对你们，同时也对全国广大的师范生提几点希望。

——要充满爱心。当好一名教师，首先要是一个充满爱心的人。霍懋征老师说过："是什么力量把一个人见人烦的孩子，变成人见人爱的孩子？是爱。爱是阳光，可以把坚冰融化；爱是春雨，能让枯萎的小草发芽；爱是神奇，可以点石成金。"希望你们关爱每一名学生，视学生为弟妹、如儿女，努力成为学生的良师益友。

——要甘于奉献。中华文明之所以绵延不绝、薪火相传，依靠的就是道贯古今的师者，依靠的就是化育天下的精神。你们选择了做教师，就是选择了奉献，选择了高尚，就是人生中最大的幸福。你们对教育事业的奉献，应该像小河奉献给大海、阳光奉献给大地那样无私、那样无怨无悔、那样一往情深。希望你们把追求理想、塑造心灵、传承文明当作人生的最大乐趣，做好终身从教的思想准备，甘为培育人才的泥土，在奉献中体现价值，在平凡中成就伟大。

——要刻苦学习。“学然后知不足，教然后知困。”〔18〕教师作为知识的传播者和创造者，必须不断学习，不断充实自己，才会有教学之乐，而无教学之苦。中小学教育是人生启蒙、知识准备、世界观萌芽的特殊阶段，学为人师尤为重要。教师只有学而不厌，才能做到诲人不倦。你们虽然从学校毕业了，但你们的社会实践才刚刚开始，要学习的东西很多。要不断地学习新知识、新技能，提高教书育人的本领和教学质量。既要向书本学习，更要向实践学习，向社会学习，向人民学习。

——要勇于创新。教育既是科学，也是艺术。教师从事的是创造性的工作，没有创新精神的教师，不可能培养出创新型人才。钱学森先生曾回忆说，在他一生的道路上有两个高潮，第一个高潮就是在师大附中。六年师大附中的学习生活对他的影响很深。当时数学老师傅种孙〔19〕特别提倡创新，在给学生的测验评分时独出心裁，如果出5道题，学生都答对了，但解法平淡，只给80分；如果答对4道，但解法有创新，就给100分，还要另加奖励。杰出教师的过人之处，就是能够在平凡的教学点滴之中，探索教育的真谛，追求事业的卓越。希望你们积极投身教育改革创新实践，重视培养学生的想象能力、创新能力和实践能力，激发学生的兴趣，创造有利于个性发展的氛围，使美好的教育理想变为现实。

经过四年的寒窗苦读，同学们已经完成了学业，就要走向新的工作岗位，这是大家人生的一个新起点。著名作家柳青[20]说过："人生道路虽然漫长，但紧要处常常只有几步，特别是当人年轻的时候。"你们在踏上人生道路的关键时刻，选择当中小学教师这个关键职业，是有勇气的，也是有远见的。我相信，只要同学们志存高远，刻苦自励，执着坚守，就一定能够把三尺讲坛变为施展才华的广阔舞台，使自己的人生更加精彩！

谢谢大家！

注　释

〔1〕见北宋李觏《广潜书》。

〔2〕钱伟长（1912—2010），中国科学家、教育家、社会活动家。江苏无锡人。1931—1937年在北京清华大学物理系、研究生院学习；1940—1942年在加拿大多伦多大学应用数学系学习，并获博士学位；1942—1946年任美国加州理工学院喷射推进研究所研究总工程师，师从冯·卡门，从事博士后科学研究。曾任清华大学教授、教务长、副校长，中国科学院力学研究所副所长、自动化研究所所长，上海工业大学、上海大学校长，上海市应用数学与力学研究所所长等职。中国科学院学部委员、院士。第六至九届全国政协副主席，第五至七届民盟中央副主席。他在弹性力学、变分原理、摄动方法等领域有重要成就，被誉为"中国近代力学之父"。

〔3〕翦伯赞（1898—1968），中国历史学家。湖南桃源人。毕业于武昌商业专门学校。1926年参加北伐军政治工作。后在中国共产党的领导下，长期从事统一战线和理论宣传工作。新中国成立后，任北京大学教授、副校长等职。中国科学院学部委员。第一至三届全国人大代表，第一届全国政协委员。他在历史哲学、中国史方面著述颇丰。

〔4〕丰子恺（1898—1975），中国画家、文学家、美术和音乐教育家。浙江桐乡人。早年师从李叔同学习绘画、音乐。1921年赴日本。回国后在上海、浙江、重庆等地从事美术和音乐教育工作。他创作漫画，常以儿童生活作为题材。新中国成立后，曾任上海中国画院院长、中国美术家协会上海分会主席等职。他除长于绘画、音乐外，亦

擅散文和诗词。

〔5〕老舍(1899—1966),中国作家。原名舒庆春,字舍予。北京人。1918年毕业于北京师范学校。1924年赴英国,1930年回国。曾任齐鲁大学、山东大学等校教授。抗战时期任中华全国文艺界抗敌协会总务部主任。新中国成立后,曾任政务院文教委员会委员、中国文联副主席、中国作协副主席、北京市文联主席等职。第一至三届全国人大代表,第四届全国政协常委。他著述丰富,善于刻画市民阶层的生活和心理,文笔生动、幽默,富有浓郁的地方色彩。

〔6〕《老张的哲学》是老舍于20世纪20年代中后期旅居英国期间发表的作品,描写了20世纪20年代前后北京各阶层市民的生活及思想感悟,是老舍独特艺术个性形成的一个起点。

〔7〕徐向前(1901—1990),中国无产阶级革命家、军事家,中国人民解放军的创建人和领导人之一。山西五台人。黄埔军校第一期毕业。在土地革命战争、抗日战争和解放战争时期,历任多职,功勋卓著。1955年被授予中华人民共和国元帅军衔。曾任中共中央军委副主席、国务院副总理兼国防部长、中华人民共和国中央军委副主席等职。中共第六至十二届中央委员,第八、第十一、第十二届中央政治局委员,第三、四届全国人大常委会副委员长。

〔8〕湖南省立第一师范学校的前身是1903年创立的湖南师范馆。新中国成立后,该校更名为湖南省第一师范学校。2000年3月,升格为普通高等师范专科学校。2008年4月,升格为普通高等师范本科院校,并更名为湖南第一师范学院。

〔9〕蔡和森(1895—1931),中国无产阶级革命家,中国共产党的早期领导人之一。湖南湘乡永丰镇(今属双峰)人。1918年参与组织新民学会。"五四"运动后,赴法国勤工俭学,1921年冬回国。1925年参加领导五卅运动。同年赴苏联,出席共产国际会议,后任中国共产党驻共产国际代表。1927年回国,任中共中央宣传部长,代理中央秘书长。八七会议后,前往中共北方局指导工作。第二至四届中共中央执行委员,第五、六届中央政治局常委。1931年赴香港领导恢复中共广东省委的工作,同年6月被港英当局逮捕,引渡到广州,遭军阀陈济棠杀害。

〔10〕何叔衡(1876—1935),中国无产阶级革命家,中国共产党创始人之一。湖南宁乡人。1918年参与组织新民学会。"五四"运动后参加领导驱逐张敬尧运动。1920年参与创建湖南的中国共产党早期组织。1921年7月出席中国共产党第一次全国代表大会。后任中共湘区委员会组织委员、湖南自修大学和湘江学校校长等职。1931年到江西中央苏区,历任中华苏维埃中央执行委员兼工农检察人民委员、

代理内务人民委员、临时最高法院主审等职。1935 年 2 月在福建长汀附近被国民党军队包围，于突围时壮烈牺牲。

〔11〕任弼时(1904—1950)，中国无产阶级革命家、政治家、组织家，中国共产党、中国人民解放军的主要领导人之一。湖南湘阴(今属汨罗)人。曾任共青团中央总书记、中共江苏省委常委、湖北省委书记兼武汉市委书记、湘赣省委书记兼军区政委、红军第二军团政委、第二方面军政委、八路军政治部主任、中央军委总政治部主任、中共中央秘书长、中央书记处书记等职。中共第五届中央委员，第六、七届中央政治局委员。1950 年 10 月病逝于北京。

〔12〕黎锦熙(1890—1978)，中国语言学家。湖南湘潭人。1911 年毕业于湖南优级师范学堂。早年参加同盟会。1946 年参与组织九三学社。曾任长沙报馆总编辑，湖南省立第一师范学校教员，北京女子师范大学、北京大学、燕京大学、北京师范大学等校教授。新中国成立后，任北京师范大学中文系主任、中国文字改革委员会委员、九三学社中央常务委员等职。中国科学院学部委员。第一至三届全国人大代表，第一、二、五届全国政协委员。他毕生从事语言学的研究和教学工作，倡导"国语统一"、汉语规范化，对汉语语法研究颇有贡献。

〔13〕周世钊(1897—1976)，中国教育家，著名民主人士。湖南宁乡人。1913 年考入湖南省立第四师范学校(后并入湖南省立第一师范学校)。毕业后任长沙修业小学国文教员。后长期致力于教育工作，任教于多所学校。长沙解放后，任湖南第一师范学校校长。新中国成立后，曾任湖南省教育厅副厅长、湖南省副省长、民盟湖南省委主委等职。第二、三届全国人大代表，第四届全国人大常委会委员，第二、三届湖南省政协副主席。

〔14〕徐特立(1877—1968)，中国无产阶级革命家、教育家。湖南长沙人。曾创办平民夜校、长沙师范学校、长沙女子师范学校等。1919 年赴法国勤工俭学。1924 年回国后，任长沙师范学校、湖南省立第一女子师范学校校长等职。1927 年参加南昌起义。1931 年任中华苏维埃共和国中央执行委员兼教育部代部长。参加长征到陕北后，曾任陕甘宁边区政府教育厅长、中共中央宣传部副部长、延安自然科学院院长等职。新中国成立后，曾任中央人民政府委员、中共中央宣传部副部长等职。中共第七、八届中央委员。

〔15〕见《孟子·告子下》。

〔16〕次旺俊美，1945 年出生于西藏拉萨。1970 年毕业于北京师范大学教育系。毕业后他自愿回家乡工作，曾任西藏师范学校、西藏师范学院教师和系主任，西藏大

学筹备组副组长，西藏大学校长，西藏民族学院院长，西藏社会科学院院长等职。他为西藏民族高等教育的建立和发展，为实现西藏的教育改革与全国体制上接轨、框架上一致做出了突出贡献。

〔17〕窦伯菊，1927年出生，北京人。1951年毕业于北京师范大学生物系。毕业后他志愿支援边疆，带领华北五省二市第一批大学毕业生赴内蒙古自治区从事建设工作。先后任教于内蒙古乌兰浩特市第一中学、内蒙古师范大学。曾任内蒙古师范大学教务处副处长、科研生产处处长、院党委常委、副院长、校党委副书记、校长等职，在教学科研和教育行政管理工作方面均做出了突出贡献。

〔18〕见《礼记·学记》。

〔19〕傅种孙(1898—1962)，中国数学家、教育家。江西高安人。毕业于北京高等师范学校(北京师范大学前身)数理部。曾任北京师范大学数学系主任、教务长、副校长等职。他在长期的执教生涯中，热心数学教学改革，积极投身初中、高中数学教科书的编写工作，培养了大批数学优秀人才。

〔20〕柳青(1916—1978)，中国作家。原名刘蕴华。陕西吴堡人。1938年到延安，先后参加过部队及基层群众工作。新中国成立后，曾任中国作协西安分会副主席等职。第五届全国政协委员，陕西省政协常委。他于1959年发表了反映中国农村社会变革的长篇小说《创业史》第一部，产生了较广泛的影响。

一定要把农村教育办得更好*

（2011年8月28日）

在新学期和第二十七个教师节即将来临之际，我提前向各位教师致以节日祝贺，向长期从事农村教育的广大老师表示崇高敬意。这里，我就农村教育发展问题讲几点意见。

一、深刻认识办好农村教育的重要意义

农村是社会的基础，改造社会必须从改造农村着手；而改造广大农村，必须从发展农村教育入手。任何一个国家要实现现代化，农村教育都具有基础性、全局性的重要作用。农村人口众多，农民受教育的程度决定着一个国家教育的整体水平。要提高一个国家的教育水平，必须先从农民抓起。如果不懂得这一点，就不懂得农民的教育学，也就不可能树立农民的教育观。无论是美国的“教育

---

* 这是温家宝同志在河北省张北县农村教师大会上的讲话。

平权运动”[1]，还是印度的“民众科学运动”[2]，以及南美、非洲、东南亚一些国家推行的“平民教育运动”[3]，都是为了在广大农村和社区普及文化、卫生、科学知识，保障社会底层民众平等接受教育的权利。20世纪70年代韩国开展“新村运动”[4]，首要任务也是教育农民，即加强农民的启蒙教育与文化技术教育。发达国家早已普及了义务教育，但仍然十分重视在农村进行扫盲和普及教育。美国至今还认为，乡村教育对美国未来的繁荣至关重要，要加大力度促进美国乡村教育发展。

中国人口有13亿多，超过半数生活在农村，一半以上的学龄儿童在农村。农村教育是农村的希望。农村教育发展了，农民素质提高了，就会形成巨大的人力资源优势；相反，如果农村教育跟不上，众多的人口就会成为发展的巨大压力。今天广大农村的亿万在校生，正是明天国家建设的主力军。如果不把农村教育办好，不努力提高农村人口的文化素质，要实现经济社会协调发展、城乡之间协调发展，改变“一条腿长、一条腿短”的问题，就是一句空话。从这个意义上说，农村教育直接关系全面建设小康社会和现代化目标的实现。

我国农村教育源远流长，历来就有“耕读传家”的传统。中华文明起源于农耕社会，中华文化的根脉在农村，教育是传承文化的主要途径。历史上许多私塾、书院曾盛极一时，但都不是在大城市，而是在山野乡村。那里不但是教育子弟、培养人才的学校，而且是一个地区的文化中心，甚至是学术中心，其薪火相传、生生不息，成为中国人的精神家园。人们常说：“自古寒门出俊才。”中国历史上的许多伟大人物都是出自农村的寒家子弟，靠勤学苦读奋斗成才。中国农村的每一个家庭都懂得，物质上的贫穷只是暂时的，只要孩子有文化、有知识，就能改变人生和命运，生活就会有奔头。

近代以来，我国许多有识之士都认识到农村教育对启迪民智必不可少。民主革命先行者孙中山先生说:“吾国虽自号文物之邦,男子教育,不及十分之六,女子教育,不及十分之三,其中有志无力者,颇不乏人。其故在何?国家教育不能普及也。”[5]著名教育家陶行知先生亲自创办了南京晓庄师范学校[6],他指出:“乡村教育是立国之大本”[7],“人民贫,非教育莫与富之;人民愚,非教育莫与智之”[8]。上世纪二三十年代,晏阳初[9]、陶行知、梁漱溟[10]等一批教育界人士在河北、江苏、四川等地发起乡村教育运动[11],倡导“教育救国”。晏阳初先生提出“除文盲,作新民”[12],在河北推出“定县模式”[13],在四川建立乡村建设学院[14]。这些教育先辈为我国农村教育事业躬身实践、终生投入、无私奉献的精神,值得我们学习。

新中国成立以来,党和政府大力发展各级各类教育事业,农村教育面貌焕然一新。新中国成立初期的全国扫盲运动,堪称世界教育史上的奇迹。1949年全国文盲数量占总人口的80%以上,农村文盲率更是高达95%。经过几次大规模扫盲,至1964年,先后有一亿多人摘掉了文盲的帽子。到本世纪初,国家实施西部地区“两基”攻坚计划,我国终于基本扫除青壮年文盲。自2003年以来,中央提出加强社会建设的战略方针,大大加快了科技、教育等社会事业发展步伐。国务院从政策、投入和制度建设上,着力促进农村教育改革和发展,实现了义务教育全部免费,义务教育经费保障机制日益完善,学龄儿童入学率达到99%以上,基本杜绝农村新生文盲。特别是《国家中长期教育改革和发展规划纲要(2010—2020年)》实施以来,各级政府把教育事业摆在更加优先发展的位置,包括农村教育在内的整个教育事业呈现出蓬勃发展的新局面。同时,我们也清醒地认识到,我国农村教育发展基础还比较薄弱,广大农村学前教育发展严重滞后,部分义务教育学校还未达标,学校之间、城乡之间、区域之间发展不均衡,高中阶段教育结构有待优化,质量有待提高,农村劳动年龄人口受教育程度总体还很低，青壮年文盲仍然存在，农村教育依然是我国教育的“短板”，农村教育改革和发展任重道远。

“求木之长，必固其根；欲流之远，必浚其源。”[15]我们必须认识到农村教育发展是关系国家经济发展和社会进步的重大问题；必须高度重视农村教育发展中面临的新情况、新问题，采取切实可行的措施认真加以解决；必须增强加快发展农村教育的责任感和使命感，抢抓机遇，克服困难，一定要把农村教育办得更好。

二、推进农村各类教育协调发展

我国农村教育发展的最大问题依然是总量问题，也就是教育资源供给不足，特别是优质教育资源不足，与城市形成很大反差。要在巩固已有成果的基础上，促进农村各级各类教育协调健康发展。

第一，深入推进农村义务教育发展。当前，我国农村义务教育已经站在新的历史起点上，初步解决了农村孩子“有学上”的问题，但也面临一些新情况、新问题，比较突出的是留守儿童和农民工随迁子女教育问题，以及学校撤并引起的少量孩子辍学问题等。这是我国工业化、城镇化进程加快和农村富余劳动力向外转移的阶段性产物，也是今后一个较长时期我们面对的突出问题，必须引起高度重视。

一是农村留守儿童教育问题。农村留守儿童数量超过 2 000 万人，他们的最大问题是亲情缺失。各地搞的“寄宿制”“代管家长制”“亲情沟通平台”等都是有效措施。但目前以政府为主导的关爱服务体系尚不健全，各地工作开展也不平衡；留守儿童对老人“逆向监护”、留守女童更需特殊关注等新问题不断产生。今后的工作重点，是要以政府为主导，加大对农村留守儿童的关爱和服务工作力度。农村寄宿制学校要配齐、配好生活和心理教师以及必要的管理人员，满足农村留守儿童的需要。鼓励开展“代理家长”“爱心妈妈”“托管中心”等关爱活动。加强留守儿童心理健康教育，丰富农村留守儿童的课外、校外生活。总之，要努力为留守儿童的健康成长创造良好环境。

二是农民工随迁子女教育问题。为了解决农民工随迁子女就学难的问题，国家出台了一系列政策，明确提出了以输入地政府管理为主、以全日制公办中小学为主，即“两为主”的政策，并要求在收费、受资助等方面与当地学生一视同仁，保障他们平等接受义务教育的权利。近两年，中央财政每年投入50亿元左右专项经费，用于补充接受农民工随迁子女的学校公用经费和改善办学条件等。但应该看到，保障农民工随迁子女“上好学”的任务依然十分艰巨，社会各界对此高度关注。下一步工作重点，是对农民工随迁子女义务教育做到“两为主”加“全覆盖”。要逐步健全农民工随迁子女义务教育公共财政保障机制，由输入地政府负责。规范、扶持以接收农民工随迁子女为主的民办学校，有的要支持，有的要整改，有的要停办。抓紧研究制订农民工随迁子女接受义务教育后在输入地参加升学考试的办法。加强对农民工随迁子女心理、文化、习俗等方面的引导和教育，使他们更好地融入输入地的学习和生活中。

三是办好寄宿制学校和村教学点。我们抓寄宿制学校已经有些年头，从实践看效果很好，有利于集中使用教育资源，也有利于保证教学质量。这项工作既要常抓不懈，又要因地制宜。总的看，投入要逐步加大，规模要适当扩大，水平要尽快提高。关于村教学点的问题，也要有正确的认识，我们的目标是要让每一个孩子都有学上。如果因为学校撤并、上学路途遥远而使孩子们辍学，那与我们的政策方针是背道而驰的。世界各国都有一些规模很小的学校，有的甚至只有几个学生。如果广大农村群众和农村孩子确有需求，有的村教学点还是要坚持办，而且要办好。这件事在山区、边远地区和牧区尤为重要。

第二，继续大力发展农村普通高中教育和中等职业教育。当前，我国农村普通高中教育与城市相比差距明显，面临着许多困难和问题：不少农村高中办学条件不足，教学资源比较匮乏，大班额、超大班额现象还比较普遍，实验设备、图书资料、信息化设施等明显赶不上城市；办学经费紧张，“吃饭靠财政、运转靠收费、建设靠举债”的现象还普遍存在，尚未建立起完善的经费投入机制；办学模式趋同，应试教育倾向比较严重，“千校一面”和片面追求升学率的问题突出，学生的负担和学习压力大。必须大力加强农村普通高中教育。一要支持农村地区，特别是“普九”较晚的中西部农村地区、民族地区进一步扩大普通高中办学规模，提高普及水平，满足初中毕业生接受高中教育的需求。同时，全面改善农村普通高中学校办学条件，使其全面达到国家规定的基本办学条件标准，缩小与城市学校的差距。二要完善以财政投入为主、其他渠道筹措经费为辅的投入机制，制定普通高中学校生均经费基本标准和生均财政拨款基本标准，逐步提高财政预算拨款占农村普通高中教育经费的比例。要将普通高中学校债务纳入地方政府性债务范围，统筹研究解决。三要推动农村普通高中教育多样化、特色化发展，改变以往过于注重升学的倾向，提高课程的多样性和选择性，满足不同潜质学生的发展需要。

职业教育是面向人人、面向就业的教育。学一门技能、增加就业能力对许多农村孩子来说，既是迫切要求，也是现实选择。因此，大力发展农村职业教育就显得尤为重要。当前，农村职业教育办学条件薄弱、资源不足，农村职业教育和涉农专业教师数量严重短缺，国家中等职业学校资助和免学费政策有待完善，许多民族地区学生和家庭困难学生接受中等职业教育仍有困难。这方面要做好五件事：一是尽快将中等职业教育免学费范围扩大到所有农村学生，鼓励和引导更多的初中毕业生接受中等及以上职业教育。二是建设好一批农村职业学校和涉农专业。国家将利用国债资金，支持各地根据需要改扩建符合标准的农村职业学校。三是健全现代职业教育体系，使职业教育办学规模、专业设置、课程体系、评价考核与经济社会发展相适应。四是大力推广"工学结合""校企合作"办学模式，加大政策扶持力度，吸引更多的毕业生投身现代农业和新农村建设。五是加大农村职业教育和涉农专业新教师培养力度，采取多种有效措施，吸引和保证更多的优秀毕业生到农村职业学校和涉农专业任教。

第三，加快发展农村学前教育。学龄前阶段是人生最重要的启蒙时期。国际经验表明：公平的学前教育机会意味着人生起点的公平，有利于消除贫困、减少社会差距、促进社会公平。因此，大力发展学前教育特别是农村学前教育，为每个儿童提供良好的人生开端，是关乎教育公平、社会稳定和民生改善的重大工程，也是影响未来国民素质和综合国力的重大问题。但目前我国农村学前教育资源严重短缺，财政投入不足，办园条件较差，师资队伍不健全，农村地区"入园难"比城市更加突出。农村学前教育是我国整个教育发展的最薄弱环节。不久前，国务院下发了《关于当前发展学前教育的若干意见》[16]，明确了支持学前教育发展的相关政策，启动实施农村学前教育推进工程。国家将设立学前教育发展专项资金，"十二五"期间中央财政将大规模增加资金投入，并带动地方加大投入，大力发展农村学前教育。关键要坚持公益性和普惠性原则，财政增加投入、家庭合理分担，加快构建一个广覆盖、保基本、有质量的农村学前教育公共服务体系，建设一支符合农村学前教育事业发展需要的幼儿教师队伍，使广大农村儿童，特别是留守儿童有机会接受良好的学前教育，健康快乐地成长。

三、着力提高农村教育质量

提高教育质量是各级各类教育普遍面临的重大课题，也是个难题。农村教育的质量不仅直接决定着我国基础教育的整体质量，也是实现全民教育公平的重要方面。当前，农村教育事业改革与发展总体滞后，教育质量整体不高。主要表现在：教育观念相对落后，以素质教育为目标的课程改革推进困难；教育资源配置总体上短缺，难以支撑课程教学改革的需求，国家规定的课程难以全面落实；教学改革滞后，教师的教学观念和教学方式比较陈旧，应试教育倾向很严重。这些都影响了学生全面发展和综合素质的提升，影响了学生的创新精神和实践能力的培养。因此，农村教育质量的提高尤为迫切。

提高农村教育质量，既要靠改善办学条件，又要靠推进教育教学改革。相比而言，教育教学改革任务更加艰巨。我们现有人才培养模式、办学模式和学校制度等由来已久，有其复杂的主客观原因，改变起来绝非易事，也没有现成的路子可走。但要想提高教育质量，不改革肯定是不行的。我提出三个问题与大家探讨：一是大力推进学校课程教学改革。这方面，无论是在城市学校还是农村学校，都大有文章可做。怎么改？要树立“全面发展”“人人成才”和“多样化人才”的教育理念，坚持育人为本的根本要求，坚持德育为先、能力为重、全面发展的基本方向，做到因材施教、有教无类，尊重并鼓励学生的个性发展和特长培养，也就是要搞“素质教育”而不是“应试教育”，要搞“全民教育”而不是“精英教育”。在激烈的升学竞争的背景下，当务之急是要在全社会树立多样化人才观。社会需要各种各样的人才，人人都应成为有用之才。要创新教学方法，注重启发式教育，把学、思、知、行结合起来，引导学生学会做人、学会学习、学会做事。二是改革教育评价制度和考试制度。教育评价制度和考试制度的影响力无处不在，它像“指挥棒”一样引导着教育的发展方向。要想有效推进素质教育，必须建立一套与素质教育相适应的教育评价制度和考试制度。三是倡导教育家办学。中小学校的校长，是办学的“领头羊”。过去像张伯苓等都是教育家当中小学校长。现在，一些人把“校长”当作“官”来当，讲究级别待遇，这种倾向必须改变。只有把中小学校长们都培养成为真正的教育家，我们的教育事业才大有希望。

四、加大农村教育投入

投入问题是制约当前农村教育发展的关键问题。今后一个时期，国家要继续加大社会事业投入，重点向农村社会事业倾斜，而农村教育更是重中之重。在农村教育投入方面，需要处理好三个问题：一是较大幅度增加投入总量。要按照《国家中长期教育改革和发展规划纲要（2010—2020年）》提出的要求，到2012年实现国家财政性教育经费支出占国内生产总值比例达到4%的目标，保证有更多的资金支持教育发展。同时，要优化投入结构，重点向农村教育、职业教育、学前教育、特殊教育等薄弱环节倾斜。要逐步缩小城乡办学条件差距，逐步缩小城乡之间义务教育学生人均经费的差距，逐步缩小城乡教师收入待遇的差距。要继续完善国家助学制度。对于家庭困难的孩子，要通过多种途径进行帮扶，不让一名儿童因贫困而失学。国家将安排资金，在中西部贫困地区为农村中小学生提供营养补助，让孩子们吃饱吃好。有条件的地方，要把校车制度建立起来，配备最好的车辆和最好的司机，实施最好的管理，为孩子们建起安全的“绿色通道”。二是完善投入体制，优化资源配置，提高投入绩效。办教育尤其是办农村教育，既要舍得花钱，又要想办法把钱花好。不把投入机制问题解决好，再多的钱也是不够的。近些年来，我们搞了不少教育方面的工程，效果是明显的，但也出现了一些重复建设、资源浪费的问题。有的地方漂亮的中小学新校舍刚建成，但生源却没有了或不够了。完善教育投入体制，大的方向是中央政府要逐步减少各类专项性教育转移支付，增加一般性教育转移支付，给地方政府特别是基层政府支配教育经费更大的自主权。当然，教育投入仍然放在教育的大盘子里，而不能挪作他用。对现有的一些专项资金要加以整合，统筹使用，提高资金利用效率。三是加强城乡统筹。要充分考虑城市化快速发展和农民工子女进城就读等新形势、新变化，优化教育资源配置和学校布局，提高资源利用效率。学校的布局和班级规模要根据各地经济发展、城镇化进程和地域分布等因素，因地制宜，实事求是，合理设置，不搞“一刀切”。既不能出现农村孩子每天跑十几里地上学的情况，也要防止县城、中心镇学校“生满为患”，出现上百人的“大班”。总之，城乡之间的教育资源要整合，学校布局要调整，逐步缩小城乡学校在资源配置上的差异，促进城乡教育资源合理流动。尤其是在义务教育阶段，要积极推进城乡一体化和均衡发展。

五、创新农村教育管理体制

农村教育要有大的发展，首先要解决体制性、机制性的深层次问题。要以转变政府职能和简政放权为重点，深化教育管理体制改革，提高公共教育服务水平。一是进一步完善农村义务教育“以县为主”的管理体制。应该看到，农村义务教育从过去的“分级办学、分级管理”转向“在国务院领导下，由地方政府负责、分级管理、以县为主”的管理体制，这是一个重大进步。但由于各地经济发展不平衡，一些地方县财政比较困难，预算内教育经费不能及时拨付到位，造成农村学校正常运转困难。对于完善教育管理体制，《国家中长期教育改革和发展规划纲要（2010—2020年）》指出了一个重要方向，就是加强省级政府教育统筹。对于义务教育达不到省级统一标准的财政困难县，省级财政要负责资金补助和统筹平衡。中央财政对中西部欠发达地区给予适当支持。有条件的地方，可以先行一步，加快探索建立“以省为主”的农村义务教育管理新体制。二是切实增加学校办学活力。要逐步改变教育行政部门管理学校的单一方式，综合运用立法、政策指导、规划、拨款、信息服务等措施，减少不必要的直接干预。三是改进教育编制管理。教育编制管理是保证教育质量、合理配置教师资源的基本管理制度。现在，一些地方农村小学反映教师缺乏，一些文体类、科学类、信息技术类课程往往因为没有教师而开不了，这些问题其实就是编制管理问题。长期以来，教育编制是按照“生师比”来确定的，在当前一些地方农村生源下降较快、成班率较低的背景下，编制管理也要解放思想、实事求是、改革创新，按照“总量控制、统筹城乡、结构调整、有增有减”的原则，探索更加科学合理的编制管理办法，可以将“生师比”与“班师比"结合起来统筹安排。总之，编制管理要保证农村学校正常的教学活动，不能因缺教师而使教学内容出现偷工减料的情况。四是支持农村民办教育发展。这不仅可以增加农村教育资源供给，减轻政府压力，也有利于引入竞争机制，促进办学质量提高。目前，我国农村民办教育发展尤为滞后，存在一些体制性障碍。从世界各国实践来看，办教育不可能是政府大包大揽。像在农村学前教育、高中教育、中等职业教育等领域，民办教育其实是大有可为的，甚至有自身优势。各级政府要为城乡民办教育发展创造一个良好的宽松环境，贯彻执行国家有关法律法规，使民办教育在设立、招生、证书发放、财政补助、办学自主权等方面的权益得到保障，使民办学校与公办学校在法律和政策面前一视同仁，形成公办、民办教育共同发展的新局面。民办教育也应该是教育家办学，真正致力于教育事业，不能以营利为目的。

六、造就高素质的农村教师队伍

教师是教育之本。有好的教师，才会有好的教育。我国有900多万农村教师，他们长期以来工作在艰苦清贫的环境中，恪尽职守，不计名利，默默耕耘，为我国农村教育事业发展做出了不可磨灭的贡献。在一些较为偏僻的乡村，教师不仅是教育事业的支柱，还承担着传播先进文化和科学技术、提高农民劳动技能和创业能力的重要任务。正如陶行知先生所说，学校既是乡村的中心，教师便是学校和乡村的灵魂，〔17〕小而言之，全村之兴衰，大而言之，全民族的命运都掌握在小学教员的手里。〔18〕

党中央、国务院始终高度关注农村教师的成长。近年来，我们以推进教育公平为重点，在加强农村教师队伍建设方面办了几件大事：一是在6所教育部直属师范大学推出了师范生免费教育政策，4年累计招收免费师范生4.6万人，首届1万余名毕业生全部落实到中小学任教，90%以上到中西部中小学任教。二是启动实施了“中小学教师国家级培训计划”[19]，2010年中央财政安排专项资金5.5亿元，培训中小学教师115万人，其中农村教师占95.6%。三是实施鼓励高校毕业生到农村任教的“特岗计划”，2006年以来招聘近30万名特岗教师，赴中西部22个省区3万多所农村学校任教，服务期满特岗教师的留任比例连续两年达到87%。四是在义务教育学校率先实施绩效工资制度。据调查，绩效工资实施后，农村教师工资增长34%，明显高于城镇教师工资增速。五是实施边远艰苦地区农村学校教师周转宿舍建设。自2010年以来，中央投入20亿元，建设周转宿舍4万套。通过实施这些重大举措，农村教师队伍状况有了较大改善。

我们也要看到，农村教师队伍建设依然是影响农村教育发展的突出问题，教师的整体素质仍然有待提高，教师的收入和待遇还有待改善，教师管理机制还有待完善。为此，需要进一步研究和完善相关政策措施：一要完善师范生免费教育，进一步明确政策导向，重点为农村学校培养大批骨干教师，支持到农村学校任教免费师范毕业生的专业成长和长远发展。二要加大农村中小学教师培训力度，“国培计划”经费主要用于农村教师培训，特别要加强音乐、体育、美术等紧缺薄弱学科教师的培训。三要健全农村教师正常补充机制，在完善“特岗计划”的同时，采取多种措施，为农村学校补充大批高校毕业生。四要建立教师定期轮岗交流制度，推动县域内义务教育学校教师、校长定期轮岗交流。五要鼓励各地建立健全城镇教师支援农村教育制度，并将其作为职称、职务晋升的重要依据，抓好师范生到农村学校实习支教和农村教师置换脱产培训。六要完善教师准入退出制度，严格按照编制正常补充合格的新教师，在试点基础上逐步推进教师资格考试改革和定期注册制度，健全农村教师正常退出机制，解决既超编又缺人的突出矛盾。七要完善激励机制。国务院很快将做出部署，在全国部分地区开展中小学教师职称改革试点，将中小学教师的最高职称从副高级和中级提高到正高级。这是对广大中小学教师价值的承认，是鼓励更多高学历、高素质人才从事中小学教育的重要举措。

建设一支高素质的农村教师队伍，关键在各级党委和政府。各级政府务必把农村教师队伍建设当作一件紧迫的大事来抓，千方百计改善农村教师的工作、学习和生活条件，让广大农村教师留得住、有发展、受尊重。必须依法保障教师平均工资水平不低于国家公务员的平均工资水平，并逐步提高。要关心农村教师身心健康，落实和完善农村教师的医疗、养老等社会保障制度，加快农村教师周转宿舍建设，有条件的地方可以开发专门面向农村中小学教师的经济适用房。对长期在农村基层和艰苦边远地区工作的教师，要在工资、职称等方面实行必要的倾斜，完善津贴补贴标准。要大力宣传教育战线的先进事迹，让尊师重教蔚然成风。

农村教育事业发展，归根结底还要依靠广大农村教师的工作热情和奉献精神。乡村教师的工作岗位既平凡又崇高，献身这种事业的人是具有高尚道德情操的人，是有益于社会的人。我希望各位老师一定要珍惜这个太阳底下最光辉的职业。这里我想给大家提几点希望：

第一，要无私奉献。农村教育事业是为农民群众谋利益的善举，不仅神圣而光荣，而且是大有可为的。人民教师应该把塑造人的灵魂、献身教育事业作为自己的终身信仰，作为终生奋斗的事业，干一辈子而不是干一阵子。每一位农村教师都应发扬“捧着一颗心来，不带半根草去”的精神，把自己看成是一盏明灯，心甘情愿将知识的种子播撒在不为人知的角落里，在平凡的岗位上成就一番不平凡的事业。

第二，要满怀爱心。教育是爱的共鸣，是心与心的呼应。“爱为师之魂”，教师只有热爱学生，才能教育好学生。在教育这片沃野上，是老师的爱点燃了前行的灯盏，照亮了学生的心灵。当好一名农村教师，首先要热爱农村、热爱农民、热爱农村教育事业、热爱农村孩子。要“以爱育爱”，从小培养孩子有一颗纯洁、正直、善良的心，这比灌输具体的知识更重要。每一位教师都应把学生当朋友、当亲人，一切为了学生，关注每一个学生的成长，把博大无私的爱与宽容献给学生。农村教师要特别注意关心、爱护、帮助家庭有困难、学习有困难、身体有疾病的学生，不放弃每一个学生，不让农村的孩子输在人生的起跑线上。

第三，要提高素质。“师者，人之模范也。”〔20〕教师的一言一行，都是学生学习的模范。教师的素质直接决定了教育的最终效果。特别是在农村地区，孩子们的教育资源相对有限，知识和信息来源不如城里那么丰富多样，教师更是“孩子心中最完美的偶像”，对年轻心灵的影响是任何教科书、任何道德箴言、任何奖励和处罚制度都不能替代的。这就要求各位农村教师坚持终身学习，不断更新自己的知识，从书本中、群众中、生活中吸收一切优良的东西，贡献给祖国的花朵。不仅要注重言教，还要注重身教，做到德艺双馨，为人师表，“既美其道，又慎其行”〔21〕，以自己的模范品行来教育影响学生的品行，熏陶净化学生的心灵，赢得全社会的尊重。

第四，要教书育人。教师任何时候都不能忘记，自己是人类灵魂的工程师。教师既要教会学生求知，又要教会学生做人。对于农村孩子而言，考上大学、跳出农门往往是自己的梦想和全家的期望，但不应该是教育的唯一目的。教育的目的是要培养德、智、体、美全面发展的人、对社会有用的人。农村教育中尤其应该鼓励学生贴近自然、贴近群众、贴近生活，激励学生热爱家乡、热爱农民、热爱亲人，有志于承担起建设社会主义新农村的重任。

办好农村教育事业是一项民生工程和民心工程，是农村的希望之路和光明之路。我们一定要肩负起这项重大而光荣的历史责任，通过坚持不懈的努力，让农村所有孩子都能够有学上、上好学，都能接受现代文明的洗礼，为中华民族伟大复兴做出新的贡献！

注　释

〔1〕1964 年，美国国会通过《公民权利法》，并在此基础上制定一系列被统称为“肯定性行动”的法律，规定少数族裔和弱势群体在招工、入学、企业竞争中将受到“优先照顾”。此后，美国政府、社会精英共同发起一场使强势群体为弱者做出牺牲，以实现平等的梦想，并为未来的美国社会注入持续不衰的活力的教育运动，即“教育平权运动”。

〔2〕“民众科学运动”，即喀拉拉邦民众科学运动，是印度喀拉拉邦于 1962 年启动的草根科学运动。其宗旨是：所有人都是发展的主体，所有人都有尊严、有价值，没有人应该被边缘化与被排斥。1989—1991 年，该运动的推行使喀拉拉邦成为印度的“全民识字邦”。1996 年，该运动因为“促进了以人为本的社会发展”而获得“优秀民生奖”。

〔3〕“平民教育运动”最初由我国教育家晏阳初开创，以“除文盲，作新民”为宗旨，以“民惟邦本，本固邦宁”为核心，以文艺、生计、卫生、公民四大教育为手段，以提高大多数农民的智识力、生产力、强健力和团结力，造就一代“新民”为奋斗目标。1950 年晏阳初出任国际平民教育委员会主席后，将该运动推广到南美、非洲及东南亚一些国家，并在菲律宾马尼拉建立了国际乡村改造实验的中心机构——国际乡村

改造学院(IIRR),推行田间实验与社区教育,使该运动发扬光大。

〔4〕1970 年 4 月,韩国总统朴正熙提出了"建设新村运动"的构想。20 世纪 70 年代末,韩国各地以行政村为单位自发组成了开发委员会指导"新村运动",领导农民自发整治村庄环境、兴办文化事业等。80 年代,"新村运动"逐渐完成了从民间主导加政府支持到完全由民间主导的过渡。在这期间,韩国为"新村运动"立法,并成立了全国性的领导机构"新村运动本部"。至今,"新村运动"的形式和内容不断完善、丰富,已成为一种广泛的社会互助运动,其基本精神是勤勉、自助、协作,目标是弘扬民族的传统美德,弥补政府工作的疏漏和社会发展的盲区,疏解民众的不良情绪,以促进社会和谐。

〔5〕见孙中山《在杭州五十一团体欢迎会的演说》,《孙中山全集》第 2 卷,中华书局 1982 年版,第 552 页。

〔6〕南京晓庄师范学校,即晓庄试验乡村师范,1927 年 3 月由陶行知创办。同年 10 月,蔡元培任学校董事长并亲书"教学做合一"校训,赵叔愚任第一院(小学师范院)院长,陈鹤琴任学校指导员及第二院(幼稚师范院)院长。1928 年 8 月,该校改名为晓庄学校。1930 年 4 月,学校遭国民党政府封闭。1951 年 2 月该校复建,翌年改名为南京晓庄师范学校。

〔7〕见陶行知《对于乡村教育及本校赞助人之总致谢》,《陶行知全集》第 2 卷,四川教育出版社 1991 年版,第 448 页。

〔8〕见陶行知《共和精义》,《陶行知教育论著选》,人民教育出版社 2011 年版,第 5 页。

〔9〕晏阳初(1890—1990),中国教育家。四川巴中人。1920 年获美国普林斯顿大学历史学硕士学位。1923 年任中华平民教育促进会总干事。主张教育救国而倡导平民教育运动,将平民教育运动重点转向农村。1926 年在定县(今河北定州)开展平民教育与乡村改造的实验。1940 年在重庆创立乡村建设育才院,任院长。1947 年任中国农村复兴委员会委员。1950 年起任国际平民教育委员会主席,在菲律宾、印度、哥伦比亚、危地马拉等国继续推行乡村改造运动。他被誉为"世界平民教育运动之父"。

〔10〕梁漱溟(1893—1988),中国哲学家、教育家。广西桂林人。早年加入同盟会。1917 年任北京大学印度哲学讲席,1924 年辞离北大后,任河南村治学院教务长。1931 年在邹平创办山东乡村建设研究院,任研究部主任、院长,倡导乡村建设运动。抗日战争中,他参与发起组织统一建国同志会(后改组为中国民主政团同盟,简称民

盟),任中央常务委员及其机关报《光明报》社长。1946 年任民盟中央秘书长。新中国成立后,曾任中华孔子学会顾问、中国文化书院院务委员会主席等职。第一至四届全国政协委员,第五、六届全国政协常务委员。

〔11〕乡村教育运动是 20 世纪二三十年代中国知识分子在农村进行的教育运动的一种,旨在从教育农民入手,改进乡村生活,推进乡村建设。

〔12〕见晏阳初《平民教育的宗旨目的和最后的使命》,《晏阳初教育论著选》,人民教育出版社 1993 年版,第 30 页。

〔13〕自 1929 年起,晏阳初带领中华平民教育促进会的志愿者,在河北定县开展各项平民教育活动及乡村建设实验,在当时产生了较大社会影响,被许多地区仿效学习,其经验也被称为“定县模式”。该模式以学校、社会、家庭三位一体连环进行和整体推行为特征,采取最经济、最快捷、有计划、有组织、能持续、能自动推进的教育方法,以普及大众教育,达到扫除文盲的目的。

〔14〕乡村建设学院,即乡村建设育才院,1940 年由中华平民教育促进会创办,地点在重庆北碚,院长为晏阳初。该校以培养乡村建设人才为教育教学目标。1945 年 8 月扩充为独立学院,称“中国乡村建设学院”,设乡村教育学、社会学、农学、农田水利等系,修业年限四年。该校于新中国成立后停办。

〔15〕语出唐代魏徵《谏太宗十思疏》。原文为:“求木之长者,必固其根本;欲流之远者,必浚其泉源。”

〔16〕《国务院关于当前发展学前教育的若干意见》,发布于 2010 年 11 月 21 日,提出了加快推进学前教育发展的十条政策措施:(1)把发展学前教育摆在更加重要的位置;(2)多种形式扩大学前教育资源;(3)多种途径加强幼儿教师队伍建设;(4)多种渠道加大学前教育投入;(5)加强幼儿园准入管理;(6)强化幼儿园安全监管;(7)规范幼儿园收费管理;(8)坚持科学保教,促进幼儿身心健康发展;(9)完善工作机制,加强组织领导;(10)统筹规划,实施学前教育三年行动计划。

〔17〕见陶行知《中国乡村教育运动之一斑》,《陶行知教育论著选》,人民教育出版社 2011 年版,第 207 页。

〔18〕语出陶行知《介绍一件大事》,《陶行知教育论著选》,人民教育出版社 2011 年版,第 248 页。原文为:“所以小而言之,一个小学生之好坏,关系全村之兴衰。国家设立小学,是要造就国民以谋全民幸福。因此,全民族的民运都操在小学教员手里。”

〔19〕中小学教师国家级培训计划,简称“国培计划”,是教育部于 2008 年开始组

织实施的一项旨在“加强教师队伍建设，重点提高农村教师素质”的培训计划，内容包括支持西部边远地区骨干教师培训专项计划、普通高中课改实验省教师远程培训计划、中西部农村义务教育学校教师远程培训计划、中小学班主任专项培训计划、中小学体育教师培训计划等五项计划。2011 年 9 月 5 日，教育部、财政部又联合发布《关于实施幼儿教师国家级培训计划的通知》，将“国培计划”的对象范围扩大至幼儿教师。

〔20〕见西汉扬雄《法言·学行》。

〔21〕语出西汉董仲舒《春秋繁露·玉杯》。原文为：“是故善为师者，既美其道，有慎其行。”“有”通“又”。

努力成为一个对国家和人民有用的人*

（2011 年 10 月 25 日）

同学们，老师们：

屈指算来，我阔别南开中学已 51 年了，正式回母校看望师生，这还是第一次。我愿借此机会同大家谈谈心。

我于 1942 年农历八月出生在天津北郊宜兴埠一个书香门第。我爷爷在村子里办学校，曾祖父是农民。再往前，我家都是农民。我们家是从什么地方来到天津的，至今也没有人能说清楚。据说是从山西来投奔这里的温氏家族的。因为家里穷、没有地位，温氏家谱始终没有把我们家列入其中。

爷爷办的乡村小学，是冲破地主豪绅的阻力，第一个招收女生的学校。我记得，他常年为两件事奔波：一件是招聘教师，一件是为学校筹款。就是这样一所小学，很多教师都是大学毕业生，有的解放后当了教授。外婆家也在本村，外公去世很早，外婆靠开一个小药店谋生，家里还种着几亩地。每年秋天收玉米时，我坐在板车上的玉米堆里从地里回家的情景至今历历在目。

---

* 这是温家宝同志在天津市南开中学看望师生时的讲话。

我出生的年月正是日本侵略者在华北大"扫荡"和实行"三光政策"[1]的时期。妈妈对我讲的一件事，我至今记忆犹新：日本侵略者将全村人集合在村西南的空地上，四周架起机关枪，用刺刀杀死无辜的平民。当时，妈妈把我紧紧搂在怀里。这件事深深刻在我的脑海里。

天津解放前夕，国民党军队为"坚壁清野"[2]，放火烧了宜兴埠。我的家连同爷爷办的学校、外婆家和她的小药店，全部化为灰烬。我们家逃难到天津城里，住在救济院。外婆在逃难中生了病，没过多久就去世了。她是最疼爱我的人。孩提时代，她抱着我，我常常揪她的头发，她一点儿也不生气。天津解放的那一晚，是一个不眠之夜。解放军包围了驻扎在救济院里的国民党军队，当晚进行了激战，手榴弹扔进了院子里，家里人都害怕得躲在床铺下，我却一点儿也没有害怕。第二天，天津解放了。

我的童年是在战争和苦难中度过的，穷困、动荡、饥荒的往事在我幼小的心灵里留下了难以磨灭的印象。我深知，这不是我们一个家庭的苦难，也不是我出生的那个年代的苦难，中华民族的历史就是一部苦难史。我逐渐认识到一个道理：中华民族灾难深重极了，唯有科学、求实、民主、奋斗，才能拯救中国。"如将不尽，与古为新"[3]，"周虽旧邦，其命维新"[4]。只有推翻封建专制和官僚买办[5]的统治，人民才能得到解放；只有不断革新，中国才能进步。

在我上小学、中学期间，家境十分贫寒。父母和我们三兄妹一直租住在一间不到 9 平方米的小屋子里，每月的房租相当于一袋面粉钱，那时父亲月工资最低时只有 37 元。我患过一次白喉[6]，父亲把仅有的一块手表卖掉，买药给我打针。此后，他多年没有戴过手表。因为经常目睹普通百姓生活的艰辛，我从小就富有同情心，这尤其表现为对普通百姓特别是穷人的同情，对不公道事情的憎恶。

一种朴素的平等观念在我的心中萌生：人人生而平等，社会的每一个成员都应平等相处。

我的中学是在南开上的。从 12 岁到 18 岁是一个人成长的关键时期。因此，南开六年的学习生活，对我人生观的形成有着重要影响，也给我留下了终生难忘的印象。南开中学是一所历史悠久的学校，她的建立、成长和发展始终同国家的兴衰和民族的命运联系在一起。无论是战争年代，还是建设时期，她都为国家输送了大批人才，这就是南开的道路。南开中学具有光荣的革命传统。在我戴红领巾的时候，我就从校长、老师那里了解到敬爱的周总理早年在南开的革命活动和学习生活，知道马骏〔7〕等许多革命先烈的事迹，为母校曾经培育这么多的革命家和各类杰出人才而感到自豪。我在这所学校里学习，首先懂得的就是一个人必须有远大的理想，有崇高的志向，从小就应该立志把自己的一生献给祖国和人民。我努力学习知识，坚持锻炼身体，刻苦自励，从学习和生活的点点滴滴入手，努力把自己造就成为一个对国家和人民有用的人。南开的校训是“允公允能，日新月异”〔8〕。这八个字就是南开的灵魂，它提倡的是为公、进步、创新和改革。我上中学时就愿意独立思考，渴望发现问题，探索真知，追求真理。我记得，那时除了学习课本知识以外，我还广泛阅读国内外政治、经济、文化书籍。南开永葆青春，这就是南开精神。在求学期间，我和同学们总是朝气蓬勃，不怕困难，勇往直前。除了学习以外，我还喜欢参加各种课外活动。我不仅爱读书，还是体育爱好者。南开永远年轻，她的学生也都充满活力。我们要坚持走南开的道路，崇尚南开的风格，发扬南开的精神。

上高中和大学以后，我家里人在接连不断的政治运动中受到冲击。爷爷在 1960 年因脑溢血去世，是我把他背进医院的。现在他教过书的学校还留着他的档案，里面装了一篇篇的“检查”，小楷字写得工工整整，字里行间流露出对人民教育事业的忠诚。父亲也在1960年因被审查所谓的“历史问题”，不能教书，被送到郊外一个农场养猪，后来到图书馆工作。我考上大学向他告别，就是在离城很远的养猪场。父亲告假回家帮我收拾行李。他是个老实人，一辈子勤勤恳恳。今年他过世了，可谓“生的安分，走的安详”。尽管家里出现这样一些情况，我仍然追求进步。我是个善于思考的人，我总是把书本里学到的东西同现实加以比较，立志为改造社会而献身。

因为父亲喜欢自然地理，我从小就对地球科学产生了兴趣。在北京地质学院〔9〕，我在地质系就读5年。大学期间，我加入了中国共产党。后来又考取了研究生，专攻大地构造。回忆在北京地质学院近8年的学习和生活，我曾概括为三句话：母校给了我地质学知识，母校给了我克服困难的勇气，母校给了我接触群众的机会。那段时期同样是难忘的。

参加工作以后，我有14年时间是在海拔4 000到5 000米的极其艰苦的祁连山区和北山沙漠戈壁地区工作。这期间，我一边工作一边接触基层群众，更深深懂得了民生的疾苦和稼穑的艰难。我来自人民，我也有苦难的童年，我同情每一个穷人，愿为他们的幸福献出自己的一切。到中央工作后，从20世纪80年代中期开始，我用整整10年时间，深入农村、厂矿、科研院所调研。在农村，我白天坐在农民家的炕头上了解情况，晚上开座谈会。我住过乡里，住过粮库，经常在一个县一待就是一个星期。我几乎走遍了中国科学院的研究所，同科学家交朋友、谈心。我认为，一个领导者最重要的是要懂得民情、民心、民意，而民心向背决定政权的存亡。衡量政策好坏的标准只有一条，就是群众高兴不高兴、满意不满意、答应不答应。我之所以经常讲穷人的经济学、穷人的政治学和穷人的教育学，就是想让人们懂得，在中国乃至世界上，穷人占多数。一个政府、一个社会应该更多地关爱穷人，穷人应该拥有平等的权利。在中国，不懂得穷人，不懂得农民和城市贫困阶层，也就不会懂得穷人的经济学，更不可能树立穷人的教育观。公平的核心是在生存、竞争和发展的机会上人人平等，而不是基于财富或其他特权的平等。一个政府如果忽视民众和民生，就是忽视了根本。而公平和正义是社会的顶梁柱，失去了它们，社会这个大厦就会倒塌。“国之命，在人心”〔10〕，说的就是人心向背决定社会的发展和政权的存亡。政府是穷人最后的希望，民众的贫穷是政府最痛心的事。只有把这些道理真正弄懂，才算真正理解“以人为本”的含义。

新中国成立60多年来，特别是改革开放30多年来，我国经济社会发展取得了很大的成就，这是有目共睹的，必须充分肯定。但也要看到，我国经济社会发展还存在不平衡、不协调、不可持续的问题，城乡差距、地区差距依然存在；一些地方还存在干部脱离群众，形式主义、官僚主义严重，甚至以权谋私和贪污腐败的现象；收入分配不合理，有的地方社会矛盾比较突出，群体性事件时有发生。在这种情况下，我们必须做好经济发展、社会公正、民主法治和干部廉洁这几件大事。这都是人心所向，无论哪个方面出了问题，都会影响到社会稳定和国家安宁。而要做到这一切，必须在党的领导下，推进改革开放，坚持走中国特色社会主义道路。

我担任总理已近9年了。这段时期，我们国家遇到许多灾害和困难。从2003年的“非典”到2008年的汶川大地震，再到2010年舟曲特大山洪泥石流灾害〔11〕，各种自然灾害和突发事件几乎没有中断过。百年不遇的国际金融危机已持续4年之久，给中国经济发展带来了极大的冲击。在这种情况下，我们的人民没有畏惧，没有退缩，总是满怀信心、坚持不懈地努力把自己的事情办好。我十分清楚，实现现代化目标，任务还十分艰巨，需要许多代人的长期艰苦奋斗。这一历史任务必将落在你们青年人肩上。未来是属于青年的。青年兴则国家兴,青年强则国家强。但愿青年朋友们以青春之人生,创造青春之中国、青春之社会,实现中华民族的伟大复兴。

讲到这里,我又想起了南开。中国需要像南开这样的学校,需要教育,更需要有理想、有本领、勇于献身的青年,这是中国命脉之所在。张伯苓先生自创办南开之日起,就善于借鉴世界优秀文明成果,紧密结合中国国情,坚持自主办学,重视教育改革和创新,提倡个性教育和多样化教育,推崇“独立之精神,自由之思想”[12],努力培养全面发展的人才。57年前,当我坐在这座礼堂里第一次参加开学典礼的时候,杨坚白[13]校长和杨志行[14]校长穿着一样的米色中山装,并肩站在讲台上,用他们特有的气质给大家讲话,告诉我们做人的道理。这一幕我至今难以忘怀。南开之所以涌现出一大批志士仁人和科技、文化俊才,是因为她有自己的灵魂。人是要有灵魂的,学校也要有灵魂。让我们牢记“允公允能,日新月异”的校训,共同努力把南开办得更好,使“巍巍我南开精神”[15]发扬光大、代代相传。

南开培养了我,南开是我心里的一块圣地。我是爱南开的,过去如此,现在依旧,而且愈发强烈。南开精神像一盏明灯,始终照亮着每一个南开人前进的道路。我愿同师生们一起奋斗,做一个无愧于南开的南开人!

注 释

〔1〕在抗日战争时期,日本军事机关曾命令其军队,在对中国抗日根据地进行“扫荡”时,“不问男女老幼,应全部杀死;所有房屋,应一律烧毁;所有粮秣及物资,其

不能带走的，亦一律烧毁”。这种杀光、烧光、抢光的暴行，被称为“三光政策”。其目的是消灭抗战军民的生存条件，使抗日武装失去民众的人力、物力和财力支援。

〔2〕语出《三国志·魏书·荀彧传》。原文为：“今东方皆以收麦，必坚壁清野以待将军。将军攻之不拔，略之无获，不出十日，则十万之众未战而自困耳。”原指坚守营垒或据点，并将周围地区的粮食、牲口等重要物资转移或收藏起来，使入侵之敌不能掠夺和利用。国民党在解放战争时期对共产党使用这一战术，妄图使共产党即使解放了部分地区，也无法获得物资，从而无以立足。

〔3〕见唐代司空图《二十四诗品》。

〔4〕见《诗经·大雅·文王》。

〔5〕买办，亦称“康白度”（葡萄牙语 comprador 的音译）。指在殖民地半殖民地国家中，替外国资本家在本国市场上服务的中间人和经理人。自清末至 1949 年新中国成立前，买办阶层与官僚、资本家结合在一起，形成“官僚买办资产阶级”，对内勾结封建势力，压迫、剥削劳动人民，对外成为帝国主义剥削和掠夺殖民地半殖民地人民的帮手。

〔6〕白喉是由白喉杆菌引起的急性传染病，多发于儿童，多见于秋冬季节。该病特征是咽、喉或鼻部有灰白色假膜，伴有发热、咽痛、吞咽困难等症状，严重时会出现心肌炎等并发症。

〔7〕马骏（1895—1928），中国共产党的早期活动家。吉林宁安（今属黑龙江）人。“五四”运动时任天津学联副会长兼执行部长，和周恩来发起组织觉悟社。1921 年加入中国共产党。次年去东北开展革命活动。1925 年去莫斯科中山大学学习。1927 年回国，任中共北京市委书记兼组织部长。后被奉系军阀杀害。

〔8〕1934 年，在南开学校创办三十周年校庆纪念会上，张伯苓先生正式宣布“公”和“能”为南开校训。张伯苓先生讲，南开精神即“允公允能，日新月异”。对此他详细阐述道：“允公，是大公，而不是什么小公，小公只不过是本位主义而已，算不得什么公了。惟其允公，才能高瞻远瞩、正己教人，发扬集体主义的爱国思想，消灭自私的本位主义。”“允能者，是要做到最能。要建设现代化国家，要有现代化的科学才能。而南开学校的教育目的，就在于培养具有现代化才能的学生，不仅要求具备现代化的理论才能，并且要具有实际工作的能力。”“所谓的日新月异，不但每个人要接受新事物，而且还要能成为新事物的创始者；不但能赶上新时代，而且还要能走在时代的前列。”

〔9〕北京地质学院，即中国地质大学的前身。该校 1952 年创建于北京，由北京大学、清华大学、天津大学和唐山铁道学院的地质系（科）合并成立。1975 年迁至武

汉，改名武汉地质学院。1987年成立中国地质大学，在北京和武汉两地办学。

〔10〕语出南宋杨万里《壬辰轮对第一札子》。原文为："臣闻国之命如人之命，人之命在元气，国之命在民心。"

〔11〕指2010年8月8日在我国甘肃省甘南藏族自治州舟曲县发生的一场特大山洪泥石流灾害。8月7日23时左右，舟曲县发生强降雨。8月8日1时左右，局部强降雨导致泥石流迅猛暴发。不久，泥石流冲进舟曲县城，截断河流形成堰塞湖，县城由北向南5 000米长、500米宽的区域被夷为平地，造成巨大的生命和财产损失。

〔12〕见陈寅恪《清华大学王观堂先生纪念碑铭》。

〔13〕杨坚白（1909—1996），中国教育家。天津人。南开中学历史上第二位校长、新中国成立后南开中学第一任校长。曾任天津市教育局副局长、天津师范学院副院长、民进中央常委等。第五至七届全国人大代表。

〔14〕杨志行（1920—2012），中国教育家。河北丰润人。南开中学原校长、终身名誉校长。自1955年起，三度担任南开中学校长，共26年。曾任天津市教育局副局长、国家教委视导员等。1983年，被联合国教科文组织亚太教育办事处认定为中国普通教育专家。

〔15〕见1918年正式创制的南开校歌。歌词为："渤海之滨，白河之津，巍巍我南开精神。汲汲骎骎，月异日新，发煌我前途无垠。美哉大仁，智勇真纯。以铸以陶，文质彬彬。渤海之滨，白河之津，巍巍我南开精神。"

树立远大理想，攀登科学高峰*

（2012 年 5 月 19 日）

同学们好，老师们好：

我在北京地质学院学习近 8 个年头。毕业以后，我时常想念我的母校。今天能回到学校看望大家，觉得像回家一样，心里特别高兴。

先讲一件事情，就是晚上《新闻联播》播发了我们学校登山队攀上珠穆朗玛峰顶峰[1]的消息。我向学校表示祝贺，向登山队员表示祝贺。

我想，大家一定非常高兴。这给我们一个重要的启示，那就是只要不畏艰苦和挫折，就一定能够达到光辉的顶点，这应该是我们的传统。

一

担任领导工作以后，我一直没有忘记对科学的关注，直到最近我还在思考地球科学的发展方向。上个月，我到冰岛考察火山和地热，在赫利舍迪地热电站[2]与数十名当地地质工作者和联合国大学

---

* 这是温家宝同志在视察中国地质大学（武汉）时的讲话。

地热学院的学生座谈，当时我讲了我多年思考的地质科学的研究方向，我把它概括为六点。第一，地球、环境与人类的关系。如果再大一点，还应该包括天体。第二，地质构造，特别是板块运动给地壳带来的变化。第三，矿产资源和能源，尤其要重视新的实践与理论。地质科学要同经济、社会、环境紧密结合，主要表现在合理开发、利用、保护和节约资源，实现资源的永续利用。有人说，页岩气〔3〕的开发与利用可能改变世界能源格局。美国页岩气开采已经到了实用地步。一些天然气很丰富的国家由此感到忧虑。我们国家具备页岩气的储存和开发条件，但是它的开采技术及对环境的影响很复杂，对管道输送的要求是很高的。在矿产和能源开发利用的理论和实践上，不要局限于书本，而要不断地探索新的实践和理论。第四，地质灾害与防治。这已经成为涉及人民利益的重大问题。从汶川大地震到舟曲泥石流，无一不与地质灾害有关。但是有效的预报、预防和治理，我们还差很多。在指挥汶川地震抢险的过程中，我对此深有体会。在舟曲发生泥石流以后，我又认识到，从甘肃到四川直至云南，这一带由于地质构造等原因造成岩石的崩塌，再加上多年的冲积物堆积，有许多冲沟都有突发泥石流的危险，必须提早预报、提早防治。第五，现代科学在地质学的应用。我上大学的那个年代，从大的方面讲，地质学的综合性主要表现在地质学与地球物理、地球化学等的结合，地质勘查工作运用遥感、测试、钻探、掘进等技术手段。现在看来不够了，它要涉及天体、地球、环境、生物的变化和相互作用以及信息、航天、海洋、生命等现代科学技术的应用。第六，地质科学要开发新的领域。过去讲微观，小到原子、分子，现在不够了，要研究粒子。过去讲宏观，是由地壳到地球深部，现在也不够了，宏观要研究天体，大到宇宙。过去讲古生物只研究环境对生物的影响，现在还要研究生物对环境的影响。人、环境、地球、天体构成一个整体。因此，我主张地质学专业要开一些新的学科，比如气候学，特别是古气候学。刘东生老师在研究黄土成因的时候就大量利用气候学的原理。他对我讲，当时西南联大地质专业的课程中就有气候学这门课。

我之所以跟大家讲这么多，就是想说明，只要有地球存在，只要有人类存在，只要人类在发展和进步，地质学就不会枯竭。地质学不是一门简单的科学，而是一门深奥和博大的科学。有志的青年们要为这门科学而献身，利用这门科学为祖国和人民造福。

二

我是1960年进入大学的，在学校期间就很热爱地质科学。除了书本知识以外，我曾钻研过河流走势的变化和它的力学原理，还研究过磷矿，特别是北方磷矿的成因。那不是老师布置的，是我课外涉猎的。我上大学时，构造学主要是地槽-地台学说[4]。工作以后，自己开始研究地质力学。当板块学说[5]出来以后，我又努力学习板块学说。我觉得一个科学工作者，思想应该是开放的，而不应该是禁锢的。他只承认规律和真理，而不屈服于任何权威。一所学校最重要的还是要倡导“独立之精神，自由之思想”。青年学生要有自己的独立思考能力，这是最宝贵的。我在地质科学研究中遇到问题总是要问一个为什么，这也就养成了我在从事其他工作时从不迷信、不盲从，总是通过自己的探寻，永不停息追求真理的脚步的习惯。

热爱科学，追求真理，是母校给我的。我们有许多老师和同学就是这样做的。因为地球太大，宇宙更大，自然是千变万化的，它处在变动之中。人类和社会也不会终止，它处在发展变化之中。这是一个道理，这就是科学精神。

母校又给了我克服困难的勇气。我上大学以后，第一学期就染上了肺结核[6]。当时学校让我住一个隔离室，不能上课，但是我靠自己的学习和钻研，在没有听课的情况下，那个学期的所有课程，包括最难学的“结晶学”，都得了优秀。以后我坚持锻炼，从不畏天命，因此我又争取到每天4小时上课时间，然后是8小时。直到毕业的时候，我终于摘掉肺结核的“帽子”。

参加地质工作以后，要爬山越岭。我在祁连山工作，祁连山主峰在5 000米以上，我从事祁连山腹地的填图工作，就在祁连山主峰。每天早晨吃过饭以后，我带一个馒头上山，饿了就地捡一点干柴，把它烤一烤吃了，捡不到柴就把它带回来，因为太凉吃不下，晚上就吃一碗面条。从早晨出发到工作地点，一路爬山到下午两点钟，可是还有一二百米要上，要定个点。我总是坚持爬到工作地点，画好素描，填好图，做好记录才返回。我从来没有因为图省事而定过“遥控点”[7]。下山还要背着一包石头，累了不敢坐下，就在山边上靠一靠。回到住地，经常天已经黑了。即使是在恶劣的环境下，我总勉励自己，人要有甘愿吃苦而毫不叫苦的精神。只要努力，不畏艰难，不怕挫折，总会进步。

我有过几次很危险的经历。一次在祁连山主峰，那一夜大暴雨，逼得我们半夜搬家三次，大家总是先抢资料，后搬帐篷，然后再搬自己的行李。第二天一看，沟里大水冲下来的滚石比人还高，连骆驼都被砸死了。还有一次过疏勒河，河中间水流湍急，我死死地抱住牦牛的脖子，整个身子都浸在水里，就这样过来了。

我跟青年们讲这些，就是说吃苦可以锻炼人，不仅磨炼一个人的性格，而且能造就他的精神。我常思考，对待任何工作，如果你能担起来，你就勇敢地担起来，不怕任何困难，甘受任何打击和委屈，一定要把工作做好。今天当面临巨大的思想和工作压力时，我仍然用自己瘦弱但坚强的身躯担起了一切，从不把困难留给他人。这种精神也是母校给我的。

三

我上大学以后，在党组织培养和教育下，努力追求进步，开始更多地思考社会和人生。除了学好专业以外，我大量地阅读历史、哲学、政治、经济等各方面的书籍。我一心想为人民做好工作。作为一个热血青年，当时我想得最多的是要和人民在一起。母校给了我这样的环境和条件。1963年、1964年我分别在湖北和河南，也就是秦岭和嵩山进行生产实习和毕业实习，那时我吃住都在老乡家里。除此之外，我们经常到农村参加劳动。我还利用假期到农村去，和农民生活在一起，吃一锅饭，睡一个炕上。我利用这个时机了解群众，懂得他们的思想、感情，学习他们的可贵品质。

在地质队工作，那也是在最基层，周围都是农村或者牧区，我交了许多农民和牧民朋友。有时我看到农民为了买酱油和盐跑很远的路，拿几个鸡蛋来到地质队换钱，心里感到格外的沉重。我觉得我们国家太贫穷了，我们的人民太苦了，我下决心把自己的一切都献给人民。对人民的深厚感情是我献身人民的世界观形成的基础。在担任领导工作后，我几乎走遍了全国的农村，特别是贫困山区，盘坐在农民家的土炕上和他们促膝交谈。我跑了许多的企业、矿山、油田，也下过矿井，到矿工居住的棚户区了解他们的生活情况。1998年抗洪抢险时，我曾13次到抗洪一线指挥，8次到荆州，指挥荆江大堤抢险。2008年汶川大地震后，我十多次到灾区指挥抗震救灾和恢复重建工作。现在我还有这样的习惯，因为工作忙，每当周六或周日就下基层，我感到和人民在一起非常亲切。

我了解基层、了解农村、了解人民的疾苦与忧乐，心里一直装着人民，为改变他们的境遇而努力工作。这就是为什么我在担任领导工作以后能够从人民的利益出发，下决心推动取消几千年来加在农民身上的农业税，推进九年制免费义务教育，建立覆盖全社会的社会保障体系的思想根源。因为我知道，一个领导者如果不懂得农民，不懂得农村，就不懂得中国的国情；不懂得占全国大多数人口的穷人，就不懂得政治，也不懂得经济。作为人民的政府，一方面要推进经济社会发展，另一方面要努力实现社会公平正义，这就是我们的目标。

我希望同学们在校学习的时候，就要树立远大理想，把今天的学习和今后的工作紧密结合在一起，练就本领，将来为人民更好地工作。

母校培养了我，我铭刻在心，时常牢记。“谁言寸草心，报得三春晖。”〔8〕我要用我自己工作的成绩来报答母校，绝不辜负母校对我的期望，让母校永远记得她有一个优秀的学生。

谢谢大家！

注　释

〔1〕2012年5月19日8时16分，中国地质大学登山队4名队员从北坡成功登上海拔8 844.43米的珠穆朗玛峰顶峰。在4名登顶队员中，有3名在校大学生。这是我国第一支登上世界最高峰的大学登山队。

〔2〕赫利舍迪地热电站位于冰岛西南部，是该国目前最新、最大的地热电站，发电装机容量30.3万千瓦，年发电23亿度。

〔3〕页岩气是从页岩层中开采出来的天然气，它是一种重要的非常规天然气资源，具有开采寿命长和生产周期长的特点。

〔4〕地槽-地台学说是传统的大地构造学说，在板块构造学说出现之前在地质学界占主导地位。此学说将地壳分为两个基本构造单元——地槽和地台，地槽是地壳的活动地带，地台是地壳上比较稳定的地块，地槽发展到一定阶段时，就由下沉而转为上升，经过褶皱变质，逐渐变成稳定的地台。

〔5〕板块学说，即板块构造说。它是法国地质学家勒皮雄和美国地质学家麦肯齐、摩根等人在大陆漂移说、海底扩张说和地幔对流说的基础上，于1968年提出的一种新的全球构造学说。该学说认为板块是岩石圈的构造单元，全球共可分为欧亚板块、太平洋板块、美洲板块、非洲板块、印澳板块和南极板块等六大板块。

〔6〕肺结核是一种常见的结核病，主要通过呼吸道传染，是由结核杆菌引发的肺部感染性疾病。

〔7〕地质观测点的布设和观察记录是区域地质调查中十分重要的基础工作。填图定点，就是要到达实际地点，经过现场的点位测定、观察、记录、素描、取样，才能把这个点确定下来，填在地形图上，变为地质图。如果因为路途艰难或者观测难度大等原因，在离布设的观测点很远的地方就确定了点位，这个点就是“遥控点”，它多是主观随意的记录，不能被称为第一手资料。

〔8〕见唐代孟郊《游子吟》。

在新的起点上推进教育改革发展*

（2012年9月7日）

教育兴国是几代中国人的梦想。普及基础教育之梦在我国已有百余年历史。旧中国由于政治腐败、经济落后、社会动荡，根本不可能普及基础教育。1949年之前，全国学龄儿童入学率仅为20%，人口文盲率达到80%。15岁以上人口平均受教育年限只有1.6年，人民群众受教育程度总体上很低。

新中国成立后，百废待兴、百业待举，党和国家把普及教育、扫除文盲提上重要日程，动员全党、全社会和全国各族人民的力量，开展大规模的扫盲运动，大力普及初等教育，这也体现了老一代革命家的远见卓识。改革开放以来，1985年中央做出《关于教育体制改革的决定》，首次提出实行九年义务教育。随后颁布《义务教育法》《扫除文盲工作条例》[1]，以法律形式对实施九年义务教育和扫除青壮年文盲做出明确规定。经过全国上下的艰苦努力，到2000年，我国在85%以上的人口地区基本普及了九年义务教育，基本扫除了青壮年文盲。

* 这是温家宝同志在全国教师工作暨“两基”工作总结表彰大会上的讲话。

在初步实现"两基"的基础上，自党的十六大以来，我们在推进教育发展、促进教育公平方面，主要做了三件大事。

第一件大事，是实施西部地区"两基"攻坚计划。当时尚未实现"两基"的400多个县级行政区域，主要集中在西部地区。针对这些地区经济发展滞后、自然条件差、教育基础薄弱的状况，国家投入数百亿元，实施农村中小学校舍改造、农村寄宿制学校建设、农村中小学现代远程教育等重大教育工程。到2007年，全面完成了"两基"攻坚任务，农村地区特别是西部地区农村办学条件得到显著改善，义务教育基础薄弱的状况得到了扭转。如今，在我国的许多边远山区，最好的建筑就是学校。

第二件大事，是在全国城乡全面实施真正免费义务教育。从2003年开始，国家对中西部农村地区义务教育阶段家庭经济困难学生，实施免杂费、免费提供教科书、补助住宿生活费的"两免一补"政策，并逐步推向全国，到2008年城市也开始实行免费义务教育。在经费保障方面，2005年开始将农村义务教育全面纳入了财政保障范围。对农民工随迁子女，实施以流入地为主、以公办学校为主的"两为主"政策，免除学杂费，不收借读费，初步解决了这些孩子接受义务教育的问题。2010年农村义务教育阶段中小学公用经费基准定额全部落实到位。至此，全国城乡真正实现了九年义务教育，一亿多适龄儿童少年上学不花钱成为现实。

第三件大事，是建立健全国家助学制度。通过完善和实施国家助学金、奖学金制度和提供助学贷款等方式，为城乡家庭经济困难学生提供帮助，保证学生不会因经济原因而中断学业。同时引导社会参与，共同为家庭经济困难学生提供支持。从2006年到2011年6年间，国家财政投入从53.6亿元增加到674.1亿元，增加了近12倍，累计投入2 429.5亿元；其中中央财政投入从20.1亿元增加到 317.4 亿元，增加了近 15 倍。全社会投入助学资金总额更是达到 3 638.8亿元。

艰难困苦，玉汝于成。从 1985 年我们提出目标算起，经过几届政府和全社会 25 年的不懈努力，到 2011 年全国所有省级行政区、所有县级行政单位全部通过普及九年制义务教育和扫除青壮年文盲国家验收，人口覆盖率达到 100%，青壮年文盲率下降到 1.08%。这些历史性成就的取得，是全党、全国各族人民共同奋斗的结果，广大教育工作者做出了突出贡献。

教育公平是社会公平的基石。在我们这样一个发展中的大国，让每个孩子都有学上、上得起学，保障他们平等接受教育、平等发展的权利，充分体现了社会主义制度的优越性。这不但成就了亿万孩子的人生梦想，而且对于提高全民素质、改善民生、缩小城乡差距等，都具有十分深远的意义。这是我国教育发展史上的重要里程碑，也是中华民族伟大复兴道路上浓墨重彩的绚丽篇章。

完成了"两基"攻坚这一历史性任务，我国教育发展站在了新的历史起点上。我们基本解决了"有学上"问题，但更大的挑战是"上好学"。今后要适应人民群众接受更好教育的新期盼，把教育发展的重点放到提高质量、促进均衡发展上来，加快实现基本教育公共服务均等化，努力办好每一所学校，培养好每一个孩子。这是教育事业发展的需要，也是一个重大的民生问题。要全面贯彻落实《国家中长期教育改革和发展规划纲要（2010—2020 年）》，继续坚持教育优先战略，推进教育更好更快发展，让教育更好地惠及全民。这里，重点讲三个方面：

（一）大力推进义务教育均衡发展。义务教育作为初始的学校教育和国家提供的基本公共服务，是教育公平最重要的领域。衡量义务教育公平性的主要标志，就是均衡发展。当前，我国教育资源配置不均衡问题比较突出，城乡之间、地区之间差异较大，即使在同一区域的不同学校之间，师资力量、基础设施、教学设施等资源配置的差距也很悬殊，由此出现“择校热”等突出问题，形成了新的不公平，人民群众和社会各界意见很大。加快解决教育资源特别是优质教育资源均衡配置问题，是人民群众的强烈愿望。

由于各地经济社会发展水平的差异，义务教育发展不均衡问题短期内还难以根本消除，但我们推进教育均衡发展的目标不能动摇。一是大力推进义务教育学校标准化建设。要保证学校的师资配备和基础设施、教学设施、图书资料等配置基本达标，逐步实现同一区域不同学校软硬件配置基本无差异。要适应城市化、信息化的新形势，调整完善学校布局，逐步解决一些地方中小学“大班额”和“超级大校”的问题。农村要保留并办好必要的村小和教学点，尽量让孩子们就近上学。财政投入要优先用于农村地区、中西部地区和城乡薄弱学校建设。中央财政要加大对革命老区、民族地区、边疆地区和贫困地区的支持力度。二是着力缩小校际师资差距。教师是教育的第一资源，“择校”很大程度上是“择师”。要建立县（区）域内教师、校长交流制度。继续实施特岗教师、免费师范生教育等政策措施，拓宽农村和中西部地区教师补充渠道。国家教师培训项目也要重点向农村和中西部地区倾斜。三是更加有效地保障特殊群体平等接受义务教育的权利。要加强农村寄宿制学校建设管理，解决好留守儿童上学问题。认真落实以流入地为主、以公办学校为主的政策，解决好农民工随迁子女在城市就学问题。对城乡低保和经济困难家庭寄宿生生活费，按政策给予补助。此外，要办好特殊教育学校，保障残疾儿童少年公平接受义务教育的权利。做好孤儿照顾和教育工作。

（二）全面推进素质教育。教育的根本目的，是促进人的自由全面发展，培养经济社会发展需要的各类人才。当前迫切需要把教育从应试和高考指挥棒下解放出来，解放学生、解放教师、解放学校。只有这样，学生、教师、学校才能按素质教育的要求去学习、去教学、去管理，真正提高教育质量。一要更新教育观念。教育不仅要传授知识，更重要的是培养有创造性、有想象力、身心健康的人才。不能用一个模式办教育，更不能用一个标准去衡量、评价学生。要树立人人皆可成才的观念，做到因材施教，尊重、鼓励个性发展。二要改变教学方式。要采用启发式、探究式、讨论式、参与式的教学方式，引导学生掌握学习方法、自主学习、独立思考和判断，鼓励创新思维、激励个人兴趣。三要合理设置课程。各阶段教育都要遵循学生身心发展规律，合理设置课程和课程标准，切实解决课程和作业偏多、偏深、偏难问题，减轻学生课业负担和学习压力，让学生有更多时间锻炼身体、参加社会活动、发展个人兴趣爱好。四要加快建立以课程标准和学生全面发展标准为主的评价体系。当前考试分数和升学率几乎成了评价学生、教师和学校的唯一标准，不仅学生压力大，教师和学校的压力也很大。必须加快建立科学的、多元化的教育评价体系。只有把学生、教师和学校从应试教育中解脱出来，教育事业发展才能有更广阔的天地。

（三）深入推进教育改革。改革创新是教育发展的强大动力。要基本实现教育现代化、成为人力资源强国，必须不断深化改革。这里强调几点：一要加快建立现代学校制度。要推进政校分开、管办分离，实行依法办学、民主管理和监督，增强学校办学自主权。二要倡导教育家办学。教育应当由懂教育的人办，要培养一大批有志于献身教育事业的教育家。不但大学应由教育家来办，中小学也应由教育家来办。要改变学校行政化管理模式，取消学校的行政级别。不同类型的学校应有不同的管理和办学模式。三要完善升学考试制度。考试制度不改革,“应试教育”就很难破除。改革总的方向是,在保证公平公正这个根本前提下,全面考核学生的学业水平和整体素质,并让学生有多次选择机会,克服一考定终身的弊端。四要大力发展民办教育。这是解决教育资源特别是优质教育资源不足、增强教育发展活力的必然要求。政府在教育发展方面最重要的职责是保基本、促公平。要加快形成以政府办学为主体、全社会积极参与、公办和民办共同发展的格局。不但要有民办高校,中小学也应当有一定数量的社会办学。进一步清理对民办学校的各类歧视性政策,落实民办学校、学生、教师与公办学校、学生、教师平等的法律地位,引导社会资金以多种方式进入教育领域。

教师是立教之本。有高水平的教师,才能有高水平的教育。中华民族历来有尊师重教的传统。早在战国时代,荀子就有“国将兴,必贵师而重傅”“国将衰,必贱师而轻傅”的至理名言。我多次说过,教师是太阳底下最光辉的职业,能够照亮一代又一代新人。长期以来,广大教师勤勤恳恳、无私奉献,为我国教育改革发展做出了巨大贡献,祖国和人民是不会忘记的。

党的十六大以来,我们采取了一系列重大政策举措加强教师队伍建设,特别是在农村教师队伍建设方面办了几件实事。一是建立健全中小学教师工资保障机制,将农村中小学教职工工资全额纳入财政预算。在义务教育阶段率先实施绩效工资制度,使 1 000 多万义务教育学校教师的收入水平有了可靠保障,特别是农村教师工资增长速度明显快于城镇教师。二是在教育部 6 所直属师范大学实施师范生免费教育。5 年累计招收 5.5 万名免费师范生,已毕业的两届 2 万多名毕业生全部到中小学任教。湖南、江西、新疆等 18 个省区也开展了师范生免费教育试点。三是实施“特岗计划”,鼓励高校毕业生到农村任教。2006 年以来招聘近 30 万名特岗教师到中西部

“两基”攻坚县和国家扶贫重点县3万多所农村学校任教，服务期满留任比例连续三年达到87%以上，一大批优秀大学毕业生自愿到祖国最艰苦的地方施展才华。四是启动实施“中小学和幼儿园教师国家级培训计划”[2]。近两年中央财政投入26亿元，培训了350万名中西部农村中小学、幼儿园教师，许多农村教师第一次有了进城学习培训的机会。五是积极推进中小学教师职称制度改革试点。试点覆盖近百个地级市，将中小学教师的最高职称提高到正高级。这是对广大中小学教师价值的认可，是鼓励更多高学历、高素质人才从事中小学教育的重要举措。六是实施边远艰苦地区农村学校教师周转宿舍建设。近两年中央投入56亿元、建设宿舍10.5万套，有效改善了农村教师的工作生活条件。七是加强高校教师队伍建设，特别是加大高校青年教师培养力度。实施“千人计划”[3]和“长江学者”[4]“创新团队”[5]“新世纪优秀人才”[6]等计划。到2011年，高校共引进“千人计划”创新人才1 171人，占全国总数的64.4%。八是职业教育教师队伍建设取得新进展，教师学历水平、职称结构有了大幅改善，近40%的专业教师成为“双师型”教师[7]。2011年启动“职业院校教师素质提高计划”[8]，计划“十二五”投入26亿元，支持45万名骨干教师参加培训、2万名青年教师到企业实践。通过这些措施，教师的经济和社会地位明显提高，教师的职业吸引力明显增强，全社会尊师重教的氛围更加浓厚。

但我们必须看到，我国教师队伍的整体水平还亟待进一步提高，区域、城乡、校际之间教师资源配置还不平衡，中西部农村教师队伍相对薄弱，教师结构不尽合理，管理体制机制有待完善。建设一支高素质教师队伍，充分保护、调动和发挥广大教师的积极性和创造性，是我国教育改革发展的要求，也是满足人民群众接受更好教育的需要。这里，结合贯彻落实国务院近日下发的《关于加强教师队伍建设的意见》[9]，谈几点看法。

第一，坚持教书与育人并重。教师所从事的是一项高尚事业，学为人师、行为世范。教师要把教书放在第一位，只有“教”才能成为“师”。教书是教师的基本职责，只有教好书，才能育好人。大学教授特别是名教授，要坚持进课堂，给本科生上课。中小学特级、高级教师要始终深入教学第一线。要把教好书作为教师评价、晋升的主要依据。学校教师搞科研、发表论文要更好地为教学服务。同时，教师要时刻加强师德修养，做到“既美其道，有慎其行”，以自己的学识、品行和人格，影响和塑造学生，做好学生健康成长的引路人。

第二，提高教师专业化水平。要根据各级各类教育的特点，建立健全教师专业发展标准体系，规范教师和各级各类校长的任职资格，严格准入制度。全面实施教师资格考试和定期注册制度。建设高水平专业化的教师队伍，必须办好师范教育，师范教育要造就大批教育家。要继续发挥教育部直属师范大学师范生免费教育的示范引领作用，鼓励支持地方结合实际实施师范生免费教育。健全并严格执行各级各类学校教师定期参加培训制度，健全教师培养培训体系，为教师交流学习、更新知识、提高专业水平提供保障。

第三，改革完善教师管理制度。根据各级各类教育的特点研究完善教师编制标准。中小学教师的编制要逐步实行城乡统一标准。边远地区、边疆地区和少数民族地区的教师编制，要考虑当地特殊情况，能够满足当地教育发展需求。严禁挤占、挪用教师编制。加快推进教师职务职称制度改革。建立统一的中小学教师职务职称系列，完善符合村小和教学点实际的教师职务职称评定标准。推进学校和教师人事管理改革，实行按需设岗、竞聘上岗、按岗聘用、合同管理，建立能进能出的聘用机制。

第四，加强农村教师队伍建设。农村教师薄弱问题仍是当前突出问题。要继续实施农村教师“特岗计划”，探索建立省级统筹补充农村教师的机制。要将农村教师住房纳入当地住房保障范围，并加快农村学校教师周转宿舍建设。要增加农村教师津补贴，提高农村和艰苦边远地区教师待遇。总之，政府和全社会都要关心农村教师的生活和成长，使他们进得来、留得住、干得好。对长期在农村和艰苦地区任教、贡献突出的教师，要给予奖励和表彰。

注　释

〔1〕《扫除文盲工作条例》于 1988 年 2 月 5 日由国务院发布，自发布之日起施行。该条例规定了文盲、半文盲公民接受扫除文盲教育的权利、义务和脱盲标准。该条例是为提高中华民族的文化素质，促进社会主义物质文明和精神文明建设，根据《中华人民共和国宪法》的有关规定而制定的。

〔2〕参见本书《一定要把农村教育办得更好》注释〔19〕。

〔3〕“千人计划”，即“海外高层次人才引进计划”。该计划主要围绕国家发展战略目标开展实施，自 2008 年开始，计划在国家重点创新项目、学科、实验室以及中央企业和国有商业金融机构、以高新技术产业开发区为主的各类园区等，引进2 000名左右人才，并有重点地支持一批能够突破关键技术、发展高新产业、带动新兴学科的战略科学家和领军人才回国(来华)创新创业。

〔4〕“长江学者”，即新的“长江学者奖励计划”。该计划是教育部为贯彻落实《国家中长期教育改革和发展规划纲要(2010—2020 年)》和《国家中长期人才发展规划纲要(2010—2020 年)》，大力吸引、培养、造就一批具有国际影响的学科领军人才，深入推进人才强校，全面提高高等教育质量，从 2011 年起实施的国家重大人才工程。

〔5〕“创新团队”，即“创新团队发展计划”。该计划由教育部于 2004 年 6 月正式启动实施，旨在加强高等学校高层次人才队伍建设，充分发挥优秀人才的综合优势，提升高校的创新能力和竞争实力，推动高水平大学和重点学科建设。按计划，教育部每年遴选支持 60 个创新团队，资助期限为 3 年，给予一定的资助经费和相应的研究机会。

〔6〕“新世纪优秀人才”，即“新世纪优秀人才支持计划”。该计划由教育部于

2004年开始实施，是针对高校优秀青年学术带头人所开展的人才发展支持计划。旨在培养支持一大批学术基础扎实、具有突出创新能力和发展潜力的优秀学术带头人，支持他们开展创新性研究工作，承担国家重大科研任务，为培养他们成为优秀学科带头人搭建台阶、创造条件。

〔7〕“双师型”教师是指同时具备教师资格和职业资格而从事职业教育工作的教师，是教育教学能力和工作经验兼备的复合型人才。

〔8〕“职业院校教师素质提高计划”由教育部和财政部于2011年开始实施，旨在适应职业教育加强内涵建设、提高办学质量的迫切需要。该计划以建设高素质专业化“双师型”教师队伍为目标，以提升教师专业素质、优化教师队伍结构、完善教师培养培训体系为主要内容，以深化校企合作、提高培训质量为着力点，大幅度提高职业院校教师队伍建设的水平，为职业教育科学发展提供强有力的人才保障。

〔9〕2012年8月20日，国务院发布《关于加强教师队伍建设的意见》，明确今后一个时期教师队伍建设的指导思想、总体目标和重点任务，提出要加强教师思想政治教育和师德建设，大力提高教师专业化水平，建立健全教师管理制度，切实保障教师合法权益和待遇，确保教师队伍建设政策措施落到实处。

传承民族精神，建设现代化国家*

（2012年9月14日）

老师们，同学们：

今天我来清华看望同学们！上次我来清华的时候[1]，同学们向我提出，说中国领导人出访时经常在国外的大学里演讲，能不能在国内的大学也做些演讲，并邀请我来清华做一次演讲。今天，我是来兑现承诺的。

走进清华园，看到同学们一张张朝气蓬勃的笑脸，心里非常高兴。清华是一块教育和学术圣地。清华园人杰地灵。一百年来，从这里走出了许多中华民族的精英，可谓人才荟萃、桃李满天下。“水木清华”[2]，“婉兮清扬”[3]。我年轻的时候读朱自清先生的《荷塘月色》[4]，文中描绘的宁静恬淡的意境，至今记忆犹新。清华大学已经有100年的历史。100年，对于一个人来说已为期颐高寿，但对于一所大学来说，却正值盛年，或者说还是青年。我祝愿清华大学永远年轻！

站在这里，我首先想起曾担任过清华教授的梁启超[5]先生。1914年

---

* 这是温家宝同志应邀到清华大学看望师生时发表的演讲。

11 月,梁先生第一次来清华做演讲,题目是“君子”。他引《易经・大传》中“天行健,君子以自强不息”“地势坤,君子以厚德载物”的话,勉励学子们树立“完整人格”。我以为,他这次演讲,对清华优良校风的形成产生了深远影响。这以后,“自强不息,厚德载物”八个字就成了清华的校训。

在中国传统文化中,“自强不息”“厚德载物”的思想有着十分重要的地位。“自强不息”的品行,是古代先人的智慧和境界,它深深地融入每一个有血有肉的中国人的身心意识中,使其刚健而不屈、独立而不倚。“天行健,君子以自强不息”,就是说客观事物的发展,以其“刚健”的品格,自行运动着;真正有见识的“君子”,当知天时、任时命,顺应“天道”自然规律,以“天”的“自强不息”的精神,推动客观事物的运动和发展,从而达到“天人合一”的境界。

“厚德载物”就是要像大地那样广博宽厚、容纳万物。这是我国古代人生修养的积极方面。孔子就说过:“宽则得众”〔6〕,要“成人之美,不成人之恶”〔7〕,“不念旧恶,怨是用希”〔8〕。孟子主张“君子莫大乎与人为善”〔9〕。墨子也说:“利人乎即为,不利人乎即止。”〔10〕厚德,就是要加强道德修养。清华老校歌中说:“器识为先,文艺其从。”〔11〕意思是说,上学受教育,首先学习的是“气度”和“见识”,学文学艺是第二位的。这里的气度和见识其实就是泛指做人的问题,文艺其实就是为学的问题,为人与为学相比,不能不占首位。

哲学家张岱年〔12〕先生认为,中华精神集中表现于两个命题:“天行健,君子以自强不息”“地势坤,君子以厚德载物”。一个是奋斗精神,一个是兼容精神。这两种精神,在铸造中华民族的民族精神上起了决定性的作用。中华民族五千年历史,内忧外患,历经磨难,仍得以繁荣昌盛,靠的就是自强不息的精神与厚德载物的品德。

清华大学历经百年沧桑,与祖国同甘苦、共患难。在老一代清华人的身上，充满理想主义的情怀，他们不仅有着卓越的才智，而且满怀对祖国的忠诚和对事业的坚忍，表现出为国家和民族义无反顾的献身精神。清华一位老校长〔13〕说过：“我们的清华大学，我们清华大学中的每一个成员，不是离开国家、离开人民孤立地存在的。我们学校的命运，我们学校中每一个人的命运，是和我们伟大祖国的命运密切地联系着的。”抗日战争时期，清华南迁西南边陲，敌机狂轰滥炸，物质条件极端恶劣，但没有改变师生勤于治学、弦歌不辍的斗志，一大批学子就是在这种条件下成才的，一大批老师也是在这里创造一流业绩的。在新中国建设事业中，清华人第一次践履“我愿以身许国”的忠诚誓言，隐姓埋名从事“两弹一星”〔14〕研究工作。有的虽然留学海外，但在获得学位后不到十天就返身回国参加建设。自改革开放以来，清华师生踊跃投身祖国的现代化建设事业，喊出了“从我做起，从现在做起”的时代强音，取得高温气冷堆〔15〕等一大批先进科研教学成果，以实际行动诠释着“我的事业在中国”的豪迈誓言和爱国情怀。长期以来，清华人在真理面前不苟且、不低头，“不降其志，不辱其身”〔16〕，在困难面前逆势而上、敢于担当。今天在座的各位青年朋友，是国家的未来、民族的希望，承担着将来建设国家的重任。怎样建设好我们的国家，也是每一个人都要思考的问题。借此机会，在这里谈谈我的一些思考。

大家都知道，我们的国家有着五千年的文明史，但是这五千年是在艰难曲折中一步一步走过来的。从有文字记载的殷商时代开始，经历过几十个朝代的更替，几十次分分合合。远的不说，就近一个半世纪以来，从鸦片战争开始，中国沦为半殖民地。距离我们这里不到一里之遥的圆明园遗址，就是祖国母亲身上一道永远难以愈合的伤痕，是中华民族积贫积弱的历史见证。虽然历经磨难，但我们的民族没有倒，国家没有散，愈挫愈奋，“野火烧不尽，春风吹又生”[17],就是因为我们有着“自强不息,厚德载物”的伟大民族精神。新中国的成立,彻底结束了帝国主义、殖民主义势力奴役中国各族人民的历史,实现了国家的统一,使中华民族一洗百年来所蒙受的奇耻大辱而自立于世界民族之林。从此,中国人民站立起来,当家作主,真正成为国家的主人,我们的社会主义现代化建设取得巨大成就。但是,建设社会主义现代化国家的道路不是一帆风顺的。我们走过“大跃进”[18]“人民公社”[19]的弯路,犯过“文化大革命”这样的错误。“我们总结了几十年搞社会主义的经验。社会主义是什么,马克思主义是什么,过去我们并没有完全搞清楚。”[20]我们对社会主义的认识也是在实践中不断深化的。直到党的十一届三中全会,我们确立了解放思想、实事求是的思想路线,深刻总结历史经验和教训,做出了改革开放的历史抉择,开辟了中国特色社会主义的道路。

我们从事的社会主义现代化建设是在探索中前进的。社会主义制度从不成熟到成熟,是一个长期的历史过程,必须从我国的实际出发,坚持改革和实践,走符合国情的道路,使社会主义得以巩固和发展。

当前,我国正处于社会主义初级阶段。除了生产力仍不发达外,还存在社会发展与经济发展不协调、上层建筑的许多方面与经济基础不适应的问题。在经济快速发展中又出现一些如收入差距扩大、司法不公、贪污腐败和环境污染等人民群众反映强烈的新问题。要彻底改变中国的面貌,真正把我国建设成为富强、民主、文明、和谐的社会主义现代化国家,还有很长的路要走。我们不但要坚定不移地推进经济体制改革,进一步解放社会生产力,继续发展经济、改善民生,而且要坚定不移地推进政治体制改革,发展社会主义民主法治,促进社会公平正义,实现人的自由平等。

民主法治、公平正义和自由平等,是人类共同追求的理想和目标。在不同国家、不同民族、不同历史发展阶段，其内涵、形式、途径都不尽相同。改革开放三十多年的实践，为实现民主法治、公平正义、自由平等进行了深入的探索，积累了丰富的经验，奠定了一定基础。必须继续前进，而不能倒退。这关系到国家的未来和希望，也关系到民族的前途和命运。

人民民主是社会主义的生命。没有民主就没有社会主义。民主是人类文明进步的成果，是时代的潮流和社会发展的必然趋势，是社会主义现代化事业成功的根本保障。要发展更加广泛、更加充分的人民民主，保障人民依法实行民主选举、民主决策、民主管理、民主监督。民主是对权力的监督和制约。任何政府如果不加以监督，任何权力如果不加以制约，都会蜕变和腐化，绝对的权力产生绝对的腐败。我们之所以发展民主、健全法制，就是要把党内民主和国家政治生活的民主加以制度化、法律化，保障宪法赋予人民的各项民主权利，建立有效制约权力并创造条件让人民监督的制度。人民是国家一切权力的源泉，领导者应该恭敬人民，相信人民的判断能力和选择能力，从而依靠人民。

我们党从革命到执政，所处的地位和环境以及所肩负的任务都发生了重大变化，党的职能和领导方法就要相应地转变，以适应新形势、新任务的要求。历史的经验告诉我们，坚持依法执政、依法治国，建设法治国家，是党领导人民建设社会主义的基本原则。法律是神圣的、至高无上的，具有任何人必须严格遵守的不可侵犯的力量，是执政和治国的基石。维护国家法制的统一、尊严、权威，坚持司法公正，是依法执政、依法治国的根本要求。

公平正义是社会主义制度的首要价值。如果一个社会的经济发展成果不能真正为大众所分享，那么它在道义上是不得人心的，而且势必威胁社会稳定。必须毫不动摇地改善民生，改革分配制度，缩小贫富差距，使广大人民共享改革和发展的成果。还要看到，我们追求的目标不仅是经济的发展，而且是人的自由平等和全面发展，是整个社会的进步。要满足人们日益增长的物质、文化和精神需求，保障每个公民的自由平等和发展权利，让每个人生活得有乐趣、有尊严、有安全感。面对社会的许多矛盾和问题，只要我们坚持经济和社会协调发展，维护社会公平正义，并通过不懈的努力而取得明显成效，大家对国家的未来就会充满信心。我希望，在我们的社会，有对人心、人道和人本身的尊重，每个人都有其尊严、选择和发展机会，确保人与人之间的平等，提倡人间的同情和关爱，让公平正义的阳光普照社会的每个角落，让人间永远充满青春、奋斗和自由的气息。这是公平正义的真正内涵之所在。

自由平等是对每个人人格和权利的尊重。人生而平等，每个人在尊严和权利方面都是平等的，享有与生俱来的不可剥夺的生命、健康、自由和财产权利。自由是人全面发展的前提，也是人类进行创造的基础和源泉。自由不是空洞的概念，而是言论、信仰等基本权利的实现。人类的进步就是在各种不同的思想的争鸣中萌发的。中国要有一个真正光明的未来，必须发挥全体人民群众的积极性，特别要鼓励人民的创造精神，提倡独立思想和批判思维。社会活力和凝聚力来自社会成员的主动性和创造性，来自社会文化的“个性化”，来自崇尚理性、尊重科学的精神，来自国民教育的普及。要创造更加平等宽松的政治环境和更加自由的学术氛围，让人民追求真理，探索自然的奥秘、社会的法则和人生的真谛。

在我们这样一个人口众多的国家进行各方面的改革，实现民主法治、公平正义、自由平等，并非是一件轻而易举的事，必须在党的领导下有秩序地逐步推进，走出一条适合国情的民主道路。我们相信，只要全党和全国人民不懈地奋斗，一个繁荣、富强、民主、和谐的社会主义现代化国家，就一定会屹立在世界的东方！

今天和大家谈谈心，我感到很高兴。我们从清华的校训、清华的精神，谈到我们中华民族的文化、中华民族的精神；从我们国家的历史，谈到中华民族的现在和未来。其实，个人的命运是和国家、民族的命运紧密相连的。在我的一生中，经历过许多真实的苦难，这些苦难使我懂得了我们这个民族所经历的灾难太深重了。我是一个爱国主义者，我爱我的祖国，我的每一个细胞、每一滴血液都浸透着对我们民族的爱，都流淌着对伟大祖国的深情。我的一切都是祖国和人民给予的，即使将来我化为灰烬也属于祖国。在我的成长过程中，深受无数为救国救民和民族独立解放所献身的志士仁人的影响。孩提时代，母亲给我讲爱国英雄人物的故事，告诉我作为一个中国人，应该热爱我们的国家，热爱我们的人民。我一边听，一边流泪，立志长大后要报效祖国、献身人民。祖国和人民培养了我，给了我服务国家的机会，我也为祖国献出自己的全部心血和精力。今天，我已年届七十，即将退休了。我将回到母亲身边，回到群众中去，我永远也不会离开我的祖国和人民。

清华大学建立以来，为共和国培养了一代又一代优秀的专家学者，他们以渊博的学识、聪慧的才智和严谨理性的气质，诠释着一代大师“独立之精神，自由之思想”的箴言，上续民族慧命〔21〕，下行“内圣外王”〔22〕之道，成为中华民族的脊梁。他们不计名利，忧道不忧贫，始终保持高尚的境界和爱国的热忱，在艰苦的环境中洗尽铅华、彰显本色，传承了中华民族的优秀品质。今天我们要培养和重塑民族的道德理性，就必须汲取传统文化的精神营养，倡导心存敬畏、行己知耻、诚实守信的社会道德观，对社会要有奉献精神，对他人要有责任感，对弱者要有同情心，养成情操高尚的人格。这不仅是对社会的责任、对他人的尊重，更是人的自信与庄严。我相信，新一代清华人一定会牢记“自强不息，厚德载物”的校训，大力弘扬清华精神，努力学习，勤奋成才，将来为祖国的现代化建设做出更大的贡献，谱写清华大学更加辉煌的篇章！

注　释

〔1〕指2009年5月3日温家宝同志与清华大学即将赴西部和基层就业的应届毕业生的座谈。参见本书《德学兼备，成才报国》一文。

〔2〕语出东晋谢混《游西池》。原文为：“惠风荡繁囿，白云屯曾阿。景昃鸣禽集，水木湛清华。”

〔3〕见《诗经·郑风·野有蔓草》。

〔4〕《荷塘月色》是我国著名文学家朱自清任教清华大学时所写的一篇脍炙人口的写景抒情散文。

〔5〕梁启超（1873—1929），中国近代维新派领袖、学者。字卓如，号任公，又号饮冰室主人。广东新会（今江门市新会区）人。与其师康有为倡导变法维新，并称“康梁”。1898年参与百日维新，创办京师大学堂、译书局。戊戌政变后逃亡日本。“五四”时期，倡导文体改良的“诗界革命”和“小说界革命”。晚年在清华讲学。著述涉及政治、经济、教育、哲学、历史、语言等多方面，其著作被编为《饮冰室合集》。

〔6〕见《论语·阳货》。

〔7〕见《论语·颜渊》。

〔8〕见《论语·公冶长》。

〔9〕见《孟子·公孙丑上》。

〔10〕见《墨子·非乐》。

〔11〕语出《新唐书·裴行俭传》。原文为：“士之志远，先器识，后文艺。”

〔12〕张岱年（1909—2004），中国哲学家。字季同。河北献县人。毕业于北京师范大学教育系。曾任清华大学、北京大学教授，兼任中国社会科学院研究员、中国哲学史学会会长、中华孔子学会会长、中国孔子基金会副会长等。长期致力于中国哲学和中国文化的研究。其著作《中国哲学大纲》，是中国第一本系统论述中国哲学范

畴的专著。

〔13〕指蒋南翔。蒋南翔(1913—1988),中国教育家。江苏宜兴人。1932年入清华大学读书。新中国成立后,曾任中国新民主主义青年团筹委会副主任、团中央副书记,清华大学校长兼北京市高等学校党委书记,高等教育部部长,中共天津市委书记,国家科委副主任,教育部长,中共中央党校第一副校长等职。中共第十一、十二届中央委员,全国人大常委会委员。

〔14〕“两弹”中的一弹原指原子弹,后来演变为原子弹和氢弹的合称,另一弹指导弹;“一星”指人造地球卫星。

〔15〕高温气冷堆是用氦气作为冷却剂,出口温度高的核反应堆,具有热效率高、燃耗深、转换比高等优点。

〔16〕见《论语·微子》。

〔17〕见唐代白居易《赋得古原草送别》。

〔18〕“大跃进”是1958—1960年中国在经济建设上开展的群众运动。1957年11月13日,《人民日报》社论首次提出“大跃进”的口号。次年5月,中共八大二次会议通过社会主义建设总路线,“大跃进”在全国展开。8月,北戴河会议通过一系列经济建设高指标计划,提出1958年钢产量在1957年基础上翻一番。会后,掀起几千万人参加的大炼钢铁运动。以高指标、瞎指挥、浮夸风和“共产风”为主要标志的“左”倾错误严重泛滥,使国民经济遭到巨大破坏。1960年6月,中共中央在上海举行政治局扩大会议,初步总结几年来经济工作的经验教训,“大跃进”运动得以逐步停止。

〔19〕“人民公社”,亦称“农村人民公社”,是中国农村中同基层政权机构相结合的社会主义集体所有制的经济组织,也是农村社会的基层单位。1958年在人民公社化运动中由农业生产合作社联合组成,一般一乡建立一社,实行单一的公社所有制和政社合一。此后,经过多次调整,农村普遍由人民公社制转向家庭联产承包责任制。1982年制定的宪法规定,农村建立乡政府和群众性自治组织村民委员会,基层政权机构同地区性合作经济组织分开设立。至此,以政社合一和集体统一经营为特征的人民公社遂告解体。

〔20〕见邓小平《改革是中国发展生产力的必由之路》,《邓小平文选》第3卷,人民出版社1993年版,第137页。

〔21〕慧命,原指弘传的佛法。佛教以智慧为法身的寿命,智慧夭则法身亡,故称为“慧命”。后被新儒学借用,用以代指民族文化之根本和精髓。

〔22〕见《庄子·天下》。

珍视成绩，努力工作*

（2004—2013 年）

2004 年

一、过去一年工作回顾

国务院做出《关于进一步加强农村教育工作的决定》[1]。中央财政和国债资金加大了对农村教育的支持力度，主要用于补助中西部农村教师工资发放、中小学危房改造、中小学现代远程教育工程[2]试点和资助家庭经济困难的学生。许多城市开始实行以流入地政府管理为主的办法，努力使进城务工农民的子女能够上学。

二、2004 年主要任务

切实把教育放在优先发展的地位，用更大的精力、更多的财力加

* 本文选录的是温家宝同志 2004—2013 年在全国人民代表大会会议上所做《政府工作报告》中有关教育的内容。

快教育事业发展。实施新一轮《教育振兴行动计划》[3]，重点加强义务教育特别是农村教育。今年要启动西部地区“两基”攻坚计划，到2007年使西部地区基本普及九年义务教育，基本扫除青壮年文盲，中央财政将为此投入100亿元。要完善农村义务教育“以县为主”的管理体制，中央财政和省、市（地）财政要增加对贫困县义务教育的转移支付。继续实施第二期农村中小学危房改造，中央财政将投入60亿元。中央财政和地方财政还将加大投入，发展农村中小学现代远程教育。优化教育结构，积极稳步发展高等教育，大力发展职业教育和继续教育。各级各类学校都要全面贯彻党的教育方针，加强素质教育，深化教育改革，提高教育质量。规范和发展民办教育。坚决治理教育乱收费，切实减轻学生家庭负担。

2005年

一、过去一年工作回顾

新一轮教育振兴行动计划进展顺利。西部地区“两基”攻坚计划开始实施。加大对贫困地区农村义务教育的支持，继续实施农村中小学危房改造。为中西部地区农村义务教育阶段2 400多万贫困家庭学生免费提供教科书。职业教育加快发展。高等教育注重提高质量。高校贫困家庭学生资助体系进一步完善。

二、2005年主要任务

切实把教育放在优先发展的战略地位。重点加强农村义务教育，完善以政府投入为主的经费保障机制。继续实施西部地区“两基”攻坚计划。从今年起，免除国家扶贫开发工作重点县〔4〕农村义务教育阶段贫困家庭学生的书本费、杂费，并补助寄宿学生生活费；到2007年在全国农村普遍实行这一政策，使贫困家庭的孩子都能上学读书，完成义务教育。认真解决好进城务工农民子女上学的问题。着力提高高等教育质量。大力发展各类职业教育。认真贯彻党的教育方针，加强德育工作，推进素质教育，促进学生全面发展。加快教学内容和方法的改革与创新，切实减轻学生负担。加快现代远程教育工程建设。继续促进民办教育健康发展。严格规范各类学校招生和收费制度，加强学校财务管理和监督。

2006年

一、过去一年工作回顾

在教育方面，重点加强了义务教育特别是农村义务教育。中央和地方财政安排专项资金70多亿元，对592个重点贫困县1 700万名贫困家庭学生免除学杂费、免费提供教科书和补助寄宿生生活费，还为中西部地区1 700多万名贫困家庭学生免费提供教科书，许多辍学儿童重新回到学校。继续实施西部地区“两基”攻坚计划。两年来新建、改建、扩建农村寄宿制学校2 400多所，为16万个农村中小学校和教学点配备了远程教育设施。职业教育得到进一步加强。高等教育持续发展。

二、2006 年主要任务

要大力普及和巩固九年义务教育。从今年起用两年时间,全部免除农村义务教育阶段学生学杂费,今年在西部地区实施,明年扩大到中部和东部地区;继续对贫困家庭学生免费提供教科书并补助寄宿生生活费。将农村义务教育全面纳入国家财政保障范围,建立中央和地方分担的农村义务教育经费保障机制。主要是:提高农村义务教育阶段中小学公用经费保障水平,建立农村中小学校舍维修改造投入机制,完善农村中小学教师工资经费保障机制。为此,今后五年国家财政新增义务教育经费累计将达 2 182 亿元。在全国农村普遍实行免除学杂费的义务教育,这是我国教育发展史上的一个重要里程碑,必将对全面提高国民素质产生重大而深远的影响。要解决城市低收入家庭和农民工子女义务教育阶段上学困难问题,让每个孩子都有平等接受义务教育的机会。继续扎实推进西部地区“两基”攻坚计划,确保到 2007 年如期实现计划目标。发展职业教育是一项重要而紧迫的任务,今后五年中央财政将投入 100 亿元支持职业教育发展。高等教育要创新教育教学模式和方法,着力提高教育质量,推进高水平大学和重点学科建设。各级各类学校都要全面推进素质教育。要培养一支德才兼备的教师队伍,造就一批杰出的教育家。

2007 年

一、过去一年工作回顾

优先发展教育事业。全国财政安排农村义务教育经费 1 840 亿元，全部免除了西部地区和部分中部地区农村义务教育阶段 5 200 万名学生的学杂费，为 3 730 万名贫困家庭学生免费提供教科书，对 780 万名寄宿学生补助了生活费。410 个“两基”攻坚县已有 317 个县实现目标，西部地区“两基”人口覆盖率由 2003 年的 77%提高到 96%。中央财政连续三年累计投入 90 亿元，用于农村寄宿制学校建设工程，7 651 所学校受益。农村中小学现代远程教育工程已投入 80 亿元，覆盖中西部地区 80%以上的农村中小学，1 亿多中小学生得以共享优质教育资源。中等职业学校招生规模扩大到 741 万人，在校学生总数 1 809 万。高等教育在学人数 2 500 万，毛入学率提高到 22%。

二、2007 年工作部署

教育是国家发展的基石，教育公平是重要的社会公平。要坚持把教育放在优先发展的战略地位，加快各级各类教育发展。总体布局是：普及和巩固义务教育，加快发展职业教育，着力提高高等教育质量。今年，要在全国农村全部免除义务教育阶段的学杂费，这将使农村 1.5 亿中小学生的家庭普遍减轻经济负担；继续对农村贫困家庭学生免费提供教科书并补助寄宿生生活费。要完善农村义务教育经费保障机制，不断提高保障水平。今年全国财政安排农村义务教育经费 2 235 亿元，比去年增加 395 亿元。“十一五”时期中央财政将投入 100 亿元，实施农村初中学校改造计划，地方政府也要相应增加这方面的投入。同时，继续解决好城市困难家庭和农民工子女接受义务教育问题。今年还要确保全面完成西部地区“两基”攻坚计划和农村中小学现代远程教育工程。让所有孩子都能上得起学，都能上好学，我们一定能够实现这个目标。要把发展职业教育放在更加突出的位置，使教育真正成为面向全社会的教育，这是一项重大变革和历史任务。重点发展中等职业教育，健全覆盖城乡的职业教育和培训网络。深化职业教育管理体制改革，建立行业、企业、学校共同参与的机制，推行工学结合、校企合作的办学模式。高等教育要以提高质量为核心，加快教育教学改革，相对稳定招生规模，加强高水平学科和大学建设，创新人才培养模式，优化人才培养结构，努力造就大批杰出人才。支持和规范民办教育发展，发挥社会力量办学的积极性。

为了促进教育发展和教育公平，我们将采取两项重大措施。一是从今年新学年开始，在普通本科高校、高等职业学校和中等职业学校建立健全国家奖学金、助学金制度，为此中央财政支出将由上年 18 亿元增加到 95 亿元，明年将安排 200 亿元，地方财政也要相应增加支出；同时，进一步落实国家助学贷款政策，使困难家庭的学生能够上得起大学、接受职业教育。这是继全部免除农村义务教育阶段学杂费之后，促进教育公平的又一件大事。二是在教育部直属师范大学实行师范生免费教育，建立相应的制度。这个具有示范性的举措，就是要进一步形成尊师重教的浓厚氛围，让教育成为全社会最受尊重的事业；就是要培养大批优秀的教师；就是要提倡教育家办学，鼓励更多的优秀青年终身做教育工作者。

继续实施人才强国战略。加快推进以高层次、高技能人才为重点的各类人才队伍建设，大力培养一批自主创新的领军人物和中青年高级专家。加快人事制度改革，促进人才合理流动。鼓励出国留学人员回国工作、为国服务，进一步做好吸引、聘用境外高级专门人才工作。要在全社会弘扬尊重劳动、尊重知识、尊重人才、尊重创造的良好风气。

2008 年

一、过去五年工作回顾

在教育方面，全国财政用于教育支出五年累计 2.43 万亿元，比前五年增长 1.26 倍。农村义务教育已全面纳入财政保障范围，对全国农村义务教育阶段学生全部免除学杂费、全部免费提供教科书，对家庭经济困难寄宿生提供生活补助，使 1.5 亿学生和 780 万名家庭经济困难寄宿生受益。西部地区基本普及九年义务教育、基本扫除青壮年文盲攻坚计划如期完成。国家安排专项资金支持 2.2 万多所农村中小学改造危房，建设 7 000 多所寄宿制学校，远程教育已覆盖 36 万所农村中小学，更多的农村学生享受到优质教育资源。更加重视职业教育发展，2007 年中、高等职业教育在校生分别达到 2 000 万人和 861 万人。普通高等教育本科生和研究生规模达到 1 144 万人。高校重点学科建设继续加强。建立健全普通本科高校、高等和中等职业学校国家奖学金助学金制度，中央财政此项支出从 2006 年的 20.5 亿元增加到去年的 98 亿元，高校资助面超过 20%，中等职业学校资助面超过 90%，资助标准大幅度提高。2007 年开始在教育部直属师范大学实施师范生免费教育试点。我们在实现教育公平上迈出了重大步伐。

深入实施人才强国战略，大力培养、积极引进和合理使用各类人才，高层次、高技能人才队伍不断壮大。

二、2008 年主要任务

坚持优先发展教育。一是在全国城乡普遍实行免费义务教育。继续增加农村义务教育公用经费，提高保障水平。适当提高农村家庭经济困难寄宿生生活费补助标准。认真落实保障经济困难家庭、进城务工人员子女平等接受义务教育的措施。在试点基础上，从今年秋季起全面免除城市义务教育学杂费，这是推动义务教育均衡发展、促进教育公平的又一重大举措。二是大力发展职业教育。加强职业教育基础能力建设，深化职业教育管理、办学、投入等体制改革，培养高素质技能型人才。三是提高高等教育质量。优化学科专业结构，推进高水平大学和重点学科建设。普通高校招生增量继续向中西部地区倾斜。办好各级各类教育，必须抓好三项工作。一要全面实施素质教育，推进教育改革创新。深化教学内容和方式、考试和招生制度、质量评价制度等改革。切实减轻中小学生课业负担。二要加强教师队伍特别是农村教师队伍建设，完善和落实教师工资、津贴补贴制度。三要加大教育事业投入。今年中央财政用于教育的投入，将由去年的 1 076 亿元增加到 1 562 亿元；地方财政也都要增加投入。进一步规范教育收费。鼓励和规范民办教育发展。没有全民教育的普及和提高，便没有国家现代化的未来。要让孩子们上好学，办好人民满意的教育，提高全民族的素质。

2009 年

一、过去一年工作回顾

促进教育公平取得新进展。全面实行城乡免费义务教育，对所有农村义务教育阶段学生免费提供教科书。提高中西部地区校舍维修标准，国家财政安排32.5亿元帮助解决北方农村中小学取暖问题。职业教育加快发展。国家助学制度进一步完善，中央财政投入223亿元，地方财政也加大投入，资助学生超过2 000万人；向中等职业学校中来自城市经济困难家庭和农村的学生提供助学金，每人每年1 500元，惠及90%的在校生。

二、2009 年主要任务

坚持优先发展教育事业。今年要研究制定《国家中长期教育改革和发展规划纲要（2010—2020年）》，对2020年前我国教育改革发展做出全面部署。年内要重点抓好五个方面。一是促进教育公平。落实好城乡免费义务教育政策。提高农村义务教育公用经费标准，把小学、初中学生人均公用经费分别提高到300元和500元。逐步解决农民工子女在输入地免费接受义务教育问题。增加农村义务教育阶段家庭经济困难寄宿生的生活补助。争取三年内基本解决农村“普九”债务问题。完善国家助学制度，加大对中等职业学校和高等院校家庭经济困难学生的资助，确保人人享有平等的受教育机会，不让一个孩子因家庭经济困难而失学。二是优化教育结构。大力发展职业教育，特别要重点支持农村中等职业教育。逐步实行中等职业教育免费，今年先从农村家庭经济困难学生和涉农专业做起。继续提高高等教育质量，推进高水平大学和重点学科建设，引导高等学校调整专业和课程设置，适应市场和经济社会发展需求。三是加强教师队伍建设。对义务教育阶段教师实行绩效工资制度，提高 1 200 万中小学教师待遇，中央财政为此将投入 120 亿元，地方财政也要增加投入。全面加强教师特别是农村教师培训，鼓励大学生、师范生到基层、农村任教。四是推进素质教育。各级各类教育都要着眼于促进人的全面发展，加快课程、教材、教育方法和考试评价制度改革，把中小学生从过重的课业负担中解放出来，让学生有更多的时间思考、实践、创造。五是实施全国中小学校舍安全工程，推进农村中小学标准化建设。要把学校建成最安全、家长最放心的地方。

2010 年

一、过去一年工作回顾

进一步促进教育公平。大幅度增加全国教育支出，其中中央财政支出 1 981 亿元，比上年增长 23.6%。全面落实城乡义务教育政策，中央下达农村义务教育经费 666 亿元，提前一年实现农村中小学生人均公用经费 500 元和 300 元的目标。实行义务教育阶段教师绩效工资制度。中等职业学校农村家庭经济困难学生和涉农专业学生免学费政策开始实施。国家助学制度不断完善，资助学生 2 871 万人，基本保障了困难家庭的孩子不因贫困而失学。

二、2010 年主要任务

教育、科技和人才，是国家强盛、民族振兴的基石，也是综合国力的核心。

优先发展教育事业。强国必先强教。只有一流的教育，才能培养一流人才，建设一流国家。要抓紧启动实施《国家中长期教育改革和发展规划纲要（2010—2020 年）》。着重抓好五个方面：一是推进教育改革。要解放思想，大胆突破，勇于创新，鼓励试验，对办学体制、教学内容、教育方法、评价制度等进行系统改革。坚持育人为本，大力推进素质教育。探索适应不同类型教育和人才成长的学校管理体制和办学模式，提高办学和人才培养水平。鼓励社会力量兴办教育，满足群众多样化的教育需求。二是促进义务教育均衡发展。在合理布局的基础上，加快推进中西部地区初中校舍改造和全国中小学校舍安全工程，尽快使所有学校的校舍、设备和师资达到规定标准。为农村中小学班级配备多媒体远程教学设备，让广大农村和偏远地区的孩子共享优质教育资源。加强学前教育和特殊教育学校建设。加大对少数民族和民族地区教育的支持。三是继续加强职业教育。以就业为目标，整合教育资源，改进教学方式，着力培养学生的就业创业能力。四是推进高等学校管理体制和招生制度改革。进一步落实高等学校办学自主权，鼓励高等学校适应就业和经济社会发展需要，调整专业和课程设置，推动高等学校人才培养、科技创新和学术发展紧密结合，激励教师专注于教育，努力建设有特色、高水平大学。创建若干一流大学，培养杰出人才。中央财政要加大对中西部高等教育发展的支持。五是加强教师队伍建设。从多方面采取措施，吸引优秀人才投身教育事业，鼓励他们终身从教。

重点加强农村义务教育学校教师和校长培训,鼓励优秀教师到农村贫困地区从教。加强师德教育,增强教师的责任感和使命感。教育寄托着亿万家庭对美好生活的期盼,关系着民族素质和国家未来。教育不普及、不提高,国家不可能强盛。这个道理我们要永远铭记。

2011 年

一、“十一五”时期工作回顾

制定和实施《国家中长期教育改革和发展规划纲要(2010—2020 年)》。五年全国财政教育支出累计 4.45 万亿元,年均增长 22.4%。全面实现城乡免费义务教育,所有适龄儿童都能“不花钱、有学上”。义务教育阶段教师绩效工资制度全面实施。中等职业教育对农村经济困难家庭、城市低收入家庭和涉农专业的学生实行免费。加快实施国家助学制度,财政投入从 2006 年的 18 亿元增加到 2010 年的 306 亿元,覆盖面从高等学校扩大到中等职业学校和普通高中,共资助学生2 130万名,还为 1 200 多万名义务教育寄宿生提供生活补助。加快农村中小学危房改造和职业教育基础设施建设。全面提高高等教育质量和水平,增强高校创新能力。

二、“十二五”时期的主要目标和任务

坚持优先发展教育,稳步提升全民受教育程度。坚持自主创新、重点跨越、支撑发展、引领未来的方针,完善科技创新体系和支

持政策，着力推进重大科学技术突破。研究与试验发展经费支出占国内生产总值比重达到2.2%，促进科技成果更好地转化为生产力。适应现代化建设需要，加强人才培养，努力造就规模宏大的高素质人才队伍。

三、2011年的工作

科技、教育和人才是国家发展的基础和根本，必须始终放在重要的战略位置。

坚持优先发展教育。推动教育事业科学发展，为人们提供更加多样、更加公平、更高质量的教育。2012年财政性教育经费支出占国内生产总值比重达到4%。加快发展学前教育。公办民办并举，增加学前教育资源，抓紧解决"入园难"问题。促进义务教育均衡发展。加强义务教育阶段学校标准化建设，公共资源配置重点向农村和城市薄弱学校倾斜。以流入地政府和公办学校为主，切实保障农民工随迁子女平等接受义务教育。支持民族地区教育发展，做好"双语"教学工作。全面推进素质教育。加快教育改革，切实减轻中小学生过重课业负担，注重引导和培养孩子们独立思考、实践创新能力。保证中小学生每天一小时校园体育活动。大力发展职业教育。引导高中阶段学校和高等学校办出特色，提高教育质量，增强学生就业创业能力。加强重点学科建设，加快建设一批世界一流大学。支持特殊教育发展。落实和完善国家助学制度，无论哪个教育阶段，都要确保每个孩子不因家庭经济困难而失学。

2012 年

一、过去一年工作回顾

大力发展社会事业，促进经济社会协调发展。各级政府加大对科技、教育、文化、卫生、体育事业的投入，全国财政支出 2.82 万亿元。

扎实推进教育公平。深入贯彻落实教育改革和发展规划纲要。经过 25 年坚持不懈的努力，全面实现九年制义务教育。免除 3 000 多万名农村寄宿制学生住宿费，其中 1 228 万名中西部家庭经济困难学生享受生活补助。建立起完整的家庭经济困难学生资助体系。初步解决农民工随迁子女在城市接受义务教育的问题。推动实施“学前教育三年行动计划”〔5〕，提高幼儿入园率。大力发展职业教育。加强中小学教师培训工作，扩大中小学教师职称制度改革试点，提高中小学教师队伍整体素质。首届免费师范生全部到中小学任教，90％以上在中西部。

二、2012 年主要任务

深入实施科教兴国战略和人才强国战略。

坚持优先发展教育。中央财政已按全国财政性教育经费支出占国内生产总值的 4％编制预算，地方财政要相应安排，确保实现这一目标。教育经费要突出保障重点，加强薄弱环节，提高使用效益。深入推进教育体制改革，加强教师队伍建设，大力实施素质教育，逐步解决考试招生、教育教学等方面的突出问题。推进学校民主管理，逐步形成制度。促进义务教育均衡发展，资源配置要向中西部、农村、边远、民族地区和城市薄弱学校倾斜。继续花大气力推动解决择校、入园等人民群众关心的热点难点问题。农村中小学布局要因地制宜，处理好提高教育质量和方便孩子们就近上学的关系。办好农村寄宿学校，实施好农村义务教育学生营养改善计划〔6〕。加强校车和校园安全管理，确保孩子们的人身安全。加强学前教育、继续教育和特殊教育，建设现代职业教育体系。办好民族教育。高等教育要与经济社会发展和国家战略需要紧密结合，提高教育质量和创新能力。完善国家助学制度，逐步将中等职业教育免学费政策覆盖到所有农村学生，扩大普通高中家庭经济困难学生资助范围。大力发展民办教育，鼓励和引导社会资本进入各级各类教育领域。教育寄托着人民的希望，关系国家的未来，我们一定要把这项事业办得更好！

2013 年

一、过去五年工作回顾

坚持实施科教兴国战略，增强经济社会发展的核心支撑能力。我们加快实施《国家中长期科学和技术发展规划纲要》，制定实施《国家中长期教育改革和发展规划纲要》《国家中长期人才发展规划纲要》〔7〕和国家知识产权战略〔8〕，推动科技、教育、文化事业全面发展，为国家长远发展奠定了坚实基础。

优先发展教育事业。国家财政性教育经费支出五年累计 7.79 万亿元，年均增长 21.58％，2012 年占国内生产总值比例达到 4％。

教育资源重点向农村、边远、民族、贫困地区倾斜，教育公平取得明显进步。全面实现城乡九年免费义务教育，惠及1.6亿学生。实施学前教育三年行动计划，“入园难”问题有所缓解。国家助学制度不断完善，建立了家庭经济困难学生资助体系〔9〕，实现从学前教育到研究生教育各个阶段全覆盖，每年资助金额近1 000亿元，资助学生近8 000万人次。实施中等职业教育免学费政策，覆盖范围包括所有农村学生、城市涉农专业学生和家庭经济困难学生。初步解决进城务工人员随迁子女在城市接受义务教育问题，现有1 260万农村户籍孩子在城市接受义务教育。实施惠及3 000多万农村义务教育阶段学生的营养改善计划。完成中小学校舍安全工程。加快职业教育基础能力和特殊教育基础设施建设。义务教育学校实施绩效工资，在教育部直属师范大学实行师范生免费教育，加强了农村教师队伍建设。全面提高教育质量和水平，高等教育毛入学率提高到30%。国民受教育程度大幅提升，15岁以上人口平均受教育年限达到9年以上。

二、对2013年政府工作的建议

教育和科技在现代化建设中具有基础性、先导性、全局性作用，文化是民族的血脉和人民的精神家园，必须放在更加重要的战略位置。

继续推进教育优先发展。目前我国年度财政性教育经费支出总额已经超过2万亿元，今后还要继续增加，必须把这些钱用好，让人民满意。要进一步深化教育综合改革，切实解决社会普遍关注的重大问题。着力推动义务教育均衡发展，加快发展现代职业教育，提高各级各类教育质量，进一步促进教育公平，为国家发展提供强大的人力资源支持。

注　释

〔1〕2003年9月，国务院做出《关于进一步加强农村教育工作的决定》。《决定》阐述了农村教育的战略地位和作用，明确了农村教育发展和改革的目标与任务，提出了加强农村教育工作的一系列重大政策措施。

〔2〕2003年12月，教育部、国家发展和改革委员会、财政部联合开展了农村中小学现代远程教育工程试点工作，2004年11月在全国全面实行。该工程的主要目的是：通过运用信息化的手段和方式，积极输送优质教育资源，促进农村中小学校师资队伍建设，提高农村中小学教育教学质量，同时为农村精神文明建设、党员干部教育和农民技术培训提供支持。

〔3〕《教育振兴行动计划》，即《面向21世纪教育振兴行动计划》，是在贯彻落实《中华人民共和国教育法》及《中国教育改革和发展纲要》的基础上提出的跨世纪教育改革和发展的施工蓝图。该计划提出了2000—2010年各级各类教育的发展目标。

〔4〕根据《中国农村扶贫开发纲要（2001—2010年）》，国家将中西部地区扶贫开发任务重、贫困人口相对集中的592个县（旗、自治县、市辖区）确定为扶贫开发工作重点县。

〔5〕学前教育三年行动计划是国务院为加快发展学前教育、有效缓解“入园难”问题而做出的一项重大决策。《国务院关于当前发展学前教育的若干意见》提出：统筹规划，实施学前教育三年行动计划。各省（自治区、直辖市）政府要深入调查，准确掌握当地学前教育基本状况和存在的突出问题，结合本区域经济社会发展状况和适龄人口分布、变化趋势，科学测算入园需求和供需缺口，确定发展目标，分解年度任务，落实经费，以县为单位编制学前教育三年行动计划，有效缓解“入园难”。

〔6〕农村义务教育学生营养改善计划是国务院为贯彻落实《国家中长期教育改革和发展规划纲要（2010—2020年）》，提高农村学生尤其是贫困地区和家庭经济困难学生的健康水平而实施的一项重要举措。该计划于2011年秋季学期启动实施，包括四项具体措施：（一）在集中连片特殊困难地区开展试点，中央财政按照每生每天3元的标准，为试点地区农村义务教育阶段学生提供营养膳食补助；（二）鼓励各地以

贫困地区、民族和边疆地区、革命老区等为重点，因地制宜开展营养改善试点，中央财政给予奖补；(三)统筹农村中小学校舍改造，将学生食堂列为重点建设内容，切实改善学生就餐条件；(四)将家庭经济困难寄宿学生生活费补助标准每生每天提高1元，达到小学生每天4元、初中生每天5元，中央财政按一定比例奖补。

〔7〕即《国家中长期人才发展规划纲要(2010—2020年)》，这是我国第一个中长期人才发展规划，也是当前和今后一个时期全国人才工作的指导性文件。纲要分为序言，人才发展指导方针、战略目标和总体部署，人才队伍建设主要任务，体制机制创新，重大政策，重大人才工程，组织实施等部分，是贯彻落实科学发展观、更好实施人才强国战略的重大举措。

〔8〕2007年10月15日，胡锦涛同志在中共十七大报告中明确提出“实施知识产权战略”。2008年6月5日，国务院发布《国家知识产权战略纲要》，提出到2020年把我国建设成为知识产权创造、运用、保护和管理水平较高的国家。

〔9〕参见本书《强国必强教，强国先强教》一文注释〔4〕。

第二部分
关于教育工作的通信

致李政道的信

政道兄：

6月5日、8月18日两函收读，迟复为歉。

您关于科技投资的意见很好。基础研究项目的评审，不仅要有一套科学的制度，而且要有一个权威的机构。国家自然科学基金委完全可以承担这项任务，应予以重视和加强。

您倡导的博士后流动站制度已经实行十年了。实践证明，这一新生事物促进了人才培养和流动，推动了学术交流和学科发展，具有旺盛的生命力。在此，我谨向您和热心这项事业并为之付出巨大努力的同志们、朋友们表示崇高的敬意和诚挚的感谢。我衷心希望博士后流动站越办越好，为我国经济建设和科技教育事业做出更大的贡献。关于举办纪念活动事，教委已做安排，届时我若在京，定会参加。

北京正值金秋时节，非常欢迎您来京，并盼与您相聚。每次同您交谈，都得到许多知识和教益。

问惠君〔1〕夫人好。

敬颂

秋安！

温家宝

1995年9月22日

注　释

〔1〕指李政道的夫人秦惠君。

致北京师范大学实验小学“李四光中队”[1]同学们的信

同学们：

来信收读，非常高兴。

我衷心祝贺“李四光中队”的成立。你们以一位伟大的爱国者、卓越的科学家作为旗帜，充分表现出热爱祖国、勤奋好学、立志成才、献身科学的崇高理想和远大志向。

在“世界地球日”到来之际，你们开展“保护我们的母亲——地球”的行动，很有意义。我国人口多，土地、水、矿产等自然资源有限，生态环境承载压力巨大，必须合理开发利用资源，保护生态环境，珍惜每一片森林、每一条江河、每一寸土地、每一座矿山，走节约资源、保护生态环境的建设之路，使人与自然永远和谐相处。希望你们从小就养成关心地球、认识地球、保护地球的意识，努力学习和掌握科学知识和本领，长大后为把我们生存的家园建设得更加美好而奋斗。

祝你们身体健康，学业有成。

温家宝

2004年4月18日

注　释

〔1〕2003 年 10 月 6 日，第一个“李四光中队”在北京市东四九条小学成立。至 2004 年 4 月，北京市的中小学校已成立“李四光中队”106 个。在第 35 个“世界地球日”到来前夕，刚刚成立的北京师范大学实验小学“李四光中队”的同学们给温家宝同志写了一封信，汇报该校成立“李四光中队”的情况。这封信就是温家宝同志给同学们的回信。4 月 21 日下午，来自北京市中小学校 100 个“李四光中队”的 700 多名学生在人民大会堂举行“节约保护国土资源，李四光中队在行动”主题队会。北京师范大学实验小学“李四光中队”队员李晗月在会上朗读了温家宝同志写给“李四光中队”同学们的信。

就《乡村八记》[1]致范敬宜[2]的信

敬宜同志：

3月30日的信及所附李强[3]《乡村八记》早已收到，迟复为歉。《乡村八记》是一篇有内容有建议的农村调查，记事真切、细致、生动，读后让人了解到农村的一些真实情况，给人以启示。一位二年级的大学生如此关心农村，实属难得。从事新闻事业，我以为最重要的是要有责任心，而责任心之来源在于对国家和人民深切的了解和深深的热爱。只有这样，才能真正做到用心观察、用心思考、用心讲话、用心作文章。你的几封信都给予我很多的关心和鼓励，深为感谢。专此奉复。

敬颂

教安。

温家宝

2005年4月28日

注释

〔1〕2005年1月底2月初，清华大学新闻与传播学院二年级学生李强放寒假回家，利用春节前八天时间，独自对家乡山西省沁源县一带的农村现状进行了调查。

随后，他用一个月时间完成一份四万字的调查报告，名为《乡村八记》。报告细致地反映了其家乡部分农民的生产、生活状况。清华大学新闻与传播学院院长范敬宜读后深受感动，将它寄给温家宝同志。

〔2〕范敬宜(1931—2010)，江苏苏州人。曾任《人民日报》总编辑、中国新闻摄影学会会长、中国新闻文化促进会会长、中国社会科学院研究生院新闻系博士生导师、清华大学新闻与传播学院院长等职。全国人大常委会委员，全国人大教科文卫委员会副主任委员。

〔3〕李强时为清华大学新闻与传播学院学生，是《乡村八记》的作者。

致中国农业大学同学们的信

同学们：

读了你们热情洋溢的信，看到你们为农民编写的一种种科普读物，心里非常高兴。你们在校期间就能想到和做到用自己所学知识为农民服务，确实体现了农大学子情系乡土、回报乡亲的赤子情怀。我从你们身上看到了当代大学生的希望。值此中国农业大学百年华诞之际，我谨向全校师生员工表示诚挚的问候和祝贺！

温家宝

2005年7月1日

致复旦大学百年校庆的贺信

复旦百年，历经坎坷，艰苦创业，成就辉煌。值此百年校庆之际，谨向全校师生员工和广大海内外校友致以热烈的祝贺和诚挚的慰问！

国于天地，教育为本。复旦新的百年，任重道远。希望复旦继承发扬“爱国、团结、服务、牺牲”的光荣传统，改革创新，办出特色，加快建设世界一流大学，培养大批全面发展的杰出人才，向着光明的前程，努力奋斗！

温 家 宝

2005 年 9 月 20 日

在六一儿童节到来之际慰问残疾儿童的信

孩子们：

读了你们的信，心里又高兴又惦念，我希望有更多的孩子，经过精心的治疗和教育得到康复，走进普通小学；我希望那些还有听力和言语障碍的孩子，能以坚强的毅力克服困难，听到声音，开口说话；我希望所有的残疾儿童都能得到全社会的关爱，让他们有一个活泼的童年，增强他们对生活的信心和勇气。值此六一儿童节到来之际，我向你们表示祝贺，希望你们过一个愉快的节日。我向你们的老师表示感谢，他们为你们的成长付出了辛劳和智慧。我要告诉你们，最近国家批准了残疾人事业“十一五”发展纲要，明确要求基本普及残疾儿童少年义务教育。你们所盼望的更多的宽敞漂亮的康复中心一定会建成。我真想再一次和你们在一起，听你们唱最好的歌，看你们画最美的画。祝你们节日快乐！

温家宝

2006年5月27日

致刘艳琼[1]的信

刘艳琼同志：

你的信和转送的赣州市滨江第二小学全体师生的信，今天下午收到，非常高兴。明天人代会就要结束了，请你回校后转达我对全体老师和同学的深深谢意和衷心问候。祝学校越办越好，祝老师们为人师表，祝同学们茁壮成长。春天到了，鲜花开了。今年花儿红，明年花更好。

顺致

敬礼！

温 家 宝

2007 年 3 月 15 日

注　释

〔1〕刘艳琼时任江西省赣州市滨江第二小学校长。2007 年春季开学，江西城乡义务教育阶段的学生全部免除了学杂费，学生感激之情溢于言表。滨江第二小学学生自发地组织起来，共同写信给温家宝同志，以表达全体师生对党和政府的感激之情。温家宝同志在百忙之中亲笔回信，并在答中外记者招待会的开场白中提起回信的事。

致李雪莹〔1〕同学和小朋友们的信

雪莹同学并小朋友们：

4月26日来信收读，非常高兴。你们正在学校学知识，包括学做人、学思维、学本领。这个时期对于你们一生的成长是很重要的。我相信知识的力量能够改变命运，也能够带来幸福。我希望你们从小就热爱国家，热爱人民，热爱香港，努力学习，立志成才，回报社会。香港的未来是属于你们的。衷心祝愿你们健康快乐！

温家宝

2007年5月25日

注 释

〔1〕李雪莹时为香港新界方树福堂基金方树泉小学五年级学生。她在写给温家宝同志的信中说："最近，我从电视中看到您向全体人大代表宣读本届任期最后一份政府工作报告，令我非常感动。特别是有关教育方面，设立国家奖学金、助学金制度，进一步落实国家助学贷款政策，使困难家庭的学生能够上大学，接受职业教育，并且免除农村义务教育杂费。您给中国无数贫穷的学生雪中送炭，为他们打了一支强心针。"

致王孝文〔1〕小朋友的信

孝文小朋友：

去年9月21日来信及你获奖的图画《我跟奶奶学剪纸》早已收到，迟至今日才给你回信，请你原谅。你的画很好，我很喜欢。睢宁县〔2〕有五万多小朋友画画，真不愧为“儿童画之乡”。希望你和全县的小朋友努力学习，认真作画，做一个全面发展的人。祝好！

温家宝

2007年6月28日

注　释

〔1〕王孝文时为江苏省睢宁县实验小学五年级(3)班学生。2006年9月，王孝文将其获奖作品《我跟奶奶学剪纸》送给温家宝同志，并寄信一封，向温家宝同志介绍他们作画的情况，希望“温爷爷能来睢宁看我作画”。

〔2〕睢宁县位于江苏省北部，隶属徐州市。睢宁县的历史比较悠久，文化底蕴比较深厚。睢宁县是全国唯一被国家文化部命名的“儿童画之乡”，有800多幅作品在国际上获得大奖，其中有205幅获得金奖。特别值得一提的是，有4幅儿童画陈列在联合国总部。20多年来，睢宁儿童画在70多个国家和地区巡回展出过。睢宁儿童画已经作为外交部部长“国宾礼品”，被赠送给海内外友人。

致叶天祐[1]的信

叶天祐校长：

6月27日函示及所附同学们的25封来信均已收悉。请校长转告同学们，谢谢大家，同学们爱国、爱港的真情让我深受感动。

国家和香港的发展需要办好教育，需要很多的人才。我愿同学们一天一天成长，愿同学们壮健、博学、进步、愉快，愿同学们与祖国和时代共进。专此奉复。

致敬！

温 家 宝

2007年7月29日

注 释

〔1〕叶天祐时任香港中华基督教会桂华山中学校长。2007年6月，香港中华基督教会桂华山中学的25名学生致函温家宝同志，感谢中央政府对香港的关心和支持。温家宝同志亲笔回信，并赠送亲题的晚清著名外交家、诗人黄遵宪的诗句“杜鹃再拜忧天泪，精卫无穷填海心”。

致杨福家[1]的信

福家同志：

托建敏[2]秘书长转来的《对同济大学的祝愿》[3]的译文收到了，感谢你对此文的关注。为了使译文更准确，特别是中国经典引语的译文与原意更为贴切，我请资中筠[4]先生做了修改。现将改稿送你，供参用。如何办好大学，是我经常思考的问题，虽然多次谈了些意见，但总觉得工作做得不够，现实问题不少。最近在北师大与新生作了一次对话，阐述了我对教育的一些看法，想必你已看到了报道，不知你有何看法，很愿听听你的建议。

此致

敬礼！

温家宝

2007年9月14日

注 释

〔1〕杨福家，中国物理学家、教育家。1936年出生于上海，籍贯浙江宁波。1958年毕业于复旦大学物理系。1963年10月至1965年10月任丹麦哥本哈根尼尔斯·玻尔研究所博士后研究员。曾任复旦大学原子核科学系主任、研究生院院长、校长，中国科学院原子核研究所所长，中国科学技术协会副主席等职。2001年当选为英国诺丁

汉大学校长。中国科学院学部委员、院士,第三世界科学院院士。他主持组建了"基于加速器的原子、原子核物理实验室",完成了一批国际上受到重视的研究课题。

〔2〕即华建敏。华建敏时任国务委员、国务院党组成员兼国务院秘书长、机关党组书记、国家行政学院院长。

〔3〕该文是 2007 年 5 月 14 日温家宝同志在同济大学一百周年校庆前夕发表的祝贺讲话稿,收入本书时改名为《海纳百川,全面发展》。

〔4〕资中筠,中国国际政治及美国研究专家、翻译家。1930 年出生于上海,祖籍湖南耒阳。曾任中国社会科学院研究员、美国研究所所长等职。中国社会科学院荣誉学部委员。曾长期从事外事工作。

致任继愈的信

继愈同志：

9月2日函示收读。您对我国教育事业十分关心，所提意见中肯，给人以启示。党的十七大政治报告已有教育方面的内容，会后国务院还将就教育问题进行专门讨论，当认真吸收您的意见。专此奉复。

顺致

敬意！

温家宝

2007年9月30日

致杨遵仪[1]百年华诞的贺信

杨遵仪先生：

值此先生百年华诞之际，谨致衷心祝贺。先生是杰出的地质学家和地质教育家，从事地质学特别是地层学[2]和古生物学[3]的教学和科研工作七十余载，科研建树丰硕，桃李满天下，为我国地质事业做出了重要贡献。先生博学笃志，格物明德，不畏艰难，勇攀高峰，把自己的一切都献给了科学和教育事业。先生的渊博学识和创造精神，受到地质界的广泛赞誉。先生的高尚道德和优秀品质，成为科技界的楷模。47 年前您是我的老师，今天仍然是我的老师，我将永远以先生为榜样，像先生那样做人、做事、做学问。先生的长寿是与先生淡泊名利、乐观豁达、谦虚谨慎、待人友善的品格分不开的，用敬的涵养[4]使先生成为一棵参天的树。愿先生生命之树永远常青。

此致

敬礼！

学生　温家宝

2007 年 10 月 4 日

注　释

〔1〕杨遵仪(1908—2009),中国地层学和古生物学家。广东揭阳人。1933 年毕业于清华大学地学系,1939 年获美国耶鲁大学博士学位。曾任中山大学地质系教授兼系主任、两广地质调查所所长、清华大学地学系教授、北京地质学院教授兼系主任等职。中国科学院学部委员、院士。长期从事地质、地层古生物研究和教学工作,是我国古生物地层专业的奠基人之一。1997 年获得"何梁何利基金科学与技术进步奖"。

〔2〕地层学是研究地层之间的空间关系和形成时间顺序,并据以进行地层划分与对比,从而建立地层层序系统的一门学科。

〔3〕古生物学是研究地质历史时期生物的形态、构造、分类、生态、分布、演化、起源、绝灭等规律的学科。研究对象是保存在地层中的古生物遗体和遗迹——化石。根据研究的对象,可分为古植物学和古动物学。

〔4〕语出北宋程颢、程颐《二程遗书》卷十八。原文为:"涵养须用敬,进学则在致知。"

致杨福家的信

福家同志：

2月28日信收到了。“两会”前后一直在忙，迟复为歉。提纲读了，十分高兴，看来是下了大功夫的，倘有更多的人思考、讨论这个问题，对于办好大学，必有益处。我拟将这份材料转延东〔1〕同志研究，她现在负责教育工作。您信中提到的感受和希望，是对我们的提醒、鼓励和鞭策，对教育的改革和发展，不能停留在议论上了，必须有更多切实可行的措施，必须有更大的作为。为此，我们正在酝酿新的规划。何时来京，可提前告之，如能晤谈，不胜企望之至。专此，敬祝健康！

温家宝

2008年4月11日

注　释

〔1〕即刘延东。刘延东时任中央政治局委员、国务委员。

致伊莎白·柯鲁克[1]的信

伊莎白·柯鲁克女士：

惠书[2]早已收到，迟复为歉！遵嘱写了“手脑并用，创造分析”，倘可用，烦您转北京培黎职业学院[3]。我同样认为这个校训对所有的职业学校都是适用的。同学们给我的信也收到了，我给他们的回信，请您一并转交。您和两个儿子的合影也收到了，母子三人都得到在华永久居留证，我由衷为你们感到高兴。

顺颂

大安！

温家宝

2008年4月12日

注释

〔1〕伊莎白·柯鲁克(Isabel Crook)，1915年出生在四川省一个加拿大传教士家庭。父亲是华西大学教务长，母亲在当地开办了一所幼儿园。她的童年和少女时代，有一半光阴在中国度过。成年后，她在加拿大多伦多大学攻读心理学，1938年获硕士学位。此后，她与丈夫长期生活在中国。新中国成立前夕，为了帮助中国培养外语人才，柯鲁克夫妇慨然允诺在南海山外事学校(北京外国语大学前身)任教，成为新中国英语教学园地的拓荒人。作为一位人类学家，她站在人类学的高度上探讨中国

人的问题，并与中国人民结下深厚的友谊。

〔2〕指柯鲁克夫妇所著《十里店》(上海人民出版社 2007 年版)。2007 年夏天，伊莎白·柯鲁克教授将《十里店》中文版一、二册寄给了温家宝同志。温家宝同志收到书后，回信对她关心中国农村和农民问题的精神给予充分肯定。

〔3〕北京培黎职业学院是 2004 年经北京市人民政府批准、教育部备案的市属民办全日制高等职业学院。其前身是 1983 年创办的北京培黎职业大学，路易·艾黎为首任名誉校长。

致培黎职业学院同学们的信

同学们：

来信收读，得知培黎职业学院有这么多学生获得国家奖助学金，非常高兴。职业学校是面向人人的，无论公立、私立都应该受到国家的重视。培黎职业学院有着优良的传统，衷心希望越办越好。愿从培黎职业学院走出来的学生，有知识、有技能，会动脑、会动手，善分析、勇创造，成为德、智、体、美、劳全面发展的人才。谨向全校师生致以亲切的问候。

温家宝

2008年4月12日

就大学生开展农村调查等问题致许雪斌等同学的信

雪斌、陈伟、子飞、栋梁[1]同学：

去年12月份的信和调研报告，辗转多日，送到我手中已经是今年3月了，迟复为歉。大学生开展农村调查是一件很有意义的事。回想60年代我上大学时，几乎每个假期都到农村去，结识了许多农民朋友。在中国不懂农村就不会真正懂国情。对大学生来说，无论将来从事什么工作，了解农村都是不可或缺的一课。你们反映的关于建设社会主义新农村的问题，中央早已察觉，并积极朝着正确的方向加以引导。尽管如此，在一些地方问题仍旧不同程度地存在着，这是需要重视的。五四青年节快到了，祝大家节日好！

温家宝

2008年4月21日

注　释

〔1〕以上四位同学分别是浙江大学传媒与国际文化学院的许雪斌、陈伟、杨子飞和管理学院的张栋梁。2007年7月，他们参加了“浙江大学农村居民生活品质与新

农村建设暑期社会实践联盟”的调查工作。该活动分为 10 支社会实践团队，有近 200 名大学生走进浙江千家农户调研，与万余名农民开展访谈，随后写出多篇很有价值的调研报告和实践心得。同年年底，许雪斌等四位同学给温家宝同志写信，同时呈上调研报告，表达莘莘学子朴素的报国情怀。2008 年 4 月 21 日，温家宝同志给他们写了这封语重心长的回信。

致潘宗光[1]的信

宗光校长：

去年8月24日的信早已收到，迟至今日才复，甚感歉意。请接受我对香港理工大学建校七十周年的祝贺，并转达我致全体师生的问候。教育是香港发展的柱石。没有大批杰出的人才，便没有香港的未来。我是爱香港的。我愿香港有世界一流的教育。我坚信香港未来更美好。遵嘱写了几个字，借致希望之忱。肃此。

敬颂

教安！

温家宝

2008年4月29日

注　释

〔1〕潘宗光，1940年出生于香港，1963年毕业于香港大学，1967年获英国伦敦大学哲学博士学位。1968年在美国加州理工学院从事博士后研究，同年任教于香港大学化学系。1983年任香港大学理学院院长，1991年任香港理工大学校长。第十届全国政协委员。

致刘小桦[1]同学的信

小桦：

你6月的信，近日才收到。经过这场大的灾难，你不再是一个爱哭的小女孩了，好像一下子长大了、坚强了、懂事了。我惦念你，惦念灾区所有的孩子们。我希望你们在灾难中懂得人生的艰难，也看到未来的光明，从而更加努力学习，艰苦奋斗，长大和灾区人民一道把家乡建设得更加美好。向你的同学们问好，向你的家人问好，向乡亲们问好！

温家宝

2008年7月13日

注　释

〔1〕刘小桦，羌族女孩，时为四川省绵阳市北川县曲山小学四年级学生。2008年5月13日，"5·12"大地震后的第二天，在四川省绵阳市九洲体育馆，刘小桦曾受到温家宝同志的慰问。

在汶川地震发生一周年之际致都江堰市全市中小学生的信

孩子们：

你们签名赠给我的画集《美丽的花朵》收到了，非常感谢。当我看到你们精心创作的作品时，我的心被深深地震撼了。这不是一般的画作，是你们在那场悲壮的抗震救灾中亲身经历的真实写照。你们敢于面对灾难，充满战胜困难的信心和勇气；你们在废墟中站立起来，挺起不屈的脊梁；你们把痛苦和大爱深深埋在心里，化作前进的力量。你们幼小的心灵经过磨难，变得更纯洁、更庄严、更坚强、更美好。你们已经懂得要以坚忍不拔的意志努力做一个有用的人，去帮助人们过上更好的生活。你们就是在这片灾难的土地上绽放出的最美丽的花朵，就是国家和民族的未来和希望。

在汶川大地震一周年纪念日到来的时候，我们纪念那些遇难的人，特别是孩子们，最好的行动就是把灾后恢复重建工作做好，建设美好家园。我们国家的灾难频仍而深重，唯有科学的态度、求实的精神和不懈的奋斗才能战胜它，从而使人们，首先是孩子们生活安宁、和谐、幸福。你们在画中表达了对我的想念，我也想念你们，想念灾区所有的孩子们。

我深深地爱着你们！

温家宝

2009年4月26日

致江苏省淮安市“周恩来班”[1]学生的信

孩子们：

来信收到了，非常高兴。你们是周恩来故乡的孩子，是“周恩来班”的学生，我为你们祝福。希望你们像敬爱的周恩来爷爷那样，从小立志“为中华之崛起而读书”，长大成为祖国的栋梁之材。祝愿你们健康、快乐、进步！

温家宝

2009年8月30日

注　释

〔1〕江苏省淮安市“周恩来班”创建活动始于1998年。淮安市是周恩来同志的故乡，该市创建“周恩来班”命名表彰活动的根本目标是“以周恩来精神育人”。这次给温家宝同志写信的是淮安市淮阴师范学院第一附属小学五年级(7)班的学生。

致刘敏[1]同学的信

刘敏同学：

我是从映秀、清平回来后才看到你的信，真后悔没在绵阳同你晤谈。你的信充满对生活的信心和勇气，我含着泪水读了多遍。你有不可征服的灵魂，任何艰难困苦都不能让你低头。你已经用自己的“双腿”站立起来了，面向光明的未来，永远不会倒下。我为什么对北川中学有那么深厚的感情，为什么总是惦念学校里的孩子们，因为这所学校和那里的师生有着特殊的品格，独立不惧，坚忍不拔。它是我们国家和民族的象征，没有比这种精神更宝贵的了。新的北川建起来了，新的北川中学也落成了，这是让人高兴的。但是，不能满足于高楼大厦，比这些更持久、更有意义的是在灾难中炼就的精神和道德力量。我忘不了北川，忘不了北川中学，忘不了汶川灾区的乡亲们，我祝福你们。刘亚春[2]校长的信收到了，许多同学的信都收到了，我不能一一作复，请代我向大家问好。开学典礼我不能去了，谨致祝贺。祝你

快乐！

温家宝

2010年8月29日

注　释

〔1〕刘敏，时为四川省北川中学高 2011 级 16 班学生。

〔2〕刘亚春，1965 年生，中学高级教师，时任北川中学校长。他在汶川地震发生后，积极组织师生自救，被评为“教育系统抗震救灾先进个人”。

致伊莎白[1]女士和北京外国语大学师生的信

伊莎白女士并转北京外国语大学同学们、老师们：

来信收悉，欣闻北外今年七十周年校庆，谨致热烈祝贺！

贵校生于民族救亡的烽火，成于新中国创业的磨砺，兴于改革开放的春天，峥嵘岁月，英才辈出。诚望你们弘扬延安精神，勇于担当，博学笃行，兼容并蓄，不断创新，为促进中国与世界各国的交流和友谊做出更大贡献！

近日我将邀请各行各业的青年代表到中南海做客，共度五四青年节。其中特意请北外两名学生参加，并请他们转达我对贵校全体师生的亲切问候！

温 家 宝

2011 年 5 月 2 日

注 释

〔1〕即伊莎白·柯鲁克。见本书《致伊莎白·柯鲁克的信》注释〔1〕。

致梁吉生[1]的信

梁吉生同志：

2009 年函及承赠的《张伯苓年谱长编》[2]三卷早已收到，迟复为歉。研究张伯苓思想和南开教育，必须同中国教育改革实践相结合，解放思想，大胆探索，真正做到在继承中得以发扬光大。

新春已到，向南开师生问好！专此。

谨祝春节好！

温家宝

2013 年 2 月 4 日

注　释

〔1〕梁吉生，1939 年生，河北安新人。南开大学教授，从事南开校史研究和张伯苓研究三十余年。

〔2〕该书由梁吉生撰著，人民教育出版社 2009 年 8 月出版，记述了张伯苓的生平、思想、著作及教育文化活动等。

第三部分
与大学师生的座谈

我们的国家是压不垮的*

（2003年4月26日）

在留学生宿舍的谈话

温家宝：你们都好吗？中国政府非常关心外国留学生和外国专家的身体健康。如果你们需要回家、回国，中国政府会给你们提供一切方便，等一切都好了，欢迎你们再回来。请你们做好防护工作，少到人多的地方去，保护好自己的身体。

留学生：谢谢总理，总理也好好保重！

温家宝：谢谢大家的关心，你们多保重，你们保重我们就放心了。疾病是暂时的，友谊是永存的。你们留在中国和我们一起抗击"非典"，表现了一种真诚、无私的友谊，感谢你们！

外国专家：我们在这里感到非常舒服，北京大学给了我们非常好的安排。

温家宝：希望你们保重身体。

---

* 这是温家宝同志在北京大学与师生的谈话。

2003年4月26日，温家宝同志来到北京大学，先后在勺园留学生宿舍、35楼医学部女生宿舍看望学生，并在农园食堂与北大师生共进午餐

在35楼女生宿舍的谈话

温家宝：你好！你管理学生宿舍吧，谢谢你！你辛苦了！到吃饭时间了吧？吃饭之前要洗洗手。你在学校，家里放心吗？家里没有病人吧？心里害怕吗？平时把窗户打开通通风，吃饭前勤洗手，做点户外运动。只要大家注意点，这个病并不可怕。

学　生：学校工作做得挺好的，不觉得那么慌了。

温家宝：学校应该把工作做好，政府也应该把工作做好。只要大家齐心协力抗病魔，就一定能战胜它。你们有这个信心吧？看到同学们在网上的一些话，我挺感动。大家对政府的信心越来越强了。因为大家看到政府每天在行动，每天在工作。经过一段时间，我们会克服这个困难的。你们相信吧？

同学们：相信！

温家宝：我们希望你们保重身体。把话给同学们都带到啊！保重身体！留得青山在，不怕没柴烧。有你们，祖国的未来就有希望。

在农园食堂的谈话

温家宝（指着学生会悬挂的一条横幅）：这四句话很好，珍重自己，关爱他人，同舟共济，共渡难关。

同学们：总理到北大啦！

温家宝：人民有知情权，有权知道目前疫情的发展状况。北京市已经决定，不仅每天要公布疫情，而且每个区县出现几个病人也要通报。

北大学生会主席：您经常引用"苟利国家生死以，岂因祸福避趋之"。

温家宝：现在我所做的一切，正是在实践这两句话。我深感自己责任重大。我像你们一样，大学时代在校园里学习了8年，我的专业使我有幸走遍了祖国的山山水水，并且能与最基层的人民生活在一起。

吴　仪[1]：温总理就是从最基层的地方走出来的，其实我们每个人都是从最基层的地方干出来的。

温家宝：我们的民族是一个经历过许多磨难的民族。这次危机对我们的民族来说同样是一个考验。我们有5 000年历史，有13亿人，我们一定会愈挫愈奋、愈磨愈坚的。我们的国家是压不垮的！祖国的明天靠你们！

注 释

〔1〕吴仪时任中共中央政治局委员、国务院副总理。

同舟共济，共渡难关*

（2003年5月4日）

温家宝：今天是五四青年节，想到同学们都在学校，不知道你们过得怎样？非常惦记你们，大家还好吧？有什么活动没有？

（大家说在校园里有放风筝、踢足球、打羽毛球、练健美操等丰富多彩的文体活动。）

温家宝：校园生活可以活跃一些。这是一段非常的日子，可能会在同学们的一生中留下深刻的印象。我相信，大家不会忘记这段时间；我相信，国家经过这场磨难会更加强大，青年经过这场锻炼会更加成熟。“五四”精神归根到底是民主与科学的爱国主义精神。依靠爱国主义精神，在中国共产党的领导下，我们推翻了三座大山，建立了社会主义制度；依靠爱国主义精神，我们实行改革开放，基本实现了小康；现在同样要依靠爱国主义精神来战胜这场“非典”的袭击。我们青年人应该在这场灾难中经受住考验。

不久前我到曼谷参加有关应对“非典”的“10+1”首脑会议〔1〕。

---

* 这是温家宝同志在清华大学与学生共度五四青年节时的座谈。

这次特别会议原来没有请中国，但是后来他们感觉到没有中国参加，会议是不能成功的。所以，从他们发出邀请到我决定去只有几天的时间。我是“坚定”地去的。我觉得中国应当敢于面对现实，敢于面对世界。路上我就在想应对目前困难的办法，我概括了八个字，就是“坦诚、负责、信任、合作”。我和我们的代表团可以说不辱使命，我们就用这八个字取得了东盟十国领导人的理解，在双边会谈和“10＋1”的会谈中，没有任何一个国家的领导人责难中国，都是理解、同情、支持和合作的态度。

中国是一个有着13亿人的大国，上下五千年历尽磨难，没有被压倒，没有被摧垮，也没有散掉。世界四大文明古国〔2〕，就剩中国没有散掉。我们的文化和历史都延续了下来。我们的国家受的磨难最多，遭受的灾难最多。《左传》〔3〕中有“多难兴邦”之说，我又想到

2003年5月4日，温家宝同志到清华大学看望广大青年学生。这是温家宝同志在清华大学图书馆与同学们一起座谈

孟夫子[4]有一句话：“入则无法家拂士，出则无敌国外患者，国恒亡。”由此，我又想到古人说的“生于忧患，死于安乐”[5]。每克服一次困难，一个国家、一个民族都会前进一步。特别是我们这个国家，越是困难的时候凝聚力越强，越团结。万众一心，众志成城。每克服一次困难，人民的聪明才智就得到一次极大的发挥，就会出现许多杰出的人物。

今天在座的同学中工科生较多。我想讲一点自然科学知识。从SARS病毒，我想到了生命科学发展的两大领域。物理学是向两个方向发展的，一个叫作宏观世界，一个叫作微观世界。宏观世界发展到宇宙中的暗物质，其实宇宙中还有反物质，反物质比暗物质还要难研究。从微观来看，我们原来知道有分子和原子，现在研究到夸克[6]。生命科学其实也在向两个方向发展。从微观来讲，就是我们现在要对付的SARS病毒，原来我们只知道有分子生物学[7]，现在还有量子生物学[8]。这是一个分支，就是我们经常看到的细胞研究，克隆技术[9]。其实，生命科学还有另外一个分支，就是环境。生命有环境的理念，就是外界对于生命的影响。知识是一个浩瀚的海洋，当我们急需用的时候就感到不够。大家都希望在研究SARS病毒上取得三个突破：第一叫作SARS病毒的确诊，或者叫作阳性检测率，实事求是地讲，目前阳性检测率研究工作还没有完成，我国也就是48%—50%的检测率，泰国可以达到60%；第二叫作治疗，吃什么药可以治这个病，这是一大关口；第三，也是最重要的，就是免疫。人类征服过的几种重大疾病也都经过一段艰苦攻关的过程。只有当盘尼西林[10]这种药物研制成功以后，肺病才是可治的病；只有当科学家发现牛痘[11]以后，人类才能消灭天花[12]。我想解决SARS的措施也可能是将来科学上的一个很重要的突破。现在基于人类对基因图谱[13]的掌握，这个时间应该会比较短。我跟同学们讲这些，无外乎是想跟你们说，要学的东西太多，现在在大学里学的知识广阔一点儿，将来你们在工作中都能用上。我是主张学科面要宽一些，基础要打得牢一点儿。因为学科之间的交叉很多，而且这种趋势发展很快，谁也不知道当你应用的时候会成什么样。

我刚才想起你们的校训，这两句话是来自《周易》："天行健，君子以自强不息"；"地势坤，君子以厚德载物"。我在南开中学学习的时候，大中[14]同志是我的老学长。南开中学也有一句校训——"允公允能"。这几个字我们可以理解为，学校培养的学生第一是要把"公"放在首位，也就是要把人民和祖国放在首位。"能"是能力，是服务祖国服务人民的能力。南开学校对学生要求很严格，从仪表到坐姿都有要求，一进走廊就有一面镜子。学生要讲究仪表，这是我们最早的一任校长张伯苓定下的。一个学校要形成好的学风，要有一个好的校风、好的传统，这是非常重要的。你们有什么问题要跟我说吗？

学　生：我在网上看到这样一句话："在我们战胜'非典'的时候，我们需要的不仅仅是药物，比药物更重要的应该是我们的胆识和魄力。"我是非常赞成这句话的。您对这句话有什么看法？

温家宝：我跟你一样。非常赞成。

学　生：那您看，在政府为我们做了这么多之后，需要我们大学生为政府做些什么吗？

温家宝：所谓胆识和魄力，不仅是指政府，而且是指每个公民包括学生。第一，要有面对困难的勇气和信心；第二，要有解决困难的果断措施。对于公民和学生来讲，也要有胆识和魄力。也就是说，不为困难所吓倒，真正形成"众志成城，团结一致，同舟共济，共渡难关"的局面。

往往一次灾害，有可能推动一次科技的进步，也可能出现许多新的科学发明。SARS出现后，我们不能采取关闭国门、限制人员流动的办法，只能采取科学的办法。所以，现在要测体温，测体温的红外技术[15]就很重要，红外线[16]测温仪就是清华做出来的。我对清华所做的贡献表示感谢！生物芯片[17]的研究是生物学三大领域之一，生物芯片也是清华的贡献。生物芯片的发明和这项技术的应用，不仅会推动生物学发展，也会推动信息科学的发展，而且还会促进生物学和信息学结合。

学　生：我是湖南人，1998年洪水冲毁我们家园的时候，您带领我们众志成城，战胜了洪水。现在又面对SARS这样一场摸不透、看不见的战争，我想知道您现在的心情和当年战洪水的时候有什么不一样？

温家宝：1998年的大洪峰一共有八次，最重的是第六次。第六次洪峰到来的时候，已经过了分洪的警戒线。跟同学们讲，当时我的心情很沉重。那天离开北戴河直飞荆州。我在飞机上想，我下飞机一句话也不说。为什么不说？我怕受干扰。在紧急关头，领导的态度和决定非常重要。

我一下飞机，省里的领导说得很多，各种意见都有，我咬紧牙关一句不说。半夜一进宾馆，我第一个是找科学家，我把几位有名的水利专家都请来，我说你们给我预报几个重要的信息，比如水情、气象、来水的情况，特别是雨情。我们对这些数据进行科学分析后，判断当时要过的洪峰是一个量大但是时间比较短的尖峰。当时我为什么下令"严防死守"，认为这样可以渡过这个难关呢？这是基于科学判断，我们把各方面参数都计算好了。如果分洪，公安县向外转移54万人，但是能储存的水只有54亿立方米。对于这么大的洪水，这就像储存了一盆水一样，解决不了根本问题。我第二个找的是解放军，军区领导坚决表示，抗洪部队都上。最后我找省里领导，我用科学数据和解放军的决心统一省里领导的思想。我把这些都布置完了，凌晨 5 点我上大堤，最高峰过的时候是 10 点钟，我是看着洪峰过去的。但是人算不如天算，有一点没有计算好，就是有一片云没在当地下雨，它拐过去了，拐到湖南下了，这样洪水就进逼洞庭湖，这是我没有预料到的。所以又经过一个礼拜的死守。那天我就对记者说："荆州平安过去了，但是下一步面临的考验是洪湖。"果真不出所料，洪湖和武汉，因为洞庭湖的来水变得非常困难。在这种情况下，东北又发大水，我又飞到哈尔滨。那时我几乎和现在一样，睡不着觉，而且稍一迷糊，就觉得电话响，甚至有一次没有电话，我突然惊醒就爬起来去接。

这次我们遇到的敌人是看不见的，我心里开始感觉没底，心情更为沉重，尤其是北京这个地区，我们这么好的首都，因为疫情，弄得大家不能正常地工作和生活，心里感到非常难受。大家也知道我是一个非常坚强的人，但是当我一个人夜不能寐的时候，常常泪流满面，止不住啊，为什么呢？心里着急啊！我不能让我们的国家因为这场灾难而受到很大的影响。值得欣慰的是，经过这段时间以后，虽然还处在困难时期，但是我们已经逐步地有了信心，这个病是可防、可治、可控的，依靠科学、依靠群众可以克服这个困难。北京大概还得经过一段时间才能一切恢复正常。我和外国记者讲，工作局面扭转了。我说："我跟你们讲了很多，但一打纲领不如一个行动，从政府到普通百姓，都行动起来了，行动本身就是希望！"只要从政府到群众都行动起来，我们终究会战胜疫病！

学　生：我们的老师说过这样一句话，他指着校园里一片嫩绿的树林说，当树叶变成深绿的时候，这场瘟疫就会过去的。我们每一个清华学子都愿意做这些树上的一片树叶，有力地团结在一起。我想问总理，您喜欢把您比喻成这棵树上的什么？

温家宝：我也愿做这棵树上的一片叶子。

注　释

〔1〕“10＋1”首脑会议是指东盟 10 国领导人分别与中国、日本、韩国领导人举行的会议。“10”指东盟 10 国（文莱、印度尼西亚、马来西亚、菲律宾、新加坡、泰国、越南、老挝、缅甸、柬埔寨），“1”指中国、日本、韩国中的一国。

〔2〕四大文明古国，指古代文明的发源地中国、古印度、古埃及和古巴比伦。

〔3〕《左传》原名为《左氏春秋》，汉代改称《春秋左氏传》，简称《左传》。旧时相传是春秋末年左丘明为解释孔子的《春秋》而作。《左传》实质上是一部独立撰写的史书。它起自鲁隐公元年（前 722 年），止于鲁悼公十四年（前 454 年），以《春秋》为本，通过记述春秋时期的具体史实来说明《春秋》的纲目。《左传》是儒家重要经典之一。

〔4〕指孟子。

〔5〕此处的两句引文均出自《孟子·告子下》。原文为：“入则无法家拂士，出则无敌国外患者，国恒亡；然后知生于忧患，而死于安乐也。”

〔6〕1964 年，美国物理学家默里·盖尔曼和 G. 茨威格各自独立提出了中子、质子这一类强子是由更基本的粒子——夸克（quark）组成的。“夸克”是盖尔曼取自詹姆斯·乔伊斯的小说《芬尼根守夜人》一书中的用词。

〔7〕分子生物学是从分子水平研究生物大分子的结构与功能从而阐明生命现象本质的科学。自 20 世纪 50 年代以来，分子生物学是生物学的前沿与生长点，其主要研究领域包括蛋白质体系、蛋白质-核酸体系（中心是分子遗传学）和蛋白质-脂质体系（即生物膜）。

〔8〕量子生物学是运用量子力学的概念、方法研究生物学问题的科学。主要研究生物分子间的相互作用力和作用方式，生物分子的电子结构与反应活性，生物大分子的空间结构与功能等。

〔9〕克隆技术即无性繁殖技术，它在现代生物学中被称为“生物放大技术”。

〔10〕盘尼西林即青霉素，是抗生素的一种，指从青霉菌培养液中提制的分子中含有青霉烷，能破坏细菌的细胞壁并在细菌细胞的繁殖期起杀菌作用的一类抗生素。它是第一种能够治疗人类疾病的抗生素。

〔11〕牛痘是牛的一种急性传染病，病原体和症状与天花极为相近。

〔12〕天花是由天花病毒引起的一种烈性传染病，也是到目前为止，在世界范围

内被人类消灭的第一种传染病。天花是感染痘病毒引起的，患者在痊愈后脸上会留有麻子，“天花”由此得名。

〔13〕对生物的基因进行鉴定，以此测定它在染色体上的特定位置，然后用图示的方式把它表示出来，就形成了基因图谱。人类基因组图谱被誉为“人体的第二张解剖图”。通过分析人体染色体的碱基序列，获得个人基因组，有助于预防遗传疾病，为新药物研制以及新医疗方法提供依据。

〔14〕即王大中。王大中时任清华大学校长。

〔15〕红外技术是指研究红外辐射的产生、传播、转化、测量及其应用的技术科学。

〔16〕红外线，也称“红外光”，是在电磁波谱中，波长介于红光和微波之间的电磁辐射。按波长的差别，大致可分为三段：0.77—3.0 微米为近红外区，3.0—30 微米为中红外区，30—1 000 微米为远红外区。

〔17〕生物芯片，又称 DNA 芯片或基因芯片，是 DNA 杂交探针技术与半导体工业技术相结合的产物。该技术系指将大量探针分子固定于支持物上后与带荧光标记的 DNA 样品分子进行杂交，通过检测每个探针分子的杂交信号强度进而获取样品分子的数量和序列信息。

为国家努力学习*

（2005年5月4日）

在图书馆的谈话

温家宝（对一个自习的同学说）：咱们俩是一个专业，喜欢地质学吗？

学　生：挺喜欢的，觉得很有意思。

温家宝：其实地质学的领域很宽广，除地球科学外，还涉及矿山、冶金、化工、石油等许多领域。我觉得在大学时接触的知识面越宽越好，要把基础打得牢一点。著名教育家叶圣陶先生说过：教，就是为了不教。要提倡引导与启发，使学生加强自立锻炼，达到疑难能自决、是非能自辨、斗争能自奋、攻关能自勉的主动境界。我们需要的是具有创造性思维的人，使人的创造性思维迸发出来。只有这样，我们的民族才能进步。今天是五四青年节，我来看看你们。

---

* 这是温家宝同志在北京大学与学生共度五四青年节时的谈话。

温家宝（对另一个同学说）：你学什么专业？

学　生：我是新闻与传播学院的研究生，2004 级的。

温家宝：做新闻工作，最重要的是“责任”两个字，就是对国家、对人民的责任感。责任感来源于哪里？来源于对祖国和人民深深的爱。爱得越深，责任心越强。你们说我说得对不对？

同学们：对！

温家宝：要想知道我们的政策对不对、效果好不好，得听老百姓的反映，得到基层去。我最近下乡有一个感触，这两年，由于实行了更直接、更有力的增产增收政策，农民开始笑了。

学　生：去年，我曾到青海大通县支教〔1〕了一年。确实像您说的，农民开始笑了。

温家宝：现在一个重要任务，就是一定要在全国普及九年制义务教育。这是一个很大的事，是提高民族素质、实现民族兴旺发达的重要环节。公平和谐最主要的是体现在教育上，要使每个人都有受教育的机会。如果大家的知识水平提高了，整个社会的文明程度提高了，我们国家就大不一样了。

有一件事，我一直忘不了。那年我到甘肃省靖远县，走进一个农户家，女主人双目失明，屋子里收拾得很干净，孩子也干干净净的。她拉着我的手哭个不停。我问她有什么困难，她说：我眼睛瞎了，没有文化，就希望我的孩子能上学，上希望小学，不要当睁眼瞎。即使在那么穷的地方，上学的愿望都那么强烈！

学习为了国家，爱国努力学习。我把蔡元培〔2〕先生的两句话改一下，送给大家！

学　生：总理，我来自贵州，那里很多人情愿让孩子打工，也不愿让孩子上学。

温家宝：贵州我去过，你说的情况确实存在。贵州要发展，首先要发展教育。

学　生：总理，我们那里经济现在挺好，但治安很差。我母亲被抢了三次。

温家宝：社会治安问题要重视。这个状况如果不改变，我无法向这位同学交代，也无法向当地人民交代！

学　生：总理，您对大学生活感受最深的是什么？

温家宝：我上大学时，和你们一样，也经常很晚睡觉，很早就起床，发愤读书。大学八年，我学到了知识，接触到了社会，也磨炼了自己的意志。青年学生要关心祖国、关心社会、关心人民。要勇于到艰苦地方去磨炼自己。只有这样，才能知道生活的艰辛，才能有勇气为全体老百姓的日子过得更好而奋斗！

在农园食堂的谈话

温家宝（对一名学生家长说）：全社会都要给青年学生更多的关心，不仅关心他们的学业，更要关心他们的心灵。

学生家长：我一定教育孩子好好学习，报效祖国！

温家宝（对同学们说）：你们读过季老季羡林先生的《留德十年》[3]吗？这两天我又看了一遍，感触很深。他写道："我一生有两个母亲，一个是生我的那个母亲，一个是我的祖国母亲。"本世纪头二十年是我国重要的战略机遇期。我们要"亲仁善邻"[4]，对内要热爱人民，对外要同邻国和睦相处。要有一个良好的周边环境和稳定的国内环境，集中力量把经济建设搞上去，把各项事业搞上去。青年人要脚踏实地，不图虚名，不骛虚声，唯以求真的态度做踏实的工作。不仅要学好知识和本领，而且要学会做人，用心思考，用心讲话，用心做事。

注　释

〔1〕支教，即支援落后地区中小学校教育教学和管理工作的活动。

〔2〕蔡元培(1868—1940)，中国民主革命家、教育家。浙江绍兴人。1902年他发起组织中国教育会，1904年组织光复会并被举为会长。曾任中华民国南京临时政府教育总长、北京大学校长、国民政府大学院院长、中央研究院院长等职。他数度赴德国和法国留学、考察，研究哲学、文学、美学、心理学和文化史。

〔3〕1935年，季羡林赴德留学，开始了十年羁旅生涯。该书即为季羡林数十年后对这段留学生活的回忆和记述，最早由东方出版社于1992年8月出版。

〔4〕语出《左传·隐公六年》。原文为："亲仁善邻，国之宝也，君其许郑。"

教学相长，培养真才实学*

（2006年5月4日）

温家宝：你们假期没有外出，在这里学习？

学　生：没有出去，利用假期多看书，现在考研压力大。

温家宝：假期不出去，在家看书，是我的一个习惯。我昨天读到一位思想家说的一句话：每天做事，都要把它看成是最后一次机会，丢掉了可能不会再来，这样就会认真做好每件事。学习也是这样。你们赞成这个观点吗？

学　生：赞成。我们每天都有很多选择，每一步选择都在为将来做好准备。

温家宝：我还想到了一点，叫作教学相长。领导到学校来了，校长、教师来了，同学们似乎都要听领导和老师的教诲，这固然重要。但事情还有另一面，老年人、师长也有向同学们学习的必要。因为大家朝气蓬勃，敢想敢说敢做，求知欲很强，这些都是值得我们年长的人学习的。我很愿意和青年人围坐在一起聊天，就是因为我跟大

---

* 这是温家宝同志在北京师范大学与师生共度五四青年节时的座谈。

2006 年 5 月 4 日，温家宝同志专程来到北京师范大学看望青年学生，与大家共度五四青年节，并代表党中央、国务院向全国广大青年朋友表示亲切的慰问，致以节日的祝贺。这是温家宝同志在北京师范大学图书馆祝大学生们节日快乐

家坐在一起可以交流，不光是你们听我讲，我也听你们讲。

学　生：这是互动。

温家宝：对，互动，你们赞成吗？

学　生：赞成。

温家宝：教学相长是学校的一个好风气，学生尊敬老师，老师热爱学生。“师道尊严”[1]这个说法过去被批判过，但我还想用一下，只有师严才能尊道，你们说是吧？老师对学生要严格，同时老师要了解学生，跟学生成为朋友，很多师生都是很好的朋友。师大有很好的风气，我一进校门，校长跟我讲，师大的学生很朴素，出名的朴素。

钟秉林[2]：我们强调学在师大。

温家宝：确实我一进门的感觉就是这样。

学　生：师大的老师也很朴素。

温家宝：这是好传统。我很关心你们对将来职业的选择，说句很坦率的话，你们当中有五分之一的学生将来当教师就不错了。

学　生：现在我们学校的毕业生有一半是当老师的。

陈至立：总理指的是中小学老师，不包括大学老师。

温家宝：在我脑子里希望80%的学生将来当教师。为什么这样说呢？我们整个教育事业的发展靠教师。培养拔尖人才，要有一流的大学，一流的教师，一流的学生成长环境，其中最重要的就是教师。大家都知道梅贻琦先生吧？

学　生：大学，非大楼之谓也，乃大师之谓也。

温家宝：你们背得比我清楚。大学最重要的是大师，是老师，一所大学有若干有名的大师，就像柱子一样，把这座大厦顶起来了，是知识、学术、道德这样的柱子把大学支撑起来。楼房盖得再多，没有若干德高望重的大师，学校的大厦是空的，这个观点大家赞成吗？

学　生：赞成。

温家宝：现在的课程多吗？

学　生：挺多的。

温家宝：大概大家在四年里能学三十多门课吧？

学　生：七八十门课。

温家宝：那就是一年要学完十多门课。

钟秉林：有一些课程是学生根据个人兴趣选修的。

温家宝：我倒主张多点好。多点好在什么地方呢，将来工作可能就会懂得。大学学的都是基础课，工作中不一定都能用得上，但是你在工作中很可能遇到你学到的知识，这是我的体会。在大学里学科面广对将来成才有用，太窄不好，当然研究生例外，各方面要打好基础。假如有精力的话，还可以读一点课外书。我还要讲一个观点，学理工的要学点文史、学点艺术，学文史的要学点理工，这是去年我看望钱学森先生的时候，他给我讲的。我给他介绍科技发展规划，问他有什么意见。他说："我提不出什么意见，你们的规划做得很好，但执行这个规划需要人才，我老在想我们的大学为什么培养不出杰出的人才？"钱老的艺术爱好广泛，他会画画，他年轻时画的画现在还保留着。所以这也是成才的一个重要途径。再一个就是启发式。我不知道现在的教课是不是启发式？

学　生：正在向启发式授课过渡。

温家宝：这个启发式，有人说是苏格拉底的发明，有人说是孔子的发明。我查了一下，孔子比苏格拉底大 82 岁，孔子活到 72 岁，也就是说，孔子去世 10 年后苏格拉底才出生，对吧。孔子的名言"启""发"两个字都有，叫作"不愤不启，不悱不发"。什么叫作"不愤不启"？就是当学生对事物的道理弄不清楚的时候，老师要通过引导教育，启发他弄通道理，叫开启道理之路。什么叫作"不悱不发"？这个"悱"字很难认，就是当学生懂得道理，但是对事物实质把握不准，还不能正确表达的时候，这时老师要引导他学会正确表达事物的本质。孔子的这八个字把启发都说明白了，他和弟子之间的很多活动都是启发式教育。启发式教育有个好处，就是培养学生勇于发现问题，善于思考问题，独立解决问题。学生的能力最终体现在发现问题和解决问题的能力，发现问题比解决问题还要重要，只有思考才能发现问题，脑子要不停地动。你们的学习生活很丰富吧？

学　生：很丰富，学校有很多社团，组织各种活动。

温家宝：现在比过去丰富多了，学生应该多参加社团活动。过去我在南开中学读书，学校社团很多，从文艺、科技到体育都有社团。南开大学的张伯苓校长，他的教学方法比较活，把学生当作主体。学生是学校的主体，以人为本在学校就是以学生为本，对吧，校长？

钟秉林：对，以人为本就是以学生为本，尊重学生的选择。

温家宝：大家现在想家吗？时间长了就好，我刚入学也想家，后来假期下乡，那是我自己的业余爱好，从大学时候开始。

学　生：现在我们暑期也组织支教等社会实践活动。

温家宝：那时我是一个人去，一个人住在农村，睡在老百姓的炕上，我和老百姓的联系和感情是从那时候开始的。下乡除割麦子、收玉米外，还交了一批农民朋友。假期几乎不回家，都到农村去，感觉很充实。我还有个习惯就是读课外书。我的精力50%用在课内，50%用在课外，大量涉猎各种图书，连每天报架摆的几十种报纸都要大体阅览一下，这是长期养成的习惯。

学　生：总理喜欢读什么书？

温家宝：哲学、历史、文学，这恐怕是我最喜欢的。大家看我经常随机说出一些古诗文，有两方面原因：一方面是家传，从祖父到父亲带来的；还有就是中学的培养，中学底子好，大学看书多。现在再记这些东西恐怕记不住，或者很困难。我对大学生活概括为三句话：大学给了我知识，大学给了我克服困难的毅力，大学给了我熟悉群众的机会。这三条我终生受用。那时候我们实习很多，不像你们现在，我从一年级就开始实习，前三年叫教学实习，第四年叫生产实习，实际上是毕业实习，都到外地去。第五年我们才写毕业论文。所以我想大学的时光在于自己把握，不要空费了。同学们，今天是五四青年节，师大是具有光荣传统的。

钟秉林：我们的学生参加了“五四”运动、“一二·九”运动〔3〕、“三一八”运动〔4〕。据考证，北师大的学生匡互生〔5〕是第一个冲进赵家楼[6]的。

温家宝:“五四”运动的重要精神是民主和科学。我以为,“民主和科学”这个口号至今仍有现实意义。今天我们怎样理解民主?我认为民主就是真正让人民当家作主,就是要保障人民民主选举、民主决策、民主管理和民主监督的权利,就是让每个人在平等、公正和自由的环境中全面发展,就是要使发展民主与完善法制结合起来,依法治国,建设法治国家。今天怎样理解科学?科学就是要尊重知识、尊重人才、尊重科学,就是要按科学规律、经济规律、自然规律和社会发展规律办事。这两条在今天我们仍旧要做,而且要不断充实新的内容。我理解一个国家真正做到民主科学,基础在教育。只有人人都能享有受教育的权利,我们整个民族的素质才能快速提高,整个国家实现科学民主的目标才能达到。

学　生:您怎样看待大学生做兼职、打工和学习之间的关系?

温家宝:大学生打工在中国似乎刚开始不久,但在国外很普遍。老一辈到法国留学都是勤工俭学。其实我认为大学生打工是一个熟悉社会的过程。社会太复杂,而同学们太单纯。不管通过打工,还是其他社会实践,最终你们要接触社会,了解社会,而且肩负起改造社会的任务。我赞成大学生走出校门,多了解社会,否则毕业以后就不适应了。

学　生:总理怎么看研究生和本科生的就业问题?

温家宝:大学生就业成了我们最为关注的社会问题。全国城乡每年需要就业的人口是 2 400 万,其中大学毕业生就有 400 万左右。

钟秉林:毕业生是 413 万。

温家宝:413 万大学生确实需要认真安排。为什么呢?因为他们学有专长。研究生的就业更要安排,因为他们知识更多。政府每年把安排大学生就业和研究生就业作为一个重大问题和必须解决的难题。我们一方面鼓励大学生多方择业，另一方面要给学生尽量安排适合专业的对口单位，不让学生所学非所用。近两年大学生的就业率达到80％以上。

学　生：去年我校95％的研究生、本科生实现就业。

温家宝：按道理来讲，一个社会的发展、技术的提高、知识的创新，需要人才水平越来越高，大学生就业应该是有充分条件的，但真正使每个同学都找到称心如意的工作可能还要费一番周折，是不是这样？大学生就业非常不容易，要三方面努力：政府、学校和个人都要努力。过去从事一种职业之后就固定了，现在可以多种选择，工作不适应了还可以调动。

学　生：现在理科学生理论基础很强，但实验能力、动手能力相对来说比较差，您怎么看这个问题？

温家宝：这大概是理科学生最欠缺的。如果同国外知名大学相比，我们的学生理论水平包括综合素质可能不低于他们，但动手解决问题的能力要差一些。我一直强调学生既要动脑也要动手，特别要注意培养自己的创造性思维和动手能力。

注　释

〔1〕语出《礼记·学记》。原文为："凡学之道，严师为难。师严然后道尊，道尊然后民知敬学。"

〔2〕钟秉林时任北京师范大学校长。

〔3〕"一二·九"运动是中国共产党领导的一场大规模学生爱国运动。1935年12月9日，北平大中学生数千人在中国共产党的领导下举行了抗日救国示威游行，反对华北自治，反抗日本帝国主义，掀起了全国抗日救国新高潮，史称"一二·九"运动。

〔4〕“三一八”运动，亦称“三一八”惨案，指 1926 年段祺瑞执政府屠杀人民群众造成的惨案。1926 年 3 月 12 日，日军军舰进逼天津大沽口，炮击冯玉祥的国民军阵地，被国民军击退。16 日，日本联合英、美等八国援引《辛丑条约》，向段祺瑞执政府发出要求其撤出大沽口防务的最后通牒。“大沽口事件”发生后，18 日，北京群众万余人在李大钊等领导下在天安门集会，要求“驳牒”“逐使”。会后群众举行游行请愿，在执政府门前遭段祺瑞卫队的屠杀，死 40 余人，伤 100 余人。

〔5〕匡互生（1891—1933），湖南邵阳人。1915 年考入北京高等师范学校（今北京师范大学）预科，次年入数理部本科。1919 年 5 月 4 日下午，北京 3 000 多名学生在天安门集会，提出“外争国权，内惩国贼”等爱国口号。后整队游行，匡互生走在最前列。队伍行至卖国贼曹汝霖住地赵家楼时，匡互生率先冲入曹宅。

〔6〕赵家楼位于北京长安街东端之北，原为明穆宗时文渊阁大学士赵贞吉的宅第，后来成为卖国贼曹汝霖的住处。因“五四”运动中的“火烧赵家楼”事件而闻名中外。

既要学好理论，更要善于实践*

（2007 年 5 月 4 日）

（上午 10 时许，温家宝同志和陈至立一行来到中国人民大学图书馆前。同学们闻讯赶来，越聚越多，希望温家宝同志讲几句话。温家宝同志走上台阶，面对围拢过来的学生发表即席讲话。）

学　生：请问您对于人大将来的发展有什么样的期望？

温家宝：我就站在台阶上跟你们讲几句话吧。从陕北公学[1]建立到现在，人民大学整整走过了 70 个春秋。首先，我向人大的全体师生员工表示热烈的祝贺！

人大有 70 年的光辉历史，在我国革命和建设的各个阶段，都培养了大量人才。现在很多人大的毕业生，工作在国家的各个重要岗位。我们国家的改革开放和建设事业需要大批管理人才，人民大学就是为国家培养各方面管理人才的学校。这所学校很重要。我对同学们的要求和希望是什么？我想了三条：第一，要坚持理论联系实际的学风。你们要学习和掌握对国家和社会有用的各方面管理

* 这是温家宝同志与中国人民大学师生共度五四青年节时的讲话和座谈。

2007 年 5 月 4 日，温家宝同志在中国人民大学食堂与青年学生共进午餐

知识，必须首先懂得社会，懂得国情，既要学好理论，更要善于实践。只有这样，才能担当重任。第二，要有大胆创新、追求真理的勇气。改革开放和现代化建设是一个大课堂，你们不仅要从书本上学习，更重要的是要投身到改革开放和现代化建设事业中去，到实践中学习。学习就要动脑，就要创新，就要超越前人。世界是无穷的，真理也是无穷的。只有在不断实践中才能认识世界、改造世界，才能认识真理、发展真理。青年人最少保守思想，这是难能可贵的。同时也要有踏实严谨的作风。不图虚名，不骛虚声，唯以踏实的功夫做实在的事情。第三，要树立对国家和人民的强烈责任感。只有对国家和人民爱得深，才会有强烈的责任感。这是我们学习的动力、生活的动力，也是将来工作的动力。对国家和人民的热爱绝不是凭空产生的，它来自对国情、对历史、对人民的深刻理解。没有这种理

解，就不会产生这种感情。我希望同学们，不仅要在学校认真学习，还要走到社会中去，向实践学习，向人民学习，这就是我对大家的期望。

纪宝成〔2〕：感谢温总理的谆谆教诲。

学　生：对人大的发展，您怎么看？

温家宝：人大的发展，必定有广阔前景。因为她的根基是建立在国家经济社会发展的基础上。国家经济社会发展有前途，人大就有前途。我希望人大的教学、人大的办学体制、人大培养学生的方向要同国家经济社会发展联系得更加紧密。

（在即席讲话之后，温家宝同志步入学校图书馆，参观图书馆珍藏文献展，随后信步来到中文期刊阅览室，与正在那里读书的同学们围坐在桌前亲切交谈。）

姜晓妍（法学院 2006 级硕士生）：温总理您好！我是法学院的法律硕士，我想请问一下您对法学院的学生有什么要求？

温家宝：我国政治体制改革的一项重要任务，就是依法治国，建设社会主义法治国家。要实现依法治国的目标，必须培养成千上万的法律人才，特别是拔尖的人才。

刘　颖（马克思主义学院 2005 级博士生）：温总理，我是中共党史系 2005 级博士生，您觉得我们青年人应该继承"五四"什么样的传统和精神？

温家宝：继承"五四"爱国主义传统，发扬科学民主精神，在今天最重要的是要继续解放思想、实事求是、与时俱进，坚持走中国特色社会主义道路，把我们国家建设成为一个富强、民主、文明、和谐的现代化国家。

方松海（农业与农村发展学院 2004 级博士生）：总理，我是学农业经济的，我国这几年连续出台几个关于农业的“一号文件”，不知道这一届政府还会不会针对“三农”问题提出新的政策？

温家宝：对“三农”问题，我非常有感情。我国农业经过家庭承包经营这场大的变革后，应该说在经营制度上有了翻天覆地的变化，但是农民负担问题、农民收入问题、农村基础设施问题都没有解决好，或者说没有完全解决。这不仅关乎农业，而且成为制约整个经济发展的一个重要问题。我们从 2004 年起出台了一系列关于“三农”的政策，这些政策的一个特点是它的制度性。同学们，在你们学习过程中，一定要注意研究制度问题。因为制度具有稳定性、长期性和根本性，它不会随领导人的变化而变化。第一，我们正在推进的一项重大制度变革就是免征农业税费[3]，包括农业特产税[4]和强加给农民的一切费用。大家到农村看看，一定会体会到农民的喜悦心情。第二，我们加大对农业的投入，规定新增固定资产投资主要用于农业，新增文化教育科技事业费用主要用于农村，政府土地出让收益也主要用于农村，这就保证了农村基础设施建设有比较稳定的资金来源，可以逐步改善农村的道路、饮水、用电、沼气这样一些基础设施。第三，我们在农村实行了合作医疗制度。这是一项重要制度，使农民医疗特别是大病医疗有了初步的保障。随着经济社会的发展和财政收入的增加，政府还要逐步加大投入，大力改善基层医疗机构的条件。第四，从今年开始建立农村最低生活保障制度[5]。在农村实现低保是一件复杂的事情，需要有一套公开透明的制度做保障。现在全国起步点是每年人均纯收入 685 元，经济比较发达的地方是 800 元。中国年收入不足 685 元的农民数量究竟还有多少，通过这项制度建设就可以摸得更为清楚。

农业始终是国民经济的基础。我希望人大的学生，不管学什么专业的，都要懂得中国的农村。当中国的干部、官员，不懂得农村是一大缺陷，是做不好工作的，不了解农村就不懂得统筹协调。

侯立光（法学院2006级硕士生）：我关注到，您多次在讲话中讲到要实现公平正义，这几年也经历了《宪法》的修改，2005年《公司法》的修改，还有今年《物权法》的制定，都在为这个目标努力。您认为这几年政府为实现社会公平正义这个目标，可以在哪些方面做得更好？

温家宝：我曾经讲过社会主义的两大任务。一是发展社会生产力。只有社会财富丰富了，实现社会公平正义才有物质保障。二是实现社会公平正义。我不知道你们读过《道德情操论》没有？亚当·斯密写过两部有名的著作，一本叫《道德情操论》，一本叫《国富论》[6]。《国富论》是讲市场机制这只经济领域里的“看不见的手”。《道德情操论》是讲社会公平正义这只社会领域里的“看不见的手”。在这本书中有一段精彩的话：如果社会财富只集聚在少数人手里，那是不公平的，而且注定是不得人心的，必将造成社会的不稳定。要把公平正义作为社会主义国家的首要价值，这就需要我们推进改革，包括经济体制、政治体制、司法制度改革。

林　帆（哲学院2004级本科生）：总理好！大家都知道，您在讲话中经常引用一些诗文，有很深的文学造诣。人大竖起了国内高校首座孔子像，建立了国学院，又召开了世界汉学大会，我想请问您对于弘扬传统文化有什么看法？

温家宝：沈阳师范大学有位文学教授，他把我前四次记者招待会引用的古代诗文统计了一下，他说：“总理引用的诗文95%是教科书没有的，这应该引起我们在教学上的深思。”确实，我引用的诗文绝大多数是我自学的，而且主要是因事因时而用。比如，讲忧患意识，我就想起《贞观政要》[7]《唐书》[8]里的话，那里讲到，不仅要知道乱，而且要知道“之所以乱”，才能真正懂得治。最近我又想起有一句话讲得更深刻，就是“非知之难，行之惟难；非行之难，终之斯难”〔9〕。人民大学是一个以人文社会科学为主的学校，人大的学生应该多读些书。博览群书，多学知识，终生受益。

吴代莉（财政金融学院 2006 级硕士生）：大家都知道，现在整个中国金融市场非常红火，股市的走势非常高，但是，大家也担心 2008 年奥运会后中国金融的发展势头如何，您怎么看？

温家宝：你问了我一个非常敏感的问题。我只能原则地讲，中国的金融改革还处在一个关键阶段，大概分三块：第一，加快银行现代金融制度的建设。工商银行、建设银行、中国银行三家国有大型商业银行经过股份制改革成功上市，但上市不等于管理水平就完全提高了，还需加强。第二，要大力发展多种资本市场，包括股市、债券市场。发展资本市场，一定要注意完善法规、严格监管、防范风险。第三，加强金融监管。随着金融业的发展，监管显得越来越重要，银行、证券、保险，都需要强有力的监管。这种监管应该像钢铁一样硬，而不应该像豆腐一样软，只有这样才能保证金融健康发展。你讲得很对，金融是现代经济的核心。我们越来越感受到金融的重要。稳定、健康和持续发展的金融，对中国的现代化事业具有重要的作用。

廖思捷（新闻学院 2005 级本科生）：我们非常关注国家的政策。关于新农村建设，我们应该抱有什么样的期待？它的目标是构建一个什么样的新农村？传媒是传播信息、反馈信息的一个重要手段。在新农村建设过程中，传媒应发挥什么样的作用？

温家宝：新农村建设提出来以后，我最担心的就是对它理解的偏差，主要表现在搞形式主义、强迫命令，而不是把新农村建设放在致力于提高农业生产力和增加农民收入上来。确实，我下乡以后看到这样的情况。我理解的新农村建设，是一个不断提高农业生产力的新农村，是一个不断改善农业基础设施的新农村，是一个不断增加农民收入的新农村，是一个不断改善农民物质文化生活条件的新农村，是一个有着良好生态环境和清洁面貌的新农村。新闻媒体对新农村建设的宣传，一定要注意多报道这些内容，正确引导新农村建设的方向。

周　慧（新闻学院 2004 级本科生）：总理，能问您个问题吗？我知道您对咱们国家的民生问题特别了解……

温家宝：我插一句话，当总理不了解民生问题不合格。

周　慧：作为人民大学的学生来说，我们有较多的社会实践活动，尤其是到一些边远的山区，像延安、瑞金，我们在暑期社会实践的时候都去过。您觉得我们学生通过什么样的方式能更好地了解传统、历史？

温家宝：我刚才讲过，只有对国情、历史较好地了解，对人民有真诚的爱，才能有强烈的社会责任感。我常引用郑板桥的诗句“衙斋卧听萧萧竹，疑是民间疾苦声”，那是指当官的，不是当官的也应该做到关注和了解民生。这个“生”是生活的“生”，也是生命的“生”。关注民生，就是要知道他们的生活，还要知道他们的意见和批评。这一点对领导来讲太重要了。有人说有些领导这样做不一定是真的，我认为判断真和假的标准要看他对民生的重视是一时还是一生。只有坚持到底、一生不变，它才是真的；只能一时做到，那它就不是真的。只有持久的才是真实的，只有真实的才能持久。

罗学勇（信息学院 2006 级硕士生）：您在日本访问的时候，在日本国会演讲说：“与国人交，止于信；与朋友交，言而有信。”〔10〕您是工科出身的，却能够如此博学。希望您能给我们提点建议，使我们在学好现代科学知识的同时，能够继承优秀传统文化。

温家宝：学工科的，文学知识的重要性不亚于文科。为什么呢？

我在大学的学习时间安排是各占50%。50%是学校规定课程,叫规定动作;50%叫自选动作,这自选动作就是我当时积累知识的主要来源。如果是节假日,我100%都搞自选动作,这点很重要。有的同学满足于规定动作,那是不行的。

李　林(商学院2005级企业管理专业博士生):我是山东人,在人大读博士研究生,我代表青年研究者问您一个问题。就是我们青年研究者,特别是社科方面的研究者,如何把科研创新和构建和谐社会、服务民生相结合,如何把学术贡献和实务贡献相结合,您能给我们提点建议吗?

温家宝:人大的学生,第一,要把社会、把国家改革开放和经济发展作为大课题。第二,既要学习业务,就是基本理论,又要重视实践,就是了解社会。世界是无穷的,真理也是无穷的。认识世界是一个不断探索的过程,追求真理也是一个不断探索的过程。上学只是个开始,是人生认识世界、追求真理的开始,大量的学习是在将来的社会实践中。你到工作岗位上就会感觉到,你学的东西很不够用,还有很多东西不懂,你就知道还得学。

学　生:我现在刚上大一,参加了学校的支教活动。作为大学生,是否应该更早地去了解社会,我们的社会并不像我们想象中的那么美好。

温家宝:"知屋漏者在宇下,知政失者在草野。"[11]真实的社会一定不会像理想那样的好,这就是为什么我们要了解社会、改造社会的真正原因。

朱怀强(新闻学院2003级本科生):总理,您在新闻职业道德、新闻道德实践方面能不能给我们提点建议?

温家宝:新闻最重要的是它的真实性,真实是很多因素决定的:第一要客观,不带任何偏见;第二要深入,不深入,只能看到表面;最后就是责任，作为新闻工作者，责任第一，只有有责任感的人，才能做到报道的真实和客观。

有一次我在欧盟[12]总部会见记者，有位记者问我一个自由、人权方面的问题。我就引用了一位新闻工作者的话，我说美国曾有一位著名的报人，叫斯特朗斯基[13]，这个人在美国非常有名。他大概是生活在上世纪四五十年代，现在已经去世了。他说，你要了解民主和自由，不要只是坐在图书馆里读亚里士多德[14]，应该多坐公共汽车和地铁。这个话很简单，但寓意很深刻。一位路透社[15]的记者中午吃饭时就追过来问：你这个话，引用哪里的？我就告诉他们在什么地方，然后我们外交部中午打回一个电传，很快把原稿传回来，说明我引用的是准确的。我没想到他们很重视我这句话。

孙　超（统计学院 2006 级本科生）：总理，您说 21 世纪是电子和数据的世纪，那么就数据和统计来讲，对一个国家的发展将会起到哪些作用呢？

温家宝：数据太重要了，数据的真实和可靠是制定政策的一个依据，也是经济社会发展和改善民生的重要依据。比如说现在搞宏观调控，国内生产总值 GDP 多少，物价指数 CPI 多少，货币供应量 M1、M2 多少，这些数字都到你的脑海里后，你就会对宏观经济有个总体判断。比如说今年一季度 GDP 增长 11.1%，CPI 上涨 2.7%，其中 3 月份上涨 3.3%，这些数字告诉你经济发展较快的状况。比如说 M1 是包括企事业单位活期存款在内的狭义货币供应量，M2 是包括企事业单位定期存款和居民储蓄存款在内的广义货币供应量，M1 增速达到 17.8%，M2 增速超过 19%，这说明流动性很充足。我们就会根据这些情况做出一个判断，我们的经济发展快了，但是还没有到“热”。一个重要的判断就是不要由快而转向热。但这些数据都是哪里来的？都是统计而来的。有些数据，统计局也不一定知道，比如，一斤猪肉现在市场上卖多少钱？

我有次就在外面讲，中国一些重要商品现在的价格是多少，他们评论说世界上很少有一个国家的总理能够把价格说得那么清楚。我说我必须知道这些情况，花生油价格上涨多少，粮食一斤多少钱，国家库存多少，你必须说得出来。不只说出来，你还得一直关心它。

我今年“五一”节的饭是在工地上吃的。我要 1 个包子，服务员给我 2 个包子。1 个包子 5 毛钱，2 个包子 1 块钱，1 碗小米粥 5 毛钱。我算了一下，我吃 2 个包子差不多了。我 65 岁了，工人起码得吃 5 个，少的，女工也得吃 4 个。那么 4 个包子就是 2 块钱，加上 1 碗小米粥，2 块 5 毛钱，对吧？那么男工人就得 3 块钱。这是最简单的饭，什么菜都没有，4 个包子 1 碗小米粥。吃一顿饭，我就得知道它的价钱。

注　释

〔1〕陕北公学为中国人民大学的前身。中共中央于 1937 年 7 月底决定创办陕北公学，并于 8 月任命成仿吾为陕北公学校长兼党组书记。办学两年，陕北公学共培养 6 000 多名学生，吸收 3 000 多名青年加入中国共产党。1939 年 6 月，中共中央决定陕北公学、延安鲁迅艺术学院、延安工人学校、安吴堡战时青年训练班四校联合成立华北联合大学，开赴华北敌人后方办学。7 月 7 日，华北联合大学在延安宣告成立。1948 年 8 月 24 日，该校改名为华北大学。1950 年 10 月 3 日，在华北大学基础上组建成立了中国人民大学。

〔2〕纪宝成时任中国人民大学校长。

〔3〕农业税费是国家对一切从事农业生产、有农业收入的单位和个人征收的一种税，俗称“公粮”。2006 年 1 月 1 日起，我国全面取消农业税。

〔4〕农业特产税是国家对从事农业特产生产经营并取得收入的单位和个人征收的一项税收。现已取消。

〔5〕指由地方政府为家庭人均纯收入低于当地最低生活保障标准的农村贫困群众，按最低生活保障标准，提供维持其基本生活的物质帮助的制度。该制度是在农村特困群众定期定量生活救济制度的基础上逐步发展和完善的一项规范化的社会救助制度。

〔6〕《国富论》全名为《国民财富的性质和原因的研究》，是英国古典经济学家亚当·斯密的代表作之一，被誉为“第一部系统的伟大的经济学著作”。《国富论》的首次出版标志着经济学作为一门独立学科的诞生。

〔7〕《贞观政要》为唐代史学家吴兢（670—749）所撰，是一部政论性史书。

〔8〕《唐书》，这里指《旧唐书》，是现存最早的系统记录唐代历史的一部史籍，由后晋刘昫监修，作者为张昭远、贾纬等。《唐书》是其原名，宋代欧阳修、宋祁等编纂的《新唐书》问世后，才改称《旧唐书》。

〔9〕语出唐代吴兢《贞观政要·慎终》中魏徵的上疏。

〔10〕这句话是温家宝同志 2007 年 4 月 12 日在日本国会发表演讲时引用的。其中，“与国人交，止于信”出自《大学》，“与朋友交，言而有信”出自《论语》。

〔11〕见东汉王充《论衡》。

〔12〕欧盟（EU），即欧洲联盟（European Union）的简称。欧盟总部设在比利时首都布鲁塞尔，由欧洲共同体（European Community）发展而来，是一个集政治实体和经济实体于一身、在世界上具有重要影响的区域一体化组织。1991 年 12 月，欧洲共同体马斯特里赫特首脑会议通过《欧洲联盟条约》，通称《马斯特里赫特条约》，简称《马约》。1993 年 11 月 1 日，《马约》生效，欧盟正式诞生。

〔13〕斯特朗斯基（Simeon Strunsky，1879—1948），美籍犹太人，著名评论家。出生于沙俄时期的维特布斯科（今白俄罗斯境内）。1900 年毕业于美国哥伦比亚大学，1900—1906 年担任《新国际百科全书》（*The New International Encyclopedia*）编辑，1906 年起先后任《纽约晚邮报》（*New York Evening Post*）评论员和文学编辑。1924 年加入《纽约时报》（*The New York Times*）。在《纽约时报》工作期间，他在该报“时报话题”（Topics of the Times）栏目下撰写了一系列评论文章，风格犀利，笔法细腻，广受好评。

〔14〕亚里士多德（Aristotle，前 384—前 322），古希腊哲学家。马克思曾称他是古希腊哲学家中最博学的人物，恩格斯称他是古代的黑格尔。主要著作有《工具论》《形而上学》《物理学》《尼各马可伦理学》《政治学》《诗学》等。

〔15〕路透社是世界四大通讯社之一，也是英国创办最早的通讯社。1850 年由保罗·朱利叶斯·路透（Paul Julius Reuter）在德国亚琛创建，1851 年迁址到伦敦。

教师是太阳底下最光辉的职业*

（2007 年 9 月 9 日）

温家宝：教师节很快就到了，我来看望北京师范大学的老师们。你们是培养老师的老师。去年 5 月 4 日，我来到北京师范大学。当时，我和陈至立同志及教育部的几位同志就在考虑一个问题，就是要实行师范生的免费教育。经过一年多的论证、制定方案，今年在全国人民代表大会上通过了，这个目标现在终于实现了。我们先在全国六所师范院校进行试点。为什么要实施师范生免费教育？就是要进一步形成尊师重教的浓厚氛围，让教育成为全社会最受尊敬的事业；就是要培养大批优秀教师；就是要提倡教育家办学，鼓励更多的优秀青年终身做教育工作者。我昨天刚从大连回京，晚上想到今天要和同学们对话交流，就睡不着觉。其实，要和同学们讲些什么话，我已经考虑过了，但还是夜不能寐。我特别嘱咐，要把这次对话交流搞得活泼一些，不要像开大会那样，同学们发言，然后请领导做指示。我想学校应该有一种良好的氛围。这个氛围起码包括三点：

---

* 这是温家宝同志与北京师范大学师生的座谈。

第一点，要有独特的办学风格；第二点，要培养学生独立的思维能力；第三点，要提倡对话和交流，而且要培养同学们对话交流的能力。将来你们是要去当老师的，没有这个能力是不行的。所以，今天发言，包括我讲话，大家都不用稿子。不用稿子，就是用心讲话。你可以讲一件事、一个想法、一个愿望、一点要求、一个意见，可以讲一分钟，也可以讲两分钟，如果你讲得十分精彩，也可以讲十分钟。总之，把会议开得活泼一点。你们讲，我就插话。你们讲完了，我的话也就讲完了。我觉得这个形式比较好。我知道，有10位同志都做了准备，10位同志的发言稿我昨天晚上都看过了。你们可以不按稿子讲，也可以讲稿子里的话。但是，我希望你们脱离稿子，讲一点新话，行不行？

刘珍一（历史学院学生）：我叫刘珍一，来自新疆。我的父母都在新疆石油系统工作。有些人问我：你来自一个条件比较好的家庭，为什么还要报考免费师范生呢？我想应该有这么几个原因。一个就是我从小就想当一名老师，这是受到我奶奶的影响，奶奶就是支援新疆的老教师。小时候和奶奶一块出去，就感觉得到那么多人对奶奶都很尊敬，觉得教师是受人崇敬的神圣职业。后来，我还受到我的一位老师的影响。她也是北师大毕业的，在新疆从教47年，而且一直从事基础教育工作。她2002年受到教育部的表彰，是一名特级教师。每当我听这位老师讲课时，真是觉得上她一节课，胜读十年书。我们那里就缺少这样优秀的老师。所以当我高考填志愿时，我坚定地写下北京师范大学，我的老师非常欣慰。她对我说："想做一名老师，是一个崇高的理想。在这样一个人们为金钱名利奔波的年代，能够静下心来做学问，是一件有意义的事情。"我成为第一批免费师范生，感受到国家对我们西部教育有很大的投入，非常高兴。我这次来到北京，又感受到我们那里的基础教育还是落后于发达地区。我学成后，一定要回去，为家乡的教育事业做点贡献。我看了温总理的诗《仰望星空》[1]，非常有感触，我觉得我们这代年轻人，不应该总是想着大城市的舒适生活，要有一颗仰望星空的心，要有理想，要到艰苦的地方锻炼自己，磨炼自己的意志，这样才能真正实现自己的人生价值和理想。

温家宝：你讲得很朴实，我想得比你要深一些。能不能说，师范教育可以兴邦？大家都希望我们的国家早日实现现代化，在世界上受到尊重。靠什么呢？靠发达的经济、先进的技术、充分的民主、完善的法制、道德的力量、国民的素质。我以为这些方面，其根本在于国民的素质。如果没有国民素质的整体提高，前面那些方面都做不到。师范院校肩负着提高国民素质的重大责任。国家兴衰在于教育，教育好坏在于教师。从这点上看，我认为，师范教育是可以兴邦的。

张国其（文学院学生）：总理好，我叫张国其，来自广西贺州。我父母都是农民，都是老实人。我们那里经济社会发展还比较落后，收稻子、插秧都是手工，没有机器。我爸爸没有文化，我妈妈高中毕业。我妈妈虽然只是高中毕业，但很有思想，对我从小进行爱祖国、爱家乡的教育，所以我从小就有这样的思想，要努力改变我们家乡贫困的面貌。在高中的时候，接触到一位老师，就是我们北师大毕业的。我觉得他教得很好，所以对北师大有着很好的印象。今年暑假我做了家教，感受到和城市比，我们农村的教育还存在很大差距。这次我是坐着“爱心专列”过来的，从广西桂林出发到北京。

温家宝：你的家乡离南宁有多远？

张国其：离南宁有 357 公里。我们是从桂林上车的，“爱心专列”上有很多志愿者，和我们进行交流，对我们进行引导，还给我们举办了很多活动。我来到北师大，第一感觉就是这里的人文关怀非常浓厚。作为一名免费师范生，国家可以为我们减免那么多的学费，我们非常感谢。我选择读师范，就是想将来回到广西当教师，努力培养一批批建设广西、建设国家的人才，把我们广西、把我们的国家建设得更好。

温家宝：你是什么系的？

张国其：我是文学院的。

温家宝：考了多少分数，可以问吗？

张国其：634 分，广西排名第 48 名。

温家宝：分数很高啊！刚才那位女同学，考了多少分？可以问吗？

刘珍一：597 分。

温家宝：也不低。你讲了一个很深刻的道理。我们重视师范教育，最根本的是因为我们重视国家和民族的前途。因为师范教育造就的是教师，是同国家和民族的命运紧密相连的。只有同国家和民族命运连在一起的师范教育，才是真正的师范教育。

潘　斐（数学学院学生）：总理您好！我昨天来到北京，今天就见到您，心情非常激动。

温家宝：你是从哪里来的？

潘　斐：我叫潘斐，来自陕西华县。我父母都是务农的，家里条件不太好，能够享受免费师范生教育，非常感谢。我选择师大，主要是因为我高中有一个班主任，带了我们三年。班主任教我们学习做人，我们非常崇拜他，希望长大以后能像他那样，给人深远的影响。我们那里有很多学生，初中毕业后就去打工了，而且成为一种风气。我选择读师范，就是想通过自己的努力，并在社会的关注下，使这种现象能够越来越少，直到为零。

温家宝：我以前讲过穷人的经济学，我今天讲讲穷人的教育学。

为什么呢？因为我们国家太大。这些年我们经济发展很快，改革开放以来，经济连续30年以平均9.7%的速度在增长，人民的消费提高了4倍。但我知道，全国发展很不平衡，还有不少地方相当贫困。在座的孩子们当中，可能有许多家中就很穷。要使教育成为面向人人的教育，真正体现出最大的社会公平，就是让所有的孩子都能圆上学的梦。我昨天晚上之所以睡不着，就是想两件事情。一件事情早一点，那是1995年，我在甘肃靖远县，那是个贫困县。我走进一个农户家里，女主人双目失明，但是她出人意料地能够把家里收拾得整整齐齐、打扫得干干净净。我知道这位女主人很能干，我就问她：你有什么希望，有什么要求？她拉着我的手哭着说：我眼睛瞎了，没有文化，就希望我的孩子能上学，上希望小学，不要当睁眼瞎。这句话刻骨铭心啊！我想到教育，就常常想起这位双目失明的农村妇女的面容。第二件事是2005年我到西双版纳参观一所学校。一个高中的女孩子跑到我的面前，跟我说：温爷爷，我上不起学了，可能要退学。因为前一天我到过她的村子，缺粮，住房条件也很差，很困难。我也知道孩子上学不易。第二天一早，我给干部讲话时，就讲到了这件事情。我说，一定要想方设法让这个孩子把高中读完。其实，我们做教师的人，都应该有一颗同情的心，有一颗爱心。我以为，同情心、爱心是道德的基础。所以我提出，我们的学生必须要有一颗与农民同甘共苦的心，懂得农民的艰辛，必须把他们记在心里。我希望教育部门、学校和老师更多地关注贫困家庭和孩子。这是我们应该提倡的社会公德，也是每个孩子入学以后应该树立的道德标准。学校的大门是向所有人开的。让所有贫困家庭的子女都能上学，真正享有受教育的平等权利，这就是穷人教育学。

王冀萍（文学院学生）：总理您好。我叫王冀萍。我来自云南昆明，今年考入了北师大文学院。我的家乡虽然很美丽，但是不富饶，现在经济发展了，还有社会各界的捐款，在那里建起了很多学校。但是，那里的教师资源仍是非常匮乏。有一次我和爸爸到临沧贫困地区的一个小学参观，那里只有一位老师是师范学院毕业的，其他都是上几届学习好一点的学生留下来，再去教低年级的学生。我觉得山里的孩子受的教育同城市的孩子不是很平等，这样他们的未来就会和城里的孩子有很大差别。这次免费师范生政策，对于我们这些从西部来的孩子是一个机会，我们可以在这里学到知识，回到家乡再传授给那里的孩子，让他们也可以拥有一个美好的未来。

温家宝：做师范生要懂两点：一是爱，二是知识。没有爱心就没有教育。爱什么？校长要爱教育事业，要爱老师；教师要爱学生；学生要互爱；父母慈爱，儿女敬爱。这是永恒的。再一个就是知识，知识是无止境的。知识可以改变人生，可以为每个人创造美好的未来。如果在师范大学里，把这两条学好了，融入你们的血液里，传播到整个社会，那么，我们民族的道德风尚就会有一个大的提高。这就是我今天给你们留的寄语。

黄　婷（化学学院学生）：总理您好。我是一名来自云南普洱市宁洱县的学生，在这次地震〔2〕中，很感谢您能来到我们县，慰问我们灾区人民。我想代表灾区人民说一声：谢谢总理！

温家宝：他们考试很不容易。为了预防地震，除了考场以外，还为他们预备了一个帐篷考场。

黄　婷：当时面临高考和地震的双重压力，很幸运被北师大录取了。想到温总理为我们做了这么多事情，我也想四年毕业后，为人民做点贡献，所以我选择了北京师范大学。毕业后还回到我们家乡，为家乡的教育事业奉献我的力量。温总理，我想向您提个小小的要求，不知道是否有点过分？

温家宝：只要我能做到的都可以。

黄　婷:我想代表家乡人民感谢您,等会议结束后,想和您照张相。

温家宝:没问题。等会议结束后,我们可以来个新生、老生集体大合影。一批照不完,还可以分批照。

黄　婷:我会把这张照片寄到家乡去,让他们知道,我把大家对您的感谢亲自带给您了,谢谢总理。

温家宝:这次普洱地区受灾后,房屋倒塌很严重。如果按照原来的赔偿和补助办法,农民短时间内盖不起房。所以我们下决心给普洱地区拨去了专款,要求他们在今年冬天到来以前,把所有的房子都盖起来,不再住帐篷。现在普洱人民正在为抗灾做斗争,请你代我向普洱人民问好。

刘　贺(地理遥感学院学生):总理您好,我是来自广东深圳的。大家都知道,深圳经济比较发达,诱惑也特别大。这里的大部分学生对学习很重视,但有些家庭条件比较好的学生,无心学习,对学习不重视。我想我回去做老师以后,会有一份更重的责任,就是让经济发达地区的学生对学习更加重视。

温家宝:这个同学来自比较发达的地区,讲了一个道理,很深刻。现在外面的世界确实五光十色,诱惑确实很大。但同学们要坚守心里的道德底线,那就是我们必须要有正确的人生观,只要怀着极大的社会责任感去学习、工作,把一切奉献给社会和人民,我们的生活就会是多彩的,我们的精神就会是高尚的。我相信,你经过在北师大的几年学习,会变得更成熟,会懂得一个青年要担负重任。

朱　毅(数学学院学生):总理好,我叫朱毅,来自贵州。我想说一件事情,我的一位同学初中的时候来北京旅游,有人问他:“你们贵州有飞机场吗?”回去之后他给我说了这件事,我感到心里很辛酸、很难受。很多人对我们贵州印象不好,这可能是因为那里经济比较落后，教育也比较落后，没有很好的师资力量。我进入北师大，感受到深厚的人文关怀，我们领到了免费的床单、被褥等生活用品，非常感谢学校和我们的班主任老师。我们今后一定要好好学习，不辜负总理和社会对我们的希望。

温家宝：穷不丢人，那是历史和环境造成的。其实贵州有很多好地方，像遵义，那是红军长征经过的地方，还有黄果树瀑布。贵州也有很多飞机和航线。有一次我到黔东南的雷公山，那是个比较穷的地方。看起来很美，因为是石灰岩，喀斯特地貌[3]，但是水留不住、人多地少。这是贵州最大的特点。我走了一天，心里感到很沉重，看不到希望。下午，我来到雷公山脚下，走进一户农民家里，夫妻都是初中毕业，就是因为有知识，他们的生活就和其他农民不一样。他们会经营，除了种稻子，还栽了生姜。生姜埋到土里，等到春天再卖，能卖出好价钱。当时我就考虑，确实上过初中和没上过初中的就是不一样。上过学自立能力更强，接受新生事物更快，而且还有一定的农业生产知识。你从贵州来，回到贵州去，这很好。贵州虽然还比较贫困，但正在发生变化。改变落后面貌，关键在人才。只要培养出大批人才，你的家乡就一定会变得更美好。

郭建富：总理您好，我是北师大体育学院的教师。我叫郭建富。

温家宝：你当了几年教师？

郭建富：九年半。我们知道，这些师范生有很多来自贫困地区，而目前许多农村教师的收入不高，生活困难。刚才也听到这些师范生的心声，他们有崇高的理想，有美好的心灵，我相信他们在这几年里会刻苦学习，掌握本事。如果他们将来回到家乡，一定能取得更好的成绩，我们会很欣慰。但是，如果他们回去，得不到与他们付出成比例的回报，我想我们会很难过。我知道这几年国家财政比较好。我希望国家对这些师范生的待遇有一个特殊的考虑。如果这方面做得比较好，有利于我们师范生队伍的稳定。

温家宝：伟大的教育事业，需要用心力、用财力。这二者不可偏废。用心力，就是学校要目光远大、勇于创新，把最新的知识和最好的技能教给学生；用财力，就是要不断加大对教育事业的投入。六所师范大学的事，我们一定要把它办好。现在第一步走得很好。原来有的同志担心，会有那么多学生报考师大吗？事实证明，报考的人相当多。有两点是我原来没有想到的：第一是中西部的孩子们多、贫困地区的孩子们多、农民的孩子们多；第二是高分的优秀的学生多，他们考分比前几届都要高。试点已经起步了，作为国家来讲，就是用心力、用财力保证师范大学免费学习的试点一定成功。至于将来教师的待遇，这几年正在逐步提高，但是不均衡，有些地方财政困难，工资低。对这些工资比较低的地方，政府要给予关注，财政要给予支持。还是这句话，就是要用心力、用财力把师范大学办好。

王善迈（经济学院教授）：刚才总理谈到师范教育对于国民素质的提高，对于强国兴邦都有非常重要的意义。我想谈一下基础教育的重点校政策。我提一个建议：应该淡化并逐步取消重点校政策。当时我们的重点校政策，把最好的学生、最好的教师放到几所学校，是因为当时教育资源稀缺。从目前来看，这个政策的弊端逐渐显露出来。重点校政策人为地导致了校际的差别、资源配置的差别。这种教育资源的不平衡，就影响到了整个社会教育的公平。

温家宝：这个问题已经引起教育部门的重视，我们提倡素质教育，不搞行政的、有政府行为的重点学校，也反对用金钱来择校，这些方针要确定。但是我还想到另一方面，学校毕竟应该办出特色，如果不是政府行为，而是学校校长、老师和学生多方面形成的学校特色，这些是需要发扬光大的。基础教育也是不一样的，像我们北师大，就有附中，还有实验中学、附小，这些就是利用你们的优质教育资源，形成自己的办学特点。如果不是靠政府行为，而是靠学校的努力，办出自身的特色，这是应该支持的。我觉得，应该从两方面看待问题。

王炳照（教育学院教授）：总理您好！我是教育学院的，我的学科是中国教育史，还承担师大百年校史[4]的主编工作。我在师大学习任教今年刚好是50年。我想汇报一下体会。首先，北师大作为一所百年老校，在办学过程中形成了很好的传统，并坚持了下来，这也就是学校的两个特色：一是学校一直强调教学科研相结合，教学科研互相推动。北师大出来的学生，不仅仅是教书匠，而是要成为各个学科的一些学者，一些研究者。二是扎实宽厚的专业基础和良好的品德，北师大的校训“学为人师，行为世范”，高度凝练了这一特色。为人师表的思想贯彻到学校整个教育教学过程，贯彻到每一个环节中。这两天是学校105周年校庆，我们同学举行入学50年聚会时感慨万千。大家都有一个共同的体会，那就是在北师大学习，接受北师大的教育，不仅对工作，而且对大家的人生起了很大的作用。一百多年来，北师大为全国特别是基层和贫困地区培养了大量的优秀教师，这也是北师大的一个传统。这几年，北师大有一个口号，也就是转型，强调综合性、研究型。其实，这是进一步继承了学校的传统，不是要甩掉师范的帽子，而是把原来的教学科研相结合的优良传统进一步发扬。最后，我再谈一点，免费师范生非常重要，有利于形成全社会尊师重教的良好风气，特别是对农村教师队伍的改善起到了决定性的作用。现在的问题是，农村教师的待遇、生活、学习、工作条件还是有差距。据我了解，农村小学教师，一个月400元或500元工资的很多，除了工资，其他收入很少。这种经济条件，使他们进一步学习受到限制，希望政府能想想办法，增加这些农村教师的收入。

温家宝：这位老师讲了一个很重要的问题，这也是我今天准备要讲一讲的。我完全赞同这位教育学老专家的建议。免费师范生教育试点工作会给北师大办学带来一点变化。第一，师范大学和一般大学有共同点，也有不同点。师范大学学习的综合性更强。一般大学的学生学习重点在于知识本身的研究，为学问而学；而师范大学的学生学习还包括知识关系的研究，为教育而学。一般大学的学生可以"独善其身"，而师范大学的学生则要"兼济天下"[5]。我举个例子：普通大学的中文系，学生或者可以专修文学，或者可以专修语言文字学，甚或是专修文学或语言文字学的一个方面。但是我们要求师范大学的学生，两者必须皆有相当的造诣，既懂文学，也懂语言文字学。这样你到中学去，才能把孩子们教好。甚至我们还要求，师范生还要研究一些学术思想和学术史。刚才我们这位老专家讲到教育史。以中文系为例，不仅学文学、语言文字学，还要研究一下中国文学，而且必须对这些都有深入的了解和掌握。这样你到课堂去就会运用自如。就像我们老师经常说的：给学生一杯水，自己要有一桶水。第二，师范大学造就的应是堪称人师的教育家，要学为人师，行为世范。对师范生的道德要求更高。教育，不仅要言教，还要身教；不仅要立己，还要立人。从这点上来说，上师范的学生应该而且必将会出现专家。我昨天想了一下，大文学家像鲁迅，就曾经在14所学校教过书，朱自清[6]做过教师，周培源做了一辈子教师，华罗庚也是教师。上师范不仅能出专家，而且可以出大专家。因此，在师范教育当中，也必须贯彻教学和科研相结合的原则，学知识、教书、做人相结合。刚才谈到师范大学和其他大学的相同点和不同点，我想概括为一点，就是师范教育对教师要求更高。这种不同，不是名义和形式上的不同，而是精神上的不同。这种精神就是你们的使命。今天在座的有老生也有新生，你们有幸来到这个学校，应该感到很光荣，就像后面墙上的标语写的：教育事业是人类最崇高的事业，教师是天底下无上光荣的职业。我还想再加上一句：教师是太阳底下最光辉的职业。你们做教师，将来不仅可以影响一代或者两代的孩子，还可以影响他们的家庭，影响整个社会。我希望你们在北师大这个有着光荣传统的学校里接受文化的熏陶、人文情怀的温暖、自由空气的呼吸，真正领略到智慧之光、仁爱之美，将来成长为德才兼备的教师。我们还有很多的政策要加以完善。比如说，师范大学的免费师范生，有考研能力的未来完全可以考研究生，有出国能力的可以出国。霍懋征老师给我来过一封信，说要提倡全国的小学教师逐步由大学毕业的人来当。我知道，张伯苓办南开大学时，挑选老师，不仅有国内的优秀人才，也有很多留学回来的优秀人才。所以，我们说，只有学校的教师是一流的，学生才可能是一流的。总之，你们大有希望，前途无限光明。我今天来看望大家，预祝大家今后在北京师范大学的学习取得更加优异的成绩。

注　释

〔1〕《仰望星空》是温家宝同志创作的一首诗歌，发表于 2007 年 9 月 4 日《人民日报》文艺副刊。

〔2〕指北京时间 2007 年 6 月 3 日凌晨 5 时，云南省普洱市宁洱哈尼族彝族自治县发生的 6.4 级地震。

〔3〕喀斯特地貌是具有溶蚀力的水对可溶性岩石进行溶蚀等作用所形成的地表和地下形态的总称，又称岩溶地貌。喀斯特（Karst）一词源自伊斯特拉半岛碳酸盐岩高原的名称，意为岩石裸露的地方。“喀斯特地貌”因近代喀斯特研究发轫于该地而得名。

〔4〕北京师范大学的前身是创办于 1902 年的京师大学堂师范馆。

〔5〕这句话中的“独善其身”和“兼济天下”均出自《孟子·尽心上》。原文为:“穷则独善其身,达则兼善天下。”

〔6〕朱自清(1898—1948),中国散文家、诗人、古典文学研究家。江苏扬州人,祖籍浙江绍兴。1920年毕业于北京大学,后留学英国。曾任清华大学、西南联合大学等校教授。他的散文以朴素缜密、清隽沉郁、语言洗练、文笔清丽著称,极富真情实感。代表作有《荷塘月色》《背影》《桨声灯影里的秦淮河》等。

依法治国，大力培养优秀法律人才*

（2008年5月4日）

温家宝：去年10月份，我收到政法大学全体师生的信，邀请我到政法大学来，让我走一走宪法大道，看一看明法楼，看看同学们。我一直惦记着这件事，今天早晨我又把这封信翻出来。我订了计划，每年“五四”都到一所学校。你们的信里都给我罗列出来了：从2003年起，“五四”都到了什么学校，还没到政法大学，然后就讲依法治国的重要性。所以，今天我就来了，同刘延东同志一起来看看同学们。

学　生：我们很想念您。谢谢总理。今天终于美梦成真了。

立法必须要做到公，执法必须要做到平

温家宝：其实要说法律的重要，怎么强调都不为过。因为整个国

* 这是温家宝同志与中国政法大学学生共度五四青年节时的座谈。

家的治国方略就叫依法治国，这是从大处讲。从每一个老百姓切身的生活来讲，也要靠法律来保护他们自由的权利，保护他们全面发展的权利。对于一个社会，如果说发展经济、改善民生是政府的天职，那么推进社会公平正义就是政府的良心。公平正义当然包含很广，从收入分配到教育权利，但是很重要的一点就是司法制度。就是立法必须要做到公，执法必须要做到平。我今天一出门就有个感触，我的汽车刚拐弯，就被上访的群众拦住了。我平时有个要求，就是无论在什么地方，只要群众把我的车拦住了，一定把信接过来，然后妥善地给他安排和回答。所以，我一上楼到办公室，就问警卫人员，他反映的是什么问题。他们说是前几年他一个家人被车撞死了，应该按刑法处置，而现在只做赔偿处置，他认为执法不公，他为

2008 年 5 月 4 日，温家宝同志到中国政法大学与学生一起共度五四青年节。这是温家宝同志在学校图书馆阅览室与学生们交谈

这个已经上访八年了。这在我们看来可能只是一桩小事，但是在群众看来，就是大事。他可以为他的亲人判决得是否公正上访八年，甚至有的还更多。我统计了一下，在我住的周边，经常来上访的47%都和司法有关，而且很多都是为自己亲属或者本人判决是否公正上访的，好多是多年上访。你们都是学法律的，我有时在想，什么时候我们的法律，从立法的完备到执法的公正，到诉讼法的健全，使人们不必跑这么远，能够就地解决这些问题，那时我们的社会就更进步了。因为所谓上访，它所体现的不是法律的程序，而是寄托在人，寄托在领导人的批示，应该说在某种意义上还带有人治的封建色彩。在一个现代化的国家，应该依靠法，应该依据法律来解决这些问题。你们去年10月份的信写得很深刻：今年是我国提出依法治国方略十周年[1]，这是党的十五大提出来的。当时我负责组织文件起草工作，关于用“法制”还是“法治”是经过再三斟酌的。虽然一字之差，但意义大不相同。因为光讲制度的“制”，只提到制度建设这个层面；而治理的“治”，就提到了治国的层面。中央做出了正确的决定。完整的提法就是我们今天所说的：依法治国，建设社会主义法治国家。今年正好是十周年。

依法治国是成熟的社会主义的标志

学　生：总理，您今年是第一次来到法大，请问您对法大的感受如何？您对中国政法大学的发展又有何期待？

温家宝：我刚才说了，我们已经把法律提到治国的层面，因此培养法律人才就是十分紧迫而具有长远意义的任务。中国政法大学是我国培养法律人才的最高学府，承担着重大的责任，可以说任重而道远。为了加深你对这个问题的认识,我想说我的一点考虑。依法治国,建设法治国家,是建设中国特色社会主义事业的重要内容,而且是成熟的社会主义的标志。要从这个高度来看问题。法治是基础,我们常讲经济发展、社会和谐,其实都离不开法治。如同真理是思想的首要价值一样,公平正义就是社会和一个国家的首要价值。最大的公平正义,除了在民生、在教育,很重要的是在法律。

你们在信里不断地写到"法治精神"这句话。什么叫法治精神?咱们一起概括一下。你们学校的门口有块石头上面写着四个大字,就是"法治天下"。

学　生:对,法治天下。

温家宝:"法治天下"就是法比天大。我把它演绎一下:法大于天,法治天下。这是很形象的一句话。我觉得这句话抓住了法治精神的核心。这就是:第一,宪法和法律的尊严高于一切;第二,在法律面前人人平等;第三,一切组织和机构都要在宪法和法律的范围内活动;第四,立法要发扬民主,法律要在群众中宣传普及;第五,有法可依、有法必依、执法必严、违法必究。"天下之事,不难于立法,而难于法之必行"〔2〕。有法不依,不如无法。

不但要明法还要明道

学　生:总理,我想冒昧地补充一句。有句话是这么讲的,就是说法律的公平正义不仅要实现,还要以人们能够看得见的方式来实现,我想这对于我们安定团结的局面也是非常重要的。

温家宝:你补充得很对,就是法律的公平。你看我们法院总弄个天平放在那儿，刚才我讲了什么是“公”，什么是“平”，就是立法须公、执法须平。公平正义在法律上是最为重要的，它的反面就是徇私枉法。我们要建立一个公平正义的社会，就必须做到这个要求。

学　生：总理，您说的法治精神和我们的校训是一脉相承的，我们的校训是“厚德、明法、格物、致公”。

温家宝：这几句话我记住了。厚德，就是要不断培养高尚的道德情操；明法，就是要掌握全面的法律知识并依法办事；格物，就是要善于分析问题，弄清事物的原理和性质；致公，就是要一心一意为社会和大众服务。其实，我们不但要明法，还要明道，这两个又是统一的。明法就要懂法，明道就要懂道理。前者是法律的约束，后者是道德的约束。法律与道德的关系，也是法治精神的一个原则。

民生政策上升到法律制度才能保证人民长期受益

学　生：总理，我们都知道民生问题是您一直倡导和关注的问题。我们学法律的也知道：民惟邦本，法乃公器。在今年人代会的报告中您也提出，改善民生要通过法治的途径来解决。对于这一点，我们想听听您的看法。

温家宝：在上一届政府，也就是我 2003 年刚担任总理的时候，提出政府工作的三项原则，叫作科学决策、依法行政、民主监督。依照法律，我们要接受人民代表大会的监督，接受人民群众的监督、新闻媒体的监督、民主党派的监督。我们讲的是行政权，当时我们就把依法行政摆在非常重要的位置。“非典”之后，我们很快就着手制定了《全面推进依法行政实施纲要》[3]。我认为，无论做总理的也好，还是做一般干部的也好，脑子里考虑的是如何把为人民服务的思想通过法律变为现实。也就是说，从处理一般的民间事务到治国理政，都不是靠人而是靠法。我们说，制度具有根本性、长期性和稳定性。其实法律是成熟了的制度上升而来的，因此它更具有根本性、长期性和稳定性。我举个简单的例子，我看到学生们上学经济上有困难，就想到要给同学们增加助学金、奖学金，这是在政策层面。我们将来要从政策层面上升到立法层面，就是要建立国家奖学金、助学金制度。2006 年中央财政用于全国普通本科高校、高等和中等职业学校的奖学金和助学金支出是 18 亿元，2007 年大幅提升到 95 亿元，今年将安排 190 亿元，如果加上地方财政支出则达到 308 亿元。所以现在你们有好几种奖助学金，叫作奖助学金资助体系，但这还不够，将来可以先上升到国务院条例，以后还可以立法。这就是刚才这位同学讲的所谓为民和法律的关系。任何好的思想其实都是从实践中来的，但是如果简单制定一个政策性文件，是不能保证长期实施的。我们解决民生问题的各项政策，只有当其成熟上升到法律制度，才具有根本性、长期性和稳定性，才能保证人民长期受益。

中国政法大学要定位为三个中心

学　生：总理，我有一句话想说一下，就是这里大多是学法律的，但是我想，要做好我们中国的法制事业不能光靠法律专业的学生。我是我们学校第一届法制新闻专业的研究生，我们都简称自己是“非法”专业的学生。正赶上我们第一届 19 个同学毕业的时候，您就来到了我们政法大学，对我们刚开设的专业是一个非常非常大的激励。我们“非法”专业的学生在中国政法大学虽然是少数，但我们是一个把传播法律文化、弘扬法律精神作为自己使命的专业，希望您给我们提一些寄语，给我们一些更重的担子让我们以后去承担起来。

温家宝：我觉得法律应该包含三个体系：一个是立法，一个是执法，还有一个是普法。这三个体系就决定我们中国政法大学要成为三个中心：一是要成为培养法律人才的教育中心；二是培训法律干部的培训中心；三是对全民进行普法教育的普法中心。所以，你所学的专业也不是“非法”的。

学　生：总理，我今年准备要读环境法专业博士，环境法也是中国政法大学的优势学科，我知道您对环境问题也很关心，希望您给我们一些寄语和期望。

温家宝：我们国家正处在发展时期，要做到经济发展与环境保护并重，就必须加强立法。我们现在采取许多保护环境的措施，但是环境立法还远远跟不上形势的要求。举一个很简单的例子，我们建立了许多污水处理厂，国家花了很多钱，但是这些污水处理厂建成以后不能正常开工，为什么呢？因为运行成本高。有时为了应付检查，把污水处理设备开动一下，但是检查以后，污水还是直接排放到河里、田地里。这光靠教育是不行的，必须靠法治。

教　师：在您担任总理后的2004年，制定了《全面推进依法行政实施纲要》，您专门提出要对立法进行成本效益分析。我们的“法与经济研究中心”是法大刚成立的，是对立法进行成本效益分析的一个研究单位。据我了解，国务院的一些部委已经开始进行立法经济效益分析，包括地方像海南省也在进行。请您对我们这个新专业提一点希望。

温家宝：这是你对我们提出希望。我们的立法、法规，之所以耗时长、效率低,常常是因为我们的部门职责不清,推诿扯皮。往往一个条文,不同的部门有不同的解读、不同的要求,可以纠缠两三年,效率怎么能提高?作为行政立法,必须跳出部门这个圈子,站在全局的高度。提高立法的效率,根本不在工作本身,而在体制。

重视法律教育,加大对政法院校的投入

学　生:借着您这次来我们学校的机会,我想为我们学校说几句话,希望您能听进去。我是本科就在政法大学读法学的,七年来我一点点看着学校各种设施的变化,学校越变越好,是深有感触的。您在依法行政会议上就提出建立法治政府这样的一个工作目标。这些年我们也感触到了,我们的国家正在走向法治之路,这对我们青年学生是非常有鼓舞作用的,也激发了我们法学专业学生的学习热情。但在法治教育、法学教育这一领域内,我想政府对我们政法大学的投入、建设还不够。您可以看看我们的书桌、座椅,我们的图书馆外部环境,还有对面教学楼、办公楼。虽然我们可以很骄傲地说我们是一流的政法大学,但是我们的硬件设施离一流的水平还有差距。

温家宝:我接受你的批评。在任何国家,法律专业、法律学校都是受人尊重的,而且具有很高的地位。特别是大部分学有成就的优秀法律人才都进入国家司法部门,他们手里都掌握着很大的权力,因此学校这个阶段对他们的培养十分重要。政府将更加重视法律教育,加大对政法院校的投入,为培养更多优秀的、杰出的法律人才做好服务。

学法的人要有一颗公正的心，要爱我们这个国家

学　生：温总理您好，我是法学专业本科三年级的学生，我想问您一个问题。您曾经在很多场合多次提到，对青年学生要特别关心，而且提出过“三要”的要求：一要有理论联系实际的学风；二要有追求真理的精神；三要有对国家、对社会、对人民强烈的责任感。而学以致用对于我们学法的同学是极其重要的，强烈的社会责任感也是扎根于我们每一个法律人的心中的。近些年咱们国家提出了大学生下到基层做村官、鼓励大学生自主创业等很多政策，希望您在这方面谈谈对于政法大学的学生有什么更高的要求或者期望？

温家宝：这里我想讲一个问题，就是法律与人的关系。我不知道你们有没有人研究这个问题。因为法是人制定的。当然，随着社会的发展立法越来越民主化，就是要让人民来参与，但是专业的法律人才还是离不开的，需要由法律专家把老百姓的意见、要求，用法律的语言表述出来。法也是靠人来执行的，你们将来有的要做法官，要审案、要断案、要执法，能否做到公正十分重要。对于一个学法的人来讲，最重要的就是要有对国家、对人民、对社会的高度责任感，要有一颗公正的心，要爱我们这个国家。这不仅是做人的良知，而且是你们由于懂法的要义而产生的对自己的终生要求。这要从一点一滴做起，首先就是对国家、对人民要有感情。我这个人有很多缺点，但是有一点我是不甘落后的，就是爱我们这个国家。每一滴血液，每一个细胞，甚至将来死了烧成灰，每一粒灰烬都是爱国的。我们今天讲爱国，应该包含三层意思：第一，要自强不息。为中华民族的崛起，为了振兴中华要自强不息。第二，要开放包容。只有开放包容，国家才能富强，这是一个大国的胸怀。第三，要艰苦奋

斗。为了我们国家的富强，要几代人、十几代人，甚至几十代人埋头苦干，努力奋斗。对人民要有一颗爱心，这对政法人员尤为重要。我刚才讲了道德，其实说一句很简单的话，比如我们常说的同情心，同情心是道德的基础。就是说你要时刻想着人民，想着我们的国家。由于我们国家发展很不平衡，像西部地区、像农村，还有好多人生活得不好，所以这就要求我们自己努力学习，学好本领将来为人民服务。我觉得一个学法律的人，对自己的道德品质和人格的要求必须更高。

学　生：我跟导师主攻突发事件应对管理。去年11月出台了《突发事件应对法》[4]，就是在国务院有关条例基础之上制定的。

温家宝：应对突发事件的法制建设至关重要，这次雪灾[5]就暴露出来我们在这方面还准备不够。什么事情都得靠实践检验，如果有法律规定了，平时再加以训练，一旦遇到突发事件就知道怎么应对。没有健全的法律体系，应对突发事件就找不到头绪，手忙脚乱。

学　生：总理，我主攻西方政治思想史，同时我也对中国古代政治尤其是先秦的政治思想，如孔子、孟子比较感兴趣。我觉得一个国家的思想文化也很重要，我在研究西方思想史时又看了诸子百家，在认识自己的基础上借鉴别人，对两种不同思想进行比较，还是有用处的。

温家宝：诸子百家时期算是奴隶制吧，公元前536年中国已经有了“铸刑书”[6]，当时的刑法已经铸鼎[7]了，就是说法律要明示，要让每一个人知道。西方的法，可以追溯到公元前450年，就是“十二表法”[8]。

学　生：柏拉图[9]时就注重法律了，到亚里士多德进一步发展，罗马时比较兴盛。不过当时私法比较多。总理说的“十二表法”就是留传下来的最早的古罗马成文法典。

温家宝:我们说,古代的也好,西方的也好,优秀的部分借鉴过来对研究中国当前的法制建设,很有意义。

学　生:先秦诸子百家思想的一些基本原理可以作为现代法治的基础。

温家宝:为什么先秦那段历史在中国文化史上占有很重要的地位呢?那时思想比较解放,出了诸子百家,允许百家争鸣,因此出了许多文学家、思想家。我一直在思考,先秦时期社会虽然是很混乱的,但思想是很活跃的。这是一段很重要的历史。

学　生:我平时也看一些孟子的东西,如他的民本思想。

温家宝:孟子说:"民为贵,社稷次之,君为轻。"民本思想实际上也是当时的法学思想,也可以说是当时的启蒙思想。

学　生:总理对我们学校有什么印象?

温家宝:我刚才说过这是一所非常重要的学校。一个国家如果把依法治国作为基本方略的话,就必须重视法律人才的培养,从这点上说它怎么重要都不过分。在世界上,各个国家都很重视法律人才的培养。我们这方面的人才不是多了,而是少了,太缺乏了,所以你们学法律应该感到骄傲。

学　生:总理对我们学法律的学生有什么希望和要求?

温家宝:我刚才讲了很多了。你说我对你们有什么要求,其实就两点:第一,要对国家、对人民、对社会有高度责任感。因为你知道,你立这部法律,能影响整个国家、社会和人民。第二,要有高尚的人格。法的核心就是公正公平,这要靠人公正执法,如果不具备这种思想境界,你就做不到公正和公平。从这点来讲,对学法律的学生不只业务水平要求高,思想品德也要求高。

学　生:对!法律人必须有这样的素质和道德修养。我们的校训也说明了这一点。“厚德、明法、格物、致公”，把德放在第一位。

温家宝：厚德，明法。其实厚德也可以把它理解成明道。前面我已讲了，就是不仅要明法，还得明道，具有高尚的道德。懂得真理，懂得法律，懂得道德。道德是明法和守法的基础。它更崇高，也更有力量。

注 释

〔1〕1997 年 9 月 12 日，中共十五大郑重提出：“依法治国，是党领导人民治理国家的基本方略。”

〔2〕语出明代张居正《请稽查章奏随事考成以修实政疏》。原文为：“盖天下之事，不难于立法，而难于法之必行；不难于听言，而难于言之必效。”

〔3〕2004 年 3 月，国务院印发的《全面推进依法行政实施纲要》提出，用十年左右时间基本实现建设法治政府的目标。

〔4〕《突发事件应对法》，全称为《中华人民共和国突发事件应对法》，由第十届全国人民代表大会常务委员会第二十九次会议于 2007 年 8 月 30 日通过，自 2007 年 11 月 1 日起施行。

〔5〕2008 年 1—2 月，我国南方部分地区发生了严重的低温冰雪灾害。受灾严重的地区有湖南、贵州、湖北、江西、广西北部、广东北部、浙江西部、安徽南部和河南南部。

〔6〕公元前 536 年，郑国执政子产将郑国的法律条文铸在象征诸侯权位的鼎上，向全社会公布，史称“铸刑书”。这是中国历史上第一次公布成文法的活动。铸刑书公布成文法，开创了古代公布法律的先例，否定了“刑不可知，威不可测”的秘密法，对后世有非常深远的影响。

〔7〕首次“铸刑书于鼎”的是郑国的子产。晋国的赵鞅也曾铸刑鼎。

〔8〕公元前 454 年，罗马共和国元老院被迫承认人民大会制定法典的决议，设置法典编纂委员 10 人，并派人赴希腊考察法制。公元前 451 年制定法律十表，第二年又补充二表。这就是著名的“十二表法”。因各表刻于十二块铜牌之上，故习惯上称

作“十二铜表法”。它是留传下来的最早的古罗马成文法典。

〔9〕柏拉图(Platon，前 427—前 347)，古希腊哲学家。他与自己的老师苏格拉底、学生亚里士多德一起被称为古希腊三大哲学家。代表作有《理想国》等。

信心比黄金和货币还要重要*

（2008年12月20日）

温家宝:都干什么？读书？都是研究生吧？硕士生还是博士生？

张　章（学生）:有硕士,有博士,硕士多一些。像我学的是北航的老专业了,发动机专业。

温家宝:发动机是飞机最重要的部分。我们现在造大飞机,其中一个主攻方向就是发动机。飞机的重要系统包括发动机、材料、电子。知道我们要造大飞机吗？

张　章:知道！我们很多同学毕业后都去了大飞机公司。北航还有大飞机班呢。

温家宝:2003年"非典"的时候,你们有的入学了,有的还没有入学,我来过北航一次。

张　章:我见过。当时还有吴仪副总理。

温家宝:那时我就讲,我们要造自己的大飞机,还要实现绕月飞行,这两个项目都已列入国家重大科技专项。造大飞机是国家意志,

---

* 这是温家宝同志与北京航空航天大学师生的座谈。

2008年12月20日，温家宝同志在北京航空航天大学参加“中日青少年友好交流年”闭幕活动后，来到学校图书馆与同学们亲切交谈

这是个战略考虑，它体现了我们国家科技的兴旺发达。它既是个标志，也有直接的科技意义和经济效益。你们读过我在《人民日报》上专门写大飞机的一篇文章《让中国的大飞机翱翔蓝天》[1]吗？

张　章：读过。我们导师经常跟我们讲，对我们要求也比较高。我在北航读博士，也想从事中国航空事业。在举办研究生论坛的时候，我们也请了大飞机发动机的总设计师来讲。

温家宝：中国实施大飞机专项以后就组建了大飞机公司，我估计这对北航是个鼓舞，是个机遇，很多优秀学生会报考北航，将来需要很多这方面的人才。

李　未[2]：北航为了大飞机专门组建了北航高等工程学院[3]，选拔最优秀的学生到这儿。我们每年一共招收3 000人，专门选出

100 人学习航空专业知识。从 2004 年开始，办了大飞机高级进修班，为了同“空客”结合，成立了中法工程师学院[4]。2003 年您到我们这儿讲，一个是要搞探月[5]，一个是要搞大飞机。我们把它当成我们学校最重要的使命。

张　章：我今天很幸福，我的导师是高等工程学院的副院长，我过来上自习的时候他还过来看我，让我好好学。今天我刚进来，没想到又遇到您。见到您我很幸福。您瘦了，比 2003 年的时候，头发也白了。

温家宝：我瘦了 5 斤，一直长不上来了。

学　生：太操劳了。

温家宝：我们谈一会儿心好吗？我是刚在这里参加完一个外事活动后临时决定来看看同学们的。

栾鸿钧：您好，总理。我是软件学院的学生，我学的是日文应用软件开发。国家最近几年来对软件工程比较重视。大家也都知道，我国是一个大的发展中国家，但是同印度相比，可能在软件产业方面还有一定的差距。我们专业的学生特别感谢国家给予这个产业极大的重视。

温家宝：我到班加罗尔去过，参观过印度的软件公司。当时他们叫我讲几句话，我就对他们讲，软件主要决定于两个因素，第一是人的大脑，第二是市场的需求，这两个因素在软件的发展历程中都是不会枯竭的。市场对软件的需求越来越多，要求越来越高，而人的智力开发，我以为也是无穷无尽的。就拿现在来说，由于受国际金融危机冲击，世界经济不景气，但是软件业需求还是比较大的。我希望学软件的学生一定要把基础打好，必须有创造思维。如果搞软件没有创造思维就没有出路，就没有竞争力。这就不能仅满足于书本，要注意了解研究各方面需求。软件开发关键就在“开发”。许多制造业产品都离不开软件，学这个专业是很有前途的。

栾鸿钧：谢谢总理！

温家宝：我再说一点。今年珠海航展〔6〕订货会，出乎我意料的是，我们的中型客机ARJ〔7〕订货比较多，包括美国也订货。在许多产品订单减少的情况下，我们中型飞机的订单不仅没减少反而增加了。我感到，金融危机的冲击并不意味着每一个行业、每一种产品外需都减少，具有自主知识产权的高科技产品还是具有竞争力的。我们的中型飞机试飞已经成功了，马上就有人订货，就是因为有需求。这就引起我对经济周期和科技进步的看法。我到处讲话给人们以信心，我认为信心不仅是指当前克服困难，而且要高瞻远瞩，积蓄力量为未来发展创造条件。我们现在着手研究的大飞机或者其他高科技项目，就可能在这次世界性的金融危机中为未来的突破创造条件。同学们可以翻翻科技史，经济有周期，但是克服经济周期带来的问题，必须依靠知识和科技的力量。知识和科技的力量能够增加人们的需求，改变人们的生产生活方式，带来新的变革，这是克服困难更为有力的因素。这一点，我们讲得还不够，我希望同学们懂得，这个担子就压在你们身上了。

在北航学习是很幸福的，绕月工程以及将来我们继续发展的探月工程，还有大飞机的研制，都是将来同学们要担负的重要工作。你们今天的学习就是为实现这些重大科技专项做准备。希望大家学好基础知识，把基本功打扎实。

学　生：我是来自陆航部队的在职研究生。咱们现在要发展绕月工程、探月工程，还要发展大飞机，您是怎么考虑陆航直升机的发展的？

温家宝：说起直升机，我有一肚子的故事。汶川地震的时候，我第一时间赶到了现场。但是，我进不到地震中心，从都江堰到汶川只有几十公里,但是所有的路都中断了。当时我下令要尽快打通这些路,但是我没想到这些路是很难打通的,因为所有山体塌方把路堵死了。后来我就跟空军讲,一定要派直升机到地震中心,我要去。

后来我坐直升机到了地震中心映秀镇,一看汶川地震现场,许多受伤群众都躺在地上,唯一的办法就是用直升机把他们运出去,而且越快越好。早一分钟,他们就可以少失血,得到救助,保住生命。但是我确实不知道国家有多少直升机。回来以后,我就紧急给胡锦涛总书记挂电话,我说这里急需直升机,他说要多少,我说起码要 135 架,越多越好,因为有大批伤员要运出去。但是,后来我知道部队解决 100 多架高原直升机是尽了最大的努力,而且还请民航协助,借用了 30 多架,派出了 135 架。这批直升机在救援中发挥了重要作用。我意识到高原直升机非常重要,它的性能要求也很高。

第二件事情,是处理唐家山堰塞湖〔8〕。处理堰塞湖需要调用大量的机械设备,像推土机等大型设备,而我们只有一架米-26〔9〕,飞了一天多就坏了。于是,我们又从俄罗斯租了一架米-26,后来就是用这架飞机往返调运大型物资设备到现场,在关键时刻发挥了重要作用。这时我也才知道,米-26 我们不能生产。一个高原直升机,一个米-26,这两件事很刺痛我的心。

最近我访问俄罗斯,签订了一个协议,向他们购买高原直升机和米-26,只买了 4 架。我希望同学们听了以后记住这件事情。我们应该立志,让中国自己的直升机能够制造出来,不管什么型号,普通的、高原的、载重的,我相信,我们有这个能力。可能就在你们手中实现这个目标,让中国有足够的用于各方面的直升机。

学　生:我们是两年半学制的硕士生,现在面临找工作困难的问题,经济也不景气,很多单位对人才需求都不足。对于即将面临工作的研究生,您有什么期望?

温家宝：我们确实处在一个比较困难的阶段，由于美国次贷危机[10]引发的国际金融危机已经冲击到实体经济。对我们国家的影响，在今年下半年越来越明显，特别是 10 月份和 11 月份，突出的表现就是外部需求减少。我们国家的一个结构性矛盾，就是出口比重比较大，国际市场订单少了，需求少了，许多工厂有设备有原料，没有市场。现在金融危机还在扩散蔓延甚至在加剧，对实体经济的影响还没有见底。在这种情况下，应该说中央还是见事早，我们从 6 月份就开始调整政策，提出要促进经济增长。10 月份，我们提出了实施积极的财政政策和适度宽松的货币政策，用扩大内需的办法促进经济回升向好，但这需要一个过程。我们提出了两年内投资 4 万亿扩大内需的十条重大措施，并逐步形成一揽子计划，这包含着民生工程、农村建设、基础设施建设，还有提高低收入群体的生活待遇、为企业特别是中小企业减税让利等各方面的措施。这是为了使企业能够渡过难关。当然这些措施下去以后，见到效果还需要一段时间。我们最大的困难是，一部分工厂不能全部生产，特别是中小企业、劳动密集型产业和外向度比较高的产业。大家可以看到，我们不断在采取措施，几乎每周都采取措施。我们还在研究，如果现在的支持力度不够的话还可以加大力度。但是我们最担心的是两件事情，这两件事情都同就业有关：第一件事情是农民工返乡问题；第二件事情就是大学生毕业找工作的问题。

李　未：我们学校想了一个办法也是为国家排忧解难。现在北航平均一年的经费超过了 10 个亿，我们有很多重要的课题，因为要发展大飞机、探月工程，所以课题很多。我们就想，一部分毕业生，采取研究助理或者研究助手的方式留在学校里，大约也就是两年到三年。一方面可以完成科研任务，继续学习研究；另一方面也减少社会的负担。这个做法如果允许，北航可以多留毕业生里的三分之一。

温家宝:我赞成你这个意见。

李　未:有一个问题,就是财政部要允许我们用这个钱来雇用研究生,而且给他们解决社会保险和医疗保险。

温家宝:我来解决财政部的手续问题。明年大学毕业生大概有650万。如果明年经济增长以8%来计算,最多能解决就业人口900万,大约1个百分点解决100万人就业。我们尽最大努力解决900万人就业,900万人当中就有650万大学生,因此政府必须把大学生就业摆在首位。我们要研究一整套措施,包括:第一,一些重大的科研专项要吸收研究生和优秀大学本科毕业生参加;第二,一些大型企业要吸收大学生和研究生就业;第三,学校的科研专项可以用于吸收学生参与研究,延长他们在学校学习和研究的时间,这样既解决他们的工作问题,又为日后的实践打下基础;第四,有一部分同学可能要从事一些与自己的专业不完全相符的工作。但是这是暂时的现象。先找到工作,解决生活问题,然后,随着经济复苏再调整工作。现在工作的流动性是很大的。公司裁员,对于大学生、对于技术人员、对于技术骨干,一定要千方百计留住。要记住一句话:留得青山在,不怕没柴烧。青山是什么?是人,是有知识的人,当然也包括重型装备。

同学们请放心,我方才说了,在就业问题上,我们把大学生就业放在首位。国家会采取一系列的措施,使同学们毕业后能有用武之地。

李　未:我们谢谢总理!

温家宝:不要谢我。你们的困难就是我的困难。如果说你们心里忧虑,我心里比你们还忧虑!但我为什么开始就讲要树立信心?而且我反复讲,到处讲。我说信心比黄金和货币还要重要。一个民族、一个国家，在困难的时候，如果失掉信心就失掉一切；有了信心，才有力量的源泉，才有勇气。我今天又讲，我说要有信心，不仅是针对当前金融危机困难，而且要面向未来长远发展。我相信，你们只要好好学习，在我们国家一定会有用武之地。

注　释

〔1〕这篇文章是温家宝同志在大型飞机重大专项研制工作有关会议上的讲话，发表在 2008 年 5 月 12 日《人民日报》上。

〔2〕李未时任北京航空航天大学校长。

〔3〕北京航空航天大学高等工程学院创办于 2002 年。作为高素质人才培养基地和教学改革试验基地，该学院致力于进一步提高学校教学质量，为国家培养优秀建设者和航空航天方面的领军人才。

〔4〕北京航空航天大学中法工程师学院创办于 2005 年，是由北京航空航天大学和法国中央理工大学集团共同创办的一所利用法国优质教育资源，结合北京航空航天大学在教学、科研、管理等方面的经验，培养高水平国际化通用工程师的学院。

〔5〕探月是人类利用航天科技对月球进行探测的活动。

〔6〕珠海航展是中国国际航空航天博览会的简称，是中国唯一由中央政府批准举办，以实物展示、贸易洽谈、学术交流和飞行表演为主要特征的国际性专业航空航天展览。

〔7〕ARJ，即 Advanced Regional Jet，是具有自主知识产权的中国制造中型客机，也是中国在大力提倡自主研发国产大型飞机后，完全由自己建造出来的一种新型客机。该类客机不但具有优异的飞行性能，而且在发动机性能和载客量上，都具有较大的优势。

〔8〕唐家山堰塞湖是 2008 年汶川大地震后形成的最大堰塞湖。唐家山位于四川省绵阳市北川县。堰塞湖是由于地震造成山体滑坡，堵截河谷或河床后贮水而形成的湖泊。如果遇到强余震、暴雨，可能会发生溃坝，对下游百姓的生命财产造成威胁；同时，由于堰塞湖水位不断上升，也会给上游带来被淹没的危险。

〔9〕米-26是苏联米里设计局(现改名为“米里莫斯科直升机厂股份公司”)研制的双发多用途重型运输直升机,北大西洋公约组织给的绰号为“光环”(Halo)。这种直升机是继米-6和米-10以后发展的重型运输直升机,也是当今世界上最重的直升机。

〔10〕美国次贷危机(subprime mortgage crisis),又称次级房贷危机,也译为次债危机。是指一场发生在美国,因次级抵押贷款机构破产、投资基金被迫关闭、股市剧烈震荡而引起的金融风暴。美国次贷危机是从2006年春季开始逐步显现的,2007年8月开始席卷美国、欧盟和日本等世界主要金融市场,进而引发国际金融危机。

德学兼备，成才报国*

（2009 年 5 月 3 日）

一

温家宝：学校党委和校长转给我庄原发等 20 名同学的联名信，邀请我五四青年节来跟大家座谈。我应约来了。

我记得，2003 年 SARS 爆发的时候，5 月 4 日我也来到这座图书馆和同学们座谈。那批学生大概早已经毕业了。记得当时一位男同学问我，他说：总理，我听说到天暖和的时候，树叶子绿了，SARS 病毒就会消失了。他接着说：如果我们祖国是一棵参天大树，我们都是这棵树上的一片叶子，那么总理您是树的哪个地方？我马上回答：我和你们一样，也是一片叶子。果真像他讲的，到 6 月份以后，天气热了，我们战胜了 SARS。后来，我在美国哈佛大学演讲的时候，讲了这个关于大树和叶子的故事。不知道为什么，我特别爱和青年人在一起，特别爱和青年交谈。我绝不会用教训的口吻和青年人交

* 这是温家宝同志与清华大学即将赴西部和基层就业的应届毕业生的座谈。

2009 年 5 月 3 日，温家宝同志与清华大学毕业生代表座谈

谈，因为我是一个普通的人，就是说人具有的我都具有。我有优点也有缺点，有长处也有短处，有强项也有弱项，就和你们一样。我这次来，是和你们谈心，是普通人和普通人之间的谈心，不要长篇大论。我知道今天在座的不少是毕业生，而且不少是自愿到西部地区工作的毕业生，你们一定有很多想法要跟我说，我希望这次谈话能对你们有所启发，在你们今后工作和生活的道路上，能得到力量，或者说能记住今天的事情，我就感到非常高兴！

明天是“五四”运动九十周年，这是一个应该特别纪念的日子。民主、科学、爱国，是我们纪念“五四”运动应该牢牢记住并且大力发扬的精神和传统。我今天要讲的第一点，就是每一个青年的前途离不开国家的前途，没有国家的前途就没有青年的前途。我们国家是大有希望的，是有光明前途的。国家的发展、社会的进步，将会给每个青年创造用武之地。我要讲的第二点，就是国家的前途也离不开青年的前途。一个国家的希望就寄托在青年身上，寄托在你们身上。没有青年的牺牲和奋斗精神，没有整个民族素质的提高，这个国家也是没有希望的。这两点是互相联系的，归根到底，就是青年人要把自己的命运和国家的命运连在一起。

二

隋少春：去年底，系里安排我到成都飞机工业集团参加就业实践。其间，成飞数控加工厂的厂长给我讲了一个故事：在制造歼-10[1]的过程中，成飞原总经理、共产党员杨宝树同志以厂为家，日日夜夜和员工们奋斗在一线，最后把宝贵的生命献给了他热爱的航空事业。当时，我下定决心要和这些有骨气的航空人一起奋斗。您曾说过汶川地震救援工作我们租借外国的直升机这很刺痛您的心，您让我们立志制造中国自己的飞机。我们会牢记您的教诲，我们要造中国自己的大飞机、强飞机。我有一个梦想，今天也想和您有个约定，希望将来您能成为我们的用户，您能乘坐我们亲手造的飞机出访。

温家宝：刚才发言的隋少春同学要到飞机工业公司去工作。我曾经在《人民日报》发表过一篇文章，题目就是《让中国的大飞机翱翔蓝天》。自主研发制造我们的大飞机，是中央做出的一项重大决策。我深知，我们制造大飞机不是一件容易的事情，如果要制造在世界上有竞争力的大飞机，更不是一件容易的事情。我们必须在国际市场上使我们的飞机有很强的竞争力，做到安全、舒适、经济，这是三个最重要的因素。发动机、材料、电子是飞机三项关键技术，要突破都需要下很大的功夫。我希望你能够在航空事业上勇于献身，做出贡献。

三

王伟然：总理您好！我认为，我们这一代传承“五四”精神，最重要的就是“科学发展，成才报国”，这也是我们学校正在进行的主题教育活动的内容。为了践行这一要求，我们主要从两个方面努力：一方面，更好地理解社会，提升自己的责任感；另一方面，全面提高自身素质，为承担当代青年的历史责任做准备。因此，我们注重学习和创新能力的培养，同时积极参加校内各类学术交流活动、革命歌曲合唱比赛和传统文化讲座等文化活动，以及师生校园长跑等体育活动，不断积累知识、锻炼本领和培养综合素质。我们有信心践行科学发展观、立志成才报国，更好地为国家建设和社会发展做贡献。

温家宝：王伟然同学在发言中提出要“科学发展，成才报国”，这两句话提得很好。我在大学也做过研究生。我记得毕业那天晚上，在北京站上了一辆拥挤不堪的火车到西北去，一路也没有座位。当时我的心情就如同你们现在的心情一样，我想无论多么艰苦，我都要坚持下来，我觉得我能做到这一点。现在已经过去四十多年了，回想我自己成长的路，我想告诉同学们，要做到成才报国，前进的路并不是平坦的。如果没有深刻的觉悟，拿不出刚毅的意志力，下不了艰苦卓绝的苦功夫，做不好脚踏实地的准备，那是实现不了自己所期待的目标的。我相信同学们在人生的摔打中会做到这四点，会实现科学发展、全面发展、成才报国的理想。

四

程　莉：我是上海人。“5·12”大地震之后，我就有为灾区同胞做点什么的想法。去年7月初，我去汶川进行实地调研，亲眼目睹灾区震后的惨状。当地群众所体现的那种乐观和坚忍，当地干部那么繁重、艰苦的工作，更是深深触动了我。当时有一位当地的干部问我：“我们现在很需要人，像你这样清华大学研究生毕业的上海姑娘愿意来我们这里工作吗？”我当时没有立即回答他。回学校后，当看到汶川县也有招人计划时，我毫不犹豫地报考了汶川县的选调生。在我们学院的大力支持下，我两赴成都考试，最终顺利被录取并正式签约。几乎每个人都会问我为什么会做这样的决定，其实想法并不复杂。我觉得，现在还有什么能比灾后重建更有意义的工作呢？还有什么能比到基层第一线了解国情，与人民群众在一起更有价值、更长才干的工作呢？

温家宝：程莉同学自愿报名到地震灾区四川汶川县工作，我非常赞赏你的勇气。一个上海姑娘到地震灾区去工作，了不起！

提起汶川，我心里有说不出来的感情。那是地震中心。地震过后，我到汶川映秀镇，是坐直升机去的，因为所有的路都不通。当时汶川最大的一所中学——璇口中学已经全部垮塌了，广场上满地躺着的都是受伤的群众。看到这个情景，我心里非常难受。我觉得没有别的办法可以救伤员，决定向中央请求派直升机。我一开口就提出135架。中央是支持的，调动了部队的直升机，加上民航的直升机，共135架。这样一架一架直升机把伤病员运出来救治。我第二次到汶川，在映秀开了一个中外记者招待会。当时我满身都是土，因为联合国秘书长的飞机比我来得晚，他的飞机在天上盘旋，把废墟上的尘土都带起来了。但是那是激动人心的一刻，我向他们介绍了中国人民抗震救灾的情况。后来我还去过几次汶川。最近的一次，那就是在汶川过的除夕。汶川的老百姓很好啊，那里有羌族、藏族、汉族，是一个多民族的聚居区。通过这次抗震救灾，进一步加深了我对人民的爱。我以为，对人民的爱和奉献，是人的道德、情操最崇高的表现。

汶川是一个山清水秀的地方，因为地震的破坏，现在许多树木倒掉了。但是那里仍然是很美的，那里的人民是善良和勤劳的。我家里至今还珍藏着一个羌族的棉背心，那是几十名妇女一针一线给我缝的，我将群众的深情厚谊埋在心中。那里的建设需要恢复，那里的学校需要教师，整个汶川需要人才。其实灾区恢复重建和发展，是我们国家以人为本执政理念的一个重要象征。我希望，你能够在那里做好你的工作，和那里的人民打成一片，既是上海人，又是汶川人。

五

李　强：2005 年 1 月我赴山西农村参加社会实践，撰写的调查报告经范敬宜院长推荐给您，没想到几个月后得到了您的回信。您的回信中我印象最深的一句话是："从事新闻事业，我以为最重要的是要有责任心，而责任心之来源在于对国家和人民深切的了解和深深的热爱。"这句话深深触动了我。对祖国和人民深切的了解，来源于实践。新闻专业的学生，读万卷书更要行万里路。大学 6 年中，我利用各种社会实践的机会，足迹遍及祖国近30个省级行政区，这让我对祖国有了相当的了解，对我所遇到的普通人产生了深深的热爱，更让我感受到一名新闻工作者的责任。我还有一个请求，我们看到，总理您出访的时候，经常在当地的大学发表演讲。国外政要访华的时候，不少也来清华大学做演讲。我们希望您也为清华师生做一次演讲。

温家宝：李强这个名字我一听就熟，一时没想起来，后来想起《乡村八记》，我就想起来了。那是《人民日报》原总编辑范敬宜转给我的。你那篇调查是很厚的，我看了以后很有感触。我想起我上学的时候，假期几乎没有回过家，我都用来做农村调查。我的农村调查严格地说是从学校开始的，而且跟农民睡在一个炕上。这个我的很多同学都可以证明。因此，我给你回的信确实是在用心讲话。我讲的中心是责任。一个青年对社会要有强烈的责任感，你将来要做新闻工作者，一个新闻工作者对社会也要有强烈的责任感。我认为这种责任感的来源，就在于对国家的深切了解和对人民深深的爱。没有这两条，责任感的基础就是不牢固的。无论做什么工作，始终要牢牢记住，你对社会承担责任。这样才能做到用心讲话，用心做事，用心写文章。我希望你做一个好的记者。

大家提出希望我能来清华演讲。其实，我在国内大学的演讲也不少。我不知你们在网上看到没有。我自己觉得讲得最好的是两篇：一篇是在同济，就是“仰望星空”的那篇，我完全没有稿子，即席讲的；还有一篇是在河海大学，也是没有稿子，在大操场上讲的。我还欠清华一篇演讲。

六

邹圣兰:我是湖南人,新闻与传播学院大四的学生,我打算今年毕业之后去西藏做村官。至于为什么去西藏当村官而不是当记者,我想起您去年给浙大4位同学的那封回信中说的话。您说,在中国不懂农村就不会真正懂国情。对大学生来说,无论将来从事什么工作,了解农村都是不可或缺的一课。因为父亲在机关工作,所以我一直是在小城镇长大的,而且从小都只专注于学习,对农村的情况了解甚少。我觉得如果不补上这一课,我一辈子也不可能真正成为人民的记者,所以当我看到西藏大学生村官的报名通知后,我打消了留在京城当记者的念头,打算扎根西藏,在那边踏踏实实地干上几年,甚至几十年,直到和藏族同胞打成一片。

阎伟隆:我是美术学院即将毕业的本科生。我和圣兰一样,也申请了去西藏做大学生村官。总理,我知道您本科毕业时,曾经写血书要求去西藏工作,这对我的激励非常大。您还说,做地质的,应该在大山里,而不应该在城市。前几天听说总理要来清华,我和同学们非常激动,所以就连夜以您在西部从事地质工作为题材创作了一幅画,取名为《祖国·大地》,其实我们就是想表达,我们这一代青年也要以您为榜样,拿出写血书的精神,担当起建设祖国、守卫祖国的重任。

温家宝:邹圣兰、阎伟隆两位同学志愿到西藏去做村官,我深受感动。这确实是一个不容易做出的决定。你说到我本科毕业时,曾写血书要求去西藏工作,那是事实。我也确实说过做地质工作的人,应该在大山里而不应该蹲在城市里的话。在大学毕业的时候,我没准备考研究生,写了两份血书,要求到西藏去。我不是号召你

2009年5月3日，温家宝同志到清华大学看望广大师生。这是清华大学美术学院的学生向温家宝同志赠送一幅名为《祖国·大地》的绘画作品

们都写血书啊，因为我那个时代和现在不同。后来，学校非要我考研究生，实际上也非要录取我做研究生。那时研究生不像现在这么多，我又做了两年多的研究生。毕业后我就到西北去了。我是可以留在北京的，但是我志愿到西北去。

我有一个信念，这也是我读书时记在本子里时常默念的话，就是一个人要勇于吃苦而丝毫不叫苦。做到这一点不容易。我为什么向你们说这一点呢？我要告诉你们，西藏是艰苦的。我在做地质工作的时候，每天早起晚归，翻山越岭。搞区域地质调查需要填图定点，就是你要到那个地方，经过实际的观测、记录、素描、取样，才能把这个点确定下来，填在地形图上，变为地质图。有些人怕累，他们就定一种"遥控点",因为有时为定一个点要爬几百米上去,所以他们离很远就把这个点定了,实际上没上去看,也写一通。这种事情我一件都没做过,这就是我要告诉同学们的。违背良知的事情,我一件都不做。我宁肯多爬几百米的山,累了把那装满石头的背包往山边上靠一靠,歇一会儿。我不敢坐下来,坐了就站不起来了。但是我绝不会弄虚作假。

你们到基层去,当村官,而且到西藏去,这确实是了不起的事情,应该受到全校的赞扬和鼓励,青年们应该向你们学习,但是你们也要做好吃苦的准备,迎接困难的准备。什么能够使你们的心灵永远明亮,而不至于后悔?那就是你们的理想、信念。把自己一生献给人民,这就像一盏明灯,永远在你们心里点燃,并且照亮你前进的方向,不要退缩。

现在回过头来又要说一句话,就是"行行出状元"。任何工作岗位,特别是艰难困苦的工作岗位,可能更会造就一个真正的人、全面发展的人和有益于人民的人。我相信,你们经过西藏的锻炼,会很快地成熟起来,成长起来,成为一个于国家于人民有用的人。那时回忆你这段经历,你会感到一点遗憾也没有。

七

袁丽萍:总理您好!两年前,我是新闻学院本科四年级一名普通的学生,后来担任清华大学首届文科国防班的辅导员,与 19 名国防生〔2〕相聚到一起,深受他们的感染。去年 11 月份,我正式成为清华在研究生阶段转为国防生的第一名同学。我认为现在国防建设需要我们青年人投身其中,我也渴望着能用自己的所学为祖国的国防事业贡献一份力量。作为一名清华女生，我爱红妆，但我更爱那身代表着守卫国土重任的绿色军装。我们清华国防生愿追寻前辈的足迹，投身国家需要我们的地方，在绿色军营中实现以身报国的梦想，踏踏实实为祖国工作50年。

温家宝：袁丽萍同学将来要做一名国防战士，这是非常光荣的。如果你熟悉历史的话，我们许多值得敬仰的历史人物，他们为了祖国的统一、安全，不惜牺牲自己的生命。鸦片战争以后，大家知道最有名的就是林则徐，我曾经引用过他的诗，作为我担任总理的座右铭，那就是“苟利国家生死以，岂因祸福避趋之”。我在答《泰晤士报》[3]记者问的时候，还引用过一个在守卫疆域上有过功劳的人——左宗棠[4]的话。左宗棠在结婚的时候，门上贴着一副对联，叫作“身无半亩，心忧天下；读破万卷，神交古人”。大家知道这句话吧！他们都曾南征北战。部队是青年人锻炼成长的熔炉，无论是战争年代还是建设时期，部队都涌现了许许多多英雄与模范人物。我希望你把自己献身国防事业，守卫祖国的安全，守卫人民的安宁。你一生所从事的事业是光荣的，是值得骄傲的。你在清华这些年学习的收获，一定会用到你今后的工作中去。

八

艾里肯江：作为来自祖国边疆的少数民族青年之一，我想谈谈自己成长经历中感到最为幸福的两件事：第一件事就是自己能够有机会进入清华大学，在人生最宝贵的大学时代，与祖国各民族最优秀的青年一起成长。我想，每一位同我一样的少数民族青年，在成长中无一例外会感受到这种处处体现包容与关怀的亲情，体会到作为中华民族大家庭一员的幸福与自豪。第二件事就是自己能够在新疆的人才吸引政策与学校的积极帮助下，回到家乡工作，并且找到适合自己发展的事业平台。前几天，我实地参观了我即将工作的乌鲁木齐经济技术开发区，开发区提出要打造“中国向西开放，面向中亚的新经济平台”，要打造新疆经济发展的人才高地。这使我们看到了一个比留在北京更为广阔的发展舞台。我想，我们这一代各族兄弟姐妹，一定能够承担起时代赋予我们的重托，将家乡稳定好，建设好，无愧国家的培养与家乡的养育之恩！

温家宝：艾里肯江同学毕业后要回新疆工作。那里既是你的家乡，也是祖国的边疆地区。像新疆、西藏、内蒙古这些少数民族地区非常需要人才，人才难得。新疆是个好地方，面积占全国领土的六分之一。南疆、北疆我几乎都跑遍了，那里矿产丰富，石油、天然气、煤炭、有色金属都有，特别是农牧业、工业发展很快。由于西北地区环境艰苦，还需要国家的大力支持，特别是需要大批青年人参加边疆的建设。你将要回到乌鲁木齐，乌鲁木齐有一个很有名的开发区。最近新疆的王乐泉[5]书记到我那里去，他跟我谈到新疆经济社会进一步发展的考虑，他想把乌鲁木齐的经济、社会发展能够更提高一步。现在，中亚一些国家的人到乌鲁木齐，都感觉到中国发展太快了，变化很大。当然，整个新疆发展也不平衡，像南疆一些地区，那里的老百姓还比较困难。总之，在学校我们对少数民族同学要一视同仁，而且特别照顾。在工作分配上，我们也要优先安排好少数民族的毕业生，尽量使他们学有所用，用到自己家乡和民族地区的建设和发展上。我希望，你把在清华学习这四年，加上读研究生共六年所积累的知识，连同你与各族同学培养起来的深厚情谊，带回乌鲁木齐，带给新疆人民。

今天参加座谈的还有许多在校生。最后，我想再向你们讲几句话。我愿全体在校的同学做德、学、才兼备的学生。就是说，通过大学的学习，要培养道德，做一个有道德的人；要学会学问，做一个有知识的人；要有才能，做一个能为人民做出贡献的人。这就是我对青年人的希望！

注　释

〔1〕歼-10是典型的第三代战斗机，是中国第一种装备部队的国产第三代战机，也是第一种真正具有空优/对地双重作战能力的国产战机。

〔2〕国防生是指根据部队建设需要，由军队依托地方普通高校从参加全国高校统一招生考试的普通中学应届高中毕业生（含符合保送条件的保送生）中招收的和从在校大学生中选拔培养的后备军官。国防生在校期间享受国防奖学金，完成规定的学业和军政训练任务并达到培养目标、取得毕业资格和相应学位后，按协议办理入伍手续并任命为军队干部。

〔3〕《泰晤士报》（*The Times*）是一份在英国发行的综合性日报，也是一份对国际政治、经济、文化有较大影响的报纸。

〔4〕左宗棠（1812—1885），中国军事家、政治家，清末洋务派代表和湘军首领。湖南湘阴人。1875年任钦差大臣，督办新疆军务，率军讨伐阿古柏叛乱，收复天山北路、南路。在新疆平定后，他建议设省，主张兴修水利、设立义塾，促进了新疆地区经济、文化的发展。

〔5〕王乐泉时任中共中央政治局委员、中共新疆维吾尔自治区委员会书记。

坚定信心，献身国家和人民*

（2009年6月5日）

在钱学森图书馆前的讲话

温家宝：我今天刚到西安。刚才在职业服务中心了解了一下大学毕业生就业的情况。我临时决定到交大来看望师生，我想和应届毕业生座谈一下。

我对同学们提一点希望，希望你们立志成才，做一个于人民、于国家有用的人。我们国家的前途在于提高全民族的素质，未来寄托在年轻一代人的身上。你们要有决心，努力奋斗。人生的价值、光辉的未来，不属于那些愚昧者、懒惰者和意志薄弱者，而属于有觉悟的、有坚强意志的、有知识和才能的人！交大是有名的学校，人才辈出，我相信，在你们中间会涌现出更多的杰出人才。

百年交大永远年轻，永远富有生机！

---

* 这是温家宝同志与西安交通大学师生的谈话。

在钱学森图书馆内的谈话

温家宝：同学们好！我是临时决定到交大来的。我最关心的还是应届毕业生，因为你们面临着要找工作，而当前就业比较困难。怎么看待当前的形势和问题？我愿意跟你们聊一聊！你们想让我说什么，就问什么，这样活泼一点。你们没准备，我也没准备。

李文轩：今年的就业形势严峻，可能很多学生都会选择出国留学，我也是其中之一。我们想出国留学，还想回来工作。我想问一下，国家对我们想出国留学三年之后要回来的学生，有没有什么政策，对于我们这些人的看法是什么样的？

2009 年 6 月 5 日，温家宝同志到西安交通大学看望师生。这是温家宝同志在该校钱学森图书馆前对学生讲话

温家宝：如果简单地说，就是八个字：鼓励留学，来去自由。还可以再加一句话，就是希望你们学好本领，为国家服务。但是，我想把道理讲得再深一点，因为我知道在座的同学们不一定都是想出国留学，大部分还是要在国内找工作。有一句话，叫"条条道路通罗马"，也就是说，每个同学都可以选择不同的道路，但都可以实现自己的理想。我们必须树立这样的思想观念，就是有志者事竟成。愚公可以移山〔1〕，精卫可以填海〔2〕，这是我们毕生要发扬的精神。但是，我们一生走过的道路又是不平坦的，要受到环境和条件的限制。遇到这样的问题怎么办？你们记住我的这句话：要有远大的理想、坚定的决心和坚忍不拔的毅力，迈出人生最重要的一步，而且一路走好。前不久我在清华和毕业生座谈时，讲过我个人的经历。我研究生毕业后到大西北去，我立下了一个志向，绝不回头，坚持到底，不论做什么工作都要把它做好。方才，我在图书馆前对大家讲，一个优秀的有为的青年，决不应该是一个缺乏知识的人，也不应该是一个缺乏意志的人，更不应该是一个懒惰的人。因此，我希望不管是出国留学，还是在国内任何岗位工作，都必须有觉悟、有决心、有毅力、有知识、有才能。

吴　健：非常感谢温总理。我有一个问题，我们西安交大地处祖国的西部，毕业生有很大部分都会留在西部，希望您寄语我们留在西部工作的大学生。其实，刚才我从您的讲话中就归纳出几句话来，即决心就是力量、信心就是准备、灰心就是胆怯、死心只有失败。

温家宝：我们国家的富强、社会的进步、人民的幸福，最根本的是要提高全民族的素质，特别是提高年轻一代的素质。因此，国家的未来在你们身上。这是最简单的道理，但是也是最深刻的道理。往往简单的道理是大道理，是沧桑大道。因此，我对你们的希望，就是既要有远大的志向，又要脚踏实地、努力奋斗，做好应对各种困难的准备。否则，你们在困难面前就会退缩。但是，我希望你们勇往直前，永不退缩。

白成斐：总理您好，我是咱们学校能动学院核能科学与工程专业的研究生，是三年级的毕业生，我目前已经签约了中国广东核电集团。我来自甘肃兰州。我想问一个问题，咱们国家核电发展这么好，有没有在西部发展核电的计划。如果有这样的计划，我很想投身家乡的建设，为家乡做一点儿贡献。

温家宝：首先我要告诉你，从事核电事业是大有前途的，因为到2020年我们的核电将增加3 000万千瓦。应对气候变化、发展循环经济，就是要多利用可再生能源、清洁能源。但是，核电建设是需要一定条件的，这个专业你可能比我清楚，它需要大量的水。因此，目前多数的核电站都是建在沿海地带。但是，我绝不是说内地就不可能建设核电站，可它需要具备一定的条件。你的意思是清楚的，你希望到艰苦的地方去。但即使在沿海从事核电工作，依然需要高素质的毕业生，依然是艰苦的。我们现在无论是和美国合作搞AP1000[3]，还是同法国合作搞EPR[4]，最重要的就是要通过我们的努力掌握核心技术。当今世界上最激烈的竞争就是知识产权的竞争，就是核心技术的竞争，就是标准的竞争，而这都需要杰出的人才来完成。所以，对于艰苦，也得有两个方面的理解，一是生活艰苦，一是工作艰巨。

宋　旸：总理，您好！我是人文学院的大四本科毕业生，现在已保送到我们学校继续读研究生。但是，两年之后，还要面临就业的问题。其实在目睹了身边很多同学就业的状况之后，能非常明显地感觉到，在交大这样一个理工特色比较明显的学校里，我们文科的就业形势尤其严峻。能不能请总理给我们文科生打打气？

温家宝：我是学理工科的，说句老实话，我对我自己的专业很喜欢，但是我对文史比对我的专业还要喜欢。我们国家需要的建设人才是全面的，我们不仅需要理工人才，也需要经济、管理人才，也需要文史方面的专家。我想把这个问题展开一点来谈。我认为，一个国家要赢得尊严，不仅要靠经济发展，而且要靠社会进步，靠国民素质和道德的力量。如果懂得这一点，那么就会知道文学、历史对于青年人来讲多么重要，对于国家来讲多么重要。文科的毕业生将来也会大有前途。但是我想提点建议，就是一个人的道路往往也是会改变的，我提倡学科不要分得太细。学理工的也要学点文史，甚至艺术；学文史和艺术的，也要懂得一点理工，这样的人才才是全面的，这也是你们的杰出校友——这个图书馆以他的名字命名——钱老讲的话。他是一位著名的科学家，但是他画一手好画。他亲口对我讲，艺术对于启迪他的思想起了很大的作用。所以，我给予你的鼓励，就是我们国家不仅需要工程技术人才，也需要管理人才，也需要文史和艺术人才。

桂　晃：首先非常感谢总理能在百忙之中来到交大，看望我们大四毕业生。刚才听您说关于文史和理工的这一番话非常有感触。大学生个人素质是不是全面，确实事关我们国家的发展。我们现在看得很清楚的是，理工科大学生文史知识非常缺乏，而文史科大学生理工知识非常缺乏。所以我想，有一些专家建议，从高中教育开始是不是就应该不进行文理分科，而应该加强文史和美学的教育，美学教育尤其在某些教育中是非常缺乏的。在蔡元培先生当年的教育理论中，美育是占非常重要地位的。请总理对这个问题谈谈您的看法。

温家宝：这就牵扯到改革的问题，校长可能比我知道得要多，想得要深。其实，最重要的不管是文科还是理科，都要培养杰出人才。大家注意“杰出”两个字，这也是钱老讲的，他恐怕不止两三次地跟我讲，就是我们的学校为什么总培养不出杰出的人才。我理解他讲的“杰出人才”，不是说在学校里多少门功课都考“优秀”就可以，还要有高尚的道德、创造性的思维和超出前人的成就。我们讲的美，首先是世间事物的真善美，其次是人们心理的知情意。这就要求学生有好奇心，追求真知；辨别真伪，寻求真理；趋善避恶，为民造福。这应该是美学教育的核心内容。我之所以主张学生学习的面广一点，因为我以为做一个全面发展的人，需要有高尚的品德，需要兼备各方面的知识。当时我学习的地质学，叫大系，就是包括地质的所有专业都要学。另外，也有专门化专业，比如古生物。我不是说不需要这些专业，但是我毕业以后感觉到，我在工作岗位上对所学专业的应用比他们条件好多了。我上大学那时是上五年，你们现在是上四年，即使上六年也是入门，真正的积累都在工作和实践中。因此，你们把入门的知识学好以后，就可能找到你们最能发挥力量的地方。

王夏峥：温总理，您好！非常高兴您能来到我们西安交通大学。我是人文学院社会学系的一名本科毕业生，我们现在就业的时候有一种观念，就是先择业再就业。但是，当今的大形势只能让我们先就业再择业。我想请问一下，温总理您对这句话的看法？而且您对我们大学毕业生的就业价值观有什么期望？

温家宝：6 月 3 日国务院专门研究就业问题，你们可能看到报道了。我当时就对大学生就业讲了一番话。我说，我们要完整地理解和引导大学生就业，首先是要想尽一切办法让他们学有所用。因此，我们采取的最重要的一条措施，就是让企业、科研院所、高等院校多招收一些大学毕业生。其次，我们要鼓励和引导大学生到基层去，希望他们到工厂、到矿山、到农村，到基层去也要尽量和专业相结合。我还是讲我自己的体会。我毕业以后应该说是到最基层，也就是一个地质队下边的一个分队。做的也是最具体的工作，就是野外地质调查。但是，我一心想把这件事情做好。因此，先是掏了一年重砂（鉴定矿物的一种手段），而后才从事地质填图。我工作一年以后，组织上认为我可以当组长了；我工作两年以后，组织上认为我可以当大组长了；我工作三年以后，组织上认为我可以写报告了；后来，我也能写论文了。你方才的问题实际上是说我们在当前国家困难的情况下，确实不能满足每个大学生的择业愿望，这是事实。因此，每个同学必须认识三点。第一，要认清国际的大形势。所谓国际的大形势，总的看，和平发展还是主流，我们正处在发展的重要战略机遇期。但是，世界这场罕见的金融风波，实际上已经造成了经济危机。这场危机还没见底，没有一个国家可以独善其身，只有合作来应对危机。但是，也不能简单地把当今的危机和 20 世纪 30 年代的危机〔5〕相比较，毕竟世界的经济实力不同了，特别是科技水平

2009 年 6 月 5 日，温家宝同志与西安交通大学毕业生代表座谈

不同了，人才素质不同了。因此，我从一开始就讲，信心比黄金和货币还重要。第二，要认清我们国内的形势。我国经过30年的改革开放，取得了巨大的成就，经济总量已经跃居世界第三位了。2000年的时候，也就是本世纪开始时，我国人均GDP是900多美元，那也是我们几十年奋斗得来的。在本世纪还不到10年的时间，我们已经超过人均3 000美元。我们这次应对金融危机所采取的宏观政策是及时有效的。这不是我个人说的，而是得到世界普遍的肯定。我可以告诉大家，整个经济形势的发展比预料的要好。同时，应对这场危机比预料的要更为艰巨。因此，我们还得做长期应对困难的准备。我后来又讲一句话，即我们看到了希望，这个希望不仅是经济社会发展表现出来的实际成绩，而且是燃烧在每个人心中的一盏明灯。无论信心、希望，还是应对困难的准备，我都在坚持和努力，一点都没有减少。我相信，全国人民，包括同学们和我一样，既有百倍的信心，也有百倍克服困难的勇气。第三，要认清个人与国家民族的关系。国家民族如果没有前途，个人就决不会有出路；不充分发挥每个人的聪明才智，国家民族也不会有美好的未来。因此，每一个大学生都要把自己的前途和命运与国家民族的前途命运紧密联系在一起。我们国家民族的未来是光明和大有希望的，我们大学生一定要为国家民族的未来做出应有的贡献。

侯吉刚：我发现本科生、硕士生、准留学生都提了问题，我是博士生。作为博士生，我不敢代表所有的博士生，但是我自我感觉有个问题想问一下温总理。因为在经济危机下，有的人可能选择回学校再充电，增强自己的竞争力，也不失为一种解决再就业的方法。但是，我发觉博士生和留学生、准留学生比起来，他的待遇还蛮低的，就是说没有很大的吸引力。博士生在平常的生活中，可能还要为自己的生计、着落进行奔走。我想问一下温总理，对这个问题怎么看？

温家宝：这个同学提的问题很好。尊重知识、尊重人才，是一个成熟的民族、成熟的国家的表现。尊重要在政治上、生活上，包括他提到的待遇等各方面都表现出来。这就牵扯到分配问题，我们国家还存在着分配不公和差距过大的问题。如果我看的面比你们大一点的话，我觉得这种分配的差距还不在本科生、硕士生、留学生和准留学生，而首先在我们国民收入分配还存在问题。那么体现在什么地方呢？体现在城乡差距、地区差距，以及收入差距上。你们在西北，跟我一样有切身体会。如果你们是从农村来的，你们也有切身体会。我们必须改变这种现象，使社会更加公平和正义。我曾讲过，社会主义国家的首要价值就在于公平和正义，我们奋斗最终要实现的理想，就是建立一个富强、民主、文明、和谐的社会。在这当中，最重要的一点就是社会进步和社会的公平正义。因此，当你们觉得待遇低的时候，应该引起政府的关注，在我们财政不断增长的情况下逐步地提高科技人员、知识分子生活的待遇。但是当你们想到全国的时候，你们就会想到另外两个词，那就是“献身”和“服务”，就是要把自己献给人民、献给国家，献给那些生活还不如我们的千千万万的父老乡亲。如果想到这一点，你们心里可能不仅没有牢骚，反而觉得不安。因为人民养活了我们，但我们还没给人民做什么。

郭　飞：温总理，您好！我有一个很现实的问题，也是困扰着我们毕业生的很矛盾的一个问题。您刚才也说了鼓励毕业生到基层工作，我身边的很多毕业生有去支教的意图，但是往往和自己的专业很不对口。所以，他们就感觉到去支教、去基层工作后，不能学以致用。但是，从他们的主观意愿来说，确实愿意去这些艰苦的地方。请问温总理，我们怎么从内心里来解决这个矛盾？

温家宝：我理解这位同学方才所谈的这番话和他的心情，实际他们讲择业也是这个道理。按道理，应该让学生们毕业以后学有所用，到自己所学专业的岗位上去。但是因为我们面临不少实际困难，今年高校毕业生多达 610 万人，如果加上往年积累下来的没有分配的毕业生，恐怕还要更多。在现在经济不景气的情况下，就业非常困难。因此国家就想了一些政策，不能让同学们待在家里。这些政策，包括鼓励同学们到基层去、到工厂去、到农村去、到支教岗位上去。这会不会影响你们的专业呢？实事求是讲，会的。但是，还有一句话，事在人为。你们可能失掉了一部分东西，但你们也可能得到了一部分东西。你们失掉的东西，经过自己的努力还可以把它继续学习下去，并且搞得更深。但是你们得到的东西，比如社会实践，可能对你们来讲终生受益。我在西北工作的时候，因为那地方是高寒地区，4 月份要上山，11 月份要下山，那时满山都是雪了。那么，11 月份到 4 月份还有六七个月的时间干什么？我除了完成本职工作以外，每年都订个计划，今年学数学，明年学力学，后年学历史，再有一年学英语……我就是这样，一天也没耽误。因此，我除了积累地质方面的一些知识以外，同时也在实践中学到了别人没有注意、没有学习的东西，而这些东西对我现在的工作，那是终生受益。我不知道我的话能不能使你感到有所安慰。

言犹未尽啊！如果你们愿意的话，我们一起照张相。

注　释

〔1〕愚公移山是《列子·汤问》里的一则寓言故事。它讲述了愚公不畏艰难，坚持不懈，挖山不止，最终感动天帝，天帝派出天神将山挪走的故事。

〔2〕精卫填海是《山海经·北山经》里的一则故事。它讲述了炎帝的女儿女娃因游东海淹死，化为精卫鸟，衔西山木石填东海的故事。后来人们常用该成语比喻按既定的目标坚忍不拔地奋斗到底。

〔3〕AP1000 是美国西屋公司在已开发的非能动先进压水堆 AP600 的基础上开发的核电堆型。AP1000 作为当今核电市场极具竞争力的技术，可以很好地满足日益增加的能源需求。

〔4〕EPR 是法马通和西门子联合开发的反应堆。2001 年 1 月，法马通公司与西门子核电部合并，组成法马通先进核能公司（Framatome ANP，AREVA 集团的子公司）。法国电力公司和德国各主要电力公司参加了项目的设计。

〔5〕指在 1929—1933 年发生的全球性经济危机。

心系天下，创业报国*

（2009年6月13日）

在图书馆前的讲话

温家宝：我非常高兴来到湖南大学，看望广大师生，我向你们表示问候。湖南大学是千年学府、百年名校，为国家培养了许多栋梁之材，这是你们的光荣！你们身上承担着很重的责任。我想引用一位诗人的名言，他叫勃朗宁[1]。他曾经说："我心寄托在什么地方，让我脑也就寄托在那里。"我们国家的未来，寄托在青年学生的身上，寄托在年轻一代！因此，我来到年轻人中间，脑子里的寄托也就是希望跟你们说几句心里话。我希望你们懂得奋斗，准备迎接困难。青年学生是富有理想的，这是你们的优势，但是人生的道路是不平坦的，你们要以彻底的觉悟、不屈不挠的意志和艰苦的努力，去面对和迎接这些困难。我相信，你们都有远大的理想，但是还要脚踏实地。你们经过几年的学习，即将走向社会，要记住六个字，就是"此时、

---

* 这是温家宝同志与湖南大学师生的谈话。

此地、此身”。“此时”，就是现在应该做的事情就立即做起来，不要拖延到以后；“此地”，就是要从你所处的岗位做起，为国家和人民做出贡献，不要等到别的地方；“此身”，就是自己应该而且能够做的事情，就要勇于承担，不要推给别人。

同学们，你们是天下人，要为天下着想。也就是说，生产发展、社会变革和人民生活改善，都需要我们来努力。在这种情况下，我们应该勇敢地在这条道路上走下去，而不躲避或者把困难推给别人。这就是我要对你们讲的话。我希望你们想一想，能够记住它。

祝同学们好！

在图书馆阅览室内的谈话

温家宝：同学们，我很关心应届毕业生就业问题。其实这样说可能窄了，应该说我关心我们整个大学生的成长和前途问题。今天我特意来到湖南大学跟毕业生座谈。最好由你们提问题，我来回答。

贾　莺：总理，您好！我们都非常喜欢您，爱看您推荐给我们的书，特别爱看您给我们推荐的《道德情操论》和《国富论》。在读书过程中，我感到这两本书中的内容和我们的经济生活有着密不可分的关系，尤其在当前这样的就业环境下，我们期待您给我们谈一下，您如何看待目前的经济形势？

温家宝：提到《国富论》和《道德情操论》，我想到英国著名经济学家亚当·斯密，他在大学是教文学的，后来成为经济学家。他先写《道德情操论》，后写《国富论》，这两部书都是资本主义市场经济发展初期的经典著作。我之所以多次让大家读一读《道德情操论》，是因为亚当·斯密在这部书中谈到了社会的公平与正义。他著名的话：“如果一个社会的经济发展成果不能真正分流到大众手中，那么它在道义上将是不得人心的，而且是有风险的，因为它注定要威胁社会稳定。”我认为，社会主义国家的发展、社会的价值，应该更加重视公平与正义。我经常讲，企业家身上应该流淌着道德的血液，社会应该把财富更多地分配给穷人。我还曾经讲过“穷人的经济学”。在我们国家乃至整个世界，穷人是大多数。如果学经济的人不懂得穷人，不知道他们的生活状况与境遇，那么你就不能成为一个真正的经济学家。

现在回到正题，就是方才这位同学问我怎么看待当前的经济形势。应该说，这场金融风波从 2007 年美国“两房事件”[2]就开始出现了苗头。大家如果记得，2008 年我在记者招待会上曾经说过“今年可能是经济最为困难的一年”，接着我举了三个例子：第一，由于“两房事件”而引起世界金融的不稳定；第二，石油价格的大幅上涨，最高时一桶涨到 140 美元以上；第三，世界部分地区已经出现粮食危机。但是，实事求是地讲，我们没有预料到这场金融和经济危机蔓延这么广泛，影响这么深远。当年，我们国内出现两起自然灾害，一起是雨雪冰冻灾害，一起是汶川大地震。汶川大地震之后，在 6 月份我和国务院一些部门的负责同志开始调查研究。由于这场经济危机首先冲击的是沿海地区，所以我不止一次到了浙江、上海、江苏和广东。实事求是地讲，政府应对金融危机从 2008 年年中就开始了。9 月份我们就在酝酿应对危机的一揽子计划，很快提出十条措施。一揽子计划真正比较完整地被表述是在今年 3 月份的人民代表大会上。当时，我把一揽子计划概括为四条：第一，就是大规模的财政投入和结构性减税，主要用于民生工程和基础设施建设，同时帮助企业改善外部条件。第二，就是大范围的产业调整和振兴。我们选择了十个产业[3]，这十个产业占到工业增加值的 80%。第三，就是强有力的科技支撑。我们制定了两个计划：一个是重大科技专项，中央两年投入600多亿元；另一个是企业技术改造，中央今年投入200多亿元，主要用于企业产品的升级换代和关键技术设备的改造更新。这时，我们的认识更为深刻了，就是说不仅要克服当前的困难，而且要着眼未来的发展。第四，就是要建立完善的社会保障体系。这是扩大内需的基础条件。扩大内需的根本是扩大最终需求。人们的购买力取决于他们的收入，同时也取决于社会保障能力，如果这两条做不到，扩大内需就是一句空话。这四个方面，构成了一揽子计划的整体。我可以告诉同学们，我们还没有停止研究。今天怎样估价应对危机一揽子计划？如何判断当前的经济形势？5月份的经济数据全部出来了。我觉得，经过近一年的努力，中央所采取的应对国际金融危机的各项政策措施已经见到效果。我国经济呈现出企稳回升的积极面。今年一季度，规模以上工业[4]增加值同比增

2009年6月13日，温家宝同志到湖南大学看望广大师生

长5.1%，4月份增长7.3%，5月份增长8.9%，虽然有波折，但经济运行总体形势还是趋于稳定和向好的。我们判断经济要从多方面来看。就拿就业来说，前5个月，全国新增就业人数470万，完成了全年900万目标任务的52%。同学们，这是不容易的。在全世界经济危机还在蔓延加深、许多国家失业人数大幅增加的情况下，我们的就业还是增长的。我们还关注农民工的就业，虽然农民工就业还很困难，但是到4月底外出打工人数已恢复到去年8月底的96%，绝大多数返城农民工已找到工作。这些都表明，我国经济开始好转。但是我们既要坚定信心、充满希望，又要保持头脑的冷静，一点不能忽视问题，而且应该清清楚楚地把问题告诉人民。现在经济企稳回升还不稳定，由于国际金融危机发展前景还不明朗，不确定的因素还很多。我们的经济发展不会一帆风顺，还要准备更长的时间应对困难，走曲折的道路。一年的实践告诉我们，中央应对危机的一系列政策措施是正确的。我们要坚定不移地坚持积极的财政政策和适度宽松的货币政策，并根据形势的变化，不断丰富和完善一揽子计划，认真加以落实。我们对中国经济的发展充满信心。

第一个问题没有直接问我就业问题，而问中国的经济问题，说明同学们看得远。你们不把就业看成单是政府的事情，而是同中国的经济发展紧密相连的，你们关心的是更根本的问题。

邓　琴：总理，您对中国普通人民群众的关心让我深深感动。我也是工薪阶层的孩子，所以我想送您一份礼物，表达我深深的敬意。我叫邓琴，我曾获得全球首届华文书信大赛〔5〕一等奖。这是组委会用我的名字命名的牡丹花照片，现在把它送给您。牡丹寓意吉祥平安，我祝福您身体健康，也希望我们的祖国繁荣富强。

温家宝：这位同学送的这份礼物很让我感动。它不仅是给我个人的，也是对党和政府寄予的希望。我要对同学们说，应对金融危机，克服经济上的困难，最根本的目的就是满足人民日益增长的物质文化需求，使人们生活无后顾之忧。因此，下一步应对危机，我们要把改善民生、完善社会保障体系放在更加突出的位置，这样拉动内需才有坚实基础。同学们能够把自己的命运同国家命运联系在一起，难能可贵，希望你们保持和发扬。

李海滔：我在学校就业办公室工作差不多一年了，担任就业助管职务。我觉得，在这一年里，党和政府对毕业生就业工作高度重视，学校为促进就业工作也做出了很大努力。很高兴告诉您，据我了解，截至6月10日，我校应届毕业生签约率是83.85%，比去年同期还上升了5个百分点。

温家宝：那你告诉我的是一个喜讯！

李海滔：下面是关于我自己的一个问题，我将光荣地成为一名高校的辅导员，想请您谈谈对辅导员工作的期望。

温家宝：作为一名辅导员，最重要的是要让同学们懂得做人，懂得奋斗，懂得要走崎岖不平的道路，准备应对各种困难。我给大家讲个故事。大家都知道司马迁[6]有一句著名的话，"仲尼厄而作《春秋》[7]"。孔子的《论语》是他言行的记录。他用很长的时间走了很多地方，曾经几乎饿死，几乎被人害死。他周游列国，每天给学生讲学，甚至遭到很多人的嘲笑，但他一直不气馁。他认为这个世界是应该改造的，这个社会也应该改造。他在《论语》中讲了一句我以为是伟大而震撼人心的话："天下有道，丘不与易也。"[8]同学们作为天下的人，应该想着天下的事，以天下为己任，勇敢地承担起来。我也讲三个"不"：条件不足畏，命运不足信，得失不足计。坚定地走好自己的路，全心全意为老百姓服务。

蒋晓云：我是今年毕业的博士生，向您汇报一下我的就业情况。去年我在校期间创办了长沙创享环保科技有限公司，取这个名字的用意就是希望通过创新技术共享美好生活。我们的创业方向是重金属[9]治理，是根据环境的形势选择的。我们创业团队很年轻，平均年龄不到26岁。我们有创业的激情，也有成长的烦恼。想听听您对大学生创业的态度和想法，也希望给我们年轻的团队提一些建议。

温家宝：创业不仅可以改变大学生的命运，可以改变企业的命运，而且可以改变国家的命运。我们国家几千年的文明就是在创业中继承和发展下来的。我们这个民族多灾多难，跌倒了，爬起来，再跌倒，再爬起来，就这样走过了五千年，但不倒、不散、不乱。这当然是由于我国传统文化所具有的凝聚力，也包含着我们民族的创业精神。

世界是美好的，但是也有着非常激烈的竞争。在创业的过程中，不仅有烦恼，有时甚至有挫折、有失败，但是最后等待你的是成功。这就需要有彻底的觉悟，有坚忍不拔的意志力，有艰苦卓绝的奋斗精神，还要有知识、技能和管理经验。只有这样，才能够创新和成功。这个世界只有创新的人、创新的企业、创新的国家才能站得住脚，才能有生存的地位和发展的潜力。

李大鹏：总理，我代表今年快要毕业的140多名国防生向您汇报一个情况。今年我们140多名要毕业的国防生全部主动要求到艰苦的地方去，到边疆去，到祖国和人民最需要的地方去，我们已经做好了长期为祖国和人民服务的准备。我们向您保证，到部队以后，能践行科学发展观，能牢固地树立革命军人的核心价值观，能够做到听党指挥、服务人民、英勇善战，我们会在国防建设事业中挥洒我们的青春和热血，请总理放心。

温家宝：你们是国防战线上的一支新生力量，通过这几年的大学学习，又增长了许多知识。我相信，你们运用自己的知识，一定能够促进我国国防的现代化。你刚才这番话讲得很好。我相信，你和你的战友们到部队后，一定会干得更好，不仅做一名合格的军人，而且做一名有为的军人。

马庆伟：我是今年的毕业生，虽然今年有国际金融危机，但我还是找到了一份相当满意的工作。此情此景，我特别特别感动，我想送给您一首诗，希望您能喜欢。我要送您的这首诗是明朝王守仁〔10〕的《望赫曦台》："隔江岳麓悬情久，雷雨潇湘日夜来。安得轻风扫微霭，振衣直上赫曦台。"我认为现在的金融危机就是一点"微霭"，我相信我们一定能扫除这个"微霭"，我们的国家一定会更加繁荣昌盛。

温家宝：你用诗来表达自己的志向，你选的诗很好，你理解得也很好，我也同样认为我们的前途是光明的。如果说前途光明，这不是一句简单的话。在座的有很多人是学经济的，其实经济发展最重要的一个条件是市场，中国目前还存在着城乡差别、地区差别、收入差别。我国虽然现在人均GDP超过3 000美元，但是在座的很多同学是从农村来的，从西部地区来的，如果回到家乡一看，很多地方还十分落后。我常想，那里投入多少都不算多，那里要建成像长沙、上海这样的地方，不知还要多少年。但是这却留给我们一个广阔的市场和发展的空间，因此，在经济发展中我们更应该注重城乡统筹、地区协调。从这点来说，这是中国的一个优势。我们应该充分利用这个优势，把农村建设好，把中西部地区建设好，使国家发展得更加协调，更加平衡，更加可持续。

苏锦山：湖南大学现在推进创业教育，并将落脚点放在公益创业方面。我本人也是参加公益创业的一名学生，去年我带领我的团队成立了长沙滴水恩孵化有限责任公司，主要是服务和孵化学生创业项目，帮助学生创业。今年您在《政府工作报告》中提出了要加快建设一批投资小见效快的创业孵化基地，是针对大学生的，我听到后对自己公司的定位明确了很多，对自己创业的信念也更加坚定了。我想问您一个问题，就是现在强调社会责任应该是在企业具备一定的规模以后，还是应该贯穿在整个创业的始终？

温家宝：这位同学问得很深刻，涉及我们政府的政策。按道理说社会责任应该贯穿到整个创业的始终，甚至包括教育阶段。教育的目的就是培养一批德才兼备、具有创业精神和能力的人。但是，大学生毕业以后，自主创业不是一件容易的事，国家应该有政策予以支持。也不是每个创业者都能一举成功，也可能出现困难、问题，甚至失败，在这种情况下，你还是选择了自主创业的道路，应该受到鼓励。国家在政策上应该对创业孵化基地给予更多的优惠。关于具体优惠政策，请人力资源和社会保障部部长尹蔚民同志解释一下。

尹蔚民：至少有三条：一是给予小额担保贷款，政府贴息，额度根据创业项目不同也不一样，大概是 5 万—10 万元；二是在三年期限内给予税费减免；三是提供一些场地的服务，还有一些免费的服务。去年 11 月，国务院专门下发了一个创业带动就业的文件，这个文件是对整个创业提出的一系列优惠政策。今年 2 月，国务院又下发了一个关于大学生就业工作的文件，其中对大学生创业又提出了一些具体的优惠条件。下一步我们将按照总理的指示还要继续研究。我们特别鼓励大学生创业，因为现在大学生创业的比例还非常低。

苏锦山：我们公司的所有成员都是在校大学生，我代表我们所有创业的在校大学生感谢您和政府的支持。

周　寰：我们有一个礼物想送给您，这是我们湖大设计学院几位同学在老师的带领下，共同设计完成的广州亚运会文化标志，做成湘绣也算是湖南的特色，希望您能喜欢。还有一本书。按照您的指示，湖南省委托湖大举办了“芙蓉杯”国际工业大赛，这是国际顶尖的工业大赛。这本书收录了本次大赛上由国际顶尖评委选出的作品，希望您喜欢。

洛桑加央：我的专业是工程管理，毕业后要回家乡工作。您对我们藏族毕业生有什么期望？

温家宝：西藏是我国领土不可分割的一部分，藏族文化是祖国光辉灿烂文化的重要组成部分。西藏非常优美，资源丰富，藏族人民勤劳质朴，是我们民族大家庭不可缺少的一员。党和政府非常重视西藏的建设和发展，西藏发生了翻天覆地的变化。西藏建设还需要大批人才，特别是藏族青年人才。你能够回西藏工作我非常高兴，我给你们提一点希望，无论做什么工作，都要牢记藏族人民，为西藏各族人民物质文化生活条件的改善，为他们的幸福安康做出自己的贡献。扎西德勒！

我最后再讲几句话就结束了，又是言犹未尽。我特别愿意和年轻人在一起。方才我在楼前引用了英国著名诗人勃朗宁的话："我心寄托在什么地方，让我脑也就寄托在那里。""心之官则思"〔11〕，这两点有什么区别？我说我心中寄托的地方是青年，是大学生，是青年一代，这是感情；我脑中寄托的地方是责任，是期望，是工作，这是思想。政府要为青年的成长创造条件，同时也对他们寄予厚望。你们的责任在未来，祖国的未来寄托在你们身上。你们中间会出现许多国家的栋梁之材，你们不仅会给这所学校留下光荣，而且会为整个国家贡献力量。

注　释

〔1〕勃朗宁(Robert Browning，1812—1889)，英国诗人。他在诗歌、绘画、雕塑和音乐方面表现出多方面才能。两万余行的长诗《指环与书》是其思想倾向与艺术手法的集中体现。

〔2〕2008 年 9 月 7 日，美国政府宣布接管两大住房抵押贷款融资机构房利美和

房地美，试图以此挽救房地产市场，遏制次贷危机蔓延。美国政府接管“两房”是全球金融史上最大的拯救行动。房利美和房地美是“美国政府赞助企业”（Government Sponsored Entity，缩写 GSE，又称政府特许机构）中的成员。房利美，即联邦国民抵押贷款协会，是最大一家 GSE 企业，创立于 20 世纪 30 年代。房地美，即联邦住房抵押贷款公司，是 GSE 中第二大企业，商业规模仅次于房利美，于 1970 年由国会成立。这两家公司共同负责建立美国房地产贷款的二级市场，其发行的以房地产为抵押品的债券 MBS（Mortgage Backed Securities）总额高达 4 万亿美元。房利美、房地美的主要职能是通过向银行购买抵押贷款债权，释放银行的现金流以便用于发放新的贷款，从而最终帮助美国家庭顺利买到住房。

〔3〕纳入产业调整和振兴规划的十大产业分别是汽车、钢铁、船舶、石化、纺织、轻工、有色金属、装备制造、电子信息和房地产。

〔4〕国家依据企业年产量对工业企业制订规模要求，达到规模要求的企业就称为规模以上工业企业。规模以上工业企业也分若干类，如特大型企业、大型企业、中型企业、小型企业等。国家统计时，一般只对规模以上工业企业做出统计，达不到规模的企业不做统计。

〔5〕由河南省全福食品公司、中国书信网承办的“全福杯”首届全球大学生华文书信大赛，是中国 2009 年世界邮展的主题活动，其目的是增加 2009 年世界邮展和第 27 届牡丹花会的文化内涵，推动华语普及，弘扬华文书信文化。

〔6〕司马迁（约前 145 或前 135—?），西汉史学家、思想家、文学家。字子长。夏阳（今陕西韩城南）人。著有我国第一部纪传体通史著作《史记》。

〔7〕《春秋》是儒家“五经”之一。相传是孔子依据鲁国史官所编《春秋》加以整理修订而成。起于鲁隐公元年（前 722 年），终于鲁哀公十四年（前 481 年），为今所传最早的编年体史书。

〔8〕见《论语·微子》。

〔9〕重金属指密度大于 5 克/厘米^3 的金属，包括金、银、铜、铁、铅等。重金属在人体中累积达到一定程度，会造成慢性中毒。

〔10〕王守仁（1472—1529），明代哲学家、教育家。字伯安，号阳明，世称阳明先生。浙江余姚人。心学的集大成者，有《传习录》等著作存世。

〔11〕见《孟子·告子上》。

胸怀祖国放眼世界，脚踏实地努力学习*

（2010年5月4日）

温家宝：同学们好！今天是五四青年节，也是北大校庆日，我跟延东〔1〕同志来看望大家。一进校园，五四大道两边都是举办活动的社团，年轻人兴高采烈，丁香花也开了，校园非常美丽，是一幅很美的图画。这是我担任总理以来第三次到北大，第一次是“非典”期间，第二次是2005年的5月4日，今天是第三次。我先说两句，然后我们采取交谈的方式。纪念“五四”，首先应该记住“五四”的科学民主精神。也许有同学要问，科学民主精神和现代化建设有什么关系？我说，建设中国特色社会主义、实现现代化的宏伟目标，都离不开科学民主精神。我们现在正在进行的教育改革，也必须贯彻科学民主精神。同学们进校以后，就应该懂得这四个字的含义，并且身体力行，将其融入到自己的学习实践当中去。北大出了很多名人，一进图书馆我就看到严复的雕像，《天演论》〔2〕是他翻译的。当然，来

---

* 这是温家宝同志在北京大学与学生共度五四青年节时的座谈。

2010 年 5 月 4 日，温家宝同志在北京大学图书馆与学生座谈

到北大首先应该想起的是蔡元培先生。我觉得在新时期，发扬北大的光荣传统，重要的就是同学们要懂得国情，要怀有对国家对人民高度的责任感。

来之前我就想，应该给同学们几句什么赠言呢？其实要求同学们做到的也是我应该做到的，那就是要有远大的理想、高尚的道德、渊博的知识、强健的体魄和完整的人格。我就不展开讲了，你们自己去诠释。我是来和同学们谈心的，我最希望同学们有什么讲什么，说你们的心里话。我不怕讲错话，你们更应该不怕讲错话，这也是科学民主精神。在追求真理中每个人都应该允许不断修正自己的错误。

学　生：感谢总理来北大看望我们。我的问题是，现在北大享受了国家给予的很多优惠待遇，但是仍然存在很多学生在学习中不集中精力的现象，在我们同学中间，也产生了一些迷惘，有一些急功近利，总理能否给我们一些建议，使我们能够克服自己的迷惘和错误认识，集中精力学习。

温家宝：你提的问题很深刻。其实我们正在研究制定的教育改革和发展规划纲要，要解决的正是教育和环境问题。没有教育和环境，就出不了人才。因此，大学的地位相当重要。世界上第一所大学是博洛尼亚大学，在座的可能有人知道，那是在900多年前。从那以后，各国都把办大学当成非常重要的事情。有人说，没有巴黎大学就很难设想有今天的法国。同样，没有哈佛，也很难设想有今天的美国。英国的牛津、剑桥闻名于世。以色列那样一个小国家，它的大学也是早于国家建立的[3]。德国在最困难的时候，有一个人叫洪堡[4]，建立了柏林洪堡大学[5]，培养了很多人才。我想，教育和环境对国家来讲非常重要。

我今天想跟同学们讲的是另一面，就是学生自身的努力是成才的根本。如果没有远大的志向，进了大学就像进了保险箱，那一定成不了才。每一个学生都应该懂得，进入大学只是人生的一个新的起点，绝不是终点。一进入大学就应该考虑这段时间我应该怎么刻苦学习，怎么勇于实践。这样，即使不是在北大这样的名牌学校，也可以出很好的学生。极而言之，很多名家是没有上过大学的。因此，这个同学讲出了现在的一个普遍现象，就是同学们在考入大学以前白天黑夜地努力，上了大学以后以为一切都保险了，因此放松了自己。刚才这位同学说的是急功近利，有的甚至不是急功近利，而是毫不用心，毫不努力。我想谈谈我的经验。我从步入大学那一天起，就计划如何把我的学业学好。既然是谈心，我也就敞开讲。我几乎是用比其他同学多一倍的时间来学习，几十门课程我只用一半的时间就可以完成，另一半的时间用于钻研我热爱的东西，包括社会实践。不仅是在学校，到了工作岗位，我依然订学习计划。我在地质队里，在野外工作，那时每个冬天是我们休整的时间，除了完成整理资料的任务外，自己订了个学习计划，这个冬天学力学，下一个冬天学数学，再一个冬天学历史，又一个冬天学英语。这种习惯我至今还保持着，还在有计划地读书和学习。当然现在不同了，时间少了。我劝同学们，一定要牢牢记住，进入大学只是人生新的起点，我们眼前的路还很长、很坎坷，要有远大的理想和坚忍不拔的意志，这样才能成才。

学　生：在美国有人说是先有哈佛再有美国，我觉得在我们国家也是，先成立了北京大学，后来有了新中国。所以，我们国家要建设若干世界一流大学，我觉得这个决策非常好。

温家宝：美国是个移民国家，1620 年 11 月 11 日，经过在海上 66 天的漂泊之后，“五月花”号〔6〕大帆船向陆地靠近。1636 年 10 月 28 日，马萨诸塞海湾殖民地议会通过决议，决定筹建一所像英国剑桥大学那样的高等学府，每年拨款 400 英镑。1638 年正式开学，第一届学生共 9 名。1638 年 9 月 14 日，牧师兼伊曼纽尔学院院长 J. 哈佛〔7〕病逝，他把一半积蓄 720 英镑和 400 余册图书捐赠给这所学校。1639 年 3 月 13 日，马萨诸塞海湾殖民地议会通过决议，把这所学校命名为哈佛学院。1870 年改名哈佛大学。哈佛大学的创立比美国独立建国早约 140 年，因而有“未有美国，先有哈佛”之说。你说的先有中国还是先有北京大学，这就完全不一样了，因为我们国家有五千年的文明史。说到这里，我就非常感慨，也非常激动。世界四大文明古国，唯一在长期战乱和艰难困苦中巍然屹立没有倒掉、没有散掉、文明传承下来的就是我们中国。说中国大学的历史，那也许可以追溯到孔子时期或更早，至少有两千多年，那时不叫大学，而叫太学。但是，那时的太学以及后来发展的国子监[8]，和现在的大学还是有区别的。我们的文化和教育发展，应该说和西方是有区别的，我们有自己独特的历史和传统。当然，我绝不否认在近代史上北大发挥了重要作用。

学　生：谢谢总理。美国的教授一般把北大称为中国的哈佛大学，美国是先有了世界一流大学的出现，再有了美国的崛起。因此，要实现我们民族的伟大复兴，您认为，是不是也应该先有像北大这样的大学成为世界一流大学，或者说至少两者应该是同步的？

温家宝：我讲得可能更宽广一些，你把思路再打开一些。大家知道我常引用一句话："周虽旧邦，其命维新。"这句话的意思是说中国是个古而新的国家，说她古老是因为她有五千年的文明史，说她新就在于她开放包容，不断学习和借鉴其他先进的文明和技术，而且在不断地革新，才使我们这个国家能够生存下来，发展起来。在近代特别是"五四"以后，北大确实发挥了重要作用，培养出了很多的人才，在社会各界有很大的影响。

学　生：总理，您好！我是学习国际关系的学生，您刚才讲，我们应该更多地了解国情。老师告诉我们，只有立足中国，才能了解世界，应该立足中国去研究世界。我觉得作为青年学生我们一直都有一种非常强烈的爱国热情，但是，我的专业和我们所受的学科教育要求我们应该胸怀世界，抱着一颗更平常的心去关注世界，看待中国在世界上的位置。那么您觉得作为青年，我们应该如何处理自己的爱国热情和胸怀世界之间的关系呢？有时候我们觉得很难做到，因为政治家和外交家也是有国籍的。

温家宝：确实每个同学不仅要了解祖国，也要胸怀世界，这两者是相互联系的。因为中国是世界上的一个文明古国，中国今天的发展同世界有着紧密的联系，中国的发展又会对世界产生很大的影响。我举个例子来说，我们改革开放才 30 多年，当时我们确立的第一个目标就是在 20 世纪末使人均收入达到 800 美元，我们当时觉得实现这个目标是很艰难的。可是今天，中国的人均国内生产总值超过了 3 000 美元，达到 3 700 美元，这也就是最近十多年来的事情。因此，世界上有人开始提出所谓中国责任论，甚至还诬称中国傲慢了。我说中国是强大了，但中国依然还是一个发展中国家，中国是主持公道和正义的负责任的国家。我们的国家很大，发展还很不平衡，城乡之间、地区之间还有很大的差距。在这种情况下，我们必须熟悉自己国家的国情。很多外国人以为北京和上海就代表中国的全部，其实不然。我跟他们讲，有些数字你们不清楚。中国现在农村贫困人口的收入标准是按 1 196 元计算的，2009 年农村贫困人口超过 3 500 万人。如果我们按最新国际标准，即每人每日 1.25 美元计算，我国的贫困人口可能有 1 亿多人。中国承担着很重的就业压力。奥巴马总统为美国的几百万失业人口很焦急，我们是 2 亿人口需要解决就业问题。这个数字很好算，农村进入城市的就业人口大约 1.5 亿人，城市常年新增就业人口大约 2 400 万人，登记失业率 4.2％—4.6％，即大约 2 000 万人，每年毕业需要就业的大学生是 600 多万人，还要安置复转军人等。我给他们算这笔账以后，说中国现在首要的还是把自己的事情办好，不给世界添麻烦，这就是中国对世界很大的贡献。其实，我们所做的不仅是这些，我们为非洲以及其他最不发达的国家提供了大量的援助，包括免除它们的全部到期债务。我们每年都拿出大量资金来援助穷国、小岛国，而且中国的援助是不附加任何条件的。我们已经尽了我们应该尽的义务。说到中国傲慢，我说涉及国家主权和领土完整的事情，关系世界和平、安全和发展的事情，即使在很穷的时候我们也是铮铮铁骨。中国即使以后很发达了，也依然不威胁别的国家，不称霸。这两句话，就是中国对待世界问题的重要立场。

学　生：温总理您好！我很喜欢研究国际关系，现在也研究金融。不管怎么说，国际上吵闹的中国威胁论可以证明，中国越来越强大了，在国际上扮演的角色越来越重要了。那么，中国的金融在国际上应该扮演怎样的角色呢？

温家宝：谈到国际金融，我们必须要认识这场危机的根源。那就是由于世界经济发展的不平衡，特别是一些大国储蓄与消费失衡，过度借债而造成的，这是一个很重要的方面。其次，就是一些金融机构见利忘义，利用所谓高杠杆率获取巨额资金而造成金融秩序混乱。因此我说，这场国际金融危机以至经济危机，实质上是信用危机和信心危机。在这场危机中，中国之所以在金融上没有受到太大的冲击，就是我们的金融机构没有过多地卷入世界上的金融衍生品〔9〕里。我不认为我们的金融管理制度是世界上最先进的。我们之所以躲过这一劫，是因为我们的金融机构没有陷入到高杠杆率的金融陷阱里去。金融的基本稳定就保证了经济的基本稳定。我们受冲击和影响最大的是实体经济，特别是制造业和出口产业。为什么？因为金融危机造成了外部需求的减少和市场的萎缩，而我国对外经济依存度比较高，即出口占经济的比重比较大。在这种情况下，我觉得我们要做好三件事情：第一，要继续推进金融改革，加强金融监管，使我们的金融保持一个健康发展的势头，经受得住风险。因为这场危机还没有过去。大家注意到最近由希腊引起的主权债务危机〔10〕，波及几个国家，欧元区受到冲击。我们丝毫不能掉以轻心。第二，要调整经济结构和转变发展方式。立足扩大内需，把经济增长主要依靠外需和投资拉动，转到主要依靠内需特别是消费拉动的轨道上来，实现投资、消费和出口的协调拉动。第三，要重视可持续发展。考虑环境的承载能力，建立资源节约、环境友好型社会。

要转变经济发展方式，使经济发展由主要依靠消耗物质资源转到主要依靠科技进步、提高劳动者素质和管理创新上来。我们既要经受住风浪的考验，也要经受住人家热捧或者冷嘲的打击，走好自己的路。

学　生：总理您好！我是北京大学经济学院的大二学生，我的专业是经济学。我刚刚经历了一次经济学的期中考试，其中一道题是问我们的青海玉树能不能在一定时期内经济水平恢复到震前甚至超过震前的水平。我写道，青海玉树从经济学角度分析，人力资源还在，只要有国家的政策支持，全国人民的支持，我们一定能够取得灾后重建工作的胜利。我想向您求证一下我这样的答案算不算客观公正。

温家宝：我5月1日、2日是在玉树度过的，这是我第二次去玉树。玉树是一个很有名的地方，九世班禅〔11〕是在玉树圆寂的；文成公主〔12〕进藏的时候经过玉树，现在还有文成公主庙。玉树是三江源，即长江、黄河和澜沧江的发源地。玉树这次地震7.1级，烈度9度，人员死亡目前统计是2 200多人，可能还会有增加，因为还在清理废墟。玉树处在南北断裂带上，是一个老震区，这次地震破坏最严重的是玉树藏族自治州所在地结古镇。我这次去就是研究灾后恢复重建工作的。我提出要三位一体考虑：第一，要把玉树建设得比过去更好，新的玉树在经济社会发展方面要超过老的玉树。除了加强基础设施建设，还要重视和改善民生，特别是住房建设要达到地震设防标准。玉树有深厚的文化底蕴，国内外影响都很大，不宜迁址，但要充分考虑安全。我们提出“原地修建、合理避让、统筹规划”的方针。所谓合理避让，就是要在地震带中找安全岛，避开活动断裂带，这就需要做大量的科学评估和论证工作。我们所说的在原址修建，并不是说每幢房子都在原地重建，如果原来倒掉的房子处在断裂带或者滑坡体上,就要搬迁,这就要统筹规划。第二,新的玉树一定要重视生态环境保护,因为它是我们母亲河的发源地。我给大家讲一个事情,地震过去不久,我们给群众发了很多矿泉水,由于矿泉水的质量在某些标准上还不如三江源的水好,所以老百姓很快不愿意喝矿泉水,还愿意喝江水,因为用江水煮奶茶、做饭好吃。玉树生态的好坏,不仅关系玉树,也关系全国。虽然大批的建筑材料当地也有,比如石头,但考虑到当地的风俗、宗教信仰,更重要的是生态,我们不能就地爆破采石,要从外地运进去。第三,新的玉树应该是一个民族团结、宗教和谐、重要文物得到保护的玉树。在清理废墟的过程中,已经挖出很多的文物,诸如全套大藏经〔13〕,还有舍利子〔14〕,每一件文物都有很多故事。我这次去看个学校,发现藏族孩子虽然经受了灾难,衣服上满是灰尘,但是孩子们长得很可爱,很精神。他们不仅藏语讲得好,汉话讲得也很好,英语学得也很快。我给他们讲我们国家是个多民族的大家庭,56 个民族都是一家人。藏族孩子也是我们的孩子,他们也管我叫温爷爷。

学　生:刚才温爷爷提到藏族的孩子,我是个回族的孩子,是北京大学马克思主义学院的 2009 级硕士生。我知道温爷爷您在甘肃工作过,我也是来自甘肃定西。您也知道那个地方特别贫困。我希望温爷爷给我们讲一讲,西部大开发有十年了,那么在下一个十年,我们国家会出台哪些具体的措施。我尤其关心西部的教育,我希望您能倡议一下,像北大、清华这样的一流大学的毕业生,国家是否可以出台专项政策,鼓励大家到西部去,支援西部的发展,以缩小与东部的差距?

温家宝:你是定西哪个县的?

学　生:我是定西安定区的。我去年还看到温总理去我们那边,站在我们山上的那张照片。我特别感动,这既是对我们定西人民的关心，更是对我们的希望，尤其是我作为那边的孩子，我深深地爱戴您。

温家宝：所谓“陇中苦瘠甲于天下”，实际上指的就是定西地区。我多次去定西，去年还去过。我在那儿提出“小土豆、大产业、可致富”，也有人说叫“小土豆、大文章、能管用”。这就是说，一个土豆产业，使定西面貌发生了变化。你到处可以看到农民种马铃薯，而且通过大的批发市场运往全国各地。那里的土豆大、芽眼小，适合做西餐。但是，定西依然还是很贫困的。其实，你问了我一个很大的问题，就是下一个十年甚至下个二十年中国的路怎么走。到那时你们都成才了，国家靠你们来治理。我以为，第一位的还是要重视经济社会发展，牢牢记住我们国家人口多、底子薄、发展不平衡，要下大力气来解决经济社会发展中不协调、不平衡、不可持续的问题，解决经济社会发展中一条腿长一条腿短的问题，不能转移和改变这个中心。第二，要更加重视社会的公平正义。我经常讲，公平正义比阳光还要光辉，一个不公正的社会注定是不稳定、不和谐的。我希望我们的社会应该是充满公平正义的社会，这是我年轻时候就树立起的理想，让中国发展起来，而且让中国实现公平正义。第三，要重视科技和教育。大的社会进步都是和这个国家对教育重视的程度有直接的关系，都是同大的科技革命或者科技变革有直接的关系。中国要走在世界的前列，没有创造精神，或者说没有自己的发明和专利，那是做不到的。由这三点我就想起三个方面的改革：经济体制改革，政治体制改革，科技和教育等社会事业的改革。这三个方面的改革和新的机制的建立能够保证我们国家永葆青春，永远前进。这既是十年、二十年后的事情，也是我们现在做的事情。我做不完了，很快担子就会落到年轻人身上，将来也还会落到更年轻的人身上。中国现代化大厦的建成，还是要靠在座的年轻人，靠同学们。

学　生:温总理,您好! 非常感谢您今天专程来到北大,而且来到图书馆。我想问一下,您在读书方面有哪些心得感受可以与我们分享一下?

温家宝:你大概没有看过我今年2月份的在线访谈,这个问题我已经讲得很多了。最重要的感受,就是图书馆这么多书,你不可能都读,你也不需要都读,真正你需要读的可能就是几本。有的书读一遍就可以了,有的书只需要翻阅一下,但有的书可以一遍又一遍地读,这就需要选择。选择什么样的书呢? 选择那些经过历史多次淘汰而依然保存下来的书,因为这些书充满人类的智慧和哲人的思想。有的书是要被淘汰的,但有些书是永存的,像司马迁的《史记》。我在那次访谈中讲过两句话,一句是"读书好,好读书,读好书",另一句是"读书活,活读书,读活书"。前一句讲的是学习,后一句讲的是实践,这两者结合起来,就是读书方法。

学　生:刚才听温爷爷讲了很多关于国情以及我们学生非常关心的问题。其实北大学生不只是关心这些事情,我们也有很强的社会责任感。很多同学做了大量志愿服务工作,也非常希望能够在暑期或者其他时间参加一些社会实践活动,到我们祖国的西部、到农村去感受我们的国情。所以我们非常想听一听温爷爷对我们志愿者工作和社会实践工作有什么建议。

温家宝:没有对国家和人民深深的爱,无论是学习和实践,都做不好。我常默念艾青〔15〕的这句诗:为什么我的眼里常含泪水,因为我对这土地爱得深沉。〔16〕我说,没有一片土地让我这样深沉和激动,没有一条河流让我这样沉思和起伏。说心里话,我对祖国母亲,对养育我们的人民充满深深的爱。前年在政法大学,我跟同学们谈话,我说我别的不敢说,如果说爱国这一点,我的每一滴血液、每一根筋骨，都是爱着祖国的。即使粉身碎骨了，变成灰烬，每一粒灰烬依然爱着祖国。你从中学进入大学，或者从大学进入研究生，或者从大学进入新的人生，都必须有自己的志向。有这个志向以后，就有毅力去做你应该做的事情。我还是学生的时候，就要求自己一个是多读书，一个是多实践。我本来在地质系就有生产实习和教学实习，多次到周口店，一次到嵩山，一次到秦岭，但是我不满足，我还利用假期下乡，几乎每个假期都去。如果说接触农民，从那个时候就开始了。我跟同学们讲这些，就是希望同学们要有正确的世界观和理想，把自己的一切献给人民。

学　生：我是北京大学化学学院的学生，我们学院昨天迎来了百年华诞，我接触到很多大师。在和大师接触和交流的过程中，我深深地受到激励和鼓舞，为我们国家的科学事业献身的信心更加坚定了。我知道，总理曾经在钱学森老先生生前多次去看望他，钱老先生也多次向总理提出一个问题，那就是为什么我们当代中国培养不出大师？我想请问总理，您认为高校应该在教育改革中起什么作用，用什么样的实践来真正地推进我们国家对创新型人才的培养和科学发展。

温家宝：钱学森生前，我几乎每年都要去看望他。所谓“钱学森之问”，就是他经常对身边的人特别是对我讲的，为什么我们的大学老出不了杰出人才？这句话，对我们是个很大的刺痛，也是很大的鞭策。我知道他说的杰出人才，绝不是一般的人，而是像他、华罗庚、李四光这样的人才。他讲的两点意见，我觉得对同学们可能会有用。第一，要让学生去想、去做那些前人没有想过的和做过的事情，这就是创新。如果总是循着别人的路走，没有创新的话，不会成为杰出人才。第二，提倡学文科的要懂一些理工，学理工的要学一点文史知识。他就举自己的例子：他说，你还不知道我的油画画得很好,年轻时的画流传在境外还没有找回来。他在国家授予他国家功勋科学家大会上的讲话中说:“我还要感谢我的妻子蒋英,她的音乐给我很多启迪,给我很多思考的空间。”所谓文科、理科、工科的关系是不可截然分开的。大家知道,中国第一首小提琴曲是李四光先生作的。许多老一辈的科学家,他们不仅有很深的学术功底,也有很深的艺术修养,甚至有很深的文史功底。你方才提出的一个问题,就是大学应该怎么办?这是制定《国家中长期教育改革和发展规划纲要(2010—2020 年)》中重点研究的一个问题。总的来说,大学改革要为学生创造独立思考、勇于创新的环境。大学应该由懂教育的人来办,这是最重要的。懂教育的人或者说教育家,不是干一阵子,而是干一辈子。大学还是应该逐步地破除行政化,按照教育规律来组织教学和治理学校。大学还是应该以教学为主,使学生德、智、体、美全面发展。学生作为学校的主体,在教育改革中处于重要的地位。大学改革还可以讲很多,我以为这几个方面是最为重要的。还必须强调,学生自身要努力学习。有一个好的体制,有一个好的校长,有众多好的教师,都解决不了学生自觉学习的问题。我们必须教育和启发学生,要怀着对国家和人民的责任感去努力学习,而且立下终身学习的志向。

学　生:我是民办大学的学生,我来到北大,感到国家对北大这样的学府有很多优惠,而作为一名民办大学的学生,我深感我们民办大学学生中也有很优秀的人才。国家能否采取一些措施激励民办学校的学生发挥自己的才能,贡献自己的智慧,更好地服务社会?

温家宝:我们的教育发展需要大批的公办学校,我们也支持发展多种多样的民办学校。我在长春就参观了一所民办学校,它的专业很单一,就是搞动漫开发的。但是这个专业培养的学生就业率很高,几乎都能找到工作。因为它培养的学生是社会所需要的。我希望民办教育工作者向老一代民办教育家学习,有高度的社会责任感,办学校不以营利为目的,这样才能把学校办好。

学　生:您对国家深深的爱,感染了所有在场的人。我今天刚看了一篇文章,题目是《中国经济强大,催生印尼汉语热》。我是国际关系学院的学生,我周围有很多的留学生能讲流利的汉语,也能流利地使用汉语写文章;当然我们也有越来越多的学子走向世界,参与国际文化交流。请问温爷爷,您对青年学生在国际交流中的作用有着怎样的期待?

温家宝:这是昨天的《参考消息》上登的,我也看了。这些年中国的快速发展,让世界各国越来越重视中国了,为了加强同世界各国的交流,我们在许多国家办了孔子学院。许多国家包括西方的一些国家也都掀起了学汉语的热潮,这应该是我们引以为豪的事情。我们学习英语或者其他语言,是为了交流和学习,他们学习汉语同样也是为了交流和学习。他们知道中国的发展潜力很大,市场巨大。如果你问我,我怎么看待这个事情,首先,要和校内的留学生多接触,加强交流。过去我们上学时有个制度,我那个班上有个非洲学生,学校派我陪着他。现在我们对外活动越来越多了,比如2008年的奥运会、正在举办的世博会,都需要大量的志愿者,你们要踊跃报名参加,这些都是实践锻炼,是学习语言的好机会,又是增进同各国人民友谊的好机会。

同学们,我们今天的座谈很快就要结束了。每年到五四青年节,我都愿意同年轻人坐一坐、谈一谈,心里特别高兴。北大的领导、老师、同学们对我都很好,我希望像普通一员一样走到学生们中间,和你们谈心,和你们一起吃饭。我一直要求外出不要扰民,到学校也不要扰乱教师和学生的生活。你们就把我看成一个普通的长者吧。

我是带着一颗诚心来的，也就是说和同学们真诚交心、谈心。真诚的东西才会是永恒的。

注 释

〔1〕即刘延东。刘延东时任中央政治局委员、国务委员。

〔2〕《天演论》为严复据英国赫胥黎《进化论与伦理学》原著译述而成。分上、下卷，共35篇，附有按语并作序。1895年译成，1898年正式出版。该书为中国近代较早的一部直接介绍西方哲学社会科学的著作，对当时国内鼓吹变法图强和提倡维新运动起到了积极作用。

〔3〕以色列第一所大学耶路撒冷希伯来大学始创于1918年，落成于1925年。1948年5月成立以色列国。

〔4〕洪堡(Karl Wilhelm von Humboldt，1767—1835)，德国语言学家、政治家、教育家。曾在普鲁士实施中等教育改革，并创立柏林大学(今柏林洪堡大学)，后出任文化教育大臣。他被认为是普通语言学的奠基者，对欧洲语言学说的发展有重要影响。

〔5〕柏林洪堡大学，亦称“柏林大学”，1809年根据洪堡的建议创立于柏林。

〔6〕“五月花”号是英国第一艘载运清教徒移民驶往北美殖民地的船只。1620年9月离英，12月到达普利茅斯，抵岸时船上有移民102人。在船上，移民订立《“五月花”号公约》，约定建立公民团体及制定公正、平等的法律、规章等，成为1691年普利茅斯自治政府的基础。

〔7〕J. 哈佛(John Harvard，1607—1638)，哈佛学院的主要资助者。生于伦敦，就读于剑桥大学。1637年他到马萨诸塞的查尔斯顿，成为该地的荣誉市民和牧师。他把相当大的一部分遗产和他收集的古典文献捐赠给附近新建立的一所学校。1639年马萨诸塞海湾殖民地议会命名该校为哈佛学院。

〔8〕国子监是隋朝以后的中央官学，是中国古代教育体系中的最高学府。隋炀帝时将原国子寺改为国子监，唐、宋承其制。元、明、清三代的国子监还兼有最高教育行政机关的职能。

〔9〕金融衍生品是指其价值依赖于基础资产价值变动的合约。这种合约可以是

标准化的,也可以是非标准化的。标准化合约是指其标的物(基础资产)的交易价格、交易时间、资产特征、交易方式等都是事先标准化的,因此此类合约大多在交易所上市交易,如期货。非标准化合约是指以上各项由交易的双方自行约定,因此具有很强的灵活性,比如远期协议。

〔10〕主权债务是指一国以自己的主权为担保向外(不管是向国际货币基金组织、还是向世界银行,还是向其他国家)借来的债务。主权债务危机是指一国不能按时偿付其以主权为担保的国外债务,表现为无法清偿到期外债,被迫要求债务重新安排和国际援助。

〔11〕藏传佛教格鲁派第九世班禅额尔德尼·曲吉尼玛(1883—1937),本名仓珠嘉措,法名全称罗桑图丹曲吉尼玛格勒南结贝桑布,简称曲吉尼玛。早期他与十三世达赖共同领导了抗英斗争,晚年又积极从事抗日斗争,是一位杰出的反帝爱国领袖人物。

〔12〕文成公主(?—680),唐太宗养宗室女。藏籍称“甲萨公主”,意为“汉妃公主”。贞观十五年(641年)她嫁给吐蕃赞普松赞干布。在她的影响下,汉族碾磨、陶器、纸、酒等制作工艺及历算、医药等知识传入吐蕃。

〔13〕大藏经,简称“藏经”,原为汉语对佛教经籍的称呼,后指一切文种的佛教经典的总称。内容分经、律、论三藏,包括印度、中国等国的佛教著述在内。

〔14〕舍利子最初指佛教创始人释迦牟尼圆寂火化后留下的遗骨和珠状宝石样生成物。亦称“设利罗”,意为灵骨、身骨、遗身。佛教认为这是一个人往生,经过火葬后所留下的结晶体。

〔15〕艾青(1910—1996),中国诗人。浙江金华人。主要作品有诗集《大堰河》《北方》《向太阳》等。

〔16〕这是诗人艾青《我爱这土地》一诗中的诗句。

大学生要立志服务社会*

（2010 年 6 月 25 日）

温家宝：我今天晚上是“突然袭击”。

学　生：太突然了！

温家宝：昨天我到了江西抚州。江西第二大河——抚河大堤发生了决口。那个圩子有 10 多万居民，我们用 48 小时转移了近 10 万人，没有一个人死亡，这确实是个奇迹。今年我国气候异常，年初时西南还是大旱，现在南方大部地区又是洪涝，4 月份还发生了玉树地震。我们这个国家灾难够深重的，唯有以科学和求实的态度才能救中国。

今天我到杭州，看了五家企业，都很高兴。特别是在一家网络中心，和职工谈了一个钟头。我觉得青年人很快乐，我和他们交流也很快乐。我嘱咐他们一句话：希望他们永远快乐，希望青年人永远快乐，同时又要给人们创造快乐。

我晚上 6 点多才从企业回到驻地，省委书记〔1〕和省长〔2〕问我晚

---

* 这是温家宝同志在浙江大学与学生的座谈。

上有安排没有？我说还没有考虑好。吃完晚饭后我才告诉他们，我要到浙大去！我主要是惦记你们，来看望你们，想和你们聊聊天。但看到你们这么忙，确实不忍心占你们时间。

学　生：没有关系，我们这学期的课程内容都学完了，要考试了。

温家宝：如果我今天晚上一个多小时的谈话能给你们考试增加几分，那我这趟就没有白来。谈些什么呢？还是从你们校训“求是”谈起吧。你们都知道这个校训的来历吧？出自浙大的前身——求是书院提倡的“务求实学，存是去非”。这个校训恐怕是最短的了，“求是”是基础，后来又发展为“求是创新”。

你们想问我什么问题都可以，包括你们考试准备的情况。你们的老校长竺可桢〔3〕先生20世纪30年代写过一篇很著名的文章，叫《王阳明〔4〕先生与大学生的典范》。王阳明是心学的第一人。我们不全面评价这个人，但他提倡思考，主张“格物致知”“知行合一”。他说：“心者，天地万物之主也。”〔5〕这句话有一定哲理。其实，我们认识的事物太少太少。就拿物理学的物质来说，可见的物质只有百分之几，不可见的物质有百分之九十多；还有反物质；甚至我们连地球科学都还没有研究得很深。这就告诉同学们要有求知的无穷欲望，相应地要做踏实的功夫。这些都可以作为理解你们校训的格言，会使人终生受益。

浙大历史太悠久了，其实你们光学校史就可以学几个月。浙大出的人才太多了，160多位院士，这是同学们足可引以为自豪的。但是前人的贡献不等于你们的贡献，你们要达到那个水平，还要下艰苦卓绝的功夫。

学　生：非常想问总理一个我感到特别困惑的问题，就是我认为我们大学生最应该走进社会，因为我们将来是要服务社会的，但是现在我们走进社会的机会非常少。能不能结合您的经历，给我们一些建议？

温家宝：这个同学实际上是在问我怎么给学生创造条件去了解社会、认识社会，为将来给社会做贡献打好基础。大学期间应当安排社会实践。我是学地质的，竺可桢先生是气象和地理学家。我在大学本科学习的五年期间，每年有一次教学实习；在三年级的时候有一次生产实习，去的是秦岭。背着背包跑地质路线，住在农民家里。到四年级的时候是毕业实习，为写论文做准备，去的是河南嵩山。这些实习都是我了解社会、认识社会的机会。但我觉得不够。我每年还要参加农村的劳动，有些是学校规定的，比如麦收、秋收。我给自己安排了一项学校没有规定的活动，就是每年假期我都要去农村，不回家，住在农民家里，几乎住一个假期。从那时候我就交了很多农民朋友，和他们睡在一个炕上，一起吃饭，一起干活。这也许是我从大学时代就培养起对农民、对人民的感情的一个重要阶段。我觉得学生了解社会十分重要，如果对社会不了解，再到社会工作，就会两眼一抹黑，感觉什么都生疏，什么都害怕。所以学生要主动给自己创造这样的机会。当然学校也要给你们创造机会。

学　生：非常感谢您在百忙中惦记着我们。我想说我们浙大永远欢迎您。浙大历史上出现的各方面人才都有，就是有一个遗憾，缺少政界的高官。有时候我在想，您要是我们的校友该多好！对于像我这样立志如您一样为中国老百姓服务的学生，您有什么建议？

温家宝：我经常把竺可桢先生作为我自己的老师，从这个角度上说，我也是浙大的校友。我希望青年要做事，不要做官。这句话的含义是什么？就是我们人生的目的是要为老百姓办事，无论干哪一行，从事什么专业，都要用你所学的专长为人民服务。你这样做了，而且做出贡献，人民会记住你的；相反，如果你不是为人民服务，而是为了做官而做官，甚至背离老百姓的利益，即使当了官，那对人民也是有害的。这就是要做事不要做官的道理。我相信浙大的学生中将来会出现许多杰出人才，包括政治家。但是这些政治家应该是人民的政治家，应该符合你们的传统。浙大校训的宗旨是倡导王阳明的求是精神、牺牲精神。王阳明是明代的儒家，他创立的“心学”〔6〕，使程朱理学〔7〕向前发展了一步。大家知道，程朱理学是宋代的。我经常引用张载〔8〕这句话：“为天地立心，为生民立命，为往圣继绝学，为万世开太平。”这应该是我们的理想，也应该是我们要脚踏实地去实践的。如果是这样的政治家，这样的官，老百姓是欢迎的。

学　生：我马上就要毕业了，就要去美国佛罗里达大学〔9〕学习。我在想如何用疯狂的举动来结束大学生活。请问您在年轻的时候，是否也做过什么疯狂的举动？

温家宝：反正是跟青年们谈心，就实事求是地讲。其实我们那时候上大学也很不容易。我学地质是受父亲影响。我父亲先在北师大学地理，后来做地理教师。我上中学时，父亲给过我他批注得满满的一本《中国地质学》〔10〕，是李四光写的。这本书到现在我还保留着。我这个人学哪一行，总想把它学成最好。尽管在大学课程比较多，我都努力把它学好。我是主张大学课程要多些的。大学生要有广博的知识，因为毕业以后你不一定到哪个单位。我学的是大系，地质系，课程非常广。从地质、古生物到矿物，一直到地球物理探矿、地球化学探矿、钻探，什么都学，后来工作中都用上了。我有去西藏的理想，当时曾给学校的党支部写过两封血书，要求到西藏去。但是学校偏偏要我读研究生，我就考取了研究生，专攻大地构造。再后来就分配到甘肃。如果说冲动，我就这么个冲动，写过两封血书。

学　生：现在是和平年代，很多人都忘了危机意识。我想请问您，作为当代大学生应该如何看待从军入伍。现在很多著名大学学生从军的人比较少。

温家宝：你是学什么专业的？

学　生：大气科学。

温家宝：国防科学在我们国家是很受重视的。就在这几年间我们连续发射了两艘宇宙飞船。我们计划再发射第三艘飞船，建立空间站。这在国防科学特别是宇航中是一个大的突破。无论是发射卫星还是飞船，都和气象、空间研究、大气研究有关。你作为一个国防生是光荣的，你从事的工作一定会大有作为，你应该对自己的未来充满信心。

注　释

〔1〕指赵洪祝。

〔2〕指吕祖善。

〔3〕竺可桢(1890—1974)，中国气象学家、地理学家、科学史家和教育家。浙江绍兴人。哈佛大学博士。曾任浙江大学校长。新中国成立后任中国科学院副院长。他对建立和发展中国现代气象事业和自然资源综合科学考察事业有重要贡献，是“可持续发展”思想与实践的先行者。

〔4〕王阳明，即王守仁(见本书《心系天下，创业报国》一文注释〔10〕)。

〔5〕见《王阳明全书·答季明德》。

〔6〕“心学”，亦称“陆王心学”。南宋陆九渊、明王守仁都把“心”看作宇宙万物的本原，提出“圣人之学，心学也”(《象山全集·序》)，故称。

〔7〕程朱理学是宋代理学的主要派别。首创者为二程(程颐、程颢)，集大成者是朱熹。因为他们的学说基本一致，后人称这一派为程朱学派，亦称“程朱理学”。程朱学派断言“理”是离开事物独立存在的客观实体，由它派生和主宰万事万物；为学主张“涵养须用敬，进学则在致知”；“穷理以致其知，反躬以践其实”。宋代以后程朱理

学长期保持思想上的统治地位。

〔8〕张载(1020—1077),北宋哲学家,理学创始人之一。凤翔郿县(今陕西眉县)人。世称横渠先生。讲学关中,故其学派被称为“关学”。其哲学主张充满朴素唯物主义和辩证法因素,对宋明理学影响很大。

〔9〕佛罗里达大学是位于美国佛罗里达州盖恩思维尔的一所公立研究型大学,建校时间可追溯至1853年。

〔10〕1934—1936年,根据中英两国交换教授讲学的协议,李四光应邀赴英讲学,在伦敦、剑桥、牛津、伯明翰等8所大学讲授中国地质学。讲稿整理后以《中国地质学》的书名在伦敦正式出版。此书除英文版外,还有俄文译本和摘要汉译本。

附　录

重视教育工作纪事

办好人民满意的教育

2006年12月27日，国务院总理温家宝主持召开国务院常务会议，审议并原则通过《国家教育事业发展“十一五”规划纲要》。

会议认为，“十五”时期，我国教育事业取得显著成就，九年义务教育进入全面普及新阶段，高中阶段教育尤其是中等职业教育加快发展，高等教育规模显著扩大，步入大众化发展阶段，农村教育面貌发生深刻变化，人民群众关心的教育问题得到高度重视并在逐步解决。教育发展为我国科技创新、经济增长和社会进步做出了重要贡献。同时应当看到，我国人均受教育水平仍然不高，创新型人才和高技能人才明显不足，杰出人才缺乏，城乡、区域各级各类教育之间发展不均衡，教育投入不足，一些关系群众切身利益的问题还没有得到很好解决。

温家宝强调，各级政府必须切实把教育摆在优先发展的战略地位。要坚持全面贯彻党的教育方针，坚持教育的公益性原则、促进教育公平，坚持教育为社会主义现代化建设服务、为人民服务。要统筹城乡、区域教育，统筹各级各类教育，统筹教育发展的规模、结构、质量和效益，构建现代国民教育体系和终身教育体系，保障人民群众接受良好教育的机会，办好让人民群众满意的教育。

会议提出，“十一五”时期我国教育发展的目标是，巩固和普及九年义务教育，大力发展职业教育，提高高等教育质量，保持教育事业持续健康发展，使教

2008年8月29日，温家宝同志主持召开国家科技教育领导小组第一次会议，听取教育部关于制定《国家中长期教育改革和发展规划纲要》工作情况的汇报

育体系更加完善，区域发展趋于协调，城乡差距逐步缩小，国民受教育水平进一步提高。温家宝强调重点做好以下工作：（一）全面实施素质教育，促进学生德、智、体、美全面发展。（二）以中西部农村地区为重点，普及和巩固九年义务教育；以培养高素质劳动者和技能型人才为重点，大力发展职业教育；以培养学生创新精神和实践能力为重点，着力提高高等教育质量。（三）分区规划、分类指导，坚持新增教育经费和公共教育资源向农村、中西部地区、贫困地区、边疆地区和民族地区倾斜，逐步缩小城乡、区域教育发展差距，推动公共教育协调发展。（四）认真解决人民群众关心的教育问题，保障家庭经济困难学生受教育机会，促进教育公平。（五）加强教师队伍建设，完善现代教师管理制度，改进校长选拔任用机制。（六）深化教育管理体制、学校管理体制和教学改革，提高教育对外开放水平。

在全社会大兴尊师重教之风

一、让孩子们都能上学

2003年9月9日，温家宝总理在人民大会堂会见全国农村中小学优秀教师代表和第一届高等学校教学名师奖〔1〕获得者时说："明天是第十九个教师节，我想用四句话来概括今年教师节的主题，也作为献给全国广大教师的节日礼物。"

温家宝说，这四句话是：第一，让孩子们都能上学。国务院最近做出一个重要决定，再用5年时间，到2007年使西部地区的九年义务教育普及率达到85%，实现在全国基本普及九年义务教育的目标。这是一项重大而艰巨的任务，我们要为实现这一目标不懈努力。第二，让全社会形成尊师重教的风尚。百年大计，教育为本。教育大计，教师为本。"国将兴，必贵师而重傅。"尊师重教是一个国家兴旺发达的标志。要提高教师在社会上的地位，改善教师的工作和生活条件。第三，让为人师表成为每个教师的行为准则。"师者，所以传道授业解惑也。"今天，我们的老师传道，就是要传爱国主义、集体主义、社会主义之道；授业，就是要教授学生建设祖国的知识和技能；解惑，就是当学生遇到问题的时候，老师要解疑释惑，就是要引导学生去思考、创新，培养孩子们的创造性思维。教师的职业光荣而神圣，希望老师们不仅成为孩子们学习的榜样，而且成为全社会的表率。第四，让教育成为政府一项最重要的工作。各级政

2003年9月9日，温家宝同志在北京人民大会堂会见全国农村中小学优秀教师代表和第一届高等学校教学名师奖获得者

府要下决心把教育摆在经济社会发展的突出位置，千方百计增加教育投入，为教育事业发展创造有利的条件。国务院每年都将定期研究教育工作。只有重视和发展教育，才能使我们国家的富强建立在坚实的基础之上。

二、给教育事业留下一笔宝贵财富

2004年9月初，在第二十个教师节来临前夕，温家宝总理利用周末时间看望了几位教师，就如何发展教育事业问题与他们促膝谈心，听取他们的意见和建议。

9月5日上午，温家宝走进北京第二实验小学退休教师霍懋征家中，看望

2004年9月5日，温家宝同志看望北京第二实验小学退休教师霍懋征

了这位83岁的老教育工作者，并向她送上芬芳的鲜花，致以节日的祝贺。

“百年大计，教育为本。”温家宝握着霍懋征的手说，国家要用五年时间基本扫除文盲，基本普及义务教育。但当前实现“两基”攻坚计划，任务仍很艰巨。政府将在加强基础教育工作上办好三件事：第一，保证孩子们上学，是各级政府的首要任务，只有人人接受教育，才能体现社会公平，才能提高国民素质；第二，政府要拨出专款，千方百计改善中小学特别是农村学校的办学条件；第三，进一步建立和完善适应我国教育发展需要的、开放灵活的教师教育体系，努力造就一支高水平的教师队伍。

“我对教师很有感情，我的爷爷、父亲、母亲都是教师。”温家宝深情地回忆说，“那时家里很小，夜里我睡醒了还看到他们在备课，我很敬重教师这个职业。”

1943年毕业于北京师范大学的霍懋征，以毕生心血投身启蒙教育事业，当了60年的小学教师，至今全家有8人从事教育事业。前些日子她写信给温家宝，建议进一步加强师资建设，强化基础教育。没想到，总理很快给她回了信，并指示有关部门认真研究。

“总理，这是我从教一辈子，根据自己的教学心得撰写出版的图书，送给您请多指导。”霍懋征捧出几本图书送到总理手中。

“《没有教育不好的学生》[2]。”温家宝翻开其中一本书，轻声念着书名，“的确是这样，没有对孩子的爱，就没有教育，也不会像您一样全身心地投入到教育事业中，帮助每一名学生成才。”

“是的，我爱教育事业，我爱每一名学生。拥有了对教师这个工作的强烈兴趣，也才会有教育。”霍懋征非常自豪地说。

“您献身教育事业，特别是退休后仍在努力总结和整理自己在基础教育领域的经验，这将给教育事业留下一笔宝贵的财富。”温家宝称赞道，“您不仅传播经验，还传播精神，这种精神很有感召力，非常值得我们学习。”

端详着学生们送给霍懋征的照片，温家宝动情地说：“您老如今已是桃李满天下。可以说，老师是蜡烛，在孩子们心里点燃希望，并且照亮他们的一生。全国如果有千千万万个像您这样的老师，中国就更有希望了。”

“我代表全国的小学教师向党和政府表示感谢。我知道教师的工作是很艰辛的，但在艰辛的后面是无限荣光。”霍懋征异常激动地说。

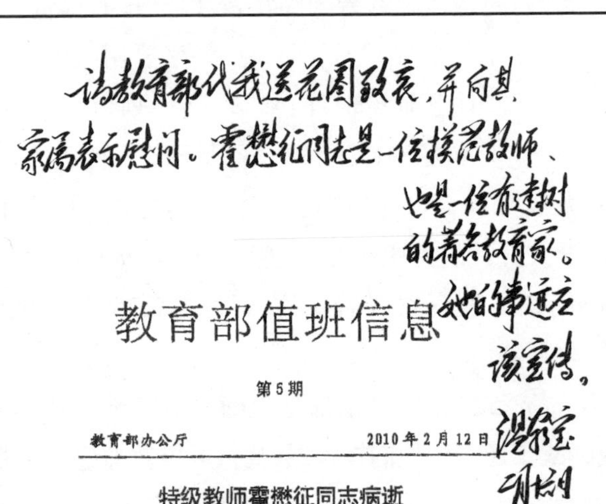

请教育部代我送花圈致哀，并向其家属表示慰问。霍懋征同志是一位模范教师、也是一位有建树的著名教育家。她的事迹应该宣传。

温家宝

二月十六日

教育部值班信息

第5期

教育部办公厅　　2010年2月12日

特级教师霍懋征同志病逝

据北京市西城区教育工委报：当代著名教育家、我国首批特级教师霍懋征同志于2010年2月11日零时35分在北京病逝，享年89岁。

2010年2月16日，温家宝同志在教育部报送的“特级教师霍懋征同志病逝”的相关文件上做出重要批示

三、一诺千金

8月的北京，天蓝草绿，阳光灿烂，处处洋溢着迎接奥运的喜庆气氛。

2008年8月2日上午，中共中央政治局常委、国务院总理温家宝专门看望为我国科技、文化、教育事业做出重要贡献的季羡林、钱学森和何泽慧〔3〕老人，向他们致以亲切问候。

灾难能锻炼一个民族的意志

“季老，我提前给您祝寿了。”走进解放军总医院的病房，温家宝趋步向前，握住了季羡林先生的手。

季羡林是我国著名翻译家、文学家和教育家，精通英语、德语、梵语〔4〕、吠陀语〔5〕、巴利语〔6〕、吐火罗语，还能阅读法语、俄语书籍，长期在北京大学任教，在语言学、文化学、历史学、佛教学、印度学和比较文学等方面都有很深造诣。4天后的8月6日，是这位学贯中西的老先生的97岁寿辰。

这已是温家宝自2003年以来第五次看望季羡林先生。每次相见，两位老朋友都能坦诚交换意见，聊得十分愉快。

房间宽敞明亮，桌子上摆放着一个大大的“寿”字，季羡林特地穿上了一身银灰色的中式服装。

“因为过两天比较忙，今天提前来给您祝寿。”落座后，温家宝微笑着问季老：“我记得您今年97岁了。思维还这么清楚，是不是和常用脑有关？”

“对，大脑要不停地活动。秀才不出门，便知天下事。”

“今年灾害多，年初是冰雪灾害，‘5·12’大地震也是多少年没有的。”

“地震以后政府反应快，威信大大提高。”

“我常讲，几千年来，我们国家都是灾难和文明进步伴随在一起的。有一句名言：没有哪一次巨大的历史灾难，不是以历史的进步为补偿的。〔7〕”

“是恩格斯说的。”看到季老反应这么敏捷，大家都笑了起来。

“我们的历史总是和洪水、干旱、地震等灾难联系在一起，但我们这个民族从没有溃散过，反而愈挫愈奋。”温家宝说。

季老表示同意：“一个民族和一个人一样，灾难能锻炼一个人的意志，也能锻炼一个民族的意志。”

“我想起清华大学的校训——自强不息，厚德载物。这就是我们的民族精神。”温家宝望着季老说。

“是的。”季羡林肯定地回答。

聊起教育和学习的话题，一辈子从事教育工作的季羡林主动向总理提问：“现在英语都普及了吧？”

“小学就开始学了，小学是记忆最好的时候。”温家宝告诉季老，“掌握一门语言，就掌握了一种工具。”

“对，语言是一种工具。”季羡林提议，“大学外语教育不但要加强，而且要鼓励学生多学几门外语。”

“奥运会快开了。”温家宝告诉季老。

“这是件大事，是世界对中国的肯定。”

“这是我们国家实力的表现。”温家宝和季羡林共同回忆起百年来中国参加奥运会的历程，“体育的强盛，代表着一个民族的强大。”

“现在国家领导人不好当。治乱世易，治平世难，治理我们这样一个大国，更难。”季羡林说。

总理深有感触地说：“我常记着一句话，‘名为治平无事，而其实有不测之忧’〔8〕。我们有许多值得忧虑的事，脑子一点儿不能放松。”

临别时，温家宝站起来，微微弯下腰，双手握住季老的手说：“明年我再来看您。”

国家强盛和老一辈科学家的贡献分不开

比季羡林小4个月的钱学森，是中国航天科学的奠基人、国家杰出贡献科学家。

“钱老，我来看您。好久不见，整整一年了。”走进房间，温家宝就向斜靠在床上的钱学森说。

“你们忙。”虽已高龄，钱学森反应仍然很敏捷。

20 世纪 80 年代中后期，钱学森担任中国科协主席时，温家宝在中央分管科技工作。他曾经到钱学森办公室与钱老一起研究工作，并多次通过书信往来，探讨沙产业〔9〕、数学科学等方面的问题。在 1993 年的一次书信往来中，钱学森就自己提出的“大化工”和“地下化工”设想和曾长期从事地质矿产工作的温家宝探讨。温家宝在回信中不仅完全同意这一设想，认为“这样一些大的战略问题应当引起重视”，而且组织专家为钱老搜集提供材料，并叮嘱钱老“为国珍重”。

最近几年，温家宝更是多次登门看望钱老，对他的卓越贡献和爱国情怀表达了由衷的赞许和敬佩。钱学森曾当面向温家宝提出了两条意见：一是大学要培养杰出人才；二是学校教育要把科学技术和文学艺术结合起来，学理工的要学点文学艺术，学文科的要学点自然科学。温家宝对此不仅深表赞同，而且在学校、座谈会等多个场合多次介绍钱老的意见，使这一观点受到社会的普遍重视。

“国家还好吗？”虽然吐词不是很清楚，钱学森仍然关切地问落座后的总理。

“国家挺好，就是今年灾害比较大，前不久还发生了大地震，现在我们把受灾群众基本都安置好了。”

“现在中国也开始发展起来了。”

“国家强盛，和您这样的老一辈科学家所做的贡献分不开，今年‘神七’〔10〕就要上天了，绕月二期工程和您关心的‘大飞机’也立项了，您高兴吧？”

“你们干得好。”

“这是老一辈科学家奋斗几十年的成果。”

“我们的科技和发达国家比，还有很大差距。”

“您讲得对。我们在一些关键科技领域还落后，还得努力。”温家宝坦诚地说。

年轻人才培养一直是钱学森关心的问题。温家宝轻轻抚着钱老的手，对他说："您嘱咐的几件事我们都记住了，一是要把中国的科技搞上去；二是要重视培养人才，尤其是年轻人才和拔尖人才。"

"现在已涌现出不少优秀的年轻人才。"钱学森欣慰地说。

温家宝又侧过身去，向钱学森的夫人蒋英询问钱老的饮食起居情况。

"都行。能吃能睡，他是一个很听话的病人。"房间里顿时响起一阵会意的笑声……

年轻人应该向您学习

94 岁的核物理学家何泽慧院士，是"中国原子弹之父"钱三强的夫人，也是我国从事核物理研究工作最早的女科学家，曾经和钱三强一起发现了铀核三分裂、四分裂现象，被誉为"中国的居里夫妇"。

温家宝和钱三强夫妇的交往，可以追溯到 20 世纪 90 年代初。那时，温家宝常到他们家里拜访。钱三强也专门到中南海向温家宝介绍我国核工业发展的情况。

钱三强夫妇一直过着简朴的生活，在中关村的老房子里居住已逾半个世纪。钱三强去世后，何泽慧先生仍然一直住在那里。虽然组织上多次提出给她调房，都被她婉言谢绝。三年前，温家宝曾在中秋节来到这里看望何泽慧先生，临走时和老人约定每年来一次。

一诺千金，继去年再次探望后，今天温家宝又一次登门看望老人。

岁月荏苒，眨眼又是一年。满头银发的何泽慧，笑着起身迎接如约而来的总理。

"还好吧？"看到何先生身体比去年还要好，温家宝十分高兴，"今年是比较忙，但我和您约定了一年来看一次，我还是要履行诺言。"

"不再到办公室去了吧？""不上街买菜了吧？"……温家宝首先询问老人的近况。

"我是您的晚辈，三强先生在世时我就来看过您，我记得那时候这个屋子里的书比现在还多……”忆故人，聊家常，小屋里顿时充满了欢声笑语。

忽然，温家宝起身从对面桌子上拿起一个摆放着的相框，里面是钱三强夫妇和同事的合影。温家宝仔细端详着说：“三强先生去世那天晚上，已过了12点，我去了医院，向他的遗体告别……”他仿佛回到过去的岁月。

“您一生多朴素啊，一直都保持着科学家的本色。”看着照片里的何泽慧穿着朴素，温家宝有感而发，掰着手指一一说来，“什么叫本色？就是求真，特别较真儿，有时候有点犟，不计较生活，热爱科学，热爱祖国……您是杰出的老一辈科学家，为国家科学事业做出了贡献，年轻人应该向您学习。”

“我觉得自己还差得很远。”何泽慧谦虚地说。

临别时，已经起身的温家宝看见何泽慧要站起来，赶紧双手扶住她：“您慢慢起来，站一会儿……”

正要出门，总理忽然回转身来，用双手握住何先生的手笑着说：“我一年来看您一次。希望您明年比今年更好。”

当温家宝走到院子里时，满头银发的何泽慧打开书房的窗户，伫立窗前，向总理挥手告别……

四、让教师成为最受尊重的职业

2011年6月17日上午，国务院总理温家宝专程来到北京师范大学，出席首届免费师范生毕业典礼并做重要讲话。温家宝在讲话中首先对即将加入人民教师队伍的首届免费师范生们表示热烈的祝贺。

2010年教师节，温家宝带领北师大部分首届免费师范生一起赴河北省兴隆县六道河中学观摩教学。当时，温总理和北师大同学约定来年参加他们的毕业典礼。6月17日，如约而至的温总理受到广大师生的热烈欢迎。毕业典礼在北京师范大学体育馆设主会场，华东师范大学、东北师范大学、华中师范大学、陕西师范大学和西南大学设分会场，主会场与分会场之间进行音视频同步双向传输。

在北京师范大学体育馆主会场内，高悬着的红色横幅上，“教师是太阳底下最光辉的职业”的字样十分醒目，2 600 多名师生济济一堂。上午 10 时许，在喜庆热烈的音乐和同学们的欢呼声中，温家宝和中共中央政治局委员、国务委员刘延东一同步入会场。

北京师范大学校长钟秉林宣读了毕业生准予毕业的决定，并向毕业生代表颁发了毕业证书。温家宝等向六所院校的首届免费师范生优秀毕业生代表颁发了证书。随后，北师大教师代表王葎和首届免费师范生代表苟晓龙先后发言。全体免费师范毕业生宣读誓词。

为了鼓励优秀学生报考师范院校，吸引更多优秀青年当教师，促进教育发展和教育公平，从 2007 年起，国家在教育部直属师范大学实行师范生免费教育，并建立相应的制度。经过四年的不懈努力和探索，师范生免费教育试点工作取得了重要进展和显著成效。六所部属师范大学四年共招免费师范生 4.6 万人，首届免费师范毕业生已经全部落实到中小学任教，超过 90％的学生到中西部中小学任教。上海、云南、江苏等地部分院校也开展了师范生免费教育试点。这项政策正在彰显出越来越大的示范引领作用。

在全场热烈的掌声中，温家宝发表了重要讲话。他说，教师肩负着开启民智、传承文明的神圣使命，承载着千万家庭的梦想和希望。实施师范生免费教育政策，就是向全社会发出重视师范教育的强烈信号，吸引最优秀、最有才华的学生做教师，鼓励更多的优秀人才终身做教育工作者；就是要进一步在全社会形成尊师重教的浓厚氛围，让教师成为最受尊重、最令人羡慕的职业。

温家宝指出，进一步完善好、实施好师范生免费教育政策，是一件大事。要在搞好试点的基础上，认真总结经验，研究和解决存在的问题，加快落实和完善配套政策，让更多优秀毕业生下得去、留得住、干得好。要建立免费师范生录取和退出机制，加大高校自主招生力度，录取后经考察不适合从教的少数学生可以调整到非师范专业，选拔愿意从教的优秀非师范生转为免费师范生，让真正乐教适教的优秀学生读师范。要提高免费师范生生活补贴标准，给予优秀免费师范生更多奖励。要支持建设一批教师教育改革创新实验区，安排更多名师给免费师范生上课，提供更多观摩名师讲课的实习机会，提高免费师范生培养质量。要进一步改进免费师范生就业办法，通过建立健全分工负责、密切配合的跨部门工作机制，全面落实免费师范毕业生的编制和岗位。要支持到农村学校任教的免费师范毕业生，免试攻读在职教育硕士。要逐步在全国推广师范生免费教育政策，鼓励地方发展师范生免费教育，支持各地师范院校采取定向招生、免费培养的办法，为农村培养骨干教师。

温家宝对免费师范生，也对全国广大师范生提出四点希望：一要充满爱心。关爱每一名学生，视学生为弟妹、如儿女，努力成为学生的良师益友。二要甘于奉献。把追求理想、塑造心灵、传承文明当作人生的最大乐趣，做好终身从教的思想准备，甘为培育人才的泥土，在奉献中体现价值，在平凡中成就伟大。三要刻苦学习。不断地学习新知识、新技能，提高教书育人的本领和教学质量。既要向书本学习，更要向实践学习，向社会学习，向人民学习。四要勇于创新。积极投身教育改革创新实践，重视培养学生的想象能力、创新能力和实践能力，激发学生的兴趣，创造有利于个性发展的氛围，使美好的教育理想变为现实。

温家宝最后勉励同学们志存高远，刻苦自励，执着坚守，把三尺讲坛变为施展才华的广阔舞台，使自己的人生更加精彩。温家宝的讲话不断激起全场阵阵热烈掌声。

出席毕业典礼前，温家宝还与北京师范大学、华东师范大学、东北师范大学、华中师范大学、陕西师范大学和西南大学等六所学校的首届免费师范生毕业生代表合影留念。他还参观了这六所大学免费师范生教育成果展，观看了电视专题片，详细了解了六所师范大学在创新教师培养模式、加强实践教学、深入开展职业理想信念教育等方面的做法和经验。

注　释

〔1〕高等学校教学名师奖是国家授予在教学工作中做出突出贡献的高校教师的最高荣誉。2003 年，教育部根据中央领导同志“教授要上讲台”的指示要求，决定将高等学校教学名师奖列为教育部的常设行政性表彰奖励项目，每三年评选出 100 名名

师奖获奖教师，并于当年开展了第一届高等学校教学名师奖评选表彰工作。2007 年 1 月，教育部、财政部联合下发了《关于实施高等学校本科教学质量与教学改革工程的意见》，决定实施质量工程，并将高等学校教学名师奖评选表彰工作纳入质量工程，决定从 2007 年开始，将原来每三年评选一次的高等学校教学名师奖改为每年评选一次。

〔2〕《没有教育不好的学生》是霍懋征的著作，由中国大百科全书出版社于 2003 年 9 月出版。

〔3〕何泽慧(1914—2011)，中国物理学家，中国科学院学部委员、院士。出生于江苏苏州，祖籍山西灵石。1936 年毕业于清华大学物理系。1940 年获德国柏林高等工业大学工程博士学位。首先发现并研究了正负电子几乎全部交换能量的弹性碰撞现象。与钱三强等首先发现并研究了铀核的三分裂和四分裂现象。20 世纪 50 年代后期，领导建立了中子物理和裂变物理实验室；完成了大量的核参数测量任务并开展了相应基础学科的研究，从而培养了一批具有基础科学研究素质的人才。在高能天体物理和超高能核物理等领域，取得了重要的科研成果。

〔4〕梵语是古代印度的标准书面语。原是西北印度上流知识阶层的语言，相对于一般民间所使用的俗语而言，又称为雅语。我国及日本依此语为梵天(印度教的主神之一)所造的传说，称其为梵语。广义的梵语包括三种：吠陀梵语、史诗梵语和古典梵语；狭义的梵语只指古典梵语。

〔5〕吠陀语，即吠陀梵语。梵语的一种。它是记录古代印度经典文献的语言。

〔6〕巴利语是古印度的一种语言，由吠陀语发展而来，属印欧语系印度雅利安语支。它是一种书面语言，记录南传佛教三藏圣典，后来随着佛教的传播而流传到缅甸、泰国、斯里兰卡等国。

〔7〕语出恩格斯 1893 年 10 月 17 日给俄国友人尼・弗・丹尼尔逊的复信，见《马克思恩格斯文集》第 10 卷，人民出版社 2009 年版，第 665 页。

〔8〕见北宋苏轼《晁错论》。

〔9〕沙产业，一般是指利用沙地、荒漠半荒漠地区的独特优势进行经济开发，由社会投资并实现自我循环的经济运行活动。

〔10〕“神七”，即中国神舟七号载人航天飞船，是中国神舟系列飞船之一，也是中国第三艘载人航天飞船。于 2008 年 9 月 25 日发射升空，2008 年 9 月 28 日成功着陆。神舟七号载人航天飞船突破和掌握了出舱活动相关技术，实现了中国历史上宇航员第一次太空漫步。

没有爱心，就没有教育

一、给孩子们一个活泼的童年

2005年六一节前夕，温家宝总理来到中国聋儿康复研究中心[1]，看望这群特殊的孩子，与他们一起共度六一国际儿童节。5月27日下午3时20分许，一走进大门，温家宝就俯身向孩子们问好。

耳朵是聆听声音的器官，聋儿渴望走出无声世界。中国聋儿康复研究中心自成立以来，就开始针对聋儿生理、心理特点，积极采取各种康复措施和手段，弥补聋儿听力缺陷，训练语言能力，使聋儿开口说话，增强他们接受教育和独立参与社会生活的能力。10多年来中心共收诊聋儿3万余名，对1 400多名进行了听力语言训练，使近千名康复后聋儿进入普通小学或幼儿园。

看到温家宝走进教室，耳蜗班正在听老师口令练习跳舞的孩子们立刻围了上来。由于重度的听力障碍，这些孩子都通过手术植入了电子耳蜗[2]，用电信号来感知声音。

“我说话听得见吗?”温家宝和蔼地问孩子们。

“能听见!”孩子们异口同声地回答。

温家宝抱起6岁的小女孩廖天慈，问她：“在这里生活得好吗?”

“在这里过得好快乐呀。”

2005 年 5 月 27 日，温家宝同志到中国聋儿康复研究中心看望孩子们，与他们一起共度六一国际儿童节

“想爸爸妈妈吗?”

“想，但爸爸妈妈要上班。”小天慈怯怯地说。

小天慈还搂着温爷爷的脖子，附在他耳边，大声地说：“六一节快到了，六一节是您的生日，祝您生日快乐。”

“六一节是你的生日，应该是祝你生日快乐。”温家宝被她的淘气逗笑了。

“你看孩子们都很自信。”温家宝转身对中心的老师们说，“他们这样，靠的是你们的精心治疗和教育。”

“六一儿童节快到了，每当到这个日子，我就想起 13 亿人口中有 3.6 亿儿童。而 13 亿人口中，残疾人有6 000万，其中听力残疾的有2 000多万；儿童残疾有1 000万，其中听力障碍的有 80 万，每年还要增加 2.3 万人。”总理一口气说出了一串数据。

“社会上最值得关注的是孩子，而孩子当中最值得关注的是困难、残疾儿童。所以我觉得应该来看看这些孩子。”温家宝说，“我没给孩子们带礼物，因为我觉得孩子们需要的不是贵重的玩具，不是鲜花，也不是蛋糕，他们需要的是一个活泼的童年。”

“感谢你们，感谢全国从事残疾儿童教育的老师们。正是在你们的努力下，给了孩子们一个活泼的童年。这就是最好的礼物。”温总理的一席话让现场的老师感动得热泪盈眶，“社会对孩子们多一份关爱，孩子们就会多一份信心。你们不仅治疗了他们的身体，还让他们增加了对生活的信心和勇气，他们一辈子都不会忘记的。”

推开一扇贴有米老鼠〔3〕卡通形象的门，温家宝又走进单训室，向正在学习的顾妍小朋友问好。在这里，老师和她进行一对一的单独授课。

“你在这学什么课?”环顾周围五颜六色、形态各异的玩具，温家宝问。

“学说话。”

“人最重要的事就是学说话，你说对吗?”

“是的。”

“你听、说起来比一般人要困难，但今天我感觉你和大家一样。这说明你已经克服了很多困难，学会了听话而且学会了说话。爸爸妈妈高兴吗?”

“高兴。”顾妍小朋友还得意地告诉温家宝，来自扬州的爸爸妈妈已经在北京工作。温家宝让她替自己向她爸爸妈妈问好。

当了解到康复中心已经掌握了一套行之有效的方法让重新“听”到声音的孩子开口说话时，温家宝称赞老师们做了一件非常有意义的事。

“学校不仅要使孩子们身体得到康复，而且要使他们有一颗美好的心灵，一颗向上的心灵。”得知全国政协委员万选蓉〔4〕在中国聋儿康复研究中心工作了20个年头，温家宝停下脚步，与她亲切攀谈起来。

“温总理，您说的非常重要，聋儿康复最重要的是心理的康复。每次过儿童节的时候，我们总是要组织很多的活动，让孩子们过一个愉快的节日。日常除语言训练外，总是强调德、智、体、美全面发展，努力让他们心理健全，做到自立、自尊、自强。”现任中心顾问的万选蓉，毕业于中央戏剧学院，20多年前因为发现年仅4岁半的儿子有严重听力障碍，就毅然放弃喜爱的艺术表演，改行从事聋儿语训工作。在她的努力下，众多的聋儿走出了无声世界。

“如果说一般的幼儿教育很重要，它是人生最重要的基础，那么我认为残疾儿童教育就更困难、更重要。”温家宝借用教育家陶行知的话，赢得了大家热烈的掌声。

“孩子们戴上助听器、植入电子耳蜗后听得见声音，却听不懂声音。要让他们从自然的声音中切分出一个个音节，必须重复成千上万次。”万选蓉用当年教自己孩子喊妈妈的过程来说明特殊教育的艰辛，“当时我数了一下，总共教了两万多次。当孩子叫我那声‘妈妈’的时候，其中饱含着多少泪水、多少辛劳、多少智慧。”

“在这一过程中，孩子们懂得了人生的不易和艰难，所以会更加努力。”温家宝的眼睛湿润了，“这里会产生很多有毅力的孩子，会出现人才，你相信吗?”

“只要有条件，很多家长就是砸锅卖铁，也要让孩子学会说话。但实际上，还有许多孩子用不起电子耳蜗，有的甚至连助听器也买不起。众多的残疾儿童需要更多的人的关注，建立健全社会保障体系才是残疾事业真正的前途，这也是我在政协努力去推动的事情。”万选蓉回应着温总理的话。

“所以我说‘多一份关爱，多一份信心’。”温家宝动情地说，“残疾事业的发展，需要政府的大力支持，更需要像你和朴方〔5〕这样热心残疾事业的人。”

二、立志、成才、报国

2005 年 9 月 10 日，第二十一个教师节。9 月 9 日上午，温家宝总理来到北京郊区潭柘寺中心小学看望师生，亲切慰问辛勤耕耘的人类灵魂的工程师。

迎着秋日和煦的阳光，温家宝一行驱车沿着崎岖的山路，翻过西山，来到山脚下的门头沟区潭柘寺中心小学。

“教师节到了，我来看望你们。”一下车，温家宝就和老师们亲切握手，边走边仔细询问学校和山区孩子受教育的情况。

循着琅琅的读书声，温家宝走上楼梯，来到五年级(1)班。一名女学生正在用稚嫩的童声朗读课文《拐杖》。

“温爷爷好！”当孩子们看见温家宝走进教室，齐声问候。

“小姑娘，你给我讲一讲，这段课文是什么意思？”听这位名叫肖周南的学生读完课文，温家宝问道。

“这是说作者不知道小姑娘把她当成残疾人，给她让座，她还以为是小姑娘把她当成孕妇，所以非常疑惑……”

“回答得非常好。”

“同学们好，明天是教师节，在这个日子里首先应该想到教育我们的老师，应该以实际行动报答老师对我们的关怀和教育。你们刚才学的这篇课文，实际上是讲人的爱心。”

“是人与人之间的关爱。”给孩子们上课的赵彦玲老师插话。

“对，没有爱心就没有教育。”温家宝接着说，“老师对学生最重要的是爱心，学生对老师最重要的是尊重。老师对学生多一些关爱，学生对老师多一份尊重，师生就能够形成一种亲密无间的关系。今天你们坐在这里学习，长知识，长身体，长大以后你们会想起培育你们的老师，是不是这样？”

“是！”孩子们异口同声地回答。

“你还希望我讲什么？”温家宝扭过头来问老师，孩子们笑了起来，教室里的气氛顿时轻松起来。

“特别希望您能给同学们提点希望。”

“小学阶段是学习的启蒙阶段。从小要立志，长大要报国。立志报国必须成才，就是说要用自己的才能，自己的劳动，自己的知识，为国家和人民服务。因此今天我送大家六个字：立志、成才、报国。”

说完，温家宝拿起一小截粉笔，转身走上讲台，一笔一画将这六个字写在黑板上。

“立志、成才、报国。”同学们齐声朗读。

三、以德为先

2005 年 9 月 9 日，温家宝总理在会见北京市优秀教师师德报告会的五名

2005年9月9日，温家宝同志在北京人民大会堂会见出席第五届高等教育国家级教学成果奖颁奖大会代表和北京市优秀教师师德报告会主讲教师代表。这是温家宝同志与北京市优秀教师师德报告会主讲教师代表合影

主讲教师时说，作为一名教师，首先要有爱心。没有爱心，就没有教育。对孩子、对学生要关爱，要宽容，要耐心，这样才能体贴入微，把他们教育好。做到这一点，就要求老师必须有崇高的道德。

温家宝援引唐朝韩愈的《师说》："师者，所以传道授业解惑也。"传道授业解惑，是老师在毕生中一定要做好的事情。现在我们讲传道，就是要给学生传授爱国主义、集体主义思想，使他们热爱祖国、热爱人民，有强烈的社会责任感；授业就是要给学生传授知识本领，当前最重要的就是要提高教学质量，努力培养杰出人才；解惑，就是当学生遇到问题的时候，教师要解疑释惑。解疑释惑要有方法，要摆脱那些生硬的、死板的、教条的方法，代之以生动的、活泼的、耐心的、细致的方法。而做好这三点，一定要以德为先。

四、爱妈妈，爱国家

2008年5月12日上午，温家宝在河南南阳考察工作期间，来到宛城区李八庙小学。在二年级(1)班的教室里，同学们正在高声朗诵《为中华之崛起而读书》这篇课文。总理站在教室后面，面带微笑静静地听着。孩子们读完课文后，他登上讲台，在黑板上用力写下“爱南阳，爱妈妈，爱国家”九个大字，鼓励同学们好好读书，把自己的家乡和国家建设好，爱生我的母亲，爱养我的祖国母亲。在一年级(1)班，当看到同学们正在讨论时间这个话题时，温家宝在黑板上写下了“生命青青，道路漫漫”的寄语。下课后，同学们在学校的院子里围拥在温爷爷的身旁，与他一起合影。

五、“教育大计，教师为本”

“明天是教师节，今天我请大家做客中南海。”2008 年 9 月 9 日上午，中共中央政治局常委、国务院总理温家宝邀请 8 位来自基层的中小学教师，参观中南海，并进行座谈。

座谈会开始前，温家宝和 8 位教师一起参观了西花厅。

位于中南海西北角的西花厅，是中华人民共和国开国总理周恩来曾经居住和办公的地方，也是全国人民所敬仰和向往的地方。修竹环绕，海棠玉立，石榴树上结满了果实。9 时 30 分，温家宝在中共中央政治局委员、国务委员刘延东的陪同下，和教师们一起走进这座宁静温馨的院落，一一参观了周恩来总理生前的办公室、卧室、书房、会见厅等处。工作人员向客人仔细讲解每一处地方。教师们认真地倾听，连走路都放轻脚步。

离开西花厅，温家宝和大家边走边谈，来到不远处的国务院第四会议室。等大家都坐定后，温家宝首先向教师们表示节日的祝贺。他说，教师是太阳底下最光辉的职业。我借此机会向大家表示敬意，向全国的老师表示敬意。刚才，我们参观了周总理工作、生活的西花厅，他不仅是伟大的政治家、国务活动家、全国人民爱戴的党和国家领导人，更以自己的崇高品格和风范树立了一面旗帜，我们要向他学习。

温家宝说，国务院不久前决定开始着手制定《国家中长期教育改革和发展规划纲要(2010—2020年)》。请大家谈谈对这项工作的意见和建议,听听你们希望制定一个什么样的规划?这个规划应该解决什么问题?在当前教育和教学中,哪些问题是最突出的,是社会最关心的,是群众最关心的,也是教师最关心的?

温家宝微笑着请来自四川地震灾区的汶川县映秀小学校长谭国强首先发言。谭国强高兴地告诉总理,在各级政府的支持下,映秀小学8月底已经开学复课。他说,目前农村教育的硬件条件逐步得到改善,但是软件亟待加强,农村教师的待遇、职称和住房问题需要进一步加以解决。

"你讲的这几点,对我们都很有启发。"温家宝看着谭国强说,今后的教育改革和发展要实行城乡统筹,把农村教育放在重要地位。要改善农村教学条件,把学校建成最安全的地方。要加大对农村教育的投入,逐步解决农村教师的待遇、职称、住房等问题,还要鼓励大学生到农村任教。

62岁的中国人民大学附属中学校长刘彭芝已经是第二次参加温总理主持的教育座谈会。她提出了几点建议:应该鼓励社会资金流向教育;要在政策和资金上支持高中课程改革;进一步发挥优质学校的作用……

"我发表一点意见。"温家宝有感而发。第一,规划要根据现代化建设和人民群众的需求制定。人民群众现在需求什么?就是希望孩子不仅能上学,而且要上好学。第二,我非常赞同教育资金的来源多样化。这项工作可以列入教育改革和发展规划。我们说,企业家身上要流动着道德的血液,实际上,企业的收益回报社会最好的方式就是投入教育。第三,我们要努力实现教育公平。收入的差距可以影响人的一时,但是接受教育的机会却可以影响人的一生。我们强调教育公平,教育资源合理分配,绝不意味着把学校办成千篇一律、千人一面。学校还是要办出特色和风格。第四,要改革创新。教学改革要使学、思、知、行四个方面相结合,就是学思要结合,知行要统一。

33岁的钟竺来自北京市第三十五中学,这位年轻的数学教师对课程改革中教材更换过频现象提出了质疑,还提出了开办家长学校,加强学生的责任教育、礼仪教育和心理健康教育等建议。

温家宝说,钟老师提醒我一点,我们既要培养全面发展的人,还要培养和谐发展的人。对老师来讲,没有爱就没有教育,要学为人师,行为世范;对学生和社会来讲，就是要尊师重教。两者必须结合。

谈起职业教育近几年的发展和变化，北京劲松职业高中教师向军言辞中充满了欣喜之情。温家宝提醒说，现在，我们要注意职业教育的规模、学科的设置，要同社会的需求相吻合，要和经济社会发展相协调。

平艳菊是来自北京市第五十中学分校的历史教师。她在提出加大对基础薄弱校的扶持力度、促进北京教育区域间的均衡、课改应更贴近学生实际等建议后说，我强烈呼吁解放学生，身体上、思想上都解放，保证学生的体育锻炼时间。

温家宝插话说："解放学生，不是让他们光去玩，而是给他们留下锻炼身体的时间、思考的时间、动手的时间、了解社会的时间。我们现在的教育大多注重认知，而认知只是教育的一部分。要教育学生学会学习，学会动手，学会动脑，学会生存，学会和别人共同生活，这是整个教育改革的内容。"

北京市海淀区巨山小学地处城乡结合部，以招收进城务工人员子女为主。"我们学校90%是进城务工人员子女，还招收了智障、残障学生。学校提倡'我负责，我能行，我快乐'，让每个孩子都能自主发展，形成健康独立的人格。学校要求每个孩子写一手漂亮的中国字，毕业时背诵250首古诗，还要会三种以上民族艺术技能，比如说剪纸、武术、快板等。"美术教师杨秀勇的讲述引起了总理的兴趣。

杨秀勇建议，政府应合理规划，增加招收农民工子女的学校，扩大对经济困难学生资助的数量，落实进城务工人员子女在城里进行高中阶段的教育。

"以后有机会，希望能到你们那儿去看一下。"温家宝对巨山小学的发展给予充分肯定，鼓励杨秀勇和巨山小学的老师继续把学校办好。

北京市怀柔区喇叭沟门满族中学数学教师潘维松、北京市交通学校教师周建平也在座谈会上分别发言。

时间过得很快。12时许，座谈会即将结束。温家宝说，教育是国家发展的基石。有一流的教育，才能有一流的人才，才能建设一流的国家。我们必须目光远大，把教育搞上去。办好教育，教师是关键。他对教师们提出几点希望：第一，要志存高远、爱国敬业。人民教师的神圣职责就是传授知识、传承民族精神、弘扬爱国主义，为祖国和人民培养合格的人才。教师要忠诚于人民教育事业。第二，要为人师表。教书者须先强己，育人者须先律己。教师的道德品质和人格对学生有重要影响。要重言教，更要重身教。第三，要严谨笃学，与时俱进。教师在教育创新中承担着重要使命，教师富有创新精神，才能培养出创新人才。教师是知识的重要传播者和创造者，连接着文明进步的历史、现在和未来，更应该与时俱进，不断以新的知识充实自己，成为热爱学习、学会学习、终身学习的楷模。

温家宝最后说：百年大计，教育为本；教育大计，教师为本。中华民族素有尊师重教的优良传统，在老师面前，做学生的无论走到哪里，无论做出什么业绩，对老师的感激和爱戴之情永远不会改变。长期以来，我国广大教师特别是广大农村和边远贫困地区的教师，在艰苦清贫的条件下恪尽职守、默默耕耘，为祖国的教育事业无私奉献，涌现出了许多可歌可泣的先进人物，充分体现了陶行知先生当年倡导的“捧着一颗心来，不带半根草去”的崇高精神。这种平凡而伟大的精神，永远值得我们学习和发扬。

座谈会后，温家宝请教师们一起吃了简单的工作午餐，一边吃，一边交谈。饭后，他走到会议室外，在台阶前和教师们一一握手告别，目送大家乘车远去。

“作为一个农村边远山区的老师，能够得到总理的接待，我十分激动。”中巴车上，谭国强仍然沉浸在对刚才座谈的回忆里，“总理对我们这么平易近人。他说的话，我都记在了心里。”

六、用爱心呵护孩子们成长

2012 年六一国际儿童节前夕，中共中央政治局常委、国务院总理温家宝在湖南湘西武陵山区调研扶贫开发工作时，专程到当地农村小学，看望慰问师生，特别是在校的留守儿童，祝他们节日快乐。

随着工业化进程加快，外出务工人员增多，农村留守儿童大量增加。目前，全国农村留守儿童约有5 800万人。仅湖南湘西土家族苗族自治州外出务工人员就有 57 万人，留守儿童 14 万人，双亲在外的留守儿童超过 8 万人。如何安排好留守儿童的学习生活，成为一个重要的社会问题。

5月25日，温家宝冒着蒙蒙细雨来到古丈县双溪乡中心完全小学。学校依山而建，四周高山对峙。这所农村寄宿制学校的学生大半是留守儿童。

温家宝察看了学生宿舍、食堂以及食品储存室，又到教学楼三楼音乐教室，与教师、留守儿童和家长座谈。学生家长大多是孩子们的爷爷奶奶。

校长梁慧聪介绍说：2005年当地学校调整布局，双溪乡8个村适龄学生都集中到这里寄宿上学。现在学校有355名土家族、苗族学生，280名是留守儿童。他们的父母大多远在沿海地区打工，往往春节才能回家看看孩子。有的多年不回家。不少孩子入学时因父母长期不在身边显得有些孤僻。在老师的关爱下，他们性格开朗了许多。

同学们对总理说：学校配有爱心移动电话，想父母时可以打电话。不过，有时控制不住要哭鼻子的。

温家宝对孩子们说：没有父母在身边呵护，你们格外需要社会的关爱。老师、爷爷奶奶、外公外婆、叔叔阿姨都会关心你们。我们要让你们生活在一个充满爱的大家庭里。

六年级学生龙敏是一个苗族女孩子。她告诉总理，现在读书不用家里出钱，还能吃到营养餐。龙敏提到的“营养餐”，就是去年国家启动实施的农村义务教育阶段学生营养改善计划中的内容之一。这项计划先在集中连片特困地区试点，中央财政按照每生每天3元的标准为学生提供营养膳食补助。

温家宝说：孩子们的身体和学业是祖国的未来。给农村地区特别是贫困地区的孩子补充营养，这些钱是用在了刀刃上。有关部门和学校一定要抓好食品质量，让孩子吃得安全，让家长放心。

教室的黑板上写着：“没有爱心，就没有教育。”五年级乙班的班主任陈超说：我们做老师的希望党和政府，希望更多的爱心人士，能更多地关心这些留守儿童，因为我们老师的力量毕竟是有限的。作为老师，我们会用爱去呵护他们孤单的心灵，让孩子们在同一片蓝天下享受到同一片爱。

温家宝说：感谢辛勤工作的老师们，尤其要感谢那些从事寄宿制教育，专心照顾和培养留守儿童的老师们。你们既要传授知识，又要照顾孩子们的生活。爱是人类最伟大的情感。有了爱，社会才有光芒。有了爱，孩子们心里从小才有希望。有了爱，很多困难你们就能克服。党和政府不会忘记你们，会尽全力支持你们把学校办好，让成千上万的留守儿童有一个好的学习与生活环境。

年近七十的龙显友与自己的孙子一起参加了座谈，他感谢总理专门到贫困山区看望孩子。

温家宝说：近些年来，我国工业化、城镇化快速发展，农民工做出很大贡献。我想对家长们讲两句话。一是在推进工业化和城镇化的同时，要继续努力实现农业现代化，建设社会主义新农村，让农民和农村的孩子生活得更好。二是我们的城镇化还是一个不完整的城镇化，许多农民工不得不奔波在城市和农村两个地方。他们更辛苦，付出更多。这是我们整个建设过程中需要解决的问题。我们要感谢农民工朋友，同时要帮助他们把孩子照顾好。这不是一个村的问题，是整个社会的问题。看到孩子们一张张笑脸，知道他们对未来充满希望，我们每个人都有责任关爱他们。

古丈县默戎镇毛坪村教学点——毛坪小学，建在与村子隔河相望的一个山坡上，河水从门前流过。25 日下午，温家宝来到这里。他沿着泥泞的堤坝路和窄窄的石板桥，爬上一个陡坡后，走进这所大山深处的小学。

校园里只有一座 20 世纪 80 年代建成的两层教学楼和一个简易的篮球场。全校仅有 2 名老师，管了来自毛坪村 4 个自然村寨的 30 名学生，其中留守儿童 18 名。他们分成 2 个教学班：学前和一年级合并在一个班，另外还有一个二年级班。

一层教室里，学前班和一年级的 24 名学生正在合并上音乐课。46 岁的龙心亮老师 26 年前从湖南吉首师范中专毕业后，就一直在农村教书，在毛坪小学已经工作了 13 年。这个合并班的所有课程都由他一人来教。

温家宝对他说：“26 年扎根农村、扎根山区、扎根贫困地区，不容易啊。这得有献身教育的精神，得有对农村特别是贫困地区的孩子特别深的爱。”

一些孩子穿着比较破旧，绽放着笑容的脸上还沾着泥巴。温家宝疼爱地看着孩子们说：“大家唱个歌吧！”孩子们高兴地喊道：“好！”这时，一名 5 岁的苗族小姑娘跑上讲台，主动要当指挥。孩子们稚嫩的歌声感动着现场的人们。

温家宝又来到二楼。二年级只有 6 名学生，老师龙明志已过花甲之年，正在上语文课。黑板上写着一段话：遇到困难，你总是说，我能行！遇到失败，你总是想，再来一次！别人有难处，你总是伸出友谊的手来……啊，你长大了。

温家宝看了说："这段话讲得太好了！我带着孩子们念一遍。"他走上讲台，领着孩子们高声朗读，并向他们讲解这段话的意思。

温爷爷为孩子们带来了新书包。当工作人员递上一个粉红色书包让总理给 8 岁的龙英俊时，他不要："我是男生，不要这个颜色。"这情景把大家都逗乐了。

"哦，忘了你是个男子汉！"温家宝赶紧让人换了一个蓝色书包。这个富有个性的"小男子汉"把书包接在手中，站起来给总理敬了个礼……

毛坪村地处偏远，这个教学点方便了孩子们就近入学。但是，有的乡镇由于教学点撤并太多，不少学生上学困难。在考察中，一些村民向总理反映，学校离村子远，接送很不方便。孩子太小，每天早出晚归，来回要走两三个小时。

温家宝说：学校调整布局要实事求是，从农村实际出发。要根据实际情况，充分考虑学生年龄、上学路途、安全等问题，建立或恢复一些农村教学点，不要让孩子们的精力都花在路上。有的教学点学生虽然少，但也要办好，要想办法帮助边远的教学点提高教学质量。

注　释

〔1〕中国聋儿康复研究中心亦称中国残联听力语言康复中心，于 1983 年成立于北京，隶属于中国残疾人联合会，是全国聋儿康复工作的技术资源中心和业务管理部门，并承担全国聋儿康复协调组办公室职能。

〔2〕电子耳蜗是仿生学科技含量较高的一种电子装置，主要用于帮助使用助听器效果不好或者根本无效的极重度、全聋患者。借助于人工耳蜗，患者可以听到周围的声音。如果在早期植入，再经过语言训练，大部分患者能够像正常人一样听懂语言。

〔3〕米老鼠是美国卡通片中最受欢迎的卡通形象，1928 年出现于世界上第一部

有声动画《威利汽船》中。米老鼠米奇是《米奇妙妙屋》中的主角，米奇以其随和、快乐的天性成为孩子们心目中永远乐观的卡通形象，为人们所钟爱和信任。

〔4〕万选蓉，中国聋儿康复语言训练开拓者和奠基人。彝族，1943年出生，云南昆明人。现任中国聋儿康复研究中心顾问、北京阳光儿童早期教育实验中心院长等职。先后被授予全国三八红旗手、全国劳动模范等光荣称号。第九、十届全国政协委员。

〔5〕即邓朴方。邓朴方时任第十一届全国政协副主席、中国残疾人联合会名誉主席、中国残疾人福利基金会会长。

要使教育成为面向平民的教育

一、帮助高校贫困家庭学生顺利完成学业

2004年9月1日，温家宝总理主持召开国务院常务会议，研究解决高校贫困家庭学生的困难问题。

会议听取了教育部关于切实解决高校贫困家庭学生困难问题的汇报。温家宝指出，帮助高校贫困家庭学生解决经济困难，使其顺利完成学业，是实践“三个代表”重要思想，贯彻落实科学发展观和实施科教兴国战略的要求，有利于高校坚持社会主义办学方向，加强思想政治工作。会议要求，各级政府及有关部门、有关金融机构和高校，必须密切配合，狠抓落实，使高校贫困家庭学生的经济困难及时得到解决。当前，要切实做好以下工作：(一)认真抓好国家助学贷款按新机制运行的各项工作，确保在新学期开学后，按新机制发放助学贷款。(二)加大国家对品学兼优的经济困难学生的助学奖励力度。中央财政将增加助学奖励经费，各地区也要设立面向品学兼优经济困难学生的政府助学奖学金，帮助和激励更多的贫困家庭学生勤奋学习。(三)端正办学思想，调整支出结构。高校每年要提取一定比例的经费，用于资助贫困家庭学生。(四)建立规范的勤工助学制度。高校要设立勤工助学岗位，组织贫困家庭学生通过勤工助学取得一定的资助报酬。(五)积极推进生源地助学贷款业务。

各地区要适当增加财政贴息支持，有关部门要加强政策指导，确保贫困家庭新生顺利入学。（六）高校要加强内部管理，规范收费行为，努力减轻学生的经济负担。同时要把对贫困家庭学生资助工作同加强思想政治教育结合起来，形成勤奋好学、团结互助、艰苦奋斗的好校风。

二、使人人都能受到教育

2006 年 3 月 14 日，温家宝总理在十届全国人大四次会议中外记者招待会上回答了记者们的提问。

新华社记者问道：总理，在您的《政府工作报告》中，教育是一个亮点，尤其是农村义务教育提出了实行“两免一补”的政策，这受到了广大老百姓的热烈欢迎。但我们也看到，在中国这样一个有着 13 亿人口的大国，实行真正意义上的义务教育是非常困难的。请问温总理，中国政府对教育下这么大的决心，基于什么考虑？如何确保这个目标的实现？

温家宝回答道：教育是国家现代化的基石。国家的发展最终要靠提高全民素质。我们已经在全国形成了巩固和普及义务教育、大力发展职业教育和着力提高高等教育质量的格局。今后，我们要使这三个方面都有所进步。

在这里，想特别强调一下平民教育问题。因为世界上绝大多数人都是平民。平民素质关系到一个国家国民的整体素质。我们有 13 亿人口，7 亿多农民，平民的比重更高。我们之所以把义务教育和职业教育放在重要位置，就是要使教育成为面向平民的教育，从而使人人都能受到教育。

把发展学前教育摆到重要位置

2010年11月2日，中共中央政治局常委、国务院总理温家宝在中共中央政治局委员、北京市委书记刘淇和市长郭金龙陪同下，来到北京市两所幼儿园就发展学前教育问题进行调研，并与教师和家长们座谈。

党中央、国务院十分关心学前教育发展。2010年年初，温家宝主持召开座谈会，曾把从事幼儿教育的老师请进中南海，就正在制定的《国家中长期教育改革和发展规划纲要(2010—2020年)》听取他们的意见。近日，国务院将召开会议，专门研究部署发展学前教育的政策措施。会议召开前，温家宝专门到北京的幼儿园调研。

上午8时10分，温家宝来到位于北京前门附近一个四合院内的西柳树井幼儿园。走进大班教室，孩子们刚刚吃过早饭，每个人拿着一本图画书坐在小凳子上一边看，一边说笑。温爷爷的到来，让教室里的气氛更加热闹起来。

温家宝搬来一个小凳坐在孩子们面前，与他们一起看图画书，耐心地讲解图画书上的内容。他详细问孩子们吃饭、午休、学习、身体锻炼以及家庭情况，孩子们七嘴八舌地抢着回答。温家宝还不时回头询问身边的老师：一个班里有多少教师、多少个孩子，孩子们都有哪些课程、来自哪里等。

西柳树井幼儿园是一所街道办的幼儿园，有167名儿童，其中北京本地儿童107名，外地儿童60名。孩子们大部分来自中低收入的家庭，或者是农民

2010 年 11 月 2 日，温家宝同志到北京两所幼儿园就发展学前教育问题进行调研。这是温家宝同志在北京市西城区西柳树井幼儿园与孩子们交流

工子弟。

临近立冬，天气寒冷。温家宝握着孩子们的小手，捏捏他们身上穿的衣服，关切地问他们冷不冷。幼儿园想尽办法安排孩子们的午休。靠墙一组柜子，柜门平放下来就成了孩子们午休的床铺，合上柜门就成了储物的柜子。温家宝亲自打开柜门，详细察看。

在中班教室里，孩子们正在用粗线穿过动物卡通塑料板上的小孔。老师告诉总理，这是锻炼孩子们手指的灵活性。看到温爷爷走进来，一个小朋友递上一块塑料板，请温家宝与他们一起做。温家宝接在手中，用粗线认真地穿了起来，还送到孩子们面前，请他们评判。孩子们高兴地鼓起掌来。

在活动室里，温家宝与幼儿园的教师们座谈。幼儿园园长吕淑荣和有着 31 年教龄的秦树玲老师向总理反映道，街道办的幼儿园经费自收自支，开支比较紧张，发展困难；教师年龄偏大，工资偏低，不敢招收年轻幼儿教师。温家宝听后说，学前教育是孩子成长的重要阶段，影响孩子一生。对学前教育要加大投入，拓宽投入渠道，既有政府投入，也有民间投入，发挥合力，形成全社会支持学前教育的氛围。

接着，温家宝又来到虎坊路幼儿园。这是一所具有60多年历史的公办幼儿园。温家宝首先走进小楼一层的大班教室。孩子们正在上一堂关于“动物为什么不穿衣服”的语言课，温家宝静静地在一旁观摩。看到孩子们争先恐后地举出各种动物的例子，他微笑着说：“孩子们，我给你们讲一个道理，动物虽然不穿衣服，但它们有自我保护的能力，动物身上的皮毛就是最好的衣服。”

温家宝又来到二楼中班。在五彩缤纷的教室内，孩子们分成三组，正在专心致志地进行粘贴、绘画和拓印等美工活动。温家宝坐在孩子们身边，和他们一起做起来。他还走进休息室，察看孩子们的住宿情况。

随后，在幼儿园的小会议室里，温家宝与来自北京市部分区县十家幼儿园的园长、教师和家长代表座谈。

北京市第一幼儿园园长冯惠燕第一个发言。她向温总理介绍了他们为解决入园难而采取的改扩建措施，提出了加快学前教育立法和加大政府公共投入的建议。温家宝充分肯定了冯惠燕的建议。他说，要增加政府投入，城市建设要为幼儿园留出空间，千方百计解决学前教育供不应求问题，通过立法把发展学前教育纳入法制轨道。他强调，我们不仅要重视幼儿园的硬件建设，更要重视师资建设。幼儿园老师要具备学习能力、引导能力、创新能力，就是要求老师不仅自己会学习，还要教会孩子们学习；通过引导，进行适合儿童特点的养成教育、知识教育和品德教育；创新教学方法和内容，创造一种孩子们感兴趣的学习环境。

作为一名民办幼儿园的投资者和管理者，北京市二十一世纪实验幼儿园园长朱敏向总理提出了为民办学前教育提供公平的政策环境、降低运营成本等建议。温家宝一边听，一边记。他对朱敏说，发展学前教育必须实行政府主导、社会参与、公办民办并举的方针。随着国家的发展，民办幼儿园会越来越多。在政策上，我们对公办与民办学前教育要一视同仁，包括教师资格认定和跨省职称评定。民办幼儿园要保证老师在职期间的工资待遇和退休后的社会保障，吸引老师、稳住老师，让老师愿意来、争着来。

北京市顺义区南法信中心幼儿园园长韩佳齐和北京市丰台区蒲黄榆第一幼儿园教师刘玉红分别谈了学前教育的师资匮乏和培训缺位问题。这是温家宝特别重视的问题。他说，儿童是国家和人类的未来，教师是灵魂的工程师，幼儿教师是孩子们接触的第一位老师。解决师资不足问题应从四个方面努力：一是扩大幼师招生规模，大学和中等专业学校都要扩大幼教专业、院系；二是大学毕业生或中专毕业生、高中毕业生可以经过转岗培训，经考试合格后，进入幼师队伍；三是提高幼师待遇；四是提高幼师的社会地位，使从事学前教育的老师得到社会的尊重。

温家宝接着说，幼儿教育必须适合幼儿的特点。德育就是要让孩子们懂得什么是好、什么是不好，什么应该做、什么不应该做，养成好的习惯。智育就是要训练孩子的逻辑思维。比如口语表达，如果 6 岁以前没有训练好，长大后这方面能力就可能比较弱。体育更为重要，幼儿阶段是长身体的时期，体育应该放在第一位。美育最重要的是培养孩子真善美的心灵。

听着温家宝的话，在座的各位园长、教师和家长都深受鼓舞。林浩和殷治钢两位家长代表结合自己孩子的成长经历，也向总理提出了多建幼儿活动设施的建议。

会场内的气氛热烈而活跃。温家宝对大家说，办好学前教育是群众的希望，也是政府的责任。现在，相当一部分城市和农村存在着入园难问题，这说明学前教育的发展赶不上人民群众日益增长的需要。必须把发展学前教育摆到重要位置，这不仅关系到群众的生活，更关系到国家的未来。

冬日的阳光洒在虎坊路幼儿园的小院内，正在室外活动的孩子们围拢上来，和温爷爷合影留念。

中小学教育要培养全面发展的人才

一、同在蓝天下，共同成长进步

2003年9月9日，在第十九个教师节前夕，温家宝总理在京看望教师，向他们表示节日的问候。

9日上午9时，温家宝来到位于石景山区的玉泉路小学。这所学校主要接收外地来京务工农民子弟就读，学生分别来自二十多个省（自治区、直辖市）。温家宝走进二年级(2)班的教室，拉着孩子们的小手，一一询问他们来自什么地方，父母做什么工作。孩子们纷纷表示喜欢这里的学习生活。温家宝对学校的老师们说，感谢大家的辛勤工作，一定要让进城务工农民的孩子有书读、有学上。我们的老师要给他们更多的关爱，带着感情教育他们。他拿起粉笔，在黑板上写下了“同在蓝天下，共同成长进步”几个大字。当孩子们大声读出这句话时，温家宝笑了。

随后，温家宝来到了丰台第二幼儿园。小朋友们正在做各种益智游戏。当听说这里采用国际先进的教学法，从小对孩子进行素质教育时，温家宝说，幼儿教师从事的是一项光荣而神圣的事业。幼儿时期的教育对人的一生非常重要，要让孩子们从小养成好习惯，学会动脑筋，培养动手能力。

11时许，温家宝来到北京十二中学。这是北京市的一所重点中学。温家

2003年9月9日，温家宝同志在北京看望教师，向他们表示节日的问候。这是温家宝同志在北京市石景山区玉泉路小学二年级(2)班与学生们交谈

宝参观了学校的体育场、教学楼、图书馆和生物生态馆，看到这些先进的教学设施，他十分高兴。在图书馆，温家宝同教师们进行座谈，他回忆起自己的中学时代，感慨地说，中学是一个人世界观形成的关键时期，也是打好知识基础的重要时期，中学教育会影响人的一生。要把教书和育人结合起来。老师们要不断提高自身的素质，为人师表，做到有德、有范。他鼓励在座的教师要立志做一辈子老师，做青少年的表率。

最后，温家宝来到北京第二实验小学，到教研室看望教师，向他们祝贺节日。在五年级教研室里，他看到墙上写着“用百分之百的热情去解决百分之一的问题”，当即用笔记下来，并连声称赞这句话好。在考察结束时，温家宝说，教育工作要坚持面向现代化，面向世界，面向未来。要办一流的学校，就要有一流的教师队伍，有一批出色的教育家。要像宣传劳动模范、宣传科学家那样宣传教育家、宣传优秀教师，在全社会形成尊师重教的良好风尚。

二、实现自己的梦想

2004 年 5 月 29 日，在六一国际儿童节即将来临之际，温家宝总理在国务院机关事务管理局礼堂和孩子们一起兴致勃勃地观看了庆祝六一国际儿童节文艺演出，并代表党中央、国务院向全国的少年儿童表示节日的祝贺，向广大幼教和青少年教育工作者致以亲切的问候。

演出结束后，温家宝等领导同志走上舞台，与部分演职人员和在京上学的农民工的孩子合影。温家宝关切地询问农民工的孩子在京学习和生活情况，并亲手将书包、文具和书籍等学习用品送到孩子们手中。

温家宝语重心长地说，这次文艺演出“阳光·童心·四季”的主题反映了对少年儿童的希望。我们同在蓝天下，在党的阳光普照下共同成长。童心是纯真的、无忧无虑的，每个老师，每个爸爸、妈妈、爷爷、奶奶、叔叔、阿姨都要对孩子们的教育负起责任。春天象征着希望和未来，祝愿全国每一个孩子都有一个美好的希望和幸福的未来；夏天象征着热爱和激情，希望每一个孩子都热爱祖国，热爱人民，对生活、工作充满激情；秋天象征着勤奋和收获，希望孩子们勤奋学习，长大成才，在各项事业中取得丰硕成果；冬天象征着艰苦和奋斗，前进的道路不是平坦的，要克服困难，艰苦奋斗。每个孩子都有一个梦，每个孩子都能通过努力实现自己的梦想。

三、培养创造能力

2005 年教师节前夕，温家宝总理到潭柘寺中学看望师生。他走进初二(1)班，看到同学们正四人一组相对而坐上数学课，便询问原因。老师答道：“这是教改的方式，便于讨论问题。”

温家宝说：“让学生自己去发现问题，讨论问题，解决问题，这种做法非常好。发现一个问题比解决一个问题更重要。一个人要成才，就要学会独立思

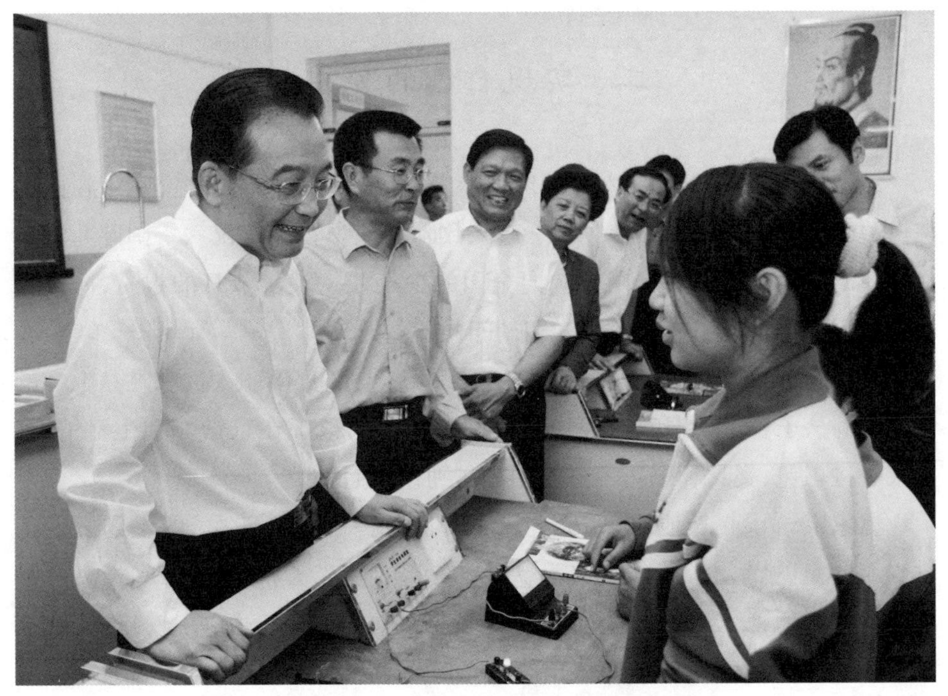

2005 年 9 月 9 日，温家宝同志在北京市门头沟区潭柘寺中学与学生们交谈

考，学会创造思维。这就是启发式教育。”

“做学生从小不仅要学会动脑，还要学会动手。过去教育的毛病就是把手、脑分离。我们培养的学生将来不仅要有知识，更重要的是要用这种知识去解决世界上的问题，这就要养成动脑和动手相结合的习惯。”他又转过身来对老师说：“给孩子们讲的应该尽量少些，而引导他们去发现的应该尽量多些。这样就慢慢使学生懂得自己去钻研，自己去提高学习知识的本领。”

在物理实验室，温家宝看到同学们正在学习使用电流表，就走上前去和同学们攀谈起来：“动手太重要了，同学们考试成绩都不错，但有一个缺陷就是动手能力比较差。要敢于动手，不要怕做错，自己想办法去完成，这就是培养创造能力。这比学书本知识更重要。”

四、素质教育的要求更高了

2006年9月7日上午,第二十二个教师节前夕,温家宝总理来到北京市西城区黄城根小学,亲切看望师生,并和五年级(2)班的学生一起上课。

8时30分,上课铃响了,在校长的引导下,身着便装的温家宝来到位于教学楼三层的五年级(2)班,在教室最后一排落座。

40分钟的课时不知不觉就过去了。温家宝始终面带微笑,认真听课。"老师,能不能请温爷爷说几句?"一个孩子大胆地问。

"老师讲得很好,同学们回答得也很好。"从头到尾听完一节课,温家宝深有感触。他站起来说,"课本上讲了5种新型玻璃,你们不仅认真学了,而且还在思考、查资料,看世界上还有哪些新型玻璃。这些都很好。""但是还缺一条。"话锋一转,温家宝向学生们发问,"除了查资料外,自己还看过什么新型玻

2006年9月7日,温家宝同志在北京市西城区黄城根小学与五年级学生一起上课

璃没有？哪位同学能回答？”

一个男孩举起了右手。

“你看过什么玻璃？”温家宝笑着问。

“我见过水晶玻璃。”

“对，就是要这样。”温家宝亲切勉励孩子们，“我们一方面要查资料，一方面还要勇于实践。”

9时10分许，温家宝正准备起身离开，一名小同学勇敢地挤到桌前，请他写几句话。

略作思考，温家宝在一张白纸上，一笔一画地写下：博学之，审问之，慎思之，明辨之，笃行之。〔1〕

“学问、思辨、行动，就是这三个意思。明白吗？”

“明白。”孩子们纷纷点头。

语文课结束后，温家宝又来到学校大会议室，与北京市部分中小学和职业学校校长、教师座谈。温家宝向参加座谈的教师，向全国的教师们致以节日的问候和崇高的敬意。

“我们刚刚听了一堂课。我想以这种特殊的方式向老师们表达敬意。”刚刚落座，温家宝开门见山，“我觉得，陈老师整堂课讲得很好。她让孩子们讨论，让孩子们自己找资料、找答案。这就是启发式教学。她尊重每一个孩子，对孩子充满爱心，和学生交流，这就是教学相长。”

温家宝言辞恳切地说：“这堂语文课也有值得改进的地方。比如，表达、用词、口语、习作的训练还可以加强一点。要告诉学生，一个事物，为什么这么表达？用你自己的话怎么表达？还有些词语的应用，可以讲得更宽一些，就像‘藕断丝连’这个词，是一种形象的比喻，可以用在这里，也可以用在其他地方。陈老师，我说得对不对？”“对。”陈胜昔点头。

座谈会上，教师和校长们踊跃发言，气氛热烈，他们向总理坦诚反映对今后教育改革和发展的建议。温家宝不时插话，和教师们进行交流。他说，我最近一直在思考两个问题：一个是，素质教育绝不是不要考核，而是要求考核具有综合性、全面性和经常性。所谓综合性，就是要教学生既会动脑又会动手；

所谓全面性，就是要使学生德、智、体、美全面发展；所谓经常性，就是要根据学生长期的学习表现决定成绩。第二个是，减轻学生负担绝不是对学生放松要求和撒手不管，而是给孩子们更多的时间接触世界，接触事物，接触生活，学习更多的知识，做更多的事，思考更多的问题，培养独立思维和创造能力。素质教育对学校、对教师、对学生的要求都更高了，而不是低了。

温家宝说，没有高素质的教师，教学质量和教育水平很难提高。尊师重教，尊师在前。要为教师们创造更好的工作环境，进一步在全社会形成尊师重教的社会风尚。

座谈会一直开到11时许。会议结束时，温家宝意味深长地说："只有尊重老师，重视教育，国家才会兴旺发达。"

五、一个人的智慧不仅在头脑上，也在手指上

2007年9月4日，温家宝来到北京四中考察，看望老师和学生。

北京四中创建于1907年，百年来为国家培养了3.5万多名学生，其中不少成为著名的科学家、文学家、艺术家和企业家，办学成就斐然。

教学楼、图书馆……一栋栋楼房错落有致；松柏青青，绿草茵茵……正在上课的校园格外安静。9月4日8时许，温家宝首先来到科技实验楼。物理实验室里，十几名同学正在上名为"弹簧系统的振动周期与哪些因素有关"的探究课程，温家宝饶有兴趣地观看学生的实验，认真询问有关情况。他说，物理学是探索自然界的奥秘，这是无穷尽的。这种探索既有艰辛，又有快乐。在生物实验室，看到同学们对生命科学很感兴趣，温家宝十分高兴。他说，中国生物工程虽然有杂交水稻这样先进的领域，但总体上比较落后，尤其是在生物制药方面，90%以上的专利都是国外的。"生产人家发明的药物，要先买专利，而专利比药物贵得多。要有自己的药品专利，就要发展生物技术，生物领域大有可为。"温家宝鼓励正在做实验的郝钰欣同学要认真学习，争取将来有所发明。

在被誉为一代名师的刘景昆〔2〕和张子锷〔3〕老师雕像前，在刻有首任校

2007 年 9 月 4 日，温家宝同志考察北京四中

长王道元〔4〕“学无止境，致用亦无止境”〔5〕等训言的训诫石前，温家宝驻足停留，认真听取介绍。

8 时 50 分，温家宝来到艺术楼音乐教室，观摩学校合唱团的排练。在钢琴的伴奏声中，40 多名合唱团的同学悠然唱起《鼓浪屿之波》〔6〕：“鼓浪屿四周海茫茫，海水鼓起波浪……”优美的旋律，动听的和声，吸引人们屏气凝神，专心静听。

合唱刚完，温家宝走上讲台，颇有感触地说：“我不太会唱歌，但是爱欣赏，这也和我上中学的音乐课有关。那是 20 世纪 50 年代，我的音乐课老师上课只讲 10 分钟的课本，剩余 35 分钟有两件事情他要做，一件事情是放唱片，从世界名曲到京剧他都放，就让学生听；还有一件事情就是弹钢琴，他弹的许多曲子至今我仍很熟悉。他的教学方法很独特，不把音乐课当成只教唱歌，而是将音乐当成启迪人的思想、陶冶人的情操、培养人的素质的一种手段。”

略有停顿，温家宝目光环视在场的师生，接着说：“荀子说好的音乐可‘正身行’，就是让你站得正、行得稳，堂堂正正做人；‘广教化’，就是让人们广泛受到美的熏陶，从而培育良好的社会风气；‘美风俗’，就是让社会风尚得到美化，而音乐本身就是美的。[7]因此，我们更注重音乐对人思想的启迪。我们反复讲学理工的要学一点文艺，学文艺的也要学一点理工。这一点在中学尤为重要。”

随后，温家宝等来到学校多功能厅，和教师们座谈。

历史教师李明赞告诉总理，自己在历史课的教学中比较重视国情教育，往往将一些新闻报道应用到课堂教学。国情教育和历史学科有着天然的联系。对李老师的教学方法，温家宝深表赞同，他说：“讲历史要联系现实，讲中国要联系世界。我们研究政策也是这么做的。历史警示我们要抓住机遇发展自己，不能失之交臂。对学生进行爱国主义教育，历史课太重要了，它可以使学生懂得中华民族的传统，懂得爱自己的祖国。历史课是在中学阶段对学生进行爱国主义教育、历史传统教育、民族文化教育的基础课，绝不是可有可无的。”

“女承父业”的年轻语文教师刘葵谈了自己的成长经历，她说，教师以学习为职业，从事这种职业是一种幸福。教师之间不仅可以互相学习，教学生也是一种学习。温家宝说：“这就是教学相长。语文教师自己知识要广博，要启发学生自己读书、多读书、读懂书。”

物理教师魏华曾经在北京郊区支教一年多，在支教中加强了当地学校的实验教学，自己也得到成长。温家宝说：“去年，李政道先生在他 80 岁生日时送给我一件礼物，这是两份他的物理计算公式演算手稿，一份是他获诺贝尔奖之前的，一份是最近的，上面都写得密密麻麻，它代表着一位物理学家一生奋斗不息的精神。不管从事理论物理，还是实验物理，没有这种甘于寂寞、无私奉献的精神成不了才。”

地理教师李京燕介绍了请科学家来学校指导，派学生到科研单位、到社会实习，开展科学实践、创新能力培养活动的情况，温家宝很感兴趣，不时插话，询问有关情况。他说：“学校的大门应该敞开，请各界的知名学者到学校来，既增加了许多‘老师’，还不占编制。”温家宝恳切地对教师们说：“不仅要培养学生动脑的能力，还要培养学生实践和动手的能力。一个人的智慧不仅在头脑里，也在手指上。”

在八位教师发言结束后，温家宝谈了三点感想：第一，要把四中办成世界一流的学校，中国要有更多像四中这样的学校，这是我们的愿望。学校代表着国家的未来。中学要培养全面发展的人才，为学生今后成才奠定坚实的基础。一所好的中学在于它有深厚的传统，有好的办学理念，有优秀的教师，有培养和开启学生智力的教学。第二，老师要具有爱心和知识。在学校中有两件事情永远需要，永远不会完结，一是爱，二是知识。爱什么？热爱科学、热爱教学、热爱学生。什么是知识？知识就是力量，知识就是安全，知识就是幸福。知识可以改变人生，也可以改变世界。第三，要教育学生目光远大，抬头走路。“只有大气魄才能成就大才气”，这是四中师生的豪言壮语。要教育学生终身学习、终身受教育、终身做有益于国家和人民的事情。

六、“永远是学生”

“同学们，今天和我们一起上课的，还有一位和蔼的老人。他就是我们敬爱的温总理。”2009 年 9 月 4 日 8 时 10 分许，北京市第三十五中学初二(5)班班主任徐俊军以十分喜悦的心情向全班同学介绍道。这时，同学们回头一看，只见国务院总理温家宝已在教室最后一排轻轻坐下。面对同学们惊奇的目光，总理微笑着向同学们致意。

自担任国务院总理以来，每到教师节，温家宝都要抽出时间看望教师和学生。今年秋季新学期伊始，第二十五个教师节又即将到来。几天前，温总理在安排一周工作时，专门留出一天时间到一所中学听课，并和教师们座谈。他要亲身感受当前中学课堂教学的实际情况。

“我今天准备听一上午课”

一场淅淅沥沥的秋雨，使北京的空气格外清新。温家宝和中共中央政治局委员、国务委员刘延东等一大早便来到位于北京月坛的第三十五中学。历经 86 年发展，这所由李大钊烈士参与创建的学校，已经发展成一所教书育人、特色鲜明、质量稳定的示范性学校。

烟雨蒙蒙中，温家宝自己打着伞，穿过学校操场，来到教学楼三层的初二(5)班教室。这个班今天上午第一堂课是数学，学习的是“三角形全等的判定”。

“上课!”徐俊军老师一声口令，温家宝和全班学生一起站了起来。

“同学们好。”

“老师好。”总理和同学们一起向老师问候。

“同学们，今天我们要学习‘三角形全等的判定’。怎么知道两个三角形全等？学了这种方法，在生活中怎么用？……”在讲解基本概念后，徐俊军以不断提问的方式，启发同学们思考和“三角形全等”相关的问题。同学们积极开动脑筋，争相举手回答。

教室里，气氛热烈。窗户外，雨越下越大。走廊上，十分安静，其他班都在正常上课。

温家宝认真倾听着徐俊军老师的讲课，不时在笔记本上记着。很快，40 分钟过去了，下课铃声响了。温家宝和座位旁边的几位同学聊了起来。孩子们刚开始感到拘束，但能和总理“同学”，又听到温家宝的亲切话语，兴奋得七嘴八舌地说了起来。“我给你们归纳一下，老师是先告诉你们一个概念，然后启发你们要思索符合这种概念的条件和情况，学会用工具，联系实际加以应用。对不对?”温家宝一边翻着自己记的两页笔记一边说。同学们看到，总理的笔记本上密密麻麻地记录着老师讲课的要点和他自己的感受、思考。

接着是语文课、研学课、地理课、音乐课……从上午 8 时 10 分到 12 时 15 分的 4 个多小时里，温总理在初二(5)班连续听了 5 节课。从学习“三角形全等的判定”到阅读作家孙犁的《芦花荡》，从“走进研究性学习”到介绍“中华民族的发祥地”，再到学唱欣赏歌曲《让世界充满爱》，5 节课的内容丰富，形式多样，吸引着总理和全班同学。

课堂上，总理像学生一样端坐着，全神贯注地听课。他时而翻看课本，时而做笔记。

每次课间休息，只有10分钟。温总理和同学们亲切交谈，询问有关情况，他还前往其他教室和教师办公室看望师生。在初二年级组教师办公室，总理对朱建民等老师说："我今天来，主要是听课。以前我曾到一所小学听过一节课，但感到一节课可能反映不了孩子们学习的整体情况。我今天听一上午课，用这种方式表达对你们的尊敬。"一席话，说得大家心里热乎乎的。

"我爱你们，我祝福你们"

11时30分许，温家宝来到音乐教室，参加初二(5)班的音乐课。这堂课的主题是：走进爱的世界。

"我们要了解和知道音乐艺术在关注人类生存、发展方面所发挥的巨大作用，进一步在音乐的影响下增强我们对人类生存、发展的责任。"音乐课教师唐曼首先向同学们讲述了这堂课的目的。接着，她用多媒体形式播放了《让世界

2009年9月4日，温家宝同志在北京市第三十五中学旁听音乐课

充满爱》的歌词、图片和旋律。

“无论你我可曾相识，无论在眼前在天边，真心地为你祝愿，祝愿你幸福平安……”优美的旋律、动人的歌声，在教室里回荡。

伴着乐曲，大屏幕上出现一个个画面：贫穷的母亲、流浪的老人、与灾难抗争的人们……音乐与画面交织，深深触动总理和同学们的心灵。

全班吟唱、自荐试唱、男女对唱……老师通过情景诱导、体验感受、合作互学等多种教学方式引导同学们理解歌词内涵、掌握歌唱要素和技巧，体验音乐之美，理解爱的意义。

坐在温家宝身边的女生常子宜说：“温总理一直和我们一起唱，他声音不大，唱得很认真。”

时针指向12时15分，下课的铃声又响了。温家宝注视着眼前一张张朝气蓬勃的脸庞，由衷地说道：“上了半天课，我感到很兴奋，也很难忘，仿佛又回到了我的少年时代。”

重回初中课堂，重温中学时光，让总理感触良多。他说：“我边上课边感到有许多话要讲。我想起我的童年，我的童年是在战乱中度过的。我读书的那所学校是我爷爷亲手办的，但它毁于战火。我知道这个世界不安宁，而我们的追求就是和平、和谐。我的父亲母亲也都是老师。所有的老师都一样，像蜡烛一样燃烧了自己，照亮了别人。我想起我的中学母校南开中学。这所中学培养出68位院士和各方面的杰出人才，‘允公允能，日新月异’的校训一直深深印在我的脑海里。我想起了边远地区的孩子们。十多年前，山区农村一个盲人母亲拉着我的手，我说你有什么要求，她只说了一句话：‘让我的孩子上个希望小学。’让每个孩子上学是我们最大的愿望，现在这个目标可以说实现了。我还想起了‘爱’这个字眼，没有爱就没有教育，就没有道德，就没有一切。老师要懂得爱，同学们也要懂得爱。让整个世界充满爱，世界才能更美好。我想起祖国的未来。你们将来要成为祖国的栋梁之材。祖国要靠你们、靠所有的青少年去建设它，爱护它。”

“我爱你们，我祝福你们。”温家宝把这句话作为他讲话的开头和结尾。

音乐课结束后，师生们仍然舍不得总理离开。在唐老师的邀请下，温总理和同学们一起做起了“幸福拍手歌”的游戏……

随后，温家宝在学校餐厅和学生们共进午餐，边吃边聊，进一步了解同学们的学习生活情况。

“在老师面前永远是学生”

下午3时，温家宝在学校小礼堂主持召开座谈会，听取北京市教师代表的意见和建议。

“各位老师，我首先想对上午我听的5节课做个点评。大家看看我思考得对不对，咱们结合教学，互相切磋。如果说得不对，请老师们原谅。”刚一落座，温家宝就开门见山地说道，并拿着笔记本对5节课逐节点评起来。

总理说：“我听的第一堂课是数学课，讲的是三角形全等的判定。老师讲清了概念，这非常重要。基础课必须给学生以清楚的概念。老师讲课时，用的是启发式的教学方法，而且让学生懂得用量角器、圆规、尺子等工具。老师后来举了风筝和测量池塘两端距离的两个实例，让同学们运用课堂所学方法加以解答和判定。所以，这堂课概念清楚、启发教育、教会工具、联系实际，说明我们数学的教学方法有很大的改进。但我也提一点不成熟的意见，40分钟的课只教了三角形全等判定的一种方法，教学的内容还可以丰富一些。”

“孙犁的作品《芦花荡》我以前也读过，但今天我和学生们一起读，觉得别有一番新意。”对语文课，温家宝点评得很细致，甚至把教师上课的每一个环节都做了分析：“我感到惊喜的是老师让学生4分钟把3 300字的文章默读完，我觉得这是对学生能力的锻炼，不仅要求学生专心，而且要求学生具有一定的阅读能力。人要多读一点书，有些书要精读，有些书可以快速翻阅。紧接着，老师又让学生用三句话概括故事的主要情节。这是锻炼学生的逻辑思维和概括能力。从我个人的学习体会讲，这一点很重要，掌握了可以终生受益。老师特别重视对学生进行爱国主义教育，她最后将文章的主题概括为：伟大的中国人民是不可战胜的。这就把这堂课升华了。但是老师在开始时应该介绍一下作者的简况和作品……”

看着上午的笔记，温家宝继续点评：“研究性学习，是我过去没听过的课。听了以后，我懂了，这堂课其实是开阔学生的思维，用我们经常接触到的一些事情来深究科学原理，提出问题，独立思考，这就需要教师的知识非常渊博。这是一堂很好的课。其实老师可以再放开些，学生提出一些老师没有准备的问题，老师可以让学生发挥，也可以提出大家回去思考，下次再给他们解答。”

关于地理课，温家宝在点评时说：通过师生间的答问，我发现如今的孩子们去过很多地方，见识很广；但是教材对我国地区的划分不清楚，甚至有错误，缺乏自然的或行政的依据。他说：“我赞成授课时把地理、地质、气候结合起来，这就如同要把人与自然、环境结合起来一样。”

“最后一堂课是音乐课。”温家宝说，“我对音乐是门外汉，但是我边听边觉得这是一节艺术熏陶课，是美学课。美学从大的方面讲就是探讨世界事物的真善美，这就是《让世界充满爱》的真谛。没有爱就没有一切，一堂音乐课让孩子们通过唱来懂得人世间的爱，让孩子们的心底都有知、情、义。这就要求学生要有爱心，懂得爱父母、爱老师、爱家乡、爱祖国。这就要求学生有好奇心，追求真知；辨别真伪，寻求真理；趋善避恶，为民造福。这应该是美学教育的内容。我们要求学生做一个全面发展的人，应该在这些方面多下功夫。”

每点评一节课后，温总理都要让任课老师谈谈看法，当面与他们交流自己点评的内容。“您的点评很到位，特别受启发，特别感谢您。”看到总理如此平易近人，语文老师刘丽萍十分感动地说。

随后，座谈会接着进行，教师代表们就推进新课程改革、开办家长学校、教师培训等提出建议。温家宝始终认真倾听，不时插话交流。他最后总结说：“无论一个人的地位有多高，贡献有多大，都离不开老师的教诲和启迪，都凝结了老师的心血和汗水，在老师面前永远是学生。”

“总理能到学校听半天课，并用了近一个小时的时间对每节课做出准确的点评，而且评价中始终有学生，让我感到很温暖。总理所说的要着重培养学生的逻辑思维能力和应用能力、重视美育等都说到了点子上。”长期从事教育研究的北京师范大学郑新蓉教授激动地说。

七、从小立大志,长大做大事

4月的三晋[8]大地,乍暖还寒。月初的一场雨雪,给久旱的吕梁山区带来了甘霖。2011年4月3日,国务院总理温家宝来到吕梁山区考察。

吕梁是著名的革命老区和贫困山区,温家宝一直十分牵挂这里的发展。这是自20世纪90年代以来,他第三次到这里考察。

温家宝十分关心吕梁山区的教育事业。18年前,他在临县白家坪村看到五个年级的孩子共用一个昏暗的窑洞上课,就一直惦记在心。这次当地干部专门带来了白家坪村新学校的照片。照片上,孩子们有了崭新的教室,温家宝看了十分高兴。在岚县北关村和兴县张家湾村,听说两个村庄都培养了上百名大中专学生,温家宝说:这才是吕梁山区的希望所在。

3日上午,温家宝还来到兴县晋绥中学看望师生。正值清明假期,还有几十名农村学生留在学校。教室里,学生们正以"缅怀晋绥先烈,弘扬晋绥精神"为主题,你一言我一语地讲述英烈故事。温家宝对同学们说:这里是一块英雄的土地,我们纪念英烈,就应该向他们学习,热爱父母和老师,热爱家乡,热爱人民。他希望孩子们自尊、自爱、自信、自立、自强,从小立大志,长大做大事,成为国家栋梁之材。

注　释

〔1〕见《礼记·中庸》。

〔2〕刘景昆(1893—1972),河北安新人。1920年自北京大学化学系毕业后,即执教于北京四中,直至1962年退休。1955年被评为北京市劳动模范,1956年被评为北京市化学特级教师。他一生孜孜不倦致力于化学教学与研究,为培育人才呕心沥血。

〔3〕张子锷(1904—1989),河北安新人。1929年从河北工学院毕业后即从事教育,1937年任教于北京四中,直至1975年退休。1955年被评为北京市劳动模范,

1956年被评为北京市物理特级教师。他的“要给学生一杯水，教师要有一桶水”等教学名言在教育界广为流传。

〔4〕王道元(1879—1967)，河北安新人。年轻时考过秀才，中过举人(光绪癸卯科)，是京师大学堂的首届毕业生。中华民国建立后，被京师学务局派往四中任校长；此后曾担任京师学务局教育课课长、京师学务局局长等职；北伐战争时投身革命，任国民革命军第三军秘书长；北伐胜利后，曾任河北大学教务长等职。新中国成立后，他参加全国政协的组建工作及政协组织的各类活动，撰写了大量的文史资料。

〔5〕这是北京四中首任校长王道元所题校训。

〔6〕《鼓浪屿之波》是我国当代流行歌曲，由张藜、红曙作词，钟立民作曲。

〔7〕语出《荀子·王制》。原文为：“论礼乐，正身行，广教化，美风俗，兼覆而调一之，辟公之事也。”

〔8〕三晋，古地区名。春秋末期，韩、赵、魏三家瓜分晋国，是为战国时期的韩、赵、魏三国，历史上称为“三晋”。近代用作山西省的别称。

要大力发展职业教育

一、中国太需要职业教育了

2005年9月12日，温家宝总理在考察深圳职业技术学院发表讲话时说，中国太需要职业教育了，职业教育也太重要了。我们的职业教育可以分为三个层次：第一个层次，是面向广大就业人员的技能培训。全国的城乡劳动力有7.5亿，这么多人要就业，都需要培训。第二个层次，培养高技能的技术人才。我国的制造业在迅猛发展，真正的制造业的中心要能创新，要能掌握高新技术，要能操作最新的机床。这就需要培养高技能的技术人才。这种人才现在是最缺乏的，而且是工业化进程不可缺少的。第三个层次，我们一些老工人，包括一些老技术人才，他们过去学的知识已经不够用了，因此，需要对他们进行再培训。这三者加在一起，我们职业教育所面对的对象是成千上万的人。

温家宝说，你们的职业是重要的，而且是光荣的。我们不仅要尊重那些有理论素养的教授、专家，而且要尊重那些懂得自己动手、实际操作，并且有发明创造的技术专家。你们是既会动脑又会动手的技术人才，因此应该特别受到尊重！

温家宝说，建成这样一所两万人的高校，深圳办了一件大好事。这是市

2005 年 9 月 12 日，温家宝同志在深圳职业技术学院与师生交谈

委、市政府领导有远见的表现，可以促进深圳工业化、现代化的进程，还可以解决深圳广大城乡职工的就业问题，你们为这项工作做出了贡献。

二、要大力发展职业教育，加快人力资源开发

2005 年 9 月 21 日，温家宝总理主持召开国务院常务会议，研究部署加强职业教育工作，讨论并原则通过《国务院关于大力发展职业教育的决定》〔1〕。

在听取了教育部关于职业教育工作有关情况的汇报后，温家宝指出，落实科教兴国战略和人才强国战略，大力发展职业教育，加快人力资源开发，是推进我国走新型工业化道路、解决“三农”问题、促进就业再就业的重大举措；是全面提高国民素质，提升我国综合国力的重要途径；是遵循教育规律，实施因材施教，促进基础教育、职业教育、普通高等教育协调发展的必然要求。各级

政府和有关部门要进一步增强紧迫感和使命感，采取有力措施，切实加强职业教育工作。

会议提出了今后一个时期职业教育改革发展的目标任务。到2010年，中等职业教育年招生规模达到800万人，大体相当于普通高中招生规模；高等职业教育年招生规模占高等教育招生规模的一半以上；职业教育办学条件普遍改善，师资队伍建设进一步加强。为此，温家宝要求，重点要抓好以下工作：一要坚持以服务社会主义现代化建设为宗旨，以就业为导向，继续深化职业教育教学改革，加强职业院校学生实践能力和职业技能的培养；二要加强县级职教中心、示范性职业院校和师资队伍建设，努力提高职业院校的办学水平和质量；三要积极推进体制改革与创新，办好公办职业院校，发展民办职业教育，推动职业院校与企业密切结合，增强职业教育发展活力；四要多渠道增加经费投入，建立职业教育学生资助制度，保证贫困家庭学生完成学业；五要加强对职业教育发展规划、资源配置、条件保障、政策措施的统筹管理，为职业教育提供良好的发展环境。

三、让更多的人掌握知识和技能

2006年4月23日，正在重庆考察的温家宝总理深入永川市，调查了解职业教育发展情况。下午2时40分，温家宝来到重庆第二财贸学校校园。

永川市是重庆职业教育基地，也被称为西部职教城。目前，已建成职业教育院校26所。永川城区有30多万人口，而职业教育在校学生就有8.3万人。职业教育已经成为永川的一大品牌。

温家宝走进学校技能展示厅。同学们正在进行服装制作、会计电算、家电维修等技能培训。他走到一位操作缝纫机的女学生面前，询问她的家庭状况、学习生活情况，学服装制作专业的何洪玲一一做了回答。

“毕业分配，工作好找吗？专业能对口吗？”温家宝问道。学校负责人说，学校专门培养现代服务业和职业技术人才，很受社会欢迎，近三年毕业生就业

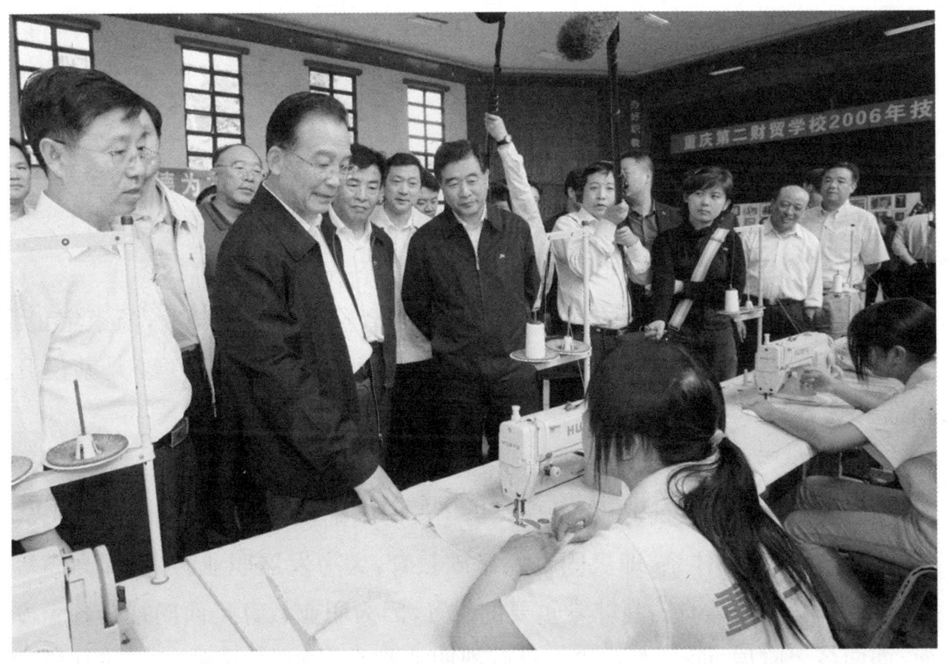

2006年4月23日，温家宝同志在重庆第二财贸学校考察

率达98%。温家宝听了满意地点头。

适应市场需求，永川职业教育开设了90多个专业，通过“订单培养”和组织“双选会”等形式推介学生就业。重庆第二财贸学校就与13家企业建立了合作关系。近5年，职教院校毕业生就业率一直稳定在96%左右。

宽敞的技能展示厅内，各式各样的职业培训丰富多彩。有的同学进行财会综合训练，有的练习快速点钞，有的练习服务礼仪。温家宝对同学们认真学习的态度和熟练的技能表示赞许。

在贴有“特困生补助评定办法”的展板前，温家宝看了又看。他语重心长地说：“体现社会公平最主要的就是教育的公平，特别是对贫困家庭的孩子来说，教育是他们改变生活的重要途径。职业教育要让孩子既学会动脑，又学会动手；既掌握知识，又学好技能，毕业后能很快找到工作，一个学生就业，就可以带动一个家庭富裕起来。”温家宝说，“因此，国家今后5年将投入100亿元发展职业教育。”

重庆有100多万移民，每年有600万农民进城务工。发展职业教育可以更好地解决库区移民和农民进城就业问题。加快职业教育发展，已经被列为重庆经济社会发展的重要战略。

总理来了，宁静的校园顿时热闹起来。同学们聚集到教学楼前的空地上，想亲眼见见总理。当温家宝走出教学楼时，热烈的掌声响起，“总理您好！”“欢迎总理！”温家宝也微笑着向同学们问好。

看着一张张朝气蓬勃的面容，一个个热情洋溢的青年学生，温家宝说：“我没准备讲话，但看到同学们这样热情，心里很激动，我想给大家说几句话。”

人群顿时安静下来，扬声器里传来总理沉稳的声音。

“教育是国家发展的基石，是现代化建设的基础。我国目前的教育已形成了一个比较完整的体系，即巩固普及基础教育，大力发展职业教育，提高高等教育。其中，职业教育占有非常重要的位置，因为职业教育是面向社会各个方面，面向各个阶层，面向人人的。只有把职业教育办好，才可能真正使其成为面向人人的教育！”人群中响起阵阵掌声。

温家宝看着学生们，语气坚定地说：“我们目前有两个目标。一是使国家富强起来，人民富裕起来；二是实现社会的公平与正义，让全体人民共享改革和建设的成果。”“要让人人享受教育，让更多的人掌握知识和技能，这是我们的理想……”

总理的讲话再次被热烈的掌声打断。

“我对同学们提一个希望：希望你们珍惜在学校学习的机会，要学会动脑，学会动手，掌握知识，掌握技能，更要学会创造性思维，提高独立解决问题的能力，在离开学校后成为一方面的人才，不仅自己有工作，家庭生活有提高，更重要的是要为社会尽责任，贡献自己的全部力量！”

总理的声音在校园久久回荡，同学们用经久不息的掌声回应总理的殷切希望。

四、职业教育已经列入中南海的议事日程

2006年11月15日上午，温家宝总理在中南海召开会议，邀请有关教育专家围绕职业教育进行座谈。

温家宝说："中国是一个13亿人口的大国，职业教育很重要，也应该搞得更好，但我们现在和发达国家差距很大。"

"最大的认可是实践认可和社会认可。最终是用人单位的认可。"温家宝说，"高技能人才也能获得高薪。社会上对职业教育的一些传统观念，终究会慢慢转变。"

"职业教育就是面向人人、面向全社会的教育。"温家宝说，"教育是国家发展的根本，而职业教育是整个教育不可或缺的部分，也是非常有希望、有前途的部分。目前，全社会对职业教育的重视程度越来越高，但总的看还不够。大力发展职业教育，既是经济发展的需要，也是促进社会公平的需要；既面向经济，又立足以人为本，为提高全民素质服务。在整个教育结构和教育布局当中，必须高度重视职业教育，要把职业教育摆到更加突出更加重要的位置。"

温家宝说：大力发展职业教育，要注意把职业教育、职业培训与就业准入以及解决就业问题结合起来，把职业资格认定、职业等级评定和技能型人才的选拔结合起来；要把学校学习与劳动实践结合起来，动脑和动手结合起来，知识和技能结合起来，今天的学习和明天的就业结合起来。

温家宝对与会专家恳切地说：你们是成千上万职业教育工作者的代表，希望大家在崇高的岗位上继续努力工作，开拓创新，使职业教育在中国兴旺发达，为进一步提高全民科学文化素质和经济社会又好又快发展做出新贡献。

"也许我们的座谈会，可以传递出某种信息：职业教育已经列入中南海的议事日程。"温家宝说，"大力发展职业教育，要进一步提高各级政府的认识，加大对职业教育的资金投入力度。要理顺管理体制，建立行业、企业、学校共同

参与的机制，形成共同促进职业教育发展的合力。要制定职业教育发展规划，加强师资队伍建设，重点培育一批学校。要总结职业教育典型经验，加强宣传力度，为职业教育发展营造良好氛围。”

五、把求知、教学、做事和技能结合在一起

2007 年 9 月 6—7 日，在大连出席夏季达沃斯论坛后，温家宝总理考察了大连的一些企业、学校和社区。十分关心职业教育的温家宝还来到大连轻工业学校，参观了服装实训室、数控技术实训基地，和学生一起练习使用复合冲材模具。

温家宝说，教、学、做不是三件事，而是一件事，在做中学才是真学，在做中

2007 年 9 月 7 日，温家宝同志在大连轻工业学校考察时与学生交谈

教才是真教，职业教育最大的特征就是把求知、教学、做事和技能结合在一起。职业学校的教师不仅要培养孩子们求知，而且要培养思想道德，学会共处，学会做人。

总理对数百名学校师生说，职业学校在我国教育格局中地位十分重要，因为只有职业教育才是面向人人的教育，因此我国确定了大力发展职业教育的方针。我们一定要把职业教育办好，也一定能办好。中国的职业教育普遍发展了，整个社会就进步了，我国的新型工业化、农业现代化水平就会提高，整个现代化事业就会向前发展。

六、把人才培养与就业结合起来

2009 年 1 月 9—11 日，中共中央政治局常委、国务院总理温家宝到江苏省考察。

10 日上午，温家宝来到常州市高等职业教育园。在三年级教室里，同学们正在上软件课。看到总理来了，大家纷纷要求总理讲几句话。温家宝对同学们说，应对金融危机，需要解决两个重要问题：一是保持经济平稳较快发展而不发生大的波动；二是保证群众就业而不造成大批失业。解决就业问题，根本靠发展，也需要通过培训提高劳动者的技能。职业教育直接为就业服务，应当受到全社会的重视和支持。

常州市领导向总理介绍，经过 6 年多的发展，常州高等职业教育园区建立了 100 多个实习、培训基地和技术研发中心。温家宝高兴地说："这条路走对了，它把教育与经济社会发展紧密结合起来，把人才培养与就业紧密结合起来。这里会培养出大批有用人才。"

走出教学楼，寒风中上千名学生自发地在广场上等候。看到总理，大家沸腾起来。望着一张张充满朝气的面庞，温家宝手持话筒大声说道："从你们身上我们看到了国家的未来和希望，也坚定了我们克服困难的信心、勇气和力量。你们要努力学习。知识就是力量，知识就是安全，知识就是幸福。知识可以改变人的命运，也决定着国家的未来。在职业学校学习，不仅要懂知识，还要掌握技能，更要学会生存。希望你们能够锻炼成长为全面发展的人，用自己的本领为人民服务。”

七、职业教育就是就业教育

2009 年 3 月 29—31 日，中共中央政治局常委、国务院总理温家宝在湖北考察。在湖北思远信息技术培训学院，这里的负责人告诉总理，去年共培训 1.2 万名学生，今年计划培训 1.5 万名学生，受过培训的学生大部分找到了工作。温家宝说，职业教育就是就业教育，是面向人人、面向全社会的教育，要大力发展。他勉励学生们既要学知识，又要学技能；既要会动脑，又要会动手；既要学会生存，又要懂得做人，这样才能为自己创造美好生活，为国家做出贡献。

八、祖国的明天寄托在你们身上

2009 年 10 月 28—30 日，中共中央政治局常委、国务院总理温家宝来到山东进行调研。

职业学校和就业密切相关。考察期间，温家宝来到临沭县职业中等专业学校。他对师生们说：“大力发展职业教育，是教育改革的重要内容。今天的学习就是为了明天的就业。当前应对国际金融危机、扩大内需，重要一点就是解决就业问题。职业教育大有前途，因为它面向就业，面向青年，面向整个社会。”

总理鼓励教师要立志把职业教育办好，把学生教好。他说：党和政府非常关心职业教育，特别是农村职业教育。职业教育的重要性，怎么强调也不过分；职业教育发展的广阔前景，怎么描绘也不过分！希望职业学校的学生们好好学习，立志成才，将来报效祖国。

教育改革和发展是温家宝十分关心的问题，也是他这次调研的重要内容。

29日下午4时许，他来到费县一中高二(8)班。教室里，语文教师李守英正带领同学们以讨论、朗读等多种方式，学习节选自《后汉书》[2]的文言文《张衡传》[3]，气氛十分活跃。温总理认真倾听同学们讨论，还翻开语文课本，认真阅读。

一堂课很快结束了。在老师的邀请下，温总理站起来，一手拿着课本，给大家讲道："看得出来，老师用的是启发式教学，同学们也认真做了准备。讲一篇传记文应该抓住几个重点。一是张衡的贡献。他发明了地动仪，早于欧洲1 700多年。二是他的家世。张衡出身官宦之家，却无骄奢淫逸的恶习，这十分难能可贵。三是他的学识。课文里短短几句话反映了他的好学不倦和学识广博。四是他的为人。'从容淡静'，意味深长。五是他的处世。

2009年10月29日，温家宝同志在费县王府村小学看望小学生

不好结交俗人，但又不自傲。总之，这篇文章很好，文字很美、很简洁，给人以深刻启迪。”

总理把课本放在桌上，接着对同学们说：“好文章可以多读几遍，有些甚至可以背下来。学习一篇文章，要能提纲挈领。文章不论长短，要很快抓住中心思想，分清要点，再结合自己的感受理解，这样最有心得体会。这是我的学习经验。”

对总理一番情真意切、语重心长的话语，同学们报以热烈的掌声。

天色渐暗，温家宝走出教室，看到院子里上千名师生，他感动地说道：“改革开放以来我们国家发展变化很大，经济总量居世界前列。但是大家要想到，我国是一个人口有13亿的大国，还有相当多的落后地区，还有许许多多贫困的人。要把祖国建设成为富强、民主、文明、和谐的现代化国家，还需要我们奋斗几十年上百年；要使我们民族真正跻身世界民族之林并走在前列，还得靠青年，靠青年的理想、智慧、学识和自强不息的精神。”

已是晚上6时，天色已黑，月上枝头。总理仍然坚持来到费县王府村小学。他在一间教室里，与探沂镇中小学教师座谈，听取他们对教育改革和发展的意见。走出教室，总理对聚拢过来的小学生们说：“我只说两句话：希望你们记住今天，一位年近70岁的老人来学校看望你们。他对祖国的未来充满希望，他更把祖国的明天寄托在你们身上。”

注　释

〔1〕国务院于2005年9月21日讨论并原则通过了《国务院关于大力发展职业教育的决定》。《决定》要求各级人民政府把加快职业教育，特别是加快中等职业教育发展与繁荣经济、促进就业、消除贫困、维护稳定、建设先进文化紧密结合起来，增强紧迫感和使命感，采取强有力措施，大力推动职业教育快速健康发展。

〔2〕《后汉书》由我国南朝刘宋时期的历史学家范晔编撰，是一部记载东汉历史的纪传体史书，“二十四史”之一。它是我国历史上一部重要的史籍，与《史记》《汉书》《三国志》并称为“前四史”。

〔3〕《张衡传》是《后汉书》中的一篇著名人物传记。文章全面记述了张衡的一生，描述了他在科学、政治、文学等领域的诸多才能，而且详略得当，重点介绍了他在科学上的贡献，其间贯穿了作者对张衡品德的由衷景仰之情。

高等教育要提高质量、办出特色

一、以世界的眼光探索加速人才培养的成功经验

2004 年 9 月 5 日，温家宝总理在看望刚从美国来到清华大学担任高等研究中心教授的姚期智〔1〕博士时说："如何办好高等教育，发展国家信息科学，政府应该为此做什么？我今天来，就是想听听你对这方面的建议。"

"海外华人中有很多杰出人才，清华大学更有一流的学生。我相信，有一流的教学人才和一流的学生，我们是可以赶上世界先进水平的。"姚期智说。

"国家对人才的需要可以概括为一句话：如饥似渴。"温家宝说，"没有人才，国家很难实现发展。我们在抓好基础教育的同时，也要下大气力抓好高等教育，为国家培养成千上万的高层次人才。"

"你在美国生活 30 多年，来到清华大学后工作、生活还习惯吗?"温家宝关切地询问道。

"谢谢总理的关心。在这里和在家一样。"姚期智笑着说。

"欢迎广大海外人才通过各种方式回国效力，我们还要面向全球招聘一流的高层次人才。同时，各级政府也会千方百计为他们创造工作、生活条件。"

“信息科技领域的研究，是国家中长期科技发展规划的重要部分。”温家宝提高话音，“希望清华大学在这方面不仅要出高质量的论文，更要以世界的眼光探索出加速人才培养的成功经验，走出一条新路。”

二、我们需要的是具有创造性思维的人

2005 年 5 月 4 日，温家宝总理在看望北京大学学生时对同学们说：“著名的教育家叶圣陶先生说过，教就是为了不需要教。要提倡引导与启发，使学生加强自立锻炼，达到疑难能自决、是非能自辨、斗争能自奋、攻关能自勉的主动境界。我们需要的是具有创造性思维的人，社会发展就是要使人的创造性思维迸发出来，只有这样我们的民族才能进步。”

2005 年 5 月 4 日，温家宝同志在北京大学看望师生

三、对人民要有真挚的大爱

2007年2月17日，农历大年三十。晚上6时30分，古城沈阳已沉浸在浓郁的节日气氛里。温家宝总理来到东北大学学生活动中心与留校学子共度除夕之夜。

温家宝动情地说："多年来，我同农民、煤矿工人、码头工人、石油工人一起过过年，和大学生过年，这是第一次。爱国是东北大学的传统。每一个学生首先应该懂得的道理和终身实践的目标，就是热爱祖国并为之奋斗。只有对国家、对人民爱得深，才会有强烈的责任心，才会对国家、人民有献身精神。"

温家宝恳切地说："学生要爱老师，老师也要爱学生。对人民要有真挚的大爱。只有这样，才能成为一个真正的人，一个有道德的人。"

温家宝的讲话，深深打动了在场的师生。同学们围拢过来，簇拥在总理身边，手持国旗，同声高唱《歌唱祖国》〔2〕。

注释

〔1〕姚期智，美籍华裔计算机科学家。1946年出生于上海。时任清华大学高等研究中心教授。中国科学院外籍院士，美国科学院院士。他于2000年获得世界计算机科学领域的最高奖项——图灵奖。

〔2〕《歌唱祖国》是中国当代流行歌曲，由王莘作词、作曲。

希望博士后能出现世界级的科学家

2005 年 10 月 21 日，温家宝总理在会见出席全国优秀博士后表彰大会的代表时指出，我国的博士后制度是在李政道先生的倡议下，由邓小平同志亲自决策建立的。20 年来，我国设立了2 381个博士后科研流动站和工作站，培养了 3.2 万多名高层次专业技术人才，取得了一批高水平的科研成果，为推进我国经济社会发展和科技创新做出了积极贡献。事实证明，建立博士后制度是完全正确的。

温家宝强调，培养造就现代化建设需要的高层次创新人才必须具备四个条件。第一，要有好的制度。博士后制度有两个优势：一是博士后研究人员自己找方向、找方法、找结果，可以面向更多的研究领域；二是博士后站能够流动，便于开阔视野，也更富有生气。第二，要有正确的培养方法。无论是大学生、研究生，还是博士后，都应当提倡培养创造性思维，就是培养独立思考和独立发现问题的能力。独立思考就是要不受既有理论和任何框框的束缚，用自己的想象力和创造力去发现问题和解决问题。想象力和创造力是获取知识的源泉，是科学进步的动力。第三，要有大批的优秀的教师。要提倡院士、名师上课堂，名师要善于发现高徒。教师要把主要精力投入到教学上，对有才华的学生，包括博士后，要采取“一对一”的培养方法，每周拿出一天或半天时间和学生谈学习、谈研究，这样才能使人才脱颖而出。第四，要有活跃的学术气氛。

2005年10月21日，温家宝同志在北京人民大会堂会见出席全国优秀博士后表彰大会的代表

继续提倡百家争鸣。我们要重视规划，但也要重视规划以外的科学发明和发现。许多新发明、新创造，往往不是在规划之中。要努力为博士后的成长创造良好的环境，希望在我们的博士后中能出现科技领军人物，能出现世界级的科学家。

农村教育事业要有一个大的发展

一、加强农村教育工作，提高农民素质

2003 年 5 月 30 日，温家宝总理在中南海主持召开国家科技教育领导小组第一次会议，审议教育部《关于进一步加强农村教育工作的汇报》。

温家宝在讲话时强调，各级政府必须从农村长远发展和我国现代化建设全局的高度，充分认识发展农村教育的重要性和紧迫性，切实把农村教育工作摆上议事日程。加强农村教育工作，要着眼于提高农民素质，坚持把农村义务教育作为教育工作的重中之重。今后每年新增教育事业经费，主要用于农村。要深化农村教育综合改革，坚持“以县为主”的管理体制，促进义务教育、职业教育、成人教育“三教统筹”和“农科教结合”。要进一步采取措施，解决农村教育中的突出问题，包括确保教师工资按时足额发放，继续实施中小学危房改造工程，加强中小学教育信息化建设，为贫困学生免费提供教科书。经过几年的努力，使农村教育事业有一个大的发展，逐步缩小城乡教育发展的差距，为农村全面实现小康奠定重要的基础。

二、农村的孩子能否上学，更让我们关注

在 2003 年 9 月 19 日召开的全国农村教育工作会议上，温家宝总理面对 200 多位来自各地、各部门的会议代表，先讲了他放心不下的三件小事。

“第一件事，1993 年 7 月 4 日，我到山西省吕梁山区临县的一个村里去考察。那天，下着大雨，到了一所小学。那是一个非常简陋的窑洞，只有十多套破旧的桌椅，五个年级的同学混班上课，学生面朝里，光线很暗。这幕情景我一直不能忘怀。我有几年没去临县了，不知这个窑洞学校还在吗？那里的孩子现在上学条件怎么样？我放心不下。

“第二件事，1995 年 6 月 11 日，我到甘肃省靖远县，那是一个贫困县。我走到一户农家，主妇双目失明，丈夫是个智障人。她身边有个六七岁的女孩儿，家里收拾得干干净净。她拉着我哭个不停。我问她有什么困难，她说，我希望我的孩子能上学，上希望小学。我瞎了一辈子，就希望孩子能上学，不当睁眼瞎。她看不见这个世界，但对社会的进步很有眼光。她希望下一代能够上学，就是希望摆脱长期的贫困、愚昧、落后。

“第三件事，2002 年陕西秦岭发大水，6 月 25 日我赶到佛坪县的沙坝村，那里灾情很重，连整个县城都被淹没了，唯独学校还有琅琅的读书声。这是灾后那里唯一幸存的学校，老师在带着孩子们上课。有的孩子已成了孤儿，他们的父母在水灾中遇难了。我到教室看望师生，领着孩子们大声朗读了黑板上写着的几句话：我是中国人，我爱中国。我要克服重重困难，为重建我的家园而努力。”

温家宝继续讲道：“我说这三件事的意思是，我们是共产党，我们的宗旨是实践‘三个代表’，执政为民。执政为民，就要想着广大群众，想着八亿农民，想着一亿六千万儿童的就学问题。现在，农村的情况让我们关注，农村的教育让我们关注，农村的孩子能否上好学，更让我们关注。中国现代化靠什么？靠人才，靠未来一代、几代人，靠高素质的建设者和接班人。想到这些，我觉得这次会议意义重大。大家正在着手做一件对民族、对国家有长远意义的大事。”

三、城乡教育发展要和谐

2005年9月9日，第二十一个教师节前夕，温家宝总理在考察京郊乡村中小学时了解到，北京市从当年开始每年选派1 000名左右的城镇教师到农村支教，作为加强农村教育的一项重要措施。温家宝对北京市的这一做法给予好评。

随后，温家宝在潭柘寺中学召开座谈会，听取5位城镇支援农村教师代表的发言。温家宝听了大家发言后说："老师们对农村的关心，对农村教育的重视，对农村孩子们的感情十分真实。你们的思想和行动都证明了北京采取的城市支援农村教育的做法是完全正确的。"

2005年9月9日，温家宝同志在北京市门头沟区潭柘寺中心小学考察

温家宝接着说："在这里我提两点倡议：第一，北京城市支援农村教育的经验具有普遍意义，值得在全国推广。构建和谐社会，要求城乡教育发展要和谐；实现社会公平，要使城乡孩子们公平接受教育。要关心农村教育，把农村教育摆在整个教育的重要位置，这是统筹城乡发展的一项重大任务，也是构建和谐社会的一项重大任务。提高农村教育质量，关键在教师。为了提高农村小学教学质量，让城镇教师到农村支教，这样，不仅可以使城市的教师得到锻炼，也可以使农村教育质量得到提高。第二，鼓励大学毕业生到小学任教。北京市特级教师霍懋征老师曾给我写信提出建议，就是让大学毕业生到小学去任教，包括到农村小学去任教。这对提高基础教育水平具有重要意义。教育部要积极在全国提倡，使其蔚成风气。"

四、把农村教育摆在优先发展的战略地位

2005 年 12 月 23 日，温家宝总理主持召开国务院常务会议，研究加强农村义务教育和深化农村义务教育经费保障机制改革问题。

在听取了财政部、教育部关于加强农村义务教育和深化农村义务教育经费保障机制改革的汇报后，温家宝指出，党中央、国务院历来高度重视农村义务教育事业发展，特别是农村税费改革以来，各级政府进一步加大对农村义务教育的投入力度，实施了国家贫困地区义务教育工程、农村中小学现代远程教育工程、西部地区"两基"攻坚计划，以及农村贫困家庭中小学生"两免一补"政策，农村义务教育事业发展取得了显著成效。但也要看到，我国农村义务教育还存在教育经费保障机制不够完善，农村学校教育质量和师资水平偏低，农村学生辍学率较高等问题，普及和巩固农村义务教育的任务十分艰巨，需要通过深化改革、创新机制加以解决。

温家宝说，各地区、各部门要切实把农村义务教育摆在优先发展的战略地位，努力解决制约农村地区普及九年义务教育投入问题，保障农村义务教育持续健康发展。

会议提出了深化农村义务教育保障机制改革的主要内容。一是从2006年开始，全部免除西部地区农村义务教育阶段学生学杂费，2007年扩大到中部和东部地区；对贫困家庭学生免费提供教科书并补助寄宿生生活费。二是根据农村中小学公用经费支出的合理需要，提高农村义务教育阶段中小学公用经费基本标准。三是建立农村义务教育阶段中小学校舍维修改造长效机制，校舍维修改造所需资金，中西部地区由中央和地方共同承担，东部地区主要由地方承担，中央适当给予奖励性支持。四是对中西部及东部部分地区农村中小学教师工资经费给予支持，确保农村中小学教师工资按照国家标准及时足额发放。

温家宝强调，深化农村义务教育经费保障机制改革涉及面广，政策性强，任务艰巨。各地区、各有关部门要按照“明确各级责任、中央地方共担、加大财政投入、提高保障水平、分步组织实施”的原则，加强领导，周密部署，密切配合，协调推进，确保农村义务教育经费保障机制改革工作顺利进行。

五、让每一个儿童都有一个快乐的童年

“同学们好！”

2006年5月31日下午3时，中共中央政治局常委、国务院总理温家宝在北京市委书记刘淇、北京市市长王岐山等陪同下，来到北京市东城区史家小学，参加城乡10所小学联合举行的“同在蓝天下，城乡共发展”联合主题队日活动。

温家宝一下车，石景山区玉泉路打工子弟小学学生丁亚文就为他系上鲜艳的红领巾。

节日里的史家小学到处是鲜花、歌声和欢笑。北京市城乡10所小学的400多名学生汇聚这里，共同庆祝六一国际儿童节。

温家宝来到学校书法教室和美术厅，观看了小学生充满稚气的书法和绘画作品，他夸奖大家的作品好。史家小学11岁的杨茜把自己书写的“同在蓝

2006年5月31日，温家宝同志来到北京市东城区史家小学，参加城乡10所小学联合举行的“同在蓝天下，城乡共发展”主题队日活动

天下，城乡共发展”的作品送给温爷爷。温家宝仔细欣赏着，高兴地对小朋友们说：“这是我们今天队日活动的主题。”

在宽敞明亮的计算机教室，温家宝详细询问了孩子们学习计算机的情况，并与千里之外的拉萨市第三小学的学生们进行对话，祝贺他们节日快乐。他说：“六一儿童节到了，祝你们节日好，拉萨的小朋友们好，西藏的小朋友们好！”

拉萨市第三小学的学生们说：“温爷爷好，我们非常快乐！”

温家宝说：“我也非常高兴，希望大家学习好！”

温家宝还给他们发送了电子邮件：“祝拉萨小朋友儿童节快乐，希望你们好好学习，健康成长，将来为祖国多做贡献。”

随后，温家宝兴致勃勃地来到科技馆，来自不同学校的学生们正在这里进行科技活动。温家宝对孩子们说，要学科学，爱科学，将来更好地建设祖国。

5 月 31 日正好是中国传统佳节——端午节[1]，孩子们给总理送上一串工艺粽子，温家宝非常高兴，一边与孩子们一起包粽子，一边对孩子们说道：你们知道端午节的来历吗？是为了纪念伟大的爱国主义诗人屈原[2]。

在学校礼堂，温家宝和参加这次活动的孩子们一起观看了学生表演的节目。孩子们载歌载舞，喜气洋洋。石景山区玉泉路打工子弟小学表演了台湾童谣《丢丢铜》[3]。2003 年，温家宝曾经考察过这所学校，孩子们十分想念总理。

演出结束后，温家宝高兴地向小朋友们问好。他说："在欢庆六一儿童节之际，你们选择了这样一个主题队日活动，非常有意义。同在蓝天下，城乡共发展，让每个儿童都有一个快乐的童年，都有一个美好的明天，这不仅是国家的大事，也是你们应该懂得的道理。实现国家现代化，实现城乡共同繁荣，靠我们，也靠你们，但归根结底靠你们。希望你们好好学习，做好准备，祖国的未来是属于你们的。"

全场报以热烈的掌声！学生们纷纷表示："我们一定牢记温爷爷的话，好好学习，立志成才，报效祖国。"

在《春天在哪里》[4]的乐曲声中，温家宝高兴地与孩子们合影留念。

六、让农村教师留得住、干得好、受尊重

2010 年 9 月 10 日是第二十六个教师节。国务院总理温家宝来到河北省兴隆县六道河中学，看望广大师生，听中学教师上课，并与中小学教师和北京师范大学免费师范生代表座谈。他向广大教师和教育工作者致以节日的祝贺。

为培养大批优秀的农村中小学教师，国务院决定从 2007 年起在教育部直属 6 所师范院校开展师范生免费教育试点，4 年来累计招生 4.5 万人。目前，2007 级 1 万多名免费师范生已进入为期半年的教育实习阶段，他们正准备走向中小学教育工作岗位。

温家宝一直十分关心免费师范生学习成长情况。当教师节来临之际，总理特意提出要和北师大的免费师范生们一起到河北偏远的山村学校看望师生，过一个有意义的教师节。兴隆县距离北京135公里，是长城脚下的一个山区县。六道河中学是这个县的一所农村寄宿制初级中学，学生住家距离学校最远的约有30公里。能够与总理同车一道去山村学校调研，北师大的免费师范生苏楠、熊国李等8位同学十分高兴。在赶赴兴隆的路上，温家宝在汽车里与同学们亲切地聊起来。同学们向总理汇报了各自的专业和学习、生活情况。温家宝对同学们说，免费师范生是未来农村教师队伍的新生力量，是提高农村教育质量的关键所在。不懂得中国农村，就不懂得中国国情。希望他们将来投身农村教育，把家乡建设好。

经过两个小时的车程，温家宝来到了群山环抱的六道河中学。蓝天之下，学生们正在上课间操。在操场上，温家宝和同学们一起打太极拳。接着，他又和学生打篮球，连续几次成功的投篮，引来了阵阵掌声。

10时整，第三节课上课铃声响了。温家宝来到九年级(2)班，与50名同学一起上语文课外阅读课，学习散文诗《珠穆朗玛》〔5〕。“珠穆朗玛，深海里站起来的女神，你屹立在世界最高处，不是为了第一，只为缩短与太阳的距离。”青年作家宓月〔6〕写的这篇散文诗，赞美了珠穆朗玛的神圣与壮美。温家宝坐下来认真地听年轻的语文老师王海艳讲课，与同学们一起朗读、讨论、做笔记。课堂上时而安静，时而欢笑，总理与老师、同学们融在了一起。

45分钟的阅读课结束了，老师和同学们围在总理身边。温家宝对他们说：这是一篇富有哲理的散文。它不仅指出了人的信念、追求和意志，还反映了人与自然的关系、民族团结，老师讲得好，同学们也学得好。王海艳回答道：总理的到来让大家很兴奋，这是我和同学们一生中难忘的一堂课。

此时，在其他班观摩听课的北京师范大学8位学生，也走出了教室。他们与总理一起交流了听课的心得。

在一排教室前，温家宝对同学们说：“今天是教师节，我来看望教师，也来看望同学们。我们祝贺教师节的最好方式，就是热爱老师，使尊师重教蔚然成风。老师们奉献自己的青春，用心血培养我们，给我们最多的就是爱。无论我们将来走到哪里，都不应该也不会忘记。同学们要把对教师的尊敬，化为努力学习的实际行动，不仅学习课本知识，还要动脑动手，学会做人，学会生活。”

随后，温家宝在学校活动室里与部分教师和免费师范生代表座谈。在节日的气氛里，大家都显得高兴而轻松。兴隆县一小思想品德课老师张智慧说：思想品德来源于生活，回归于生活，要把德育列为教学的首位。六道河中学数学教师马春宏认为：教育要发展，必须改革。老师要走下三尺讲台，让学生展示自己的见解，参与学生的活动。兴隆县一中校长孙保国说：要大力推进课堂教学方法的改革，改革教与学的传统方式。北师大教师教育学院副院长郑国民提出了继续办好免费师范生教育的意见和建议。温家宝还请一同前来的免费师范生苟晓龙对听课做点评。

在听取大家发言后，温家宝说：中小学教育是国家发展基础的基础，关键在教师。陶行知先生说过，在教师手里掌握着幼年人的命运，也就掌握着民族和人类的命运〔7〕。我国教育事业和现代化建设取得巨大成就，广大中小学教师的默默耕耘和无私奉献功不可没。面临新的形势，每一位中小学教师要再接再厉，牢记自己的神圣使命，为教育事业做出新的贡献。

温家宝说：加强农村教育，关系到教育事业现代化，关系到农村的长远发展，关系到国民素质的提高。学校是乡村的中心，而教师则是学校和乡村的灵魂，乡村教育对启迪民智必不可少。在农村，教育既是基础工程，也是民生工程和民心工程，广大农民群众热切期盼办好教育。我们一定要通过坚持不懈的努力，让农村所有孩子都能够上学，都能接受现代文明的教育。

温家宝指出，提高农村教育水平，关键是中小学教师。国务院决定在教育部直属师范大学实行免费师范生教育试点，这个重要举措就是向全社会发出重视师范教育的强烈信号，就是要鼓励更多的优秀青年从事基础教育工作，到农村、到艰苦的地方去当中小学教师，从而培养大批优秀的农村中小学教师。他向广大教师和免费师范生提出了三点希望：第一，要热爱农村教育。当好乡村教师，首先要热爱农村、热爱农民、热爱农村教育。有了爱，就有了做好工作的热情和动力，就有了克服困难的信心和勇气，就有了坚持下去的信念和毅力。第二，要立志干一番事业。中小学教师大有作为，在这个平凡的岗位上完全可以成就一番不平凡的事业。第三,要有吃苦耐劳的精神。从事农村教育,必须有吃苦耐劳的精神准备。艰苦的环境不仅可以磨炼人的意志,还能够增长才干。大家应当把从事农村教育视为自身发展的重要机遇,努力实现远大理想,锻炼成长为我国教育事业的栋梁之材。

温家宝强调,办好农村教育,需要社会各方面的共同努力。特别要重视和改善农村办学条件,提高农村教师待遇,让广大农村教师留得住、干得好、受尊重。我们还要继续做好免费师范生这项工作,保障师范生学习和实习经费,建立免费师范生进入、淘汰、奖励机制,支持免费师范生继续教育,保证免费师范生优先就业。

中午,温家宝在学校食堂和师生们共进午餐。

21岁的北师大文学院汉语言文学专业四年级学生何文娟,2010年上半年曾到美国哥伦比亚大学巴纳德学院交换学习。与总理一起到山村中学之行,让她感触很多。她说:温总理给我们这些未来的人民教师上了一堂人生教育课,更坚定了我当一名优秀的师范生、做一名优秀的人民教师的决心。

七、一堂特别的“农民教育学”课

“改造社会必须从改造农村着手,而改造广大农村必须从发展农村教育入手……”

2011年8月28日上午,在新学期和第二十七个教师节即将来临之际,中共中央政治局常委、国务院总理温家宝在张北县第三中学为广大农村教师做了《一定要把农村教育办得更好》的报告〔8〕,别开生面。

入秋的坝上地区,天高云淡,空气清凉。张北县第三中学校园里的格桑花开得格外灿烂。学校食堂二楼大厅临时搭起的讲台上坐着温家宝总理,台下满满地坐着张北县等张家口市10个县区的1 000多名教师,座位不够,不少人就站着听。听众有三分之二来自农村学校。

“这个世界上,大多数人是穷人,而穷人中最多的又是农民。农民最需要学校、最需要教育。我们要把农村教育办得更好。这就是我之所以选在张北和你们谈心的原因。"温家宝的一席话,道出了这堂"农民教育学"课的主旨。

温家宝少有地谈起了自己的教育家事:"我的爷爷和父母都是老师。父亲母亲不在家时,我就模仿他们,也当一个小老师,像他们一样指指画画、写写算算,以为乐趣。"他对教育的感情,溢于言表。

深入推进农村义务教育发展,继续大力发展农村普通高中教育和中等职业教育,加快发展农村学前教育……温家宝娓娓道来,讲问题切中要害,谈措施实实在在。教师们屏气凝神,倾心静听,听到动心处就报以热烈掌声。

当谈到加大农村教育的投入这一问题时,温家宝提出了一系列要求:逐步缩小城乡教师收入待遇差距;不让一名儿童因贫困而失学;国家将安排资金,在中西部贫困地区为农村中小学提供营养补助,让孩子们吃饱吃好;有条件的地方,要把校车制度建立起来,配备最好的车辆和最好的司机,为孩子们建起安全的"绿色通道"……

这段只有几分钟的讲话,13 次被教师们热烈的掌声打断。

大力推进学校课程教学改革,改革教育评价制度和考试制度,倡导教育家办学……温家宝对农村教育质量的提高尤为关心,他语重心长地说:"只有把中小学校长们都培养成为真正的教育家,我们的教育事业才大有希望。"

说者动情,听者会心。

台下的农村教师中有不少人因长期风吹日晒而面带风霜,一些人遍播桃李而两鬓斑白。望着这些纯朴的农村教师,温家宝说:"我国有 900 多万农村教师,他们长期以来工作在艰苦清贫的环境中,恪尽职守,不计名利,默默耕耘,为我国农村教育事业发展做出了不可磨灭的贡献。""在这里,我向长期从事农村教育工作的广大老师表示慰问和感谢!"

说到这里,温家宝站起身来庄重地向台下的教师们三鞠躬。长时间的热烈掌声再次响起,不少教师的眼里噙着泪花。

河北省隆化县湾沟门中心小学的教师卜延荣始终扎根农村山区义务教育的第一线,从教近 40 年。为了孩子,卜延荣多次拒绝到条件更好的地方工作。1990 年他右侧肢体偏瘫以后就用左手重新拿起粉笔,靠半侧的肢体坚守岗位

20 载。温家宝讲起卜延荣的感人事迹，引起全场教师的共鸣。

随后，温家宝提出了一项项惠及农村教师的措施：在全国部分地区开展中小学教师职称改革的试点，将中小学教师的最高职称从副高级和中级提高到正高级；依法保障教师平均工资水平不低于国家公务员的平均工资水平，并逐步提高；加快农村教师周转宿舍建设，有条件的地方可以开发专门面向农村中小学教师的经济适用房……这些措施都传递出党和政府对农村教师的尊重、承认和关怀。

“要无私奉献，要满怀爱心，要提高素质，要教书育人……”最后，温家宝向广大教师表达了自己殷切的希望。

这堂特殊的课持续了 2 小时 15 分钟，会场里响起了 38 次掌声。能亲耳聆听总理做报告，现场的 1 000 多名教师感到既幸运又激动。掌声代表着对党和政府的信任，更蕴含着办好农村教育的力量和希望。

张北县小二台乡中心小学教师范文花，有着 27 年的从教经历。她曾在小二台乡小西梁村小学度过 24 年的“一人一校”教师生涯：全村一个班分 5 个年级，所有的课程都由她一个人来教。听了报告，范文花说：“温总理对农村教育理解如此深刻，对农村教师如此关心，我们满心感谢。他给我们这些基层的农村教师鞠躬，提出了改善农村教师待遇的好措施。我感到自己的责任更大了。为孩子们扎根农村，我愿意。”

油篓沟乡中心小学参加工作刚满三年的英语教师袁彩说：温总理在讲卜延荣老师的故事时动了感情，我们也在底下抹眼泪。拿卜延荣和自己比，拿总理的希望和自己比，我没有理由不更加努力地工作。

张北镇中心小学 27 岁的语文老师韩丽娟说：“每一位农村教师都应该捧着一颗心来，不带半根草去，把自己看成是一盏明灯，心甘情愿将知识的种子播撒在不为人知的角落里。温总理的这句话，会成为我人生的座右铭……”

报告结束后，教育部部长袁贵仁说：温家宝总理是给张北的老师们讲的，也是给全国教师上了新学期开学第一课。这堂课就是农民的教育学。农民的教育学实际上就是中国人民的教育学、中国社会的教育学。

当温家宝离开张北三中时，师生们夹道欢送，依依不舍……

注　释

〔1〕端午节，日期为农历五月初五，是中华民族的传统节日。从 2008 年起被确定为国家法定节假日。一般认为，每年端午节人们吃粽子、赛龙舟，是为了纪念战国时期伟大爱国诗人屈原。

〔2〕屈原（约前 340—约前 278），战国时期楚国诗人、政治家。丹阳（今湖北秭归）人。著有《离骚》《九章》《天问》等名作。

〔3〕《丢丢铜》是一首流行于我国台湾等地区的童谣。歌曲旋律优美独特，节奏欢快多变。

〔4〕《春天在哪里》是中国当代儿童歌曲，由潘振声作曲，望安作词。

〔5〕《珠穆朗玛》，全名《珠穆朗玛，太阳的骄子》，原载《散文诗世界》2006 年第 4 期，作者是中国当代女诗人宓月。这是一篇歌颂人生价值、坚强意志的时代感很强的散文诗佳作。

〔6〕宓月，中国当代诗人。1976 年出生，浙江绍兴人。现任中外散文诗学会副主席、中国散文诗学会理事、四川省散文诗学会副秘书长、《散文诗世界》主编。著有散文诗集《人在他乡》《明天的背后》等。

〔7〕语出陶行知《地方教育与乡村改造》，《陶行知教育论著选》，人民教育出版社 2011 年版，第 263 页。原文为：“在教师的手里操着幼年人的命运，便操着民族和人类的命运。”

〔8〕见本书《一定要把农村教育办得更好》一文。

要更多地关心艺术教育和体育事业的发展

一、要为艺术教育事业的发展创造条件

2004年教师节前夕，温家宝总理利用周末时间看望了几位从事艺术教育的教师。

9月5日上午，温家宝来到舞蹈艺术家戴爱莲[1]的家中。戴爱莲、贾作光[2]、白淑湘[3]、陈爱莲[4]、赵汝蘅[5]、赵青[6]、许定中[7]、贺燕云[8]等长期从事舞蹈艺术教学的艺术家围坐在总理的身边，热烈地探讨发展中国艺术和艺术教育的话题。

“中国历史典籍中说：言之不足，嗟叹之；嗟叹不足，歌咏之；歌咏不足，手之舞之，足之蹈之。[9]这可能是表达人类情感的最高境界。”温家宝兴致勃勃地与艺术家们谈起了舞蹈艺术的起源。

88岁的戴爱莲是北京舞蹈学校首任校长，开创了新中国舞蹈教育事业。

“艺术的发展必须讲求健康，这不仅指艺术要充满活力，还必须保证思想、生命上的健康发展。”戴爱莲说。

“艺术不能脱离人民，脱离生活，否则就是无本之木，无源之水。”温家宝表示赞同。

“一个开放的民族，才是有希望的。艺术的发展也是如此。”温家宝将目光

投向身旁的贾作光，“你本来是满族人，却广泛吸收蒙古族舞蹈技艺，创作了大量反映草原生活的作品，成为蒙古族艺术舞蹈的奠基人。”

“总理，我想提个建议。”贾作光说，“现在学生们登台实习的次数太少了，希望社会各界给学生提供更多走上舞台实践的机会。”

听到这里，温家宝加重了语气：“教育兴，则民族兴。各级政府要更多地关心艺术事业和艺术教育事业的发展，为之创造更好的条件。”

“诗言志，歌咏情，舞动容。”〔10〕在即将与艺术家们告别的时候，温家宝说：“各个门类的艺术在陶冶心灵、凝聚精神、振奋人心等方面都发挥了不可替代的作用。希望你们能永葆艺术的青春，创作出更多无愧于时代的精品。”

二、促进青少年健康成长是关系国家和民族未来的大事

“同学们，今天有三位新‘同学’和我们班同学一起上体育课。第一位是温家宝总理。”2011 年 5 月 31 日上午，北京市朝阳区十八里店小学的操场上，体育教师张涛异常高兴地对六年级(2)班的 37 位同学说。

背心、短裤、球鞋……一身运动装的温家宝站到了队列的第一排。同学们以热烈的掌声，欢迎温总理的到来。冬季奥运会短道速滑比赛冠军杨扬和国家篮球队原教练阿的江也站在了队列中。

蓝天白云，微风习习。上午 8 时 40 分许，温家宝和中共中央政治局委员、北京市委书记刘淇，中共中央政治局委员、国务委员刘延东来到地处城乡结合部的北京市朝阳区十八里店小学，亲切看望师生，并和孩子们一起上了一堂体育课。

增强青少年体质，促进青少年健康成长，是关系国家和民族未来的大事。党和政府非常重视中小学生的身体健康。2011 年 3 月 5 日，温家宝总理在十一届全国人大四次会议上所做的《政府工作报告》中明确提出要“保证中小学生每天一小时校园体育活动”。

3月8日，温家宝参加吉林代表团审议时，全国人大代表、冬奥会冠军杨扬提出一个请求：希望总理能够和青少年共上一堂体育课，以推动青少年体育运动。温家宝当场愉快地答应："我一定和孩子们上一堂体育课！"六一儿童节快到了，温家宝专门抽出时间到十八里店小学，兑现诺言。

十八里店小学是一所农村中心小学，全校756名学生中绝大部分是当地村民和外来务工人员的子女。校长陈春红告诉总理，学校坚持"健康第一"的育人理念，切实保证学生每天锻炼一小时，是朝阳区篮球、武术、田径三个项目的特色校。

操场上，一面五星红旗迎风飘扬，"每天锻炼一小时，健康工作五十年，幸福生活一辈子"的大幅标语格外醒目。

8时55分，篮球课开始。"今天的内容是学习运球跑动投篮，然后进行一场对抗赛。"张涛说。

"一、二、三……"学生们整齐列队、报数。

"我们先做热身活动，沿场地慢跑。"张涛吹着口哨，连续发出指令，"向右转，跑步走，一二一……"

温家宝和同学们一起做起了热身运动，沿着篮球场跑步，活动身体。

防守步伐练习、原地运球、高低运球、行进运球、接固定球练习、运球急停急起……每一个动作，温家宝都做得有板有眼，十分认真。

"下面，我们请温爷爷来示范一下。"练习三步上篮时，张涛邀请总理做示范。

温家宝从一位学生手中接过篮球，一步、两步、三步，投篮——球进了。

看到总理矫健的身姿、熟练的动作，全场响起热烈的掌声……

接着，张涛又邀请温家宝和孩子们一起切磋球技。温家宝、阿的江和李浩、张秋帆、程璐、王堃四位同学分成两组，举行三对三半场对抗赛。

运球、传球、投篮……球场上，你来我往，好不热闹。球场边，其他同学组成了啦啦队，"加油"声不断。

一个、两个、三个……伴随着一个个进球，全场响起一阵阵热烈的掌声。温家宝连续投进了六个球，额头上冒出了汗。

篮球课快结束了。9 时 35 分，孩子们整齐列队，张涛进行点评："同学们，通过今天的学习，大家基本掌握了运球跑动投篮的技术，希望大家在以后的学习中继续巩固。"

整整 40 分钟和小学生一样上体育课，使温家宝仿佛回到童年。望着眼前天真活泼、健康快乐的孩子们，他深情地说："同学们，跟你们打一次篮球，我非常高兴。大家都知道，生命在于运动。德、智、体的基础是身体。德、智、体要全面发展，必须有强健的身体，因为身体是精神和知识的载体。没有好的身体，就不会有充沛的精力刻苦学习。"

温家宝接着说："只有孩子们健康，才有祖国的未来。你们要懂得这个道理。我们要有一个健康的体魄，才能更好地为人民服务。同学们要热爱运动，经常运动，把运动贯穿一生。"

温家宝深情地回忆起自己的学生时代："我上学时，一下课就去操场抢篮筐、乒乓球台。每个学生每天运动一小时，这是起码的要求。我们还要培养学生对体育浓厚的兴趣，愿意打篮球的打篮球，愿意打乒乓球的打乒乓球。希望同学们健康快乐，茁壮成长。"

这时，一位同学抱着一个篮球跑过来，请总理签名。温家宝在篮球上一笔一画地写下自己的名字。

签名后，温家宝又意犹未尽地拿起篮球，三步上篮，连续投了六七个球……

刘延东也和五年级(3)班的同学们一起上了一堂排球课。

大课间体育活动的时间到了。操场上，伴随着欢快飞扬的音乐，全校学生做起"七彩阳光"广播操和"旭日东升"武术健身操。伸展、转体、踢腿……同学们整齐划一的动作，充满活力的身姿，深深感染了温家宝，他也跟着孩子们学做体操。

已近 10 时，告别的时候到了，孩子们呼喊着，围在温总理身边，舍不得离开。

和温总理一起上体育课、一起打篮球，让孩子们兴奋不已。在对抗赛中和总理同为"队友"的张秋帆激动地说："能和总理一起打球非常高兴，今后一定积极参加体育活动，把身体锻炼得更好。”

一身运动装的杨扬也十分激动：“一个民族的健康素质非常重要，总理能和孩子们一起上体育课，意义非常大。他的话不仅是说给孩子们听的，也是说给教育工作者，说给所有家长的。希望孩子们有更多的时间和空间参加体育锻炼……”

注　释

〔1〕戴爱莲(1916—2006)，中国舞蹈表演艺术家、舞蹈教育家。出生于西印度群岛的特立尼达岛，祖籍广东新会。中国当代舞蹈艺术先驱者和奠基人之一，被誉为“中国舞蹈之母”。曾任中央戏剧学院舞蹈团团长、中央歌舞团团长、北京舞蹈学校(今北京舞蹈学院)校长、中国舞蹈家协会名誉主席等职。她所创作的双人舞《飞天》，是中国舞坛上第一个展现唐代敦煌艺术的舞蹈珍品。

〔2〕贾作光，中国舞蹈表演艺术家、舞蹈教育家。1923 年出生于辽宁沈阳。中国舞蹈家协会名誉主席，北京舞蹈学院创始人之一。代表作有《牧马舞》《雁舞》《马刀舞》《鄂尔多斯》等。他曾在国际、国内舞蹈比赛中获得多项大奖。

〔3〕白淑湘，中国芭蕾舞舞蹈艺术家、舞蹈教育家。1939 年出生于湖南耒阳，祖籍辽宁新宾。毕业于北京舞蹈学校。曾任中央芭蕾舞团副团长、中国文学艺术界联合会委员、中国舞蹈家协会理事等职，现任中国文学艺术界联合会副主席、中国舞蹈家协会主席。代表作有《天鹅湖》《海侠》《吉赛尔》《红色娘子军》等。

〔4〕陈爱莲，中国舞蹈表演艺术家、舞蹈教育家。1939 年出生于上海，祖籍广东番禺。毕业于北京舞蹈学校。1959 年她因主演第一部芭蕾舞与中国舞蹈相结合的舞剧《鱼美人》而一举成名。曾任中国舞蹈家协会副主席、顾问。代表作有《红旗》《白毛女》《小刀会》《文成公主》《红楼梦》《牡丹亭》《霸王别姬》等。

〔5〕赵汝蘅，中国芭蕾舞舞蹈艺术家。1944 年出生于天津，祖籍山东安丘。毕业于北京舞蹈学校。此后一直就职于中央芭蕾舞团，长期从事教学、排练、艺术研究及对外交流工作。现任中央芭蕾舞团团长兼艺术指导、国家大剧院舞蹈总监、中国舞蹈家协会副主席等职。代表作有《天鹅湖》《仙女们》《吉赛尔》《红色娘子军》等。

〔6〕赵青，中国舞蹈表演艺术家。1936 年出生于上海，祖籍山东肥城。毕业于北

京舞蹈学校。曾任职于中国歌剧舞剧院。现任中国文学艺术界联合会委员、中国舞蹈家协会理事等职。代表作有《宝莲灯》《小刀会》《八女颂》《刚果河在怒吼》《剑》《梁山伯与祝英台》等。

〔7〕许定中，中国舞蹈教育家。1941 年出生于上海，祖籍浙江金华。毕业于北京舞蹈学校，后长期从事芭蕾舞教学工作。曾任北京舞蹈学院教授、副院长等职。他坚持在舞蹈教育教学第一线，为我国培养出许多优秀芭蕾舞人才。

〔8〕贺燕云，中国敦煌舞表演艺术家。1956 年出生，上海人。1970 年进入甘肃省歌舞团当学员，1973 年正式成为甘肃省歌舞团演员。参与舞剧《丝路花雨》演出，大获成功。曾任北京舞蹈学院附中党委书记兼副校长，现任北京舞蹈学院舞蹈教育研究所研究员。

〔9〕语出《毛诗序》。原文为："言之不足，故嗟叹之；嗟叹之不足，故永歌之；永歌之不足，不知手之舞之足之蹈之也。""永"通"咏"。

〔10〕语出《礼记·乐记》。原文为："诗，言其志也；歌，咏其声也；舞，动其容也。三者本于心，然后乐器从之。"

重视发展少数民族地区教育

一、中国的职业教育普遍发展了，整个社会就进步了

对从教28年的宁夏回族自治区同心县窑山中心学校校长马义海来说，2008年1月25日无疑是他一生难以忘怀的一个特殊日子。

这天上午，应温家宝总理之邀，这位从未来过北京的宁夏农村教师，作为教育界的代表来到中南海，出席在国务院第一会议室召开的座谈会，就《政府工作报告(征求意见稿)》提出意见和建议。

投入加大了，地位提高了，办学质量也比以前好了……谈到近年来职业教育发生的变化，河北省张家口市职教中心校长汪秀丽感慨万千："职业教育是面向人人的教育。当前，职业教育发展进入'黄金季节'，我们感到使命神圣，责任重大。"她建议国家今后继续加大职业教育投入，并进一步建立和完善就业准入制度。

温家宝接过话头儿说："中国的职业教育普遍发展了，整个社会就进步了，我国的新型工业化、农业现代化水平就会提高，整个现代化事业就会向前发展。我们需要大批从事职业教育的教育家。"

"我们绝不辜负总理的期望。"汪秀丽答道。

马义海第十二个发言。看到这位山村教师有些拘束，温家宝和蔼地问他：是不是回族？从事教育工作多少年？望着总理亲切的目光，马义海不再感到紧张。他说："这几年，我们学校发生了很大变化。现在，种田不交税，上学不交费，农村的娃娃不用再为上学交费发愁了。"

"但是，还有一些困难需要解决。"他接着说，"虽然农村教师收入比以前提高了，但还不足以吸引更多优秀的教师和大学毕业生来任教。希望国家进一步提高农村教师待遇，为艰苦贫困地区教师发放补贴。"

"另外，现代远程教育工程受到热烈欢迎，但目前配备的设备还不能完全满足教学需要。我们学校只有一台电脑、一台电视和一个光盘播放器，大家都想用，经常在时间上'打架'，我作为校长常常感到很为难。希望国家继续推进这项工作，让每个班级都拥有一台电脑和一个光盘播放器。"

温家宝接过话茬儿说："我们可以想办法，把城市里多余的电脑捐献给乡村。"

接着，曾获得"全国模范教师"称号的马义海讲述了他在农村从教的经历和感受。他所在的学校原来有 42 个学生，全部是男生。看到三乡四村有不少失学女孩，马义海十分着急。这些年来，在政府的支持和他的不懈努力下，一些失学女童走进了校园。现在全校 200 多个学生中，有 90 多个女生。

"当然，我心中也有愧疚的地方。"马义海放缓了语速，"我们那里唯一辍学的女娃，就是我的女儿。我上有 80 岁的老人，下有一儿一女。爱人因为支持我工作，积劳成疾，双目失明。要照顾爱人，我只有两个选择，一个是我回家，一个是女儿退学。我离不开学校和孩子们，只好选择了后者。现在想来，我实在对不住女儿啊！……"

会议室里寂静无声，马义海的话深深感动着总理和在场的人们，不少人眼睛湿润了。

少顷，温家宝说："你讲得非常感人。你工作在'苦瘠甲天下'的地方，像一支蜡烛一样照亮了孩子们的未来。你为教育事业献出了一切，我们应该向你学习。"

代表们发言完毕，已是中午 12 时 10 分。

温家宝最后说："教育、科技、文化、卫生、体育、新闻出版等各项事业直接关系到民生的改善，关系到国民素质的提高，十分重要。提高我国国际竞争力，除了大力发展经济，很重要的就是要促进社会的进步和公平正义。因此，必须大力发展教科文卫体等各项社会事业。"

接着，温家宝对与会代表说："大家都怀着对社会的强烈责任感，带着社会各界和人民群众的嘱托来参加这次会议，所以每条意见以至于每句话都带着感情，我们非常感动。十分感谢大家提出的许多宝贵意见。对这些意见，我们都要认真研究，不仅要修改好《政府工作报告》，更重要的是要改进政府工作。有些事情要抓紧研究落实，比如农村中小学教师的补贴问题已经列入政府议程，要抓紧解决。"

二、教育是民生之基

2008 年 3 月 31 日，温家宝在出席大湄公河次区域经济合作〔1〕第三次领导人会议后，乘飞机从万象赶赴云南省德宏傣族景颇族自治州，先后考察走访了傣族、景颇族、德昂族三个少数民族村寨，并利用晚上的时间召开了基层少数民族群众座谈会。

在景颇族村，温家宝曾经遇到一个上小学三年级的小女孩。家里很穷，但有了"两免一补"政策，她能够安心地在学校读书。温家宝说："我老惦记着那个小女孩，姓明，光明的明。她心里就是想上大学。上了大学，她们这一代人的前程就比你们强，将来由她们来建设山寨，山寨的前途就更远大。这是发展的根基。"

温家宝接着说："民生有四句话：教育是民生之基，健康是民生之本，分配是民生之源，保障是民生之安。这四句话都很重要，不过教育还是第一位的。"他还嘱咐当地的干部："要让群众生活好，让他们的生活比你们还好。"

三、社会公平首先是教育公平

在宁夏回族自治区成立五十周年大庆前夕，中共中央政治局常委、国务院总理温家宝到宁夏深入工厂企业、田间地头，走访居民，亲切慰问各族干部群众，共商宁夏未来发展大计。

在宁夏50年的建设史上，有无数来自五湖四海的支援者。他们与宁夏人民并肩奋斗，把自己宝贵的青春献给了这片热土。

2008年8月15日晚，温家宝来到银川市星光华住宅小区看望居民。总理的到来让李宁为一家喜出望外。李宁为拄着双拐把总理迎到沙发上坐下。他1岁半时患上小儿麻痹症，双腿行动不便。苦难磨砺意志，李宁为通过艰苦努力三次获得全国残疾人运动会游泳冠军，目前担任宁夏肢残人协会主席。他告诉总理，过几天，他将作为特邀嘉宾参加北京残奥会。李宁为的母亲是武术教练，自治区成立初期她就从天津来到这里，一干就是50年。如今已是年过花甲，子孙满堂。温家宝说，宁夏的发展，包括体育的发展也有你们的贡献。

16日下午，温家宝来到固原市第一中学家属院，看望退休教师隋秀花夫妇。这对夫妇1956年从上海来到固原支边。那时，他们是风华正茂的青年，在当地学校里教书。52年过去了，如今已是桃李满天下，他们也成了白发苍苍的老人。隋秀花谈起50年的变化，用了“惊心动魄”四个字来形容。她说：刚来这里时，学校破烂不堪，教室都是“土台子、黑屋子”。如今，学校宽敞漂亮，远程教育让大山里的孩子也能享受到优质教育资源。感谢党和政府的好政策！温家宝对她说，我们要记住两句话：一是国家的未来在教育、在孩子。让孩子上得起学、上好学是社会发展的根本任务。二是社会公平首先是教育的公平。孩子们享有同等的教育机会，才能有光明的前途和希望。

隋秀花拿出老照片，与总理一起回忆过去的历史。温家宝感慨地说：“你们把一辈子都奉献给宁夏教育事业。宁夏回族自治区很快就要迎来五十周年大庆，在隆重纪念这个节日时，一定要感谢像你们这样来自全国各地无私援助宁夏的人们。宁夏人民不会忘记你们，党和政府不会忘记你们。”隋秀花听后激动地说：“对于当初的选择，我们无怨无悔！”

考察途中，温家宝还临时改变行程，驱车100多公里专门来到依山而建的西吉县万崖村七组，看望村里70户回族群众。在村民的引领下，温家宝仔细地观看着村容村貌。看到不少村民盖起砖瓦房，院落里干净整洁，总理十分高兴。坐在村民黄生秀家的沙发上，温家宝把老人的孙子搂在怀里，像搂着自己的亲孙子一样。他认真地与黄生秀交谈着回族群众的生活习惯和各种礼仪，详细询问老人家的生活状况。黄生秀告诉总理，他家6口人，种有20多亩旱地、5亩水田，退耕还林3亩地种上杏树和桃树，儿子出去打工也有收入，家里日子好着呢！只是吃水困难，村前水库很早就干涸了，水井要打400米深。

听说总理来到了小山村，村民们纷纷走出家门拥到总理身边。温家宝向大家问好，并与他们聊起家常。谈起孩子们的教育问题，村民们向总理报喜：今年村里有一个孩子考上吉林医药学院，这是第一个大学生。温家宝说：“今年有一个，明年就会有两个，以后会更多。祝贺你们！”村民们高兴地笑了起来。村里有一所小学，回族和汉族的孩子们在一起读书。温家宝听后说：“回族和汉族的孩子从小在一起成长，大家更好地团结，这样非常好！”温家宝一再对大家说：“我来一趟不容易，还有什么困难要解决吗？”村民们客气地回答道：“没有什么困难。”温家宝用手指着对面干涸的水库说：“我知道你们有一个困难，吃水困难。你们这里地多水少，今年还特别旱。请你们放心，政府会帮助大家解决的。”

望着村民们朴实的面庞，温家宝情真意切地说：“我是专门来看望回族群众的。在场的有比我年长的，也有比我年轻的，咱们都是弟兄。”话音刚落，响起了热烈的掌声。临别时，总理提议说：“来，咱们合一张影吧！”站在村里的高坡上，身后是绿油油的土豆地，总理和大家的脸上堆满了开心的笑容。咔嚓！随着照相机快门的声响，留下了总理和回族群众心心相通的美好瞬间。

四、有爱才有一切

2009年的六一国际儿童节，应温家宝总理邀请，参加北京市中关村第三小学“欢聚北京、祝福祖国、共庆六一”活动的56个民族的近百名小学生代表，来到了向往已久的中南海。

中关村第三小学自2008年开展“传承中华美德，牵手各族伙伴”民族团结教育活动以来，通过多种方式与全国18个省（自治区、直辖市）的55个少数民族的71个小伙伴取得联系，邀请他们2009年六一儿童节期间欢聚北京。六一儿童节前几天，中关村三小的全体少先队员代表56个民族的小伙伴致信温家宝总理，表达了想和总理共度儿童节的心愿。

2009年6月1日8时50分，温家宝和国务委员刘延东来到西花厅前迎候

2009年6月1日，温家宝同志邀请孩子们参观中南海

孩子们的到来。“温爷爷好!”身着鲜艳民族服装的小朋友下车后看见了温总理,立刻欢呼着围拢过来。温家宝高兴地向孩子们问好。高山族小学生施汶妤为总理系上鲜艳的红领巾。

“孩子们,我带你们参观周总理生前办公和居住的地方。”温家宝和孩子们手拉着手,走进西花厅幽静的院子。在绿意盎然的海棠树下,在简单朴素的办公桌前,温家宝向孩子们一一介绍,亲切地回答大家提出的问题。听着温家宝的介绍,望着眼前的情景,孩子们不由想起自己学过的反映周总理辛勤工作和简朴生活的两篇课文《一夜的工作》和《邓妈妈补睡衣》,他们情不自禁地朗诵了起来。之后,温家宝又领着孩子们来到中南海岸边,他微笑着对孩子们说:“这边是中海,那边是南海……”一路上,小朋友们开心地尽情看呀,说呀,笑呀,一张张稚气的笑脸像绽放的花朵。

在孩子们的簇拥下,温家宝和大家步行来到国务院小礼堂。一串串五彩缤纷的小气球,一张张千姿百态的纸贴花,把这里的节日气氛装点得格外浓厚。在小礼堂前厅,摆放着一块用各民族小学生的“心愿卡”制成的展板,孩子们用本民族文字表达了自己的心愿,温家宝一一翻看。礼堂中间,一块背板上,“欢庆六一”四个大字格外醒目。背板右侧桌子上,摆放着孩子们创作的一幅幅色彩绚丽的儿童画,温家宝满脸笑容地逐一欣赏。

落座后,中关村三小的孩子们首先发言,向总理讲述为各族小朋友来北京筹集路费的故事:“我们用自己的力量为小伙伴们筹集路费,让小伙伴们来北京”,“我们班通过卖废品集资1 000多块钱呢,同学们都非常积极”……

温家宝认真地倾听,他说:“听了大家的话十分感动。我们是一个‘大家’,有 56 个民族,虽然住在天南海北,语言风俗不一样,但都是小伙伴,都是兄弟姐妹。今天大家聚在一起,非常难得。请大家都说说自己来自哪里。”

“我是来自云南澜沧县的拉祜族小朋友”,“我来自宁夏银川,是回族”,“我是甘肃东乡族”……孩子们纷纷举手,抑制不住地表达着兴奋的心情。

听说沈丹棱是来自四川北川擂鼓镇中心小学的羌族学生,温家宝询问道:“学校现在怎么样了?”沈丹棱激动地说:“温爷爷,您到我们灾区时,我曾见过您三次。我们 5 月份就搬进了新学校,同学们可高兴啦!”温家宝说:“回去后,向乡亲们问好。”蒙古族小学生卓兰站起来，走到总理面前敬了一个队礼：“总理，我给您跳一个蒙古族舞蹈——顶碗舞。”说着，她就一边唱一边跳起来。伴着歌曲的节奏，全场响起整齐的掌声……

来自西藏的珞巴族小学生桑杰拉姆从座位上站起来，告诉总理：“我从西藏墨脱来。”听到这里，温家宝立刻关切地问：“你是不是最远？是坐汽车来的吗？”

“我们路上走了 10 天……”说起一路的艰辛，桑杰拉姆哽咽了，“我们从家乡出发，路上遇到了山体滑坡。途中，找了一家旅馆休息，凌晨 3 点就被冻醒了。爬雪山时，山路很陡，还有积雪和冰窟窿，险些把命都丢在那里。途中，我们摔了好几个跟头，但是依然在坚持，因为北京的小朋友在等着我们。我们走得腿都红肿了，鞋子里也进水了……”

说着，桑杰拉姆拿着一张照片走到总理跟前说：“温爷爷，这是我们爬雪山时的相片。”温家宝接过照片仔细端详，用心疼的目光看着孩子，并夸奖道：“你向往北京，一路跋山涉水，很勇敢。墨脱是全国唯一没有通公路的县。我告诉大家，前不久，国务院已经批准要修建从拉萨到墨脱的公路，将来你再来北京，就不用这么费劲了。”会场上响起热烈的掌声。

孩子们齐声唱起歌曲，温家宝和大家一起打着拍子唱起来，嘹亮的歌声飞出礼堂，飘向远方……

望着这些可爱的孩子，温家宝由衷地说：“孩子们，我今天非常激动。我是第一次和 56 个民族的孩子们一起过六一儿童节。今天的节日很有意义，你们回家了，北京是你们的家，中南海也是你们的家，全国都是你们的家。正像你们刚才唱的，我们有一个好大的家。”

总理略微停顿说：“是什么把我们这个大家庭中的兄弟姐妹连在一起？是那颗真诚的爱心。希望你们记住今天我讲的话，有爱，才有教育，才有道德，才有一切。希望你们懂得爱，珍惜爱，学会爱。要爱父母，爱家乡，爱祖国。要把爱变成实际行动，努力学习，团结一心，把我们这个‘大家’建设好，把祖国建设好。”

温家宝接着说：“儿童教育是国民教育中极其重要的组成部分。要教育孩子从小就立志成才，报效祖国。要用真善美去启迪孩子们的童心，让他们从小就学会做一个有道德的人。”

中关村三小学生张一迪代表孩子们向温家宝赠送了《欢聚北京　祝福祖国》纪念册和亲手制作的福瓶。福瓶里面装着各民族小伙伴和中关村三小学生折的“心愿星”，每颗“心愿星”中都写着孩子们对民族团结、对伟大祖国的祝福。

张一迪轻轻拆开一个“心愿星”，读给温爷爷听：“民族团结，必成大业。”

“说得好。”温家宝开心地笑了。

时间已经过去了快两个小时。总理向小朋友每人赠送了一本他亲笔签名的《现代汉语词典》和一套中国古典文学四大名著〔2〕，嘱咐大家好好学习。

“五十六个星座五十六枝花，五十六族兄弟姐妹是一家……”伴随着《爱我中华》的乐曲声，温总理和孩子们手拉手欢快地跳起舞蹈。

近 11 时，分别的时刻到了。温家宝将小朋友们送到小礼堂门口。依依不舍的孩子们将总理围在中间，久久不愿离开……

注　释

〔1〕大湄公河次区域包括澜沧江-湄公河流域内的中国、柬埔寨、老挝、缅甸、泰国和越南六国。澜沧江-湄公河发源于中国的青藏高原唐古拉山，河流的中国境内段称为澜沧江，中国境外段称为湄公河。1992 年，在亚洲开发银行的倡议下，澜沧江-湄公河流域内的六个国家共同发起了大湄公河次区域经济合作(GMS)机制，以加强各成员国间的经济联系，促进次区域的经济和社会发展，实现区域共同繁荣。

〔2〕即《三国演义》《水浒传》《西游记》《红楼梦》。

要重新树立生活的信心

一、让他们走上新生的道路

2004年6月10日上午，温家宝总理来到武汉市公安局强制戒毒所，慰问医护、管理人员，看望戒毒人员。

武汉市公安局强制戒毒所设计床位1 360张，为全国特大型强制戒毒所之一。两年来，全所共收治强制戒毒人员近7 000人。

温家宝走进医疗室，对一位年轻的戒毒人员说："我来看看你。到这里多少时间了？"

"一个多月。"

"你多大了？"

"21岁。"

看着这个受到毒品侵害的女孩，温家宝的眼睛湿润了。他温和地问道："进戒毒所后，有进步吗？"

"在管教干部和医生帮助下，身心恢复得很好。"

温家宝指着墙上的标语说："还需要继续巩固，一定要珍爱生命，拒绝毒品。"

"我记住了。"

“生活的天地宽广得很。如果你只想着毒品，就很难走出去。一定要对生活和未来充满希望，树立战胜疾病的信心。”

温家宝接着对管教人员和医护人员说：“这些孩子吸毒了，违法了，要教育，但他们也是受害者，是病人。因此要对他们进行心理和生理上的综合治疗，你们的工作很特殊，责任重大。”

“我们有信心努力钻研戒毒业务，把孩子们管好治好，请总理放心。”

“以人为本应该贯彻到每一个角落，要实行人文治疗，拯救这些孩子，让他们走上新生的道路。”

温家宝转过身来对戒毒人员说：“你们走错路了，没关系，再回来，往光明的路上走，千万不能执迷不悟。家里人都很惦记你们吧？”

“每周都来看我们。”

“家人每天都在为你们揪心啊，早一点治好，早一点回家，和父母团聚，好不好？”

“好。”

温家宝随后来到戒毒所的小操场上，招呼正在练操的戒毒人员：“到我跟前来，我想对你们说两句。”

温家宝语重心长的话语在操场上回响：“这是一次特殊的探望，是共和国的总理来看望戒毒人员，说明党和政府对禁毒和戒毒工作的高度重视。你们吸毒违法了，要在戒毒所受教育。但你们也是受害者，是病人，应该得到关心、爱护和帮助。你们都很年轻，在生命的历程中走过一段弯路，不要紧，今后的路还很长，只要痛改前非，坚决戒毒，你们一定能获得新生，未来的生活一定会更美好。我希望你们时刻想着三件事。”

戒毒人员聆听着温家宝的谆谆教诲，全场一片安静。

“第一要想着国家。我们这个国家在历史上受过毒品的毒害。人们至今不能忘记的是1840年的鸦片战争，西方列强把毒品输入中国，从而引发了西方列强对中国的侵略战争。民族英雄林则徐看到许多人整天沉湎于毒品，他深深为国家和民族的命运担忧，进而对毒品奋起抗击，开展禁烟运动。毒品不仅危害一个人，而且危害整个民族、国家、社会，影响青少年的身体健康，破坏生产。如任其发展,我们的现代化建设和全面建设小康社会都会受到影响。现在全国吸毒人员有105万,涉及近80%的县市,必须引起全社会的高度重视。"

"第二要想想父母。父母把你们养大成人不容易啊。'慈母手中线,游子身上衣。临行密密缝,意恐迟迟归。'[1]你们的父母都很想念你们,都希望自己的孩子成为一个有出息的人。你们要下决心把毒戒掉,不要再让父母伤心。"

"第三要想想自己的前途。只要下决心把毒戒掉,你们的前途是光明的,会重新成为一个对社会和人民有用的人,你们可以学习、工作,还可以到祖国各地去。社会不会歧视你们,亲朋也不会歧视你们,原来的老师同学都不会歧视你们。你们要对明天充满希望,重新树立起生活的信心。不要总想着毒品,要下决心把它丢到一边。"

听到总理慈父般温暖的话语,很多戒毒人员流下了热泪。

"我今天的这番话,表明了党和政府的一片苦心。将来你们在戒毒中遇到困难、思想出现摇摆的时候,请记住6月10日,总理对你们讲的这番话。"

戒毒人员齐声答道:"记住了。"

临告别前,温家宝鼓励大家:"我相信再过一段时间,一定能传来你们戒毒取得进步的好消息。"

二、全社会都要关爱他们

2006年12月1日,这天是世界艾滋病[2]日。上午9时50分许,中南海。

国务院总理温家宝和副总理吴仪佩戴红丝带,提早来到紫光阁,准备迎接一群特殊的客人——来自河南、云南、辽宁、安徽和山西等地的15名艾滋病致孤儿童和患儿。

按照温总理的安排,一个多小时前,这些小客人乘车来到中南海,先后参观了周恩来总理曾经办公和居住的西花厅,以及国家领导人会见外宾的紫光阁。参观中,工作人员向小客人们仔细讲解每一处地方。孩子们好奇地看着周围的一切,相互交谈着,不时发出欢快的笑声。

时针指向10点整,见面的时间到了。刚听到孩子们的笑声,温家宝就快步走向入口处,向孩子们迎去。这些孩子中,不少温家宝以前在下乡考察时都见过面。

温家宝弯腰抚摸着来自河南上蔡的艾滋病致孤儿童程文龙说:“我们去年春节还一起打过乒乓球!”随后,他又对来自同一地方的魏婉丽说:“你写的信我收到了。你收到我给你的回信了吗?”看到来自云南的傣族小姑娘凤伦,温家宝关切地问:“你冷不冷?”凤伦回答说不冷。温家宝叮嘱她天气冷,要注意保暖。

温家宝一边跟孩子们说着话,一边亲自领着大家步出紫光阁,前往旁边的小礼堂。

一串串五颜六色的气球,一个个鲜艳的红丝带,把简朴的小礼堂装饰得有几分热烈的气氛。温家宝在孩子们的簇拥下,首先欣赏他们带来的一幅幅洋溢着童趣的绘画。

一幅由15名孩子共同完成、名叫《我们都一样》的作品吸引了总理的目光。“这名字起得好。”温家宝说,“无论是艾滋病致孤儿童还是患儿,全社会都要关爱他们,不能歧视他们。”

“明媚的阳光下,只有一个孤单的孩子……”一幅孩子的画作和上面的文字引起了总理的注意。他把小作者拉到身边,轻轻地抚摸着他的头说:“你们不会孤单,因为有好多人在关心你们。”

随后,温家宝请孩子们就座。他说:“孩子们,你们到家了。让我们一起度过今天这个特殊的日子,真心希望你们在中南海过得愉快。下面,你们每人都说一两句话,唱个歌也行,好不好?”孩子们用热烈的掌声欢迎温总理的提议。

温家宝侧身转向坐在他右边的黄新雷说:“你是第一个。你是演节目还是讲几句?”

这位来自安徽阜阳的12岁男孩向总理介绍说:“我的父母都因艾滋病去世了,现在和两个姐姐与年迈的奶奶生活。以前我们生活很苦,冬天没有棉被盖,也没有棉衣穿。后来在政府和‘阜艾协会’的帮助下,我和姐姐都能快乐地生活。我长大了想当一名医生,让这个世界不再有受艾滋病影响失去父母的孩子,不再有艾滋病。”

“你讲得很好。”温家宝用掌声表扬黄新雷,他说,“今天在座的,或者是父母因艾滋病去世成为孤儿，或者本人感染了艾滋病，都应该得到全社会的关爱，应该和别的孩子一样有受教育的权利，在生活上应该得到整个社会的关心。听到你讲现在生活比过去好多了，我心里感到安慰。”

父母因感染艾滋病先后去世，12 岁的景颇族男孩供胖成为孤儿。说起家里的事情，供胖有些难过。

“你不要难过。”温总理安慰他说，“艾滋病家庭的孤儿和感染艾滋病的孩子经历了更多的磨难，应该比别的孩子更坚强。你是个健康的孩子，你很有希望。只要从小锻炼身体，努力学习，将来一定会成为有用的人。”

2005 年春节，温家宝到河南上蔡考察时，曾前往阳光家园看望过包括何纯杰在内的许多艾滋病致孤儿童。两年后的今天，温总理第二次和她见面。

“阳光家园的孩子们都好吗？老人们都好吗？”总理关心地问何纯杰。在听到肯定的答复后，温家宝说：“一定要把阳光家园办好，办成充满阳光、充满温暖的地方，要让孩子们感到跟正常家庭一样，生活不困难，上学不困难，甚至更好。”

随后，9 位孩子表演合唱《感恩的心》〔3〕。“我听出你们是在用心唱歌，一是感谢帮助过你们的人；二是表示在命运面前不低头，对人生充满信心，就像你们唱的：花儿总会开的！”温总理说。

轮到卞海艳发言时，这位来自安徽阜阳的艾滋病致孤女孩轻轻哭了起来。在温总理的安慰下，她止住了眼泪，并和 9 岁的双胞胎弟弟卞猛强一起把他们画的一幅画送给总理。

总理看着这幅画上的文字，轻轻地读道：“我想有一个家，有一个温暖的家，家里有我和弟弟、爸爸、妈妈，因为爸爸得艾滋病去世了……”

读到这里，温总理的声音有些哽咽。他来到卞海艳身边，把手放到她的肩上，安慰她。

来自辽宁的 10 岁男孩小峰不幸感染上了艾滋病。当地为了解决他一个人的上学问题，特意设立了一所爱心小学。今天，小峰和他的老师王立军也被总理请来了。

“王老师，你不容易，你有一颗爱心。谢谢你！”总理询问了小峰的学习情况后说。

15 岁的黄金红和 14 岁的黄新梅是黄新雷的姐姐。姐弟三人从政府和“阜艾协会”定期获得资助，还利用课余时间种了两亩地。从每月开支从哪里来、种的什么庄稼到冬天怎么取暖，温总理详细地询问他们一家的生活。

“你们很不容易。”总理最后问，“生活有什么困难？”

“还有许多因父母得艾滋病去世的孤儿，没有得到帮助。”黄新梅没有说自己家里的事。

总理接着话说：“各级政府要认真贯彻‘四免一关怀’〔4〕的政策，不断加大政府对防治艾滋病的投入，社会也要关注艾滋病人，形成一种全社会关心的风尚。”

“我们在防治艾滋病上做了许多工作，但不是每个地方都做得很好。我们要通过各种方式，传递一个信息：对艾滋病致孤儿童和患儿要给予更多的关爱；要加强法制建设，加大惩治非法采血、卖淫嫖娼和贩毒吸毒等违法犯罪活动，让每个人都过上科学健康的生活。”

这时，姐姐黄金红大胆地站起来说：“温爷爷，我们不会辜负您的希望，我们会好好学习，将来成为国家的栋梁。”

听到这里，温家宝点了点头。

16 岁的楠楠，父母因艾滋病双双去世，她本人也因为母婴传播感染上艾滋病。她对总理说：“我最感到难过的是小朋友们不跟我玩……”孩子哽咽着说不下去了。

总理听后半天没说出话来，他知道患病孩子的心理压力是最沉重的。他走过去把楠楠揽在怀里，专门让摄影师照了张相，安慰她说：“你要树立信心。只要坚持服药，一定会起作用的。”他还在楠楠的笔记本上写上这样的题词：“坚强、努力、奋斗、向上！”

11 时许，座谈结束了。温家宝赠送给 15 位孩子每人一套签名图书和文具，并和大家合影留念。

随后，温家宝一边叮嘱孩子们穿好衣服，一边带着孩子们来到礼堂门口坐车。

在面包车门前，温家宝手扶着孩子，把他们一一送上车。

车启动了，缓缓地向前开去。温总理跟在车后快步向前走着，边走边向孩子们挥手道别。依依惜别的深情使寒冷的冬天荡漾着一丝融融的春意。

三、让孩子们的心灵充满阳光

2007 年 11 月 30 日上午，第二十个世界艾滋病日即将到来之际，温家宝总理来到位于河南省上蔡县芦岗乡王营村的中华红丝带家园，看望艾滋病致孤儿童。

“一切为了孩子，为了孩子一切”，红丝带家园围墙上的红色大字格外醒目。走进正在上数学课的五年级教室，温家宝热情地和 20 多名同学以及老师打招呼，仔细询问孩子们的学习情况。

“你叫什么名字？”

“张淑婉。”

“父母去世的情景还记得吗？”

“不记得了。”

小淑婉轻咬嘴唇，声音很轻，眼圈微微发红，两只小手的大拇指互相抠着……她的父母因艾滋病在 7 年前去世，那时她才 3 岁。

听说孩子们学习都非常努力，成绩也不错，总理脸上露出笑容。他对孩子们说：“我来看你们，因为我惦记着你们。你们很不幸，从小失去了父母。但你们也很幸运，全国有很多人关心爱护你们，你们还有其他的亲人，还有更多的亲人。”温家宝略微停顿，加重了语气，“你们正是长身体、学知识的时候，希望你们走出失去父母的阴影。要记住一句话，‘大地总是光明的，太阳总会出来的’。要让世界充满阳光，让社会充满阳光，让孩子们的心灵充满阳光。艰难的童年是你们一生中的磨炼时期，这使你们懂事早，懂得生活的艰难。你们要更加努力学习，把自己培养锻炼成一个对人民、对国家、对社会有用的人。”

总理接着说：“今天，我讲这些道理也许你们不一定全懂。但是看到你们学习环境很好，男孩子女孩子小脸都红扑扑的，心里很高兴。希望你们能心情愉快，乐观地对待生活。”

“让我们一起唱个歌吧。”总理提议道。

“我们是共产主义接班人，继承革命先辈的光荣传统，爱祖国，爱人民，鲜艳的红领巾飘扬在前胸……”总理和孩子们一起唱起少先队队歌，清脆的童声在教室里响起。歌声里，孩子们胸前的红领巾显得格外鲜艳……

随后，温家宝仔细查看了孩子们的宿舍，这里干净明亮、被褥整洁。在娱乐室，他和一个孩子兴致勃勃地打起了乒乓球。他还欣然提起毛笔在纸上写下“温馨家园”四个大字，赠送给红丝带家园。

望着这些可爱的孩子，温家宝提议一起吃午饭，他和大家同桌吃起了热腾腾的饺子。他把工作人员先端到自己面前的饺子递给对面和身边的孩子说：“你们先吃。”

总理吃完一碗饺子，看到孩子们也放下筷子，便说：“你们正在长身体，一碗不够，要吃饱一点。”边说边把一碗饺子用筷子分拨给身边的两个孩子，还起身拿起大勺，从一个盆里舀上饺子，把孩子们的饭碗一一添满。

临别时，总理叮嘱道：“要照顾好自己。”孩子们依依不舍，追着车跑，总理打开车窗，向孩子们挥手告别。

注　释

〔1〕见唐代孟郊《游子吟》。

〔2〕艾滋病，全名为获得性免疫缺陷综合征(Acquired Immune Deficiency Syndrome)，是其英文缩写 AIDS 的音译。它是人体感染了人类免疫缺陷病毒(Human Immunodeficiency Virus，HIV，又称艾滋病病毒)所导致的传染病。1981 年，该病在美国首次被发现和确认。

〔3〕《感恩的心》是我国当代流行歌曲，由陈乐融作词，陈志远作曲。

〔4〕“四免一关怀”主要是指国家实施艾滋病自愿免费血液初筛检测；对农民和城镇经济困难人群中的艾滋病患者实行免费抗病毒治疗；对艾滋病患者遗孤实行免费就学；对孕妇实施免费艾滋病咨询、筛查和抗病毒药物治疗；将生活困难的艾滋病患者及其家庭纳入国家救助关怀范围。

把自己一生献给人民

一、把找工作和干事业结合起来

2009年2月12日，北京迎来了新年后的第一场春雨，传送着万物复苏、大地回春的气息。上午9时，中南海国务院第一会议室，温家宝总理等国务院领导与13位邀请来的基层群众代表围坐在椭圆形桌旁，听取他们对政府工作的意见。

600多万应届毕业生就业问题，也是总理牵挂在心的大事情。

“清华大学学生从来不为就业操心。受金融危机影响，大家也开始担忧和不安。国家出台七条措施〔1〕帮助大学生就业后，同学们振奋起来了。”清华大学法学院应届本科毕业生陈威涛向总理反映。

“七条措施，政府报告里讲了最重要的五条，每条都有政策保障。够用不够用，管用不管用?”总理问道。

“管大用了。”陈威涛兴奋地回答道，“比如科研项目吸收应届毕业生做科研助理这一条，既能解决就业问题，又能提高创新活力。”

“这是我在与北京航空航天大学同学座谈时大家提出来的，后来就作为政策定下来了。”

陈威涛向总理谈起，今年大学生参军入伍，当“村官”，从事特岗服务、城乡管理基层服务，国家实行学费补偿和代偿助学贷款等政策，这会鼓励更多大学生转变择业观念，到基层去、到一线去。

“我有一个学兄毕业后去河南上蔡县工作。他对我说，没想到基层发挥作用空间这么大。”陈威涛也表达了到农村基层工作的想法。

温家宝听了感慨道：“我大学毕业时希望把所学地质专业用到最能发挥作用的地方，要求到西藏工作。后来被学校留下来做研究生。研究生毕业后，我还是要求到西北工作，在城市里怎么干地质呀！大学生要把找工作和干事业结合起来。”

听了总理的话，陈威涛连连点头。他说：“请总理放心，我们一定要到国家最需要的地方去。”

二、高度重视大学生就业问题

2009年2月15—16日，中共中央政治局常委、国务院总理温家宝在天津就经济运行情况进行调查研究。

下午6时，温家宝来到南开大学看望大学生，向大家介绍党和政府出台的一揽子应对危机的政策以及促进大学生就业的措施。温家宝说，党和政府始终高度重视大学生就业问题，各地区、各部门要认真贯彻落实国务院加强高校毕业生就业工作的七项措施。他勉励同学们要心系国家，将个人的命运和国家的命运紧密联系在一起，努力学习，甘于奉献，树立正确的择业观念，在磨难中坚强成长。温家宝还在学生食堂和同学们一起就餐。

三、努力使大学毕业生有用武之地

西安高校云集，科研力量雄厚，工农业比较发达，是西部地区重要经济中心城市。2009年6月5—7日，中共中央政治局常委、国务院总理温家宝就大学毕业生就业、夏粮生产和企业自主创新等在西安调研。

受国际金融危机影响，我国就业形势严峻，高校毕业生就业困难。5 日下午，温家宝乘机前往西安。一下飞机，他就来到西安莲湖区人力资源服务中心。华润万家有限公司正在这里举办专场招聘会。这家企业 2009 年要新开 17 家超市，需招聘2 500多人。来应聘的西安各高校大学生熙熙攘攘。

西安的温度37 ℃，总理额头沁出了汗珠。在人群拥挤的大厅里，他仔细地向企业招聘人员和应聘大学生们了解情况。一位大学生说，随着经济逐步好转，最近找工作比前些时期容易些。温家宝说，就业涉及民生，是天大的事，不仅关系国家经济发展，也关系个人前途。2008 年下半年以来国家制定了促进就业的一系列政策措施。几天前召开的国务院常务会议又确定了五项措施〔2〕，其中一条，就是中央财政对中西部地区高校毕业生见习给予生活补助。国家培养一个大学生不容易，要尽量创造条件，让企业、科研单位扩大招收规模，同时鼓励大学生到基层去，使学到的知识有用武之地。

随后，温家宝走进创业培训室。20 多名大学生、下岗失业人员和农民工正在这里接受政府免费培训。总理说：你们是我最关心的三类就业群体。他向学员们询问了下一步的打算。学员们抢着回答，有的告诉总理准备开餐馆，有的要办商店，还有的要开干洗店。温家宝听后高兴地说："你们在困难面前不灰心，想创业，相信你们今天的梦想，明天会变成美好的现实。"

离开服务中心，温家宝临时决定去西安交通大学看望大学生。正是下午 5 点钟，同学们在校园内进行着各种文体活动。总理突然到来的消息不胫而走，大家从四面八方汇聚到"钱学森图书馆"前的广场上，欢迎总理到来。温家宝向同学们挥手致意说："国家的前途在于提高全民族文化素质，希望寄托在年轻一代身上。你们要刻苦学习，立志成才，做于人民、于国家有用的人才。"热烈的掌声在广场上回响。

温家宝走进学校图书馆，与正在这里看书的一些应届毕业生座谈。在一个多小时里，同学们纷纷举手抢着向总理提问。大学生到基层去如何发挥作用，如何看待文科学生就业前景，如何处理择业与就业关系……总理与大家促膝而谈，帮助同学们正确认识当前形势。阅览室里聚集了上百人，气氛热烈。

总理顾不上喝口水、擦把汗，耐心回答每位同学的问题。温家宝说："每个人可以选择不同的道路，但必须树立这样的信念，就是要以坚定的决心和坚忍不拔的毅力，迈出人生最重要的一步，不论做什么工作都要把它做好。"总理恳切的话语滋润着同学们的心田。座谈会后，温家宝还来到学校食堂，与同学们共进晚餐。

离开学校时，总理面对不散的师生动情地说："百年交大永远年轻，同学们永远富有生机！"一位学生举起一张大红纸，上面写着：我们交大学生非常爱您！我们会用实际行动好好学习，建设好祖国，让她更富强美好。这朴实真诚的话语，表达了全体同学的心声。

注　释

〔1〕2009年1月7日，温家宝同志主持召开国务院常务会议，部署做好高校毕业生就业工作。会议研究确定了加强高校毕业生就业工作的七条措施：(1)鼓励和引导毕业生到城乡基层就业；(2)鼓励毕业生到中小企业和非公有制企业就业；(3)鼓励骨干企业和科研项目吸纳和稳定高校毕业生就业；(4)鼓励和支持毕业生自主创业；(5)强化毕业生就业服务；(6)提升毕业生就业能力；(7)建立和完善困难毕业生援助制度。

〔2〕2009年6月3日，温家宝同志主持召开国务院常务会议，研究部署进一步加强就业工作的措施。会议着重强调要做好以下五项工作：(1)切实抓好各项政策措施的贯彻落实；(2)坚持扩大就业和稳定就业"两手抓"；(3)继续抓好高校毕业生等重点群体就业；(4)加快实施特别职业培训计划；(5)加强公共就业服务体系建设。会议决定，对中西部地区高校毕业生就业见习给予基本生活补助。

青年应以青春之人生创造青春之中国

一、“国家的未来，就在你们身上”

2009年2月15日傍晚，暮色渐近的南开园，因为一位特殊客人的悄然来访，宁静的校园顷刻成为激情的海洋。这位特殊的客人就是中共中央政治局常委、国务院总理温家宝。

很多年轻的南开学子将会在很长的时间里，铭记这个温暖的傍晚，铭记与一位可敬可爱的师长有过一次近距离交流，铭记共和国总理的谆谆教诲和殷殷重托。

“我也是爱南开的”

下午6时，正在学生第三食堂准备用餐的南开大学学生，惊喜地看到一个熟悉的身影，正向他们走来。

“温总理好！”很多学生不由自主地从座椅上站起来，紧紧地簇拥在总理的身边。

“同学们好！”温家宝满面笑容，亲切地招呼，“我今天是突然袭击，来南开看看同学们，我很想念你们。我记得周总理说过一句话：‘我是爱南开的。’我也是爱南开的!”

总理的开场白,一下子拉近了与同学们的距离。

“我在考虑,南开的道路是什么?南开中学有100多年的历史,南开大学也有90年的历史,南开的道路是同我们民族和国家的道路紧密结合的。也就是说,南开人总是把自己的命运同国家和民族的命运联系在一起。无论是在战争年代,还是在建设时期,心系国家,应该是南开人应有的作风。”

总理铿锵有力的声音,在食堂大厅回响,也传递着一种义不容辞的责任和力量。

“南开的品格是什么?‘允公允能,日新月异。’这两句话,就是要为公、奉献和创新。这是每一个南开学生应该做到的,而且应该是一生的座右铭。”

“南开的精神是什么?就是她青春的精神。经过90年、100年了,这所学校是不是还是那么年轻?充满朝气,面向未来——这就是南开的精神。”

“我讲南开的道路、南开的品格、南开的精神,都是发自内心的,因为它是我们许多学长、我们的前辈,用他们的经历和献身的事迹铸成的,这就是一个学校的灵魂。我们要坚持走南开的道路,坚持发扬南开的品格,坚持南开的精神!”

全场爆发出热烈的掌声。几乎所有在场的南开人,都清晰地感觉到来自心灵深处的震动。

“你们首先应该关心的是国家的命运、国家的前途”

从走到学生们中间至挥手相别,总理与同学们在一起,正好是一节课的时间。

“这次我到天津来,主要是想调查、研究、了解金融危机对经济影响的状况。”总理从世界金融危机的缘起,到我国金融体系的现状;从金融危机对实体经济的影响,到现阶段最新的演进趋势——深入浅出,娓娓道来。

面对突如其来的金融危机,党和政府及时采取了果断、有力的措施,包括多次降低银行贷款利率和准备金率,多次提高出口退税率,出台了振兴经济的一揽子计划，体现了出手快、出拳重、措施准、工作实，目标指向十分明确，实际成效正在显现。

温家宝总理详细阐述了振兴经济一揽子计划八个方面的主要内容。他用坚定的语气说："我们的一揽子规划是完整、系统的。现在看来，对政府最大的考验是它决策的准确，而决策准确的效果又取决于决策执行的规模和速度。没有大规模的政府投入，没有争分夺秒的落实，是难以应对这场金融危机的。这需要我们各级领导有极大的魄力、决心和果断。"

"同学们，你们都是充满希望的青年人。你们首先应该关心的是国家的命运、国家的前途。"

总理殷殷的叮嘱，使这一堂精彩的形势教育课，被赋予了更加深刻的内涵。

"你们坚强了，你们有能力，中国就有希望"

600多万应届毕业生的就业问题，是总理时刻牵挂于心的大事。

"在座的不少还是面临毕业的大学生或者是研究生。国家关心你们！关心你们的成长，你们的就业！"相信事不避难、知难不难的总理，直接触及毕业班同学们的"敏感"话题。

"关于大学生就业工作，中央所采取的政策，你们可能都熟悉了。有的学生有些读懂了，有些没完全懂得，这可能和我们宣传不够有关。我想简要地跟大家讲一讲，我们扶持大学生就业的基本政策。"

"第一，鼓励企业招收大学生……"

"第二，鼓励同学们到基层去……"

"第三……"

总理还结合自己的经历与同学们坦诚交心："我在大学毕业以后，就决心到西藏去。当时有一种理想，认为那里山多，适合我学的地质专业。但学校非要我做研究生。研究生毕业以后，我有留校机会，后来还是到西北去了。我认为那是我应该工作的地方。回过头看，这是我一生成长中非常宝贵的一段时

2009年2月15日，温家宝同志在南开大学学生食堂和同学们一起用餐

间，懂得什么叫艰难，懂得如何克服困难，怎么去生活。”

“同学们，基层是大有可为的！我希望同学们把到基层工作同自己的事业发展联系在一起。”

同学们用经久不息的掌声，作为对总理殷切嘱托的坚定回答。

与同学们共进晚餐后，总理站起来与大家亲切握手，依依惜别：“国家的发展，国家的未来，就在你们身上！你们有信心，你们坚强了，你们有能力，中国就有希望！”

二、青年人要有远大的理想

“南开培养了我，南开是我心里的一块圣地，我是爱南开的。过去如此，现在依旧,而且越发强烈。南开精神像一盏明灯,始终照亮着每一个南开人前进的道路。我愿同师生们一起奋斗,做一个无愧于南开的南开人!”

2011 年 10 月 25 日下午 4 时 10 分许,天津南开中学古朴典雅的大礼堂里,国务院总理温家宝铿锵有力的话音刚落,礼堂内 1 500 多名南开中学师生就为总理这次倾心交流而热烈鼓掌。

南开中学由著名爱国教育家严修〔1〕、张伯苓于 1904 年创办。一百多年来,她培养了以周恩来总理为代表的一代又一代杰出人才。1954—1960 年,温家宝就读于南开中学,在这里度过了他终生难忘的六年时光。

津城秋高气爽,天气晴朗。南开中学内绿树葱郁,芳草如茵。

“欢迎总理回母校。”下午 2 时 30 分许,当温家宝来到南开中学校门口时,一位学生给他戴上“南开中学”的校徽,身着校服的学生们用热烈的掌声欢迎这位毕业 51 年后回母校看望的学长。温家宝微笑着向前来欢迎的师生们挥手致意。他接着来到校史馆,走进一间间展室。在早期南开中学的教学用具和一张张历史图片前,温家宝不时驻足凝视,重温百年南开走过的历程。

教学楼前,伫立着周恩来总理的全身铜像。温家宝放慢脚步来到铜像前敬献鲜花,并三鞠躬。他又走进含英楼,在现代工坊、传统工坊和陶艺坊观看学生们学习操作激光内雕机〔2〕、铣床〔3〕等,了解同学们的学习情况。温家宝还看望了教师和学生代表,并与他们合影留念。

温家宝走进学校大礼堂时,礼堂内早已座无虚席,过道里也站满了学生。

“同学们、老师们,我是爱南开的。”回到母校,望着礼堂内一张张朝气蓬勃的脸庞,温家宝十分高兴,他说,“屈指算来,我阔别南开中学已 51 年了。正式回母校看望师生,这还是第一次。我愿借此机会同大家谈谈心。”

“我的祖父、父亲、母亲都担任过中小学教师。我出生的年月正是日本侵略者在华北大‘扫荡’和实行‘三光’政策的时期……”

温家宝首先从自己的身世讲起,讲述了童年穷困、动荡、饥荒的往事……

人们仔细倾听,礼堂内十分安静……

“我深知,这不是我们一个家庭的苦难,也不是我出生的那个年代的苦难。”他说,“中华民族的历史就是一部苦难史。我逐渐认识到一个道理:中华民族灾难深重极了，唯有科学、求实、民主、奋斗，才能拯救中国。”

“我的中学是在南开上的。”回忆起在南开中学难忘的六个春秋，温家宝脸上露出自豪的神情，“南开六年的学习生活，对我人生观的形成有着重要影响，也给我留下了终生难忘的印象。”

“我在这所学校里学习，首先懂得的就是一个人必须有远大的理想，有崇高的志向。从小就应该立志把自己的一生献给祖国和人民。我努力学习知识，坚持锻炼身体，刻苦自励，从学习和生活的点点滴滴入手，努力把自己造就成为一个对国家和人民有用的人。”

温家宝结合自己在南开中学的学习和成长经历，告诉同学们：年轻人要善于独立思考、探索真知、不怕困难、勇往直前……

无论是战争年代，还是建设时期，南开中学都为国家输送了大批优秀人才。温家宝说：“南开的校训是‘允公允能，日新月异’。这八个字就是南开的

2011 年 10 月 25 日，温家宝同志到天津南开中学看望师生并发表演讲

灵魂，它提倡的是为公、进步、创新和改革……南开永葆青春……我们要坚持走南开的道路，崇尚南开的风格，发扬南开的精神。”

台上，温家宝娓娓道来，言辞恳切而真挚；台下，师生们凝神静听，不时报以热烈掌声。

参加工作以后，温家宝有 14 年时间是在条件极其艰苦的祁连山区和沙漠戈壁地区工作。20 世纪 80 年代中期到中央工作后的最初十年间，他经常深入农村、厂矿、科研院所进行调研，广泛接触基层干部群众，与科学家交朋友。在农村调研时，他住过乡里，住过粮库，经常在一个县一待就是一个星期。

“我认为，一个领导者最重要的是要懂得民情、民心、民意……衡量政策好坏的标准只有一条，就是群众高兴不高兴、满意不满意、答应不答应……”

温家宝真挚的情感、坦诚的话语，深深地打动着人们的心灵。

在回顾近年来我国发展进程中经历的种种灾害困难后，温家宝对青年学子们寄予深切的期望：“实现现代化目标，任务还十分艰巨，需要许多代人的长期艰苦奋斗。这一历史任务必将落在你们青年人肩上。未来是属于青年的。青年兴则国家兴，青年强则国家强。但愿青年朋友们以青春之人生，创造青春之中国、青春之社会，实现中华民族的伟大复兴。”

礼堂内又一次响起长时间的热烈掌声。

温家宝提高声调说道：“讲到这里，我又想起了南开。中国需要像南开这样的学校，需要教育，更需要有理想、有本领、勇于献身的青年，这是中国命脉之所在。”

“南开之所以涌现出一大批志士仁人和科技、文化俊才，是因为她有自己的灵魂……让我们牢记‘允公允能，日新月异’的校训，共同努力把南开办得更好。”

温家宝发自肺腑的话语，赢得了全场师生经久不息的掌声。

随后，现场同学向温家宝提问。高二(8)班学生王雨润、高二(11)班学生赵乙潼、高三(1)班学生左振斌三位同学先后向温家宝提问，温家宝一一回答。

“渤海之滨，白河之津，巍巍我南开精神……”下午 4 时 10 分许，离别的时候到了，师生们齐声唱起南开中学校歌。温家宝和老师、同学们依依惜别……

听了温家宝总理这堂特殊的课，南开师生们感触良多——

“温总理结合自己的亲身经历给我们上了一堂生动的励志课，将使我受益终生。”高三(2)班学生梁思寒说，“作为新一代南开人，我们要牢记总理的谆谆教诲，接过接力棒，为中华民族的伟大复兴奉献终生。”

化学教师徐金波说：“总理的报告充满了对祖国、对人民、对母校的深情，对教育工作者、对广大青年、对南开学子的期待。我们要为培养创新型拔尖人才和德、智、体全面发展的南开学子而努力工作，用‘满枝桃李’回报社会。”

注 释

〔1〕严修(1860—1929)，中国教育家。天津人。清光绪进士，翰林院编修。曾任贵州学政、直隶学校司督办、学部左侍郎。1904年与张伯苓创办敬业中学堂(1907年迁天津南开，后改名南开学校)。1919年与张伯苓筹办南开学校大学部，成立南开大学。晚年倡立崇化学会。

〔2〕激光内雕机是利用激光技术在水晶、玻璃等透明材料内雕刻平面或三维立体图案的机器。

〔3〕铣床，即金属切削机床，是用来加工平面、曲面和各种凹槽的机器。

牵挂灾区孩子们的上学问题

一、学校要重新建设，要比原来更好

2008年5月15日，中共中央政治局常委、国务院总理、国务院抗震救灾指挥部总指挥温家宝于中午辗转赶到位于四川北部的青川县木鱼镇看望受灾群众和参与救援的解放军指战员、消防部队官兵、医护人员，鼓励大家继续努力抢救废墟下被掩埋的群众，在党和政府的帮助下团结一致重建家园。

在木鱼镇初中，来自辽宁消防、解放军某部和江西宜春第二人民医院、泸州医学院的医护人员正在紧张进行救援。听说消防官兵已经从废墟中找到98名学生，其中7人还活着时，温家宝点点头。温家宝向在场的救援队伍表示慰问和感谢，他说："人民需要你们，你们在人民最困难的时候赶到这里救援，不怕疲劳，连续作战，为抢救人民群众的生命和财产做出了奉献，我代表党和政府感谢你们。现在救人和治疗工作仍在紧张进行，我今天专门乘坐火车、轮船和汽车到这里看望大家，希望大家在继续努力救灾的同时也要保重身体，为承担更为艰巨的任务做好准备。"

走出学校，温家宝对闻讯赶来的干部群众说："学校倒了，许多孩子遇难，我的心情和大家一样沉重，我知道青川县还有许多受伤群众需要救治，还有许多受灾群众的生活面临困难。党和政府惦记着你们，一定会全力以赴帮助大家，很快就会送来更多的食品、水、药品和帐篷。”温家宝还希望大家能节哀保重，团结起来，继续努力奋斗，把家园建设好，把国家建设好。

在灾难中逃生的初三学生王云霄走到温家宝身边，哭泣着告诉总理自己的父母在地震中受了伤，哥哥至今还埋在学校的废墟下，家里的房子倒了，吃的也快没了，书也没有办法正常念了。温家宝扶着她的肩膀，安慰她说：“房子倒了，还要再建；没有吃的，很快就会送来；学校要重新建，而且要比原来更好，你还能念书。”

“太惨了。”人群中有群众向总理说。

“我听到了。”温家宝停住脚步，一边挥手一边说。

温家宝的到来，让群众十分感动。“总理好！”大家纷纷向总理致意，温家宝也向大家挥手。

14 岁的初中学生谌龙霄在地震中遇难，父亲谌贵清递给温家宝一张纸，纸上写着：“‘5·12’大地震降在我们身上，你在我们最最需要的时刻来关心我们，谢谢！”

二、“我总惦记着你”

四川大地震发生后，两名小学生的命运，就一直牵动着温家宝总理的心。

这两名小学生，就是都江堰市新建小学的赵其松和王佳淇。2008 年 5 月 13 日上午，地震后的第二天，温家宝冒雨前往新建小学。当他看到抢险人员正在解救两名被困在废墟下的孩子时，禁不住流下了热泪。在雨中，温家宝一直弯腰查看救援情况，鼓励孩子一定要挺住，一定会得救！救援行动十分艰难，时间一分一秒过去，由于还要赶往下一个受灾点看望群众，温家宝当时不得不带着遗憾离开。

现在这两个孩子怎么样？24 日下午，温家宝专程来到四川省人民医院急救中心，看望正在这里治疗的赵其松和王佳淇。

“爷爷，给您一个苹果。”9 岁的赵其松躺在急诊外科病房的一张病床上，正在输液。他用左手拿起一个红苹果递给总理。

“谢谢你,你留着吃吧。”温家宝接过苹果,靠着病床的边轻轻坐下,拉着小其松的手攀谈起来。

“还记得那天吗？那天我看到你了。听见我喊你了吗？我叫你挺住。”回忆起救人的紧张时刻,温家宝问小其松,“你都清楚吧?”

“知道。”小其松看上去精神不错。

“我总惦记着你。我有一张照片,就是我蹲在那个地方看抢救你。”温家宝和小其松说起了悄悄话。

看到小其松的妈妈站在一旁,温家宝站起身来询问有关情况,并告诉她:“我惦记着他,这次来了以后就打听。昨天晚上以为他在都江堰,都穿好了衣服准备去看一看。后来听说在这里,今天就特意安排来看望。”

“不会有任何……”温家宝侧过身来询问旁边的医生,眼神里充满疑问。

“不会有任何后遗症。”一位医生回答。

“要有信心啊!”温家宝紧锁的眉头略微舒展开来,鼓励小其松。

温家宝告诉小其松,这次地震要记一辈子,要学会生活,面对困难,将来可能更有出息,成为一个有用的人。

“这个苹果留给你吃吧。”温家宝把苹果放在小其松的手上。

“我刚刚吃了,给您吧。”小其松推回来。

“留给你吧。爷爷留给你。”

7岁多的王佳淇在地震中鼻骨骨折,昨天刚刚做完手术躺在床上。她的床头摆放着“福娃”[1]和布玩具,旁边几盆鲜花开得正艳。

“那天,她还知道要喝水。”十多天前的那一幕,给温家宝留下深刻印象。

“现在怕光吗?”

“视力还可以。”医生回答。

“你活着,我就挺高兴。”温家宝俯下身去,拿起王佳淇的小手,“来,摸摸爷爷的脸。”

妈妈告诉总理,孩子很坚强,救出来的时候没有哭,做手术的时候也没有哭。

“对，她很坚强。那天就很坚强。”温家宝问，“你想和爷爷说什么话？”

“我代表新建小学的小朋友感谢温家宝爷爷。”

“你好了以后，代我向新建小学小朋友问好。”

离开两个孩子，温家宝又穿行在病房里，看望其他的地震受伤人员……

三、“同学们，加油”

四川汶川大地震发生后，一些学校在地震中受损，无法继续使用。灾区孩子们的上学问题，成为温家宝总理时刻牵挂在心头的一件大事。

地震发生当天赴四川时，温家宝就要求当地干部“好好地照顾孩子们”。地震已经发生十多天了，孩子们的情况如何？复课情况怎样？2008 年 5 月 23 日上午，温家宝来到在四川绵阳市区内设立的北川中学临时学校和九州体育馆帐篷学校，看望在这场大地震中幸存下来的师生，鼓励同学们在大灾后更加努力学习，把家乡建设得更好，把祖国建设得更好。

在地震中，北川中学受灾尤为惨重，成了一片废墟。地震发生第二天，温家宝就来到了这里，要求救援队伍加紧营救废墟下的孩子。22 日，温家宝重返四川灾区指导抗震救灾，第二次来到正在清理场地、进行卫生防疫的北川中学。23 日上午，温家宝又来到设于四川长虹集团〔2〕培训中心院子里的北川中学临时学校。

草地上错落有致地排列着的一顶顶绿色帐篷，是同学们的临时教室。上午近 9 时，数百名身着统一服装的同学正在举行升国旗仪式，一面五星红旗在旗杆上高高飘扬。

温家宝走上升旗台，向同学们说道：“这是我第三次来北川中学了。让我们记住这场大地震，记住你们生长的北川，记住你们学习的北川中学，这样你们就会懂得生活，懂得生活如同道路一样崎岖不平。”

“地震刚刚发生时，我曾经要求大家要镇定，要有信心、勇气和力量。现在，我希望大家要面向光明的未来，昂起倔强的头颅，挺起不屈的脊梁，燃起那颗炽热的心,向前,向光明的未来前进!"

"今天,别人拯救了我们,照顾了我们。将来,我们学好了本领也要帮助别人,报答他们。这种互相帮助就是人世间的爱。我希望老师和同学们把这次地震作为一堂生动的课,铭刻在心,铭刻一生,永不忘记。"温家宝目光注视全场,将左手放在胸前。

草坪上,同学们凝神静听。总理的话,敲击着每一个人的心灵。忽然,掌声一齐响了起来。

随后,温家宝走进高三(1)班的临时教室,黑板上写着"历史:五·一二汶川大地震涉及的相关专题"等字样,一位中年教师正在上课:"现在是最困难的时候,我们要共同渡过这个难关……"温总理亲切地对这位老师说:"我占用你几分钟,给同学们说几句话。"

站在讲台上,温家宝和同学们谈起心来:"同学们,你们都是高三学生了。这是人生中的一个重要时期,你们很快就要参加高考,国家已经考虑到这里的灾情,将四川地震灾区的高考时间往后推迟。我们一定要创造条件,让你们复习功课,准备高考。"

不少同学的眼眶,在不知不觉间湿润了。温总理拿起一支粉笔,在黑板一侧一笔一画竖着写下四个大字:多难兴邦。

他说:"我们要记住这四个字。相信经受过灾难的同学会更加努力。"

"将来会有一个新的北川中学。它将不仅是一种纪念,更是地震灾区人民和全国人民精神的一种象征。"温总理的话感染了在场的每一个人,掌声再次热烈响起。

"青少年是国家的希望,是民族的希望。看到了你们,就看到震区的希望,看到了国家的希望。"总理充满感情地说,"同学们,老师们,我还会来看望你们的。"

"同学们,加油! 努力!"

掌声再次响起……

随后,温家宝来到安置了1 000多个孩子的九州体育馆帐篷学校。10天前,温总理就曾经来到九州体育馆看望安置在这里的孩子们。一顶十分宽大

2008 年 5 月 23 日，温家宝同志在四川省北川中学高三(1)班临时教室的黑板上写下“多难兴邦”四个字

的帐篷内，上百名小学生正在上课。黑板上方贴着“自强、自立、自信、自爱”八个大字，中间是一面鲜艳的五星红旗。

看见可爱的孩子们，温家宝脸上浮现出了微笑，加快脚步走到他们中间，在一张张小课桌前俯下身去亲切询问孩子们的情况，鼓励他们要坚强。温家宝微笑着说道：“同学们，我又来了。很高兴，现在你们又有了学习的地方。今后生活的道路还很长，你们必须学好本领，克服困难。相信你们会坚强起来，会成长得更快、更好，更懂得生活，更懂得奋斗。还是那句话，把家乡建设好，把祖国建设好，做一个对人民有用的人。”

“温爷爷好！”孩子们齐声喊着。

一个小学生手里拿着一条红领巾走过来，温家宝微笑着低头请他戴上。戴着红领巾的温家宝面向全体同学，神情凝重地说：“同学们，让我们一起为遇难的同胞们行个礼吧！”

说完，他将右手举过了头顶，孩子们也齐刷刷地举起了小手……

当地干部向总理汇报，在社会各界的支持下，作为重灾区的绵阳市建立了10多所帐篷学校和临时学校，安置了4 500多名来自重灾区的中小学生。

下午，温家宝来到彭州市小鱼洞镇的一个简易的“帐篷教室”，黑板上写着一个大大的“家”字。温家宝告诉孩子们，家有小家，也有大家，“大家”可以大到整个灾区，还可以大到一个国家。他随即在黑板上写上一个“爱”字，告诉孩子们要爱家乡，爱祖国，爱人民，同学之间要互助友爱，在地震面前尤其要有爱心，要顽强不屈，更加努力学习，掌握知识，将来把家乡建设得更加美好。

温总理的车要走了，孩子们追逐着相送。总理打开车窗，向大家告别……

温家宝还专程来到绵阳市四〇四医院看望受伤群众和医护人员。在监护室里，听说在地震中骨折的小郎铮勇敢面对灾难的故事〔3〕，温家宝夸奖他很勇敢、很坚强，还亲了亲孩子的小脸，拉起小手鼓励他，小郎铮天真地笑了，脸上写满3岁孩子的童真；正在上幼儿园的小女孩夏碧刚刚做完手术，床头还摆放着玩具，温家宝告诉她要懂得坚强，现在好好养病，将来好好学习……

四、坚强、团结、友爱、互助

“我早就想来了。我心里一直惦记着大家。”2008年6月20—22日，中共中央政治局常委、国务院总理温家宝来到在汶川大地震中波及的陕西、甘肃重灾区进行考察，了解灾后重建情况，鼓励当地群众自力更生、艰苦奋斗，加快步伐、恢复重建，建设家园。

地震发生后，走马湾村民小组在安置点的一顶大帐篷内设立了临时辅导班，30多个一至六年级的小学生集中学习。老师正在讲“‘5·12’地震后我的感受”这一课。温家宝走进这个临时教室，手撑着讲桌，微微弯下身来对孩子们说：“这次地震对学生们来说是最生动最现实的一课，会铭记一生。你们经历了许多事情，也听到了很多故事，这些都反映了大灾难面前我们民族的坚强、团结、友爱、互助，这八个字你们懂吗？”

“懂！”孩子们齐声回答。

“这些感人事迹我们都要铭记在心，变成努力学习的动力。今天好好学习读书，就是为了明天把家乡建设得更好。我说得对吗？”

“对！”孩子们又一次齐声回答。

“你说一说。”温家宝“点名”请坐在第一排的六年级女生宋雪谈一谈。

“谢谢温爷爷！地震给我们带来了很大灾难。但是有国家的支持，我们就能建设更好的家园。”宋雪有些腼腆地说。

“在这场灾难面前，孩子们都很坚强。磨难就是一种锻炼，记得住吗？”

“记得住！”孩子们第三次齐声回答。

“让我们一起唱个歌吧。”看到有些孩子眼中充盈着泪花，本来已准备转身离开的温家宝停下了脚步，临时提议说。

“这是心的呼唤，这是爱的奉献……只要人人都献出一点爱，世界将变成美好的人间……”在一个女孩的带领下，歌声在帐篷里响起来。温家宝一边唱，一边轻轻鼓掌……

温家宝还来到略阳县第二中学，看望在活动板房中上课的学生。在琅琅的读书声中，温家宝走进初三(10)班教室，他对孩子们说，不要忘记这场大地震，尤其不要忘记在地震中凝练出的团结互助、艰苦奋斗的精神。我们这个国家灾难深重，唯有团结互助和艰苦奋斗的精神才能振兴民族、建设国家，这是每个同学都应该懂得的道理。他鼓励孩子们，磨难会使我们更快成长，大家要努力学习，长大以后建设家乡，报效祖国。

五、总理的牵挂

收到温家宝总理回信的那一刻，来自四川汶川地震灾区的藏族小姑娘陈凤刚刚做完第二期面部整形手术，脸上缠满绷带和纱布，只露出一双眼睛，躺在病床上。

“没想到，温家宝爷爷会回信。”听着班主任周建华一个字一个字地念着信，她感动得哭了。

一个多月后，回忆起 2008 年 7 月 12 日的那一刻，她只说出四个字：“我很幸福!”

温家宝总理在这封一笔一画书写的回信中说：“陈凤小朋友：7 月 7 日来信收悉。在这场地震灾害中，你失去了亲人，失去了家园，我同你一样心里非常难过。但你不会孤独，那么多人关心你，他们都是你的亲人。你要坚强勇敢，努力进步，成长为一只搏击长空的美丽的大雁。祝你手术顺利，早日康复。”总理在信中还特地感谢为陈凤治疗的医护工作者，感谢照顾陈凤的老师。

信念完，一直陪伴陈凤的周建华老师哭了，小陈凤也哭了……

12 岁的陈凤是四川省汶川县三江中心小学四年级(2)班学生。6 岁时，一场意外事件烧伤了小陈凤的面部、左臂上肢，脸上留下了较为严重的疤痕。其后，父亲病故，母亲改嫁，一连串沉重的打击降临在这个藏族小女孩的身上。

虽然命运坎坷，然而小陈凤却以优异的成绩和绘画才能，为自己赢得了尊严，也赢得了师生们的喜爱。生活的艰辛，使小陈凤从小就十分懂事，一放学就帮助爷爷奶奶割草喂猪，干家务活。

“5·12”汶川大地震中，小陈凤的爷爷不幸遇难，她与年迈的奶奶相依为命，住进了临时搭建的帐篷。

地震发生后，北京军区总医院迅速组织了以著名军医华益慰〔4〕名字命名的“华益慰抗震救灾医疗队”，来到了偏僻的三江乡，执行医疗救助任务。这里是一个藏族占90%以上的少数民族乡，山高谷深，在地震中受损较为严重。

小陈凤的不幸遭遇和与命运顽强抗争的精神，引起了医护人员深深的同情。当地的乡政府、学校和村委会也专门致信医疗队，呼吁“能给她一个完美的脸和幸福的生活”。六一儿童节过后，北京军区总医院迅速安排人员将小陈凤接到了北京，从生理、心理上悉心呵护和照料，分别于6月13日、7月11日成功进行了两期面部整形手术。

第二次手术前，小陈凤在方格纸上给温家宝总理写下了一封信——

温爷爷！大地震摧毁了我的家园，疼爱我、保护我的亲人从此永远地离开了我，我成了大山上一只孤独的小鸟。正当我无助的时候，北京军区总医院华益慰医疗队的叔叔阿姨们徒步翻山越岭，来到我们三江，给病人治病，还让我们看上了电视。

在电视里，我看到了温和慈祥的您，冒着余震不断的危险，察看灾情。当您把一个个小孩抱在怀里关切地说：“我们不会不管你们，既然活下来了，就应该好好地活着。”此时此刻，您成了四川上千万少年儿童共同的爷爷呀！

温爷爷，您摔伤的手臂好了吗？我好心疼您啊！今天，既然我活下来了，我会努力学习，长大了为祖国多做贡献。老师经常教导我们，56个民族是一个大家庭，谁也离不开谁，人民子弟兵是我们的大救星，今天我终于相信这句话是真的。北京军区总医院华益慰医疗队的叔叔阿姨们见到我被大火烧伤的脸，决定带我来北京做整形手术。共产党好啊！共产党为我们藏族儿女舍生忘死，我们藏族儿女将会永远跟着共产党一直走下去。

小陈凤还在信中写道："温爷爷，再过两天，我就要做手术了，但我还是很害怕。温爷爷，您能在百忙之中抽时间给我回信吗？您能在回信中给我加油鼓励吗？"

汶川大地震发生后，温总理在第一时刻赶往灾区，现场指挥抗震救灾工作。之后，又三次前往四川、陕西、甘肃等地震灾区，对抢救人员、灾民安置、灾后重建等做出了有条不紊的部署。

自地震发生的那一刻起，总理就一直牵挂着灾区群众尤其是受灾的孩子们。小陈凤的信，也深深打动了他。

7 月 12 日，温家宝在亲笔写好回信后，委派工作人员前往医院代为看望，将信直接送到病房，鼓励小陈凤要坚强勇敢。

温总理的回信送到时，恰是小陈凤做完第二次手术的第二天。总理的回信，深深鼓舞着小陈凤，增强了她战胜伤痛的勇气，也鼓舞了北京军区总医院的医护人员。北京军区总医院进一步细化康复护理方案，在医护人员的精心照料下，小陈凤的手术切口逐渐愈合，脸上也绽放出笑容。

8 月 15 日，出院的日子到了。小陈凤以向医护人员敬献哈达的方式，表达感激之情。北京军区总医院派出一名医务人员护送她返回家乡，重新步入正常的学习和生活。

在获悉小陈凤手术成功并康复出院的消息后，温家宝再次做出批示："感谢北京军区总医院全体医护人员！"

随着小陈凤回到家乡，温家宝总理写信鼓励小陈凤、北京军区总医院免费为她治疗的故事，在这个偏僻的乡村里迅速传播开来。

"这不是一封简单的回信，而是对整个灾区小朋友的鼓励和支持，我们非常感动。"三江中心小学校长王亮说，小陈凤回来后爱说爱笑，就像换了个人似的。

8 月 16 日，灾后的三江中心小学全面复课，小陈凤成了五年级学生。

"我把温爷爷的信珍藏在我的书包里。"她轻轻地说。

六、面向光明的未来

2008 年 9 月 1 日，是灾区中小学新学期开学的日子。

正在四川地震灾区考察的中共中央政治局常委、国务院总理温家宝一大早就来到设在四川长虹集团培训中心的北川中学临时学校，参加正在这里举行的秋季开学典礼。

“请肃立，出旗！”四位学生高擎一面鲜艳的五星红旗，步入操场。温家宝和全场3 000多名师生一起静立注视。

“5·12”汶川大地震后，北川中学在地震中损失惨重。此前，温家宝已经三次前往北川中学看望师生：5 月 14 日，温家宝就来到了北川中学，他在废墟前待了很久，要求救援队伍千方百计营救；5 月 22 日，温家宝重返四川灾区指导抗震救灾，第二次来到正在清理场地、进行卫生防疫的北川中学，他没有戴口罩，站在那里为遇难的师生默哀；5 月 23 日上午，温家宝又来到设于四川长虹集团培训中心院子里的北川中学临时学校，鼓励大家“面向光明的未来，昂起倔强的头颅，挺起不屈的脊梁，燃起那颗炽热的心，向前，向光明的未来前进”，并在高三(1)班的黑板上用粉笔写下“多难兴邦”四个大字。

“升国旗，奏国歌！”开学典礼主持人、北川中学党总支书记张定文宣布。

“起来！不愿做奴隶的人们！把我们的血肉，筑成我们新的长城……”伴随着雄壮的国歌声，五星红旗冉冉升起，总理和师生们都抬起头，一边齐声合唱，一边行注目礼。

少顷，五星红旗高高升起在旗杆的顶端，蓝天白云下，显得格外鲜艳。

在热烈的掌声中，温家宝走上旗杆台，面向3 000多名师生站立：“同学们，老师们，地震过去整整 110 天了。北川站起来了，北川中学站立起来了。独立无惧、坚忍不拔，靠自己的双腿站立起来了！”

掌声犹如春潮，卷过全场。

“这场地震给北川人民，给全校师生带来了很大的磨难，也使我们经受了很大的锻炼。我们懂得一个道理，就是在灾难面前，只要勇敢面对，就一定能够克服困难、战胜灾害,获得新的生活。”

温总理微微停顿,接着说:“如果说,从这场灾害中我们得到了什么,我以为,最重要的是要永远面向光明的未来。正如太阳总会出来一样,未来永远是光明的!”

温家宝又对全场师生们说:“在我们举行秋季开学典礼的时候,我们忘不了在这场灾害中死难的同学们、老师们,他们永远铭记在我们心中。我们也懂得一个道理,一个民族的灾难总会由民族的进步来补偿。但这靠谁?靠什么?靠青年,靠青年的努力和奋斗!我相信,北川中学一定会形成一种新的校风,展现一种新的精神面貌,那就是自强不息、奋斗不止!”

灿烂的晨光下,掌声再次响起。

等掌声稍息,温家宝寄语北川中学的师生:“我希望,北川中学的同学们、老师们,要用自己刻苦的学习,不屈不挠的精神,高尚的品格,为人民、为人类服务的理想,来赢得尊严、赢得荣誉。我相信,北川中学一定能够做到这一点。”

“今天的开学仪式具有象征意义,象征新生活的开始、新的学习的开始。同学们要谨记灾害带给我们的经验教训,努力学习奋斗,将来和北川人民一道,把北川建设得更好!这就是我希望你们做的,也相信你们一定会做到!”温总理最后说。

“我们一定牢记总理的嘱托,积极向上、勤奋学习,以优异的成绩报效祖国!”张定文表示。

“温爷爷好!”“总理好!”……操场上,同学们的声音此起彼伏。

温家宝绕过一片灌木,来到20多名在地震中受伤、坐在轮椅上的同学中间。温总理伸出手,和每一位同学有力握手。最后,他望着这些受伤的孩子,大声说:“要坚强!”

离开的时间到了。温家宝走向汽车。忽然,他回过头来,向学校领导询问:“李军老师来了没有?”原来,不久前,高三(1)班班主任李军老师致信总理,向总理汇报全班69名学生有50多名考上了大学,并表示今后将继续努力工作。在信的后面,许多学生都给总理写了一句自己想说的话。

"你们的信，我收到了。"温家宝对好不容易从人群中挤过来的李军说，"可能写信的许多孩子都已经到大学报到，离开北川中学了。请你代我向孩子们转达问候。"

总理的车队要离开了。蓦然回首，临时学校的大门门楣上是几个醒目的大字——"天行健，君子以自强不息"。

七、美丽的花朵

这是"5·12"地震发生以来温家宝第四次来到四川地震灾区。汶川大地震过去110多天了，四川地震灾区是个什么情况？百姓安置得怎样？恢复重建工作进展如何？2008年8月31日至9月3日，温家宝在四川省委书记刘奇葆、省长蒋巨峰的陪同下，来到汶川、青川、北川、都江堰等地震灾区进行考察，深入村庄、学校、医院、企业、居民临时安置点和道路抢通现场，看望慰问受灾群众和施工队伍，鼓励大家共同努力，建设美好家园。

温家宝在地震后第二天一早就来到都江堰新建小学指挥救援工作，鼓励在废墟下的小学生们要挺住。9月2日下午，他又来到这所小学的过渡板房学校看望当时被救出的王佳淇、赵其松和其他孩子。望着经历过灾难洗礼的孩子，随手在黑板上写了"美丽的花朵"五个大字。他说："你们是祖国的花朵，象征着祖国的未来，将来要把祖国建设得更加美好。我相信，在震后的废墟上一定会绽放更多美丽的花朵。"孩子们向温家宝献上了自制卡片等礼物，并给他戴上红领巾。孩子们稚气地大声说："温爷爷，一起照相嘛。"总理笑着走到孩子们中间，孩子们簇拥在总理身边，留下永久的纪念。

前三次来四川时，温家宝都不忍心当场问学校遇难孩子的人数。这一次，他却主动询问。当校长告诉他新建小学有240多名孩子遇难时，温家宝沉默良久。他临时让人找来一束鲜花，手捧着，轻轻摆放到校园里的国旗下，深深地鞠了三个躬，表示对遇难孩子们的悼念。临别时，他再三嘱托老师们要照顾好孩子们，特别是那些孤残孩子。

八、含泪的嘱托

“你们一定要好好照顾这些孩子，特别是那些孤残孩子。”9月2日下午，国务院总理温家宝握住一双双伸过来的手，含泪嘱托都江堰新建小学的老师们。

“请总理放心”，“我们一定做好工作”……望着总理凝重的神情和眼中的泪水，老师们也忍不住哭泣着，争相回答。

2008年8月31日至9月3日，在汶川地震发生110多天、中小学全面开学之际，温家宝前往四川进行考察，并专程来到新建小学板房过渡学校看望师生。

这所学校在大地震中破坏严重，许多学生遇难。地震发生后的第二天，5月13日一大早，温家宝就冒雨来到这所小学，流着泪鼓励废墟下的孩子一定要挺住，一定会得救！

“孩子们，温爷爷来看我们了。”正在板房教室内上课的三年级班主任王红梅一眼看见了总理。

明媚的阳光洒进这间板房教室。温家宝鼓着掌，微笑着径直走向坐在第二排的王佳淇，将脸在她的脸两边各贴了一下，然后亲切地问：“你想我了吗？”

王佳淇就是110多天前从废墟中救出的孩子之一。第二次去四川时，温家宝还特意到医院看望过她，并与她合影留念。

“想！”鼻梁上还留着伤痕的小佳淇，忽闪着眼睛先答后问，“我给您写了三封信，您收到了吗？”

“你给我写了三封信？”温家宝有点惊讶，“你亲笔写的？”

“第一封是从网上发过去的。第二、三封是寄给您的。”小佳淇认真地说。

“哦。我回去找来看。”温家宝说。

看着健康活泼的小佳淇和天真可爱的孩子们，温家宝十分高兴。

“温爷爷，我们照一张相吧。我们好羡慕王佳淇。”一个孩子大声说。

“我先和孩子们说两句话。”温家宝走上讲台，深情地回忆起110多天前的那个早晨，“同学们，5月13日早晨，我就来新建小学了，当时是五六点钟，救援队的叔叔正在抢救这个小朋友。”

温家宝指了指小佳淇，继续说：“当时，她的嘴和鼻子里都塞满了沙子。这时候，我就叫他们给她递上一瓶水，是生理盐水。她非常聪明，也很坚强，知道先漱漱口，然后就把水喝进去了。那场救援是惊心动魄的。我在旁边，心里很着急。”

“我非常想念在地震灾害中死难的孩子们，至今我也不知道新建小学有多少孩子遇难了。”温家宝略微停顿，接着说。

“245 名。”学校负责人轻声回答。

温家宝沉默良久：“孩子们，给你们讲很深的道理，你们不懂。但是我给你们讲几句话，让你们记住。”

说着，温家宝拿起粉笔在黑板上写下了“美丽的花朵”五个字：“你们是祖国的花朵，你们象征着祖国的未来。将来，你们要绽放得更加美丽，祖国建设得也会更加繁荣。但是你们要记住这场大地震，你们的学校被掩埋了，成废墟了。你们同桌的小朋友有的失去了生命。但是你们要记住，在新建小学的废墟上还会生长出更多美丽的花朵。”

掌声，在教室里响了起来。

“你们听懂我的话了吗？”

“听懂了。”50 多个孩子异口同声地回答。

“那好，我们到外面照个相吧。”

“好！”孩子们兴高采烈地簇拥着温家宝来到院子里，胜利的手势、灿烂的笑容和背后高高飘扬的五星红旗，都在瞬间被定格。

“赵其松在吗？”温家宝还惦记着从废墟下救出的另一个孩子。

“你全好了吗？”走进另一间教室，温家宝立刻认出了坐在门口的小男孩，“我知道你上次被压伤了。”

赵其松走了几步，告诉总理已经基本上好了。

“我还只能跑几分钟。”小佳淇在一边插话。

“你慢慢把伤养好，再锻炼。你将来还会很健壮的。”

在地震中不幸失去右臂的夏凤婷装着假肢。“这个孩子特别勇敢，已经学会用左手写字画画了。”老师在一旁介绍。

“左右也可以锻炼，我干什么事都是用左手。”温家宝安慰孩子。

他一一问候教室里的孩子，孩子们也都站起来向总理问好。和别的同学不一样，尹雪在地震中被截去右小腿，只能坐在小板凳上。温家宝走过去，鼓励她“要勇敢坚强”。

孩子们也想和温家宝合影。温家宝把尹雪抱过来，放在自己左腿上，在闪光灯中留下了永远的纪念。

这时，赵其松忽然给温总理敬了个队礼，温家宝也举起了自己的右手，还了一个礼。其他孩子也都举起了右手。

走到院子里，望着鲜艳的五星红旗，温家宝忽然问：“有一束花吗？我祭奠一下孩子们。”

捧着工作人员找来的一束鲜花，温家宝缓步走到国旗下，弯下腰，将鲜花轻轻放在旗杆旁，后退一步，朝着国旗深深地鞠了三个躬。

离别的时刻到了，温家宝一个教室一个教室地向这些经历磨难的孩子们告别。孩子们也都深情地呼唤着“温爷爷”，向总理致意。

车渐行渐远，人们仍然久久不愿意离开……

“我们肩上的担子很重。”学校负责人王华群老师说，“一定不负总理的重托，把孩子们照顾好。”

九、抚平孩子们创伤的心灵

2009年春节是汶川特大地震后的第一个春节。在这万家团圆的时候，中共中央政治局常委、国务院总理温家宝惦记着灾区的群众。1月24—25日，他来到四川受灾最为严重的北川、德阳、汶川等地，和灾区人民一起过年。

夜幕四合，已是万家灯火，温家宝来到了北川中学。学校食堂里系着大红中国结，餐桌上摆着年夜饭。在座的100多名学生中，有的在地震中伤残，有的成为孤儿。从走进食堂的那一刻起，总理充满怜爱和牵挂的目光始终没有离开孩子们。

吃饭前,温家宝和同学们一起为遇难学生默哀。随后,他提议大家共唱一首歌。大家一起唱起了《歌唱祖国》,歌声高亢激昂。

望着同学们稚嫩的脸庞,第六次到北川中学的总理声音有些哽咽:"从地震灾难中抢救学生,到抚平孩子们创伤的心灵,我们一直和你们在一起。地震过去八个多月了,大家虽然还没有完全从悲痛中走出来,但已经有了充满希望的笑脸,开始人生征途上新的迈进。你们要坚强站立,努力学习、努力奋斗、努力做人,做一个于国家和人民有益的人。太阳总会出来,乌云总会过去。你们未来的路很长,可能还会崎岖不平,但必定通向光明。"总理的话语情真意切,同学们听得泪水涟涟。

吃饭时,温家宝不时给身边的小朱可和段志秀夹菜添饭,要她们多吃一些,懂事的小朱可也帮温爷爷往碗里添水饺。总理一边吃,一边和两个孩子亲切交谈。温家宝对大家说:"我右边的段志秀同学,在地震中受了重伤。我到华西医院看望时,她叫我写几个字,我写了'昂起倔强的头,挺起不屈的脊梁'。她现在可以离开轮椅走路了。我左边的朱可同学地震中失去父母。她很懂事,今天穿一件很漂亮的红衣服,是外婆给买的。应该祝福她们!"

饭后,温家宝推着坐轮椅的伤残同学与师生们一道来到操场,共同观看贺新春的礼花。很晚了,温家宝才与同学们依依惜别。

十、都江堰市中小学生签名画集赠总理表深情
温家宝总理给地震灾区孩子们亲笔回信寄勉励

2009年5月11日,在四川汶川特大地震发生一周年到来之际,国务院总理温家宝给四川省都江堰市全市中小学生亲笔回信,感谢这些地震灾区的孩子签名寄赠的画集《美丽的花朵》,勉励他们"要以坚忍不拔的意志努力做一个有用的人,去帮助人们过上更好的生活"。

在灾后教育重建中,都江堰市在上海市有关部门帮助下,在全市近50所中小学校的万余名学生中,开展"抚平伤痛,展望未来"的绘画艺术抚慰治疗活

动，将画笔交到孩子们手中，让他们充分表达情绪，表达感恩的心情，自由地画出自己的想法，帮助他们建立创造未来的信心。活动组织者从大量来稿中精选出 150 幅绘画作品，以温家宝总理 2008 年 9 月 2 日在都江堰新建小学看望学生时在教室黑板上写的“美丽的花朵”为书名结集出版，献给汶川大地震一周年纪念日。

前不久，都江堰市 156 名中小学生代表全市中小学生给温家宝总理寄来他们签名的画集《美丽的花朵》。4 月 26 日，温家宝总理收到这本画集后，认真翻看着孩子们精心创作的每一幅画作，为灾区孩子们挺起不屈的脊梁、敢于面对灾难的精神和勇气而感动，随即提笔以饱含深情的语言给都江堰市全市中小学生写了回信，称赞他们“是在这片灾难的土地上绽放出的最美丽的花朵，就是国家和民族的未来和希望”。

都江堰市中小学生收到温家宝总理的亲笔回信后，争相传阅，备感亲切，深受鼓舞。他们表示，一定要按照温总理回信中的要求，好好学习，以优异的成绩回报全国人民的无私援助和厚爱。

十一、一切为了孩子

北川中学是不幸的。在地震中，全校3 000多名学生，1 000多人罹难。幸存的学生中，有的失去了亲人，有的终身残疾。

灾后的北川中学又是幸运的，除了全国各地人民的关爱外，温家宝总理始终关注着它的重建。

2009 年 9 月 24 日，温总理第七次到北川中学。往事历历如新，那么熟悉而亲切。

正是上课时间，温家宝轻轻地走进高一(2)班教室，语文老师正在讲解《荷塘月色》。总理坐下与大家一起听课。当发现总理到来时，课堂上立刻热闹起来了。

孩子们送来了他们办的报纸——《北川中学羊角花文学报》。“为什么叫羊角花?”总理接过报纸问道。“因为以前的校园遍地都是羊角花!”一位同学说,“羊角花就是羌族人的杜鹃花,这是我们最喜欢的花。”总理接在手里。

“我们唱校歌给您听好吗?”孩子们七嘴八舌地说。总理微笑着点头,目光充满慈爱。

同学们齐刷刷地站着放开了自己的歌喉——

“多难兴邦,多难兴邦,美丽校园,我们梦开始的地方,梦开始的地方……”总理情不自禁地与同学们合唱。

操场上挤满了闻讯而来的学生们。孩子们坚持要总理讲几句。

走上升旗台,望着全场1 000多名同学充满朝气的面庞,总理激动地说:“你们在灾难中失去的最宝贵的是亲人,你们在灾难中得到的最宝贵的是不屈的精神。北川变了,这片灾难的土地开始绽放出绚丽的花朵,其中最新最美的就是孩子们,就是你们!”温家宝坚定的手势指向孩子们。

“我们所做的一切,都是为了孩子,都是为了祖国的明天。我希望你们把经受的灾难变为巨大的力量,刻苦学习,努力奋斗,做一个于祖国、于人民有用的人。”热烈的掌声,传递着孩子们内心的共鸣。

分别的时候到了,孩子们依依不舍地目送着总理。

25 日下午,在都江堰新建小学的新校舍里,学生们见到了敬爱的温总理。同学们带着温爷爷参观自己宽敞明亮的教室,参加自己的班会。温家宝在四年级(1)班的黑板上用粉笔写了学校的校训:求真、向善、尚美。

王佳淇见到温爷爷,感觉是那样亲切。大地震中,她被埋在废墟中,温爷爷焦急地蹲在救援现场,关注着救援进程,还让人吊下一瓶生理盐水,让她漱去口中的泥沙。时间过了一年多,这次温爷爷一见她就问,鼻骨伤好了吗?王佳淇没想到总理对她的伤情还记得那么清楚。

看完操场上孩子们的表演,总理满怀深情地说:“孩子们都是美丽的花朵,象征着祖国的未来,希望你们好好学习、天天向上。希望你们永远快乐!”

十二、生活就像太阳一样充满希望

2010 年 4 月 16 日,国务院总理温家宝在青海玉树地震灾区考察时,深入受灾严重的学校、孤儿院看望孩子们。

4月14日，玉树发生7.1级强烈地震。玉树州府所在地结古镇住房和基础设施损毁严重，2 220多人遇难，70人失踪。地震发生后第二天，正是抢险救灾的关键时刻，温家宝赶赴玉树灾区指导抗震救灾工作。16日清晨，天刚蒙蒙亮，温家宝总理就从帐篷中走出来，乘车前往玉树藏族自治州孤儿院看望他牵挂的儿童们。位于普措达赞山前的孤儿院，收留了208名孤儿。他们的父母有的因病去世，有的在灾难中丧生，也有一些弃婴。其中大部分是藏族，也有汉族。

走进孤儿院，只见校门完全坍塌倒地，学生宿舍也是一片瓦砾，但学生食堂保存完好。学校老师告诉总理，地震发生时，202名学生正在学生食堂吃早餐，幸免于难。6名在宿舍里的学生被压在废墟下，师生们合力抢救保住了他们的生命。在学校院子里，温家宝逐个握着孩子们的小手嘘寒问暖。高原的清晨比较寒冷，看到孩子们衣服单薄，温家宝对当地的负责人说，一定要把棉衣优先发给孤儿院的孩子们。一个小女孩低着头默默流泪，温家宝捧起她的脸说："孩子，爷爷看你来了，看着爷爷，笑一笑，要坚强些，困难总会过去的。"

温家宝还察看了孩子们居住的帐篷，询问了伙食情况。厨师布杨正在一口大锅里为孩子们做着热气腾腾的牛奶稀饭。温家宝嘱咐道，一定要让孩子们吃饱、吃好。温家宝主动提出与孩子们在校舍的废墟前合影。看到许多孩子们啜泣不止，每个人的脸上挂着两行泪。温家宝安慰他们说："不要难过，生活就像太阳一样充满希望。不管遇到多大的困难，太阳都会照常升起。你们是不幸的但又是万幸的，是孤儿但并不孤单。党和政府会关心你们、照顾你们。无论你们是藏族、汉族，大家都是一家人，要互相照顾。你们从小生活艰辛，会更懂得生活，珍惜自己的生命，学习比别的孩子会更用功，将来会成为国家有用之才。"他对随行的当地负责人说："我们要把抢救和照顾孩子摆在抗震救灾重要位置，因为他们是祖国的明天。"他安慰孩子们："政府会为你们建一所更坚固、更好的学校，让你们生活好，学习好！"临别时，孩子们依依不舍，不断地向总理说着"扎西德勒"！总理一步三回头，与孩子们依依惜别。

这以后，经过多方抢险救援人员半个多月的不懈努力，人员搜救已经结束，伤员全部得到救治，受灾群众的吃饭、临时住所、医疗有了基本保障，通信、供水、供电等基本恢复，部分学校复课，废墟清理开始进行，玉树抗震救灾工作转入恢复重建的新阶段。

5月1—2日，在这又一关键时刻，温总理再次来到玉树，看望慰问灾区群众，实地了解救灾情况，部署恢复重建工作。

温家宝一直牵挂着地震灾区孩子们的生活和学习情况。2日一早天刚放亮，他从住宿的帐篷出来，来到了玉树县第三完全小学。这个小学有3 130名学生，地震造成91名学生、5名教师遇难，两栋教学楼已成危房，其余校舍全部倒塌。在各方面大力支持下，四至六年级学生已于4月24日复课。在六年级(1)班活动板房里，同学们正在学习课文《跨越百年的美丽》[5]。走进教室，温家宝亲切地对同学们说："哪位同学愿意给爷爷唱首歌？"13岁的女孩永芷拉毛勇敢地从座位上站了起来，动情地唱起歌曲《感恩的心》。在她的带领下，全班同学齐声合唱。总理静静地听完后说："这首歌的歌词非常好，让我们记住其中的话——'人间坎坷辛苦，我不认输'。"走出教室，温家宝手持一束白菊，缓步来到学校的废墟前三鞠躬，悼念在大地震中遇难的同胞们。

玉树藏族自治州综合职业学校在地震中受到严重损失，学生们失去了上课的教室。到4月29日，365名学生已转移到青海省内有关学校，高三年级的132名学生全部复课。离高考只有36天了，孩子们正在帐篷学校里紧张复习功课。温家宝走进高三(1)班了解了孩子们的学习情况，对他们说："在你们人生新的起点即将到来的时候，遇到了一场灾难，这是终生难忘的一课。通过这场磨难，你们的意志会更坚强，像玉树一样不屈不挠、挺立不倒。希望你们以百倍的努力刻苦学习，将来为祖国、为家乡的建设做出贡献。你们就是我们的孩子，我会惦念你们的。"

走出教室，闻讯而来的师生们围拢到总理的身旁，学生大多数是藏族。温家宝深情地对他们说："中华民族五千年的历史，就是灾难深重的历史，但历经磨难，各民族文化传承不断，各民族依然团结得像一家人，这是我们这个民族大家庭的特点，也是我们战胜困难的力量源泉。灾难可以化作民族进步的力量，我们要用自己的双手创造玉树更加美好的未来。"

十三、每个同学都要懂得大爱无疆

巍峨雄壮的龙门山蜿蜒逶迤，湍急汹涌的岷江水奔腾不息，5月的川西北大地，草木葱茏，山清水秀。一个个新村镇、新学校、新医院、新社区、新工厂和一条条新道路，掩映在青山绿水间。

在汶川特大地震三周年和灾后恢复重建取得决定性胜利之际，2011 年 5 月 7—9 日，国务院总理温家宝第 10 次来到四川灾区，沿着龙门山从北到南，先后到青川、北川、绵竹、什邡、彭州、都江堰、汶川、茂县等受灾极重的县市，亲切看望慰问各族干部群众，实地察看灾后恢复重建情况。

5 月 8 日上午，温家宝来到北川中学新校园。地震中，这所学校许多师生被压埋，遭受了巨大创痛。温家宝曾 7 次到这所学校的临时教学场所看望师生。占地 15 万平方米的新校园绿草如茵，教学楼宽敞明亮，2010 年 9 月 1 日已投入使用。在学校体育场，望着 2 000 多张朝气蓬勃的脸庞，温家宝说："新北川中学建设得非常漂亮，这是全国人民用心血和汗水帮助建设起来的，我们不能忘记。"

温家宝接着说："学校有了高楼，有了明亮的教室，但同学们千万不要满足。一个学校是有灵魂、有精神的。北川的灵魂和精神，就是在灾难面前永不屈服、永不退缩、永不低头，永远挺起不屈的脊梁。每个同学都要懂得大爱无疆，为他人、为社会、为国家无私奉献出自己的一切。要有艰苦奋斗的精神，在任何艰难险阻面前，都要努力奋斗，迎难而上。"

温总理真挚深情的话语，打动了人们的心灵。热烈的掌声，一次次响彻校园……

告别的时候到了，全校师生齐声唱起《羌藏感恩歌》[6]。深情依依，难分难舍，不少同学流下了感动的泪水。温家宝也有些哽咽，眼眶湿润，他和几位同学紧紧相拥。现场的人们为之动容。

温家宝十分关心灾区的孩子们。这一次，尽管行程十分紧张，温家宝仍然特意安排时间和孩子们见面。他们中有温总理初到灾区时主动为她让路的被救女孩宋馨懿，有温总理在都江堰新建小学救援现场鼓劲后被成功救出的小学生王佳淇、赵其松，还有温总理在医院病床前为她写下鼓励话语的段志秀，以及郎铮、刘小桦、晏鹏等。温家宝亲切地询问他们的学习生活情况，还给孩子们写下“传递友爱，快乐生活”“科学做事，文明做人”的话语，加以鼓励。

温家宝总理充满感情地说：“在困难的时候，我们心中应亮起两盏明灯，一盏是希望，一盏是勇气。有了这两盏明灯，我们就一定能战胜困难，走向光明！”

注 释

〔1〕“福娃”是北京2008年第二十九届奥运会吉祥物，共五个，其色彩与灵感来源于奥林匹克五环，来源于中国辽阔的山川大地、江河湖海和人们喜爱的动物形象。它表达了友谊、和平、积极进取的精神和人与自然和谐相处的美好愿望。

〔2〕全称为四川长虹电子集团公司，由始建于1958年的军工企业长虹公司发展而来，总部位于中国西部新兴科技城——四川省绵阳市。

〔3〕时年3岁的郎铮是北川县曲山幼儿园的小朋友。“5·12”大地震发生后的第二天早晨，在北川灾区一片四周仍在冒烟的废墟上，一个左臂受伤的幼童躺在一块小木板做的临时担架上，用他稚嫩的右手向8位抬着他的解放军战士敬礼。这个“敬礼男孩”就是郎铮。温家宝同志在看望地震受伤群众时专门看望了他，高度称赞他的勇敢坚强。

〔4〕华益慰(1933—2006)，全国卫生系统先进模范。天津人。曾任北京军区总医院外一科主任、主任医师。他从医50多年，立足本职，扎实工作，将毕生智慧和精力都奉献给人民群众的健康事业，用实际行动践行了医务工作者全心全意为人民服务的神圣职责。

〔5〕《跨越百年的美丽》是我国当代新闻理论家、散文家梁衡所写的一篇颂扬诺贝尔物理学、化学奖获得者居里夫人的文章。

〔6〕《羌藏感恩歌》是为纪念汶川大地震，歌颂共产党和祖国的恩情而创作的一首歌曲，由齐宪役作词，段永生作曲。

让文化成为理解与沟通的良师

一、青年学生要为密切两国文化交流而努力

2009 年 1 月 31 日，中国农历大年初六，西班牙首都马德里的塞万提斯学院〔1〕总部也是一派过年的气氛。穹顶会议大厅内的大红灯笼和中国结，装饰出了浓浓的中国年味。主席台上用中西文写着“对话交流，和谐共进”。主席台两侧中西两国国旗的上方是有子〔2〕“礼之用，和为贵”〔3〕和塞万提斯“四方游历，八方交友，而后知谦卑”的横幅，也都是用红纸书写。

正在西班牙进行正式访问的中国国务院总理温家宝今天在这里同近 80 位西班牙文化界人士、青年学生座谈，共同探讨经济全球化背景下不同文化如何交流、理解、沟通与融合，促进世界和平、和睦、和谐。座谈会向世界各地 60 多家塞万提斯学院分院进行视频直播。上午 10 时许，温总理在西班牙外交大臣莫拉蒂诺斯的陪同下来到塞万提斯学院，受到院长卡夫雷尔女士、西班牙文化界人士和学院师生们的热烈欢迎。卡夫雷尔向温总理赠送“友谊与和谐”钥匙，温总理向卡夫雷尔回赠《大中华文库》〔4〕经典古籍中英文系列丛书。

在卡夫雷尔院长致欢迎词后，莫拉蒂诺斯外交大臣首先发言。莫拉蒂诺斯说，西班牙更关注中国作为世界大国在文化方面对世界的影响力，这种影响力正与日俱增。一个最好的例子就是，现在学习西班牙语的中国学生和学习

中文的西班牙学生越来越多。同样，我们相互间翻译的书籍也不断增多。

据介绍，2003 年西班牙只有1 000多名学生学习汉语，现在已上升到20 000多名，目前西班牙已开设了 4 所孔子学院；在中国则有 16 所大学开设西班牙语课程，塞万提斯学院已在北京开办分院，还将在上海开设分院。

“文化是理解与沟通的良师”，温总理以诺贝尔文学奖获得者、西班牙著名剧作家哈辛托·贝纳文特〔5〕的话开场，从中华民族博大精深、从未间断的五千年文明史中概括出自强不息、刚健有为的进取精神，以和为贵、和而不同的和谐精神，民惟邦本、民贵君轻的民本思想，天人合一、民胞物与〔6〕的人与自然相统一的思想，并阐述了这些思想对当今中国发展的现实意义。温总理高屋建瓴、深入浅出的讲解，引起了西班牙文化界人士的强烈共鸣。

塞万提斯学院的宗旨是在世界范围内推广西班牙语，传播西语文化。学院以被誉为文学史上第一部现代小说的《堂吉诃德》〔7〕的作者、文艺复兴时期西班牙文学巨匠塞万提斯命名。温总理回忆起年轻时读《堂吉诃德》的情景，认为“其深邃的思想至今仍给人以智慧和启迪”。

“我经常在思考，一个民族要兴旺发达，就不仅要有人脚踏实地，埋头苦干，更要有人仰望星空，坚守精神家园。这样的民族才有希望，才能克服前进道路上的艰难险阻，才能有光明的未来。”温总理的话深深打动了一位西班牙文化工作者，他说，西班牙天才诗人洛尔迦〔8〕有一首题为《低着头》的诗：“思想在高飞，我低着头/在慢慢地走，慢慢地走/在时间的进程上/我的生命向着一个希望追求。”“温总理仰望星空与洛尔迦低着头走，都是表现了人类对精神家园的上下求索、不懈追求。”

温总理表示：“文明的多样性是人类社会发展的基本取向。不同文明的相互交流，推动了人类的相互学习和共同进步。”他纵论 1 000 多年来中国与南欧国家，特别是西班牙的文化交流历史，对丝绸之路、“东学西渐”“西学东渐”的人物、掌故、图书如数家珍。温总理充分肯定了近年日趋活跃的中西文化交流活动对促进两国人民了解和友谊的重要作用。他希望两国文化工作者特别是青年学生继续携手努力，不断密切两国文化交流，为中西友好世代相传做出新的贡献。

温总理讲话结束后，塞万提斯学院北京分院院长伊玛女士通过视频，从文化角度表达了亲历中国30年改革开放巨变的感想。

参加座谈会的亚洲之家主任桑斯、马德里孔子学院院长马琳女士等也先后发言，介绍了各自机构为促进中西文化交流所做的工作，表示要在西班牙青少年心中播下中国文化的种子，为两国世代友好贡献自己的力量。

一个小时不知不觉过去了，与会者意犹未尽。温家宝总理精彩的讲话，激起人们对如何加强文化交流、促进共同繁荣这一重大课题产生了新的思索。

卡夫雷尔院长在接受中国记者采访时说，温总理谈古论今，贯穿"和"的思想，西班牙人和中国人一样，都非常重视"和"的思想。"和谐"思想应该普及世界。

亚洲之家主任桑斯认为当今世界存在着许多问题，他同时指出不同文明之间缺乏了解是一大原因。如果人们对其他文明了解得更多，知道其他文明的特点，知道人家是怎么想的，就会相互尊重，世界就会更加和谐美好。

二、"你们象征着未来"

在中缅建交六十周年之际，2010年6月2日下午，国务院总理温家宝乘专机抵达仰光。这是时隔16年后中国总理再次访问缅甸。

6月的缅甸仰光，艳阳高照，天气酷热。

当地时间下午3时，温家宝总理一下飞机，不顾旅途劳顿和炎热天气，直接前往仰光第一中学，来到孩子们中间。

仰光第一中学成立于1965年，其前身是仰光第五小学，现有2 500名学生。学校师生身着亮丽的民族服饰，站在校门口两侧，热烈欢迎中国总理的到来。两位缅甸学生为温家宝总理献上了鲜花。学生们演奏着欢快的乐曲，跳起优美的舞蹈，还有几十位学生表演了中国武术，温家宝总理向大家频频挥手致意。

温家宝总理首先来到一间教室，学生们正在上美术课。看到温总理走进教室，学生们站起身来热烈鼓掌欢迎温总理的到来。教室墙壁上挂着学生们创作的一幅幅图画，表达着对中缅友好的祝愿。温家宝总理落座后，一位女学生向温总理展示了自己创作的图画，图画上仰光标志性建筑大金塔和中国的

2010年6月2日，正在缅甸进行正式访问的温家宝同志参观了仰光第一中学。这是温家宝同志接受学生们赠送的《中缅友谊图》

万里长城融为一体。

温家宝总理仔细端详后，夸奖道："画得很好，把中缅友谊的象征画出来了。"学生们争先恐后地拿出自己的图画给温总理看。温总理看到一位男孩画的舞龙图，很感兴趣。他问道："缅甸也有龙吗?"当得知缅甸也有龙的传说时，温家宝总理说："这个风俗和中国很相近。"

随后，温家宝总理走进另外一间教室。一位女学生走上前来，将一个用茉莉花编织的花环献给温家宝总理。洁白的茉莉花散发着阵阵清香，表达着对远道而来的中国贵宾的敬意和祝福。

紧接着，身着缅甸民族服装的学生们为温家宝总理表演舞蹈。悠扬的音乐，柔美的舞姿，让在场的人们沉浸在美好的情感之中。温家宝总理和大家一起情不自禁地随着音乐节奏击掌和拍。

室外酷热难耐，室内气氛热烈。

温家宝总理对学生们说："这是我第一次访问缅甸，一下飞机就来到孩子们中间，我心里非常高兴，仿佛自己也年轻了。”

“中国和缅甸是山水相连的友好邻邦。我和你们一样年纪的时候，就知道我们两国有‘胞波’〔9〕之情。我至今记得陈毅元帅曾作过一首诗：我住江之头，君住江之尾。彼此情无限，共饮一江水。〔10〕”温家宝总理的话充满深情。

“这首诗写得非常美，也非常深刻，反映了我们两国有着传统的友谊。我这次到缅甸访问，正值中缅建交六十周年，和孩子们一起庆祝尤其有意义，因为你们象征着未来。我希望中缅人民世代友好，祝你们学习进步，身体健康，活泼成长！”温家宝总理的讲话，赢得了学生们的阵阵掌声。

温家宝总理还希望缅甸的学生有时间能到中国去游览长城，也希望中国的学生能到缅甸参观大金塔。

听完温总理的话后，缅甸教育部副部长吴昂妙敏感动地说，在与缅甸接壤的邻国中，中国和缅甸边界线最长。两国不仅边界线长，而且友谊长久。“我们把中国人民当作自己的亲人看待。两国友谊万岁！”

相聚时间短暂。温家宝与学生挥手告别，学生们挥舞着手里的中缅两国国旗，祝愿中缅友谊之花盛开。

三、“愿你们做中印文化交流的使者”

绿树掩映的校园、红色的教学楼，夕阳映照下的泰戈尔国际学校〔11〕显得格外美丽。2010 年 12 月 15 日，中国国务院总理温家宝来访的消息，让整个校园沉浸在喜庆的气氛中。

时隔五年，温家宝总理再次访问印度。五年来，面向和平与繁荣的中印战略合作伙伴关系取得了长足发展。当地时间 13 时 45 分许，温家宝总理抵达新德里，开始了他在印度的友谊之旅、合作之旅。

在中印商务合作峰会发表演讲后，16 时 30 分许，温家宝总理来到了泰戈尔国际学校。校园里，许多学生身着民族服装，挥舞着中印两国国旗，用汉语欢迎温总理的到来。

泰戈尔国际学校是新德里的知名学校，在校学生有1 800多名。在校长马德胡丽卡·森和师生们的簇拥下，温家宝总理步入学校小礼堂。

在阵阵热烈的掌声中，温总理和泰戈尔国际学校的30名学生代表及一些老师围坐在一起。

马德胡丽卡·森告诉温总理，在过去的4年中，泰戈尔国际学校和上海晋元中学有着密切的合作："两校师生频繁互访。每周四，我们通过视频连线教晋元中学学生瑜伽。每周五，晋元中学的老师教我们汉字和书法。"

这时，现场的同学们纷纷拿出自己精心准备的一幅幅书法作品，向温总理展示。温总理认真端详后赞扬道："写得很好！"

和蔼的目光、亲切的笑容，眼前的中国总理就像邻家的爷爷。学生会主席阿布舍克站起身来："温总理，我代表同学们欢迎您。我们能不能叫您一声'温爷爷'？"

温总理微笑道："你们叫我'温爷爷'，我很感动，也很高兴。在中国，很多孩子也叫我'温爷爷'。"

阿布舍克接着说："今年，我作为印度学生代表团的一员，参观了上海世博会〔12〕，也曾参加在上海举行的国际科技知识大赛，留下了很深刻的印象。从明年起，我们学校六年级将开设汉语课程，可我快要毕业了。"阿布舍克的遗憾，道出了同学们的心声：他们喜爱汉语，渴望更多地了解中国。

学生们争先恐后地要和温爷爷说说心里话。

"我是九年级的学生代表。"一位戴眼镜的男孩抢到了发言机会，"我哥哥正在浙江大学求学，我曾经到过长城、黄浦江和杭州，我打算毕业后到中国去读大学，将来为推动中印文化交流做一些事情。"温总理为他的志向带头鼓起掌来。

"温爷爷，您好！"这时，坐在温总理右侧的中学生拉瓦尔用汉语大声说，"我们很多同学知道中国的孙悟空和武术。那您对印度的泰戈尔〔13〕了解吗？"

温总理站起身来，面对同学们娓娓而谈："泰戈尔是印度著名的文学家。他最著名的诗歌集是《吉檀迦利》，他还擅长作曲、绘画。印度国歌《人民的意志》就是泰戈尔创作的。在中国，泰戈尔可以说是家喻户晓。1924年他访问中国时，第一站就到了上海，梁启超、冰心〔14〕、徐志摩〔15〕等都深受泰戈尔的影响。他是中国人民的好朋友。今年印度总统帕蒂尔女士访华期间，泰戈尔的半身铜像落户上海。”

听到温家宝总理对泰戈尔如此熟稔于心，感受到中国人民同样对泰戈尔如此喜爱，孩子们发出了阵阵惊叹之声。

望着学生们清澈的目光，温总理接着说：“你们学校遵循泰戈尔‘相信自我’的理念。我希望同学们要像泰戈尔要求的那样，刻苦学习、独立思考，实现全面发展。”

“你能给我打几分？”回答完这个问题，温总理幽默地反问一句。

“满分！”拉瓦尔大声回答说。现场顿时又响起一阵会心的笑声。

“您怎么看待印中两国的合作？”同学们把握住这难得的交流机会，抓紧时间起身提问。

“中印是世界上人口最多的两个国家，也是拥有古老文明的新兴发展中大国。中印友谊源远流长，可以追溯到两千年前。中印建交后尤其是最近十年，两国友好合作得到了突飞猛进的发展。”

温总理说：“同学们要懂得这样一个道理：中印两国人口加起来有 25 亿人，如果两个国家友好合作，一定会影响亚洲甚至世界。”

这时，身着红色纱丽〔16〕的教师纳特站起来问道：“我每次访问中国，总会受到热情友好的接待，请问中国人民是怎样做到这一点的？”

温总理笑了：“因为我们两国人民是朋友。这次，我们也同样受到印度人民热情友好的接待。”

与喜爱中国文化、有志于中印两国文化交流的孩子们在一起，温家宝总理十分高兴，始终站着回答同学们的提问。

校长马德胡丽卡·森也向温总理提了一个问题：“您对印度学生有什么话要说？”

“我喜欢和孩子们在一起，这也是孩子们喜欢我的原因。我跟你们在一起感到无拘无束，觉得特别开心，仿佛我也年轻了许多。语言是心灵交流的工具，也是架设友谊的桥梁。我听说，印度中等教育中央委员会从明年 4 月起把汉语作为外语列入中学课程，这是一件非常有意义的事情。将来会有更多的印度孩子学中文，必将会进一步推动中印友谊的发展。”

温总理接着说：“我的孩子也有练习瑜伽的。这次来访前，我曾问‘如何用最简练的语言解释瑜伽’，得到的答案是‘瑜伽是心灵与身体的结合’。汉字有悠久的历史。公元前221年,秦统一中国后统一了中国文字。两千多年来,汉字不仅内容不断充实,形式也不断变化,如隶书、楷书、行书、草书等。我认为,中国的书法是心与力的结合。心走到哪儿,笔锋就会到哪儿。”

这时,全场的印度师生们不约而同地发出赞叹声。中国总理对中国书法的理解和阐述,如甘露般播洒在学生们的心田。

随后,温总理走到书桌旁,挥毫泼墨,在宣纸上写下四个苍劲有力的汉字——中印友好。

“同学们,你们不仅要记住这四个字,而且要体现在今后的行动中。”温总理语重心长地说。

“来,我教你们念这四个字。”温总理转过身去,站在写字板前,又一笔一画、工工整整地写下这四个字,然后高声念道:“中——印——友——好——”

同学们认真跟着齐声念道:“中——印——友——好——”

渐渐地,同学们一遍遍的跟读声与温总理的声音汇聚在一起,在小礼堂里回荡……

这声音传递出中印人民之间的深情厚谊,表达了对中印世代友好的美好祝愿。

临走时,温家宝对同学们说:“我这次给你们带来了1 000册中文书和音像制品,供你们学习。愿你们做中印文化交流的使者。”

师生们与温总理依依不舍地道别。短短一个小时的交流,在他们心中留下了美好的回忆。拉瓦尔说:“温总理今天给我们讲述了中印友谊和文化,没想到他对中国书法的阐述如此明了,更没想到他十分了解泰戈尔。我最大的感受是,这像是一次亲人的对话,像是祖孙的交流,感觉很亲近……”

四、友谊的纽带要靠年轻人不懈编织

32摄氏度的气温下,地处赤道附近的吉隆坡阳光明媚,芭蕉吐翠,椰树临风,一派热带风光。

2011年4月27日16时30分,马来亚大学〔17〕的师生们迎来了中国国务院总理温家宝。在校园里，温家宝与青年学子们进行了一场心与心的交流，友谊的种子播撒在年轻人的心田。

温家宝是在 15 时 40 分抵达吉隆坡，开始对马来西亚访问的。时隔 6 年再次踏上风光旖旎的马来西亚国土，他访问的第一站就选在了马来亚大学。

马来亚大学是马来西亚历史最悠久、规模最大的综合性大学，培养出马来西亚许多栋梁之材。1963 年，马来亚大学开办了中文系，迄今已成为全马最大最有影响的中文系。2009 年，他们还建立了马来西亚首家孔子汉语学院。

当温家宝踏进校园的那一刻，整个学校沸腾起来了。身着民族服装的年轻学生，敲起马来鼓，载歌载舞，用最传统、最隆重的礼节欢迎温家宝的到来。在欢快的鼓声中，年轻的学子们欢呼着，簇拥着温家宝走进学校大礼堂。

大礼堂里，聚集了上千名年轻学子，从一楼到二楼已是座无虚席，不少学生甚至站在走廊上。

舞台上，学生们演出了自编的马来族舞、中国扇舞、印度古典舞，引来温家

2011 年 4 月 27 日，温家宝同志在马来西亚首都吉隆坡参观马来亚大学，并与该校师生亲切交流。这是温家宝同志与马来亚大学师生的合影

宝和在场学生的阵阵掌声。

演出结束时，马来亚大学校长高斯登上了讲台。他高兴地说:“目前，越来越多的中国学生到马来亚大学求学。马来亚大学已在中国建立了信息中心，为中国学生求学提供服务。温家宝总理到访马来亚大学是一个历史性时刻，将推动马中文化交流进入新阶段。”最后，高斯抑制不住心中的激动，提高嗓音用汉语喊出:马中友谊万岁!

在热烈的掌声里，在学子们期盼的目光中，温家宝登上讲台。望着台下洋溢着青春激情的学生们，温家宝十分激动。他声音洪亮:青年像早晨的太阳，象征着光明和未来。国家的希望寄托在你们身上。友谊的纽带要靠你们不懈编织，让它更加牢固。

“我喜欢和青年人在一起，喜欢同青年学生交流。只有交流才能理解青年的感情、理想和愿望。和你们在一起，你们给我希望、喜悦和力量。”

温家宝每说一句话，就赢来学生们的一片掌声。他们用掌声和欢呼声表达着友谊，传递着感情。

马来亚大学一直秉持“知识是成功的根本”的校训。温家宝谈了自己的理解:知识就是进步，知识就是安全，知识就是幸福，知识就是力量。你们要有独立思考和创新的精神，努力学习，成长为国家乃至世界一流的人才。

这是鼓励，更是对年轻人的殷切希望。温家宝真诚的话语赢来了学生们更为热烈的掌声。他们的脸上洋溢着兴奋和自信的激情。

“现在我愿意回答你们的问题。”温家宝的话音刚落，学生们纷纷举手。

近年来，马来西亚掀起一股“汉语热”，通过多种形式学习中文和了解中国的马来西亚人越来越多。这些喜爱中华文化、渴望了解中国发展的学生，自然都不愿放过向温家宝提问的难得机会。

工程学院的阿玛鲁尔·莫希丁抢到了第一个提问的机会:温总理，您一直重视教育发展，如何看待马中在教育领域的合作?

温家宝回答道:教育是百年大计、国家之本。一个国家只有拥有发达的教育，才有发达的经济、进步的社会和人民的幸福。国与国之间交往，教育是最重要的领域，这就是我为什么将访问第一站选在马来亚大学的原因。

温家宝加重语气说：加强教育合作，必须学会对方的语言。我非常高兴看到马来亚大学设立了中文系。北京外国语大学也要设立马来语研究专业。此次访问马来西亚，我们还将正式签署大学学历、学位互相承认的协议。这反映对对方文化、文明、高等学府的尊重。让教育这匹骏马跑在两国合作的最前面。

又是一阵热烈的掌声，一些学生用汉语叫好。

经济管理系学生阿米尔·阿卜杜拉又问道：中国制定战略规划如何体现科技的重要性，如何鼓励科技创新？

温家宝说：科技是经济社会发展的源泉，是带有变革性的力量。中国依靠科技进步，解决了13亿人的吃饭问题，摘掉了贫油的帽子，宇宙飞船发射上天。2003年中国抗击“非典”疫情的关键时期，我们就开始组织数百位专家研究制定中国科技中长期发展规划，确定了16个重大专项。当前，要从根本上摆脱国际金融危机的影响，世界经济实现真正的复苏，希望就在于重大的科技变革。青年们要敏锐意识到这一点，勇敢地站到科技发展的前沿。

温家宝接着说道：推动科技进步，应该不断推进科技体制改革，鼓励科技人员勇于创新；逐步提高科研经费在国内生产总值中的比重；促进企业同科研院所、大专院校的结合，让科技成果尽快转化为生产力。同时，要处理好基础科学、应用科学和社会公益科学的关系，重视群众科普教育，尤其要不断提高教师和科技工作者的地位，使他们受到全社会的尊重。

台上，温家宝激情演讲。台下，同学们凝神静听。台上台下互相交流，心心相印，已没有了距离。

医学系学生拉德哈·克里斯纳姆第三个问道：您原本可能会成为一名科学家，但是为什么走上了政治舞台？

听到这个颇具个性的提问，全场响起会心的笑声。

温家宝回忆了在北京地质学院求学和在西北地质队工作的经历后说：我是学地质的，从没想过从政，更没想到能担任中国总理。如果要说是什么机遇把我引向政治舞台，那就是中国的改革开放。

热烈的掌声再次在会场里响起。

温家宝加重语气说道：我想给同学们说的是，要做大事而不要做大官。一个人职位再低，只要为人民做好事，人民就会永远记住他。一个人职务再高，不为人民办好事，终究会被人民唾弃。我的信念就是，永远同人民在一起，为国家的富强和人民的幸福献身。这是对同学们的忠告，也是对我自己的勉励。

不到30分钟的交流中，温家宝以激情的讲话赢得了年轻学子们的60多次掌声。

随后，温家宝向学校赠送了一批中文教材。当温家宝离开礼堂时，同学们纷纷起立以长久的掌声相送。

此时，天空飘洒起小雨，暑热消散，天气清凉。大礼堂外，温家宝与同学们一起植下了一棵一米多高的龙脑香树〔18〕，它那幼嫩的枝叶上带着晶莹的雨滴。它孕育着希望，树木成材后枝繁叶茂，高大挺拔，象征着两国人民友谊坚实稳固、两国友好代代相传。这是温家宝的心愿，也是中马人民的心愿……

大一新生、心理学系的努尔·贾尼聆听了温家宝的演讲，感到十分幸运。她似乎还沉浸在交流的场景中，兴奋地说："温家宝总理访问马来亚大学，让我们自豪和骄傲。他的讲话交织着激情和理性，富有感染力，尤其是对同学们早日成才的勉励，对青年人传承友谊的期盼，将激励我们奋发向前。"

五、青年的相互交往是两个国家友好合作的基础

棕榈婆娑，掩映着白色穹顶的清真寺和充满现代气息的教学楼。2011年4月29日上午，地处雅加达的阿拉扎大学〔19〕校园内十分热闹，师生们用鲜花、掌声、歌声，热情欢迎来自中国的贵宾。中国国务院总理温家宝在这里，与师生们交流、对话，共同度过了一段美好的时光。

阿拉扎大学是一所设有16个专业的私立大学，现有学生5 000余人。上午9时30分许，温总理走进主教学楼三楼礼堂。礼堂内，悬挂着一个个大红灯笼，墙壁上火红的中国结和剪纸，衬托出浓浓的节日气氛。350多名师生代表济济一堂。校长祖哈发表热情洋溢的欢迎词，介绍了阿拉扎大学的办学宗旨和与中国大学合作创办汉语语言文化中心的情况。

在一支奔放、热情、充满活力的苏门答腊萨满[20]舞蹈之后，24 名学习中文的女学生表演了唐诗诵唱《早发白帝城》："朝辞白帝彩云间，千里江陵一日还。两岸猿声啼不住，轻舟已过万重山。"伴随着优美、舒缓的旋律，印尼大学生们用清晰的汉语时而诵读，时而歌唱，充分表现了她们对中国这首名诗的理解和共鸣。温家宝总理一直微笑着看着学生们的表演，不时鼓掌。

在全场热烈的掌声中，温总理来到同学们中间，和她们同台歌唱印尼民歌《哎哟妈妈》："河里青蛙从哪里来？是从那水田向河里游来。甜蜜爱情从哪里来？是从那眼睛里到心怀。哎哟妈妈，你可不要对我生气……"温总理与印尼大学生们站在一起唱着这首轻快、活泼的歌曲，全场师生们情不自禁地击掌应和，礼堂内洋溢着热烈的气氛。

歌唱完毕，温家宝高兴地说："阿拉扎大学是我访问印尼的第一站。刚才看了你们表演的歌舞，欣赏了你们用汉语诵唱的著名唐诗，尤其是和你们一起唱了印尼民歌《哎哟妈妈》，我心里感到特别愉快。我唱得不好，但我确实是在

2011 年 4 月 29 日，温家宝同志在印度尼西亚首都雅加达参观阿拉扎大学，并与该校师生亲切交流。这是温家宝同志与学生们一起演唱印尼民歌《哎哟妈妈》

用心来唱。”

温总理接着说，阿拉扎大学建校虽然只有11年，但它已经成为印尼一所著名大学。这所大学把让学生学习伊斯兰教义和现代科学知识有机地结合在一起。实际上，就是要让学生们懂得如何生活、如何做人，如何为人民去努力奋斗。

不同文明相互包容、相互借鉴，才能实现共同繁荣。这是温家宝总理在出访时经常讲的话。今天面对阿拉扎大学师生，温总理说：宗教也是文化，文化从来就是开放包容的。中国有2 000多万不同民族的人信奉伊斯兰教。我也读过《古兰经》〔21〕，我觉得，伊斯兰教的教义告诉我们，世界要和平，社会要和谐，人类要和睦。世界是丰富多彩的。任何一个国家，都应该尊重不同的民族和不同的宗教信仰；不同民族、不同宗教信仰的人，也要相互尊重。

温家宝高兴地说：阿拉扎大学已同中国的福建师范大学建立友好关系，创办了汉语语言文化中心。我相信通过同中国大学的紧密联系，你们一定能更好更快地认知中国。中国欢迎你们，欢迎你们有机会去中国走一走、看一看。

温总理简短、睿智的讲话，深深打动了全体师生，全场一次次响起经久不息的掌声。学生们抓住时机向温总理提问。

正在攻读汉语国际教育硕士学位的花蜜亚问道：温总理，我去过中国的北京和上海，非常喜欢这两个地方。您在印尼去过哪些地方？最喜欢印尼哪里？

温总理说：我在1994年陪同江泽民主席出席亚太经合组织〔22〕茂物会议时，曾经到过茂物，还到万隆参观了亚非会议纪念馆。我看到了中国和印尼两国老一辈领导人为了促进亚非团结所做出的巨大努力。先辈们已经走了，但他们留下的精神，特别是亚非人民团结的精神，一直留在我的心中。我也曾专程到日惹去看婆罗浮屠〔23〕，雄伟壮观的婆罗浮屠像中国长城一样，堪称世界一大奇迹，反映出了印尼人民的勤劳、智慧。我两次到过巴厘岛，那里秀美的风光和独特的文化深深吸引着我。我印象深刻的是2005年，出席东盟地震和海啸灾后问题领导人特别会议。在那次会议上，我不仅看到了国际社会对印尼遭受灾难的同情和支援，更看到了印尼人民顽强不屈、艰苦奋斗的精神。印尼有广阔的土地、漫长的海岸线，被称为“赤道上的翡翠”。我希望今后还能在印尼多走些地方。

中文系硕士研究生韩依接着问道：中国幅员广阔，历史悠久，多元文化丰富多彩，我们怎样通过学好汉语更好地了解中国？

温家宝说：中国有数千年的文明历史，有13亿人和960万平方公里土地，要了解和认识她，是件不容易的事。你们刚才诵唱的李白的诗《早发白帝城》，让我想到一种意境，那就是勇往直前，奇迹就在前面。要想认识中国，就必须有对中国的兴趣、对中国人民的感情，你们就会读万卷书、走万里路，用脑、用心、用脚，认识一个真正的中国，了解中国的文化和历史。

中文系大三学生苏打蜜问道：您对印尼、中国两国的青年有什么希望和寄语？

温家宝说：一个国家只有青年人有知识、懂科学、掌握技能并拥有强健体魄，才能走上繁荣富强之路。希望你们珍惜大好时光，努力学习，充实自己，将来做一个对国家有用的人。青年人的相互交往是两个国家友好合作的基础。只要看到青年人在一起和睦相处，那么这两个国家的未来就会永远友好下去。中国和印尼友好的未来在两国青年人身上。

温总理与台上的年轻大学生们站在一起，以平和的口气、平实的语言，与阿拉扎大学的师生们交流。

一个小时很快过去了，温总理因忙于随后的行程安排，不得不结束和印尼大学生们的交流。同学们意犹未尽，簇拥着温总理走出礼堂……

花蜜亚对记者表示：印尼与中国有着不同的文明历史，我们从温总理的谈话中看到中国对不同文化和宗教的包容，进一步增强了学好汉语和中国文化的信心。

六、“我对两国青少年更寄予希望”

“我是带着希望而来的。我对中匈两国合作、两国未来充满信心，对两国青少年更寄予希望。归根结底，两国的友谊要靠青少年继承和发扬，两国的未来要靠青少年奋斗和创造，我从你们身上看到了希望。这次活动是我成功访问的开始。”

当地时间2011年6月24日下午，温家宝总理刚一抵达布达佩斯，就来到匈牙利罗兰大学〔24〕文学院参加罗兰大学、匈中双语学校、匈牙利武术培训中心联合举办的文化活动，与匈牙利青少年亲切交流。

有着370多年历史的罗兰大学是匈牙利历史最悠久、规模最大的高等学府，也是当地唯一进行东亚研究的大学。它位于布达佩斯城中心，紧邻碧波荡漾的多瑙河。2006年12月，罗兰大学成立孔子学院，这里成为匈牙利培养汉语人才的主要基地。

匈牙利罗兰大学文学院里，如茵的青草和葱茏的绿树间，矗立着一栋栋欧式风格的建筑。礼堂里已是座无虚席。在座的有罗兰大学孔子学院的大学生，有匈中双语学校的学生，以及武术培训中心的青年学员，还有学校的一些教师。温家宝总理到来时，200多名师生纷纷起身，持续地、有节奏地鼓掌欢迎。

匈牙利是此次温家宝总理欧洲之行的第一站，与青少年交流又是他在匈牙利的第一场活动。罗兰大学校长麦兹伊在致辞中说："您的到来，是对我们最大的鼓励。"

交流活动在欢快的乐曲声中拉开序幕。9岁小男孩博通是匈中双语学校三年级学生，他用竖笛吹奏了中国民歌《小河淌水》，婉转动听。

随后，年幼的匈牙利女学生芙蓉和几位小同学一起用汉语背诵《三字经》："人之初，性本善。性相近，习相远……"听着孩子们琅琅的声音，温总理一边赞赏地点头，一边轻轻地击掌应和。

匈牙利武术培训中心的学员们表演了少林功夫和太极拳。

罗兰大学中文系大二学生李天翼，已申请到中国人民大学的奖学金，2011年9月就要到中国学习外交学了。他声情并茂地演唱中国民歌《草原上升起不落的太阳》，表达了对中国文化、对即将在中国开始的新生活的向往。

罗兰大学音乐系同学们合唱了匈牙利音乐家李斯特〔25〕的作品《颂歌》。文学院的一位同学用匈牙利语和汉语朗诵了匈牙利诗人裴多菲〔26〕的《自由与爱情》……

一歌一曲、一招一式，表达着匈牙利青少年对中国文化的热爱和向往，充满了对中国人民的友谊。

温家宝看后十分感动。他登上讲台对同学们说：在中国人民心目中，匈牙利是勇敢、勤劳的民族，创造了灿烂的文化，李斯特、裴多菲等是中国人耳熟能详的名人，他们的作品深受中国人的喜爱。每个民族都有自己的长处，不同文明之间可以相互交流、相互借鉴，文学、语言、诗歌、体育，可以跨越时空，是人与人的心灵对话，是灵魂与灵魂的交流，这种交流是永不磨灭的。

话音刚落，台下一片掌声。

即席讲话结束后，温家宝说："现在，我愿意回答你们的问题。"

一位匈中双语学校的小学生起了一个好听的中文名字叫"小花"，她站起身来用稚嫩的声音问道：温爷爷好！我特别喜欢学习汉语，长大以后想上北大读书。您能不能告诉我怎样才能上北大呀？

看着小花纯真活泼的模样，温家宝目光里充满了慈祥。他回答道：你提出的这个问题说明你的心中有北京，有北京大学。只要你坚持努力，就一定能够实现理想。我希望，你将来不仅要成为某一个方面的专家，还要成为中匈友谊合作的使者。

说到这里，温家宝停了一下，望着小花鼓励道："我相信，北大会有一个位置在等着你。你会成为北大一个优秀生，也会成为匈牙利优秀学生的代表。我和你一样盼望有这一天。"

听了温总理的话，小花很高兴。她在掌声中站起身来，大声地说道："谢谢温爷爷！"

匈中双语学校毕业生刘安国问道：匈牙利有好多科学家，还得了好多诺贝尔奖。他们有好多科学发明，比如魔方。温总理，您觉得科学发明和创造对一个国家重要吗？

温家宝说：匈牙利虽然人口不多，但涌现出了许多优秀的科学家。有14位匈牙利人获得诺贝尔奖，其中有几位就出自罗兰大学。我也玩过魔方。魔方虽然简单，但它反映的道理很深奥。匈牙利人不仅发明了魔方，还发现了维生素C，第一支圆珠笔也是匈牙利人制造的。中国古代也有许多重要的发明，没有印刷术和活字排版，就没有便捷书籍的流传和文明成果的记载。中国的四大发明给世界带来新的生活、新的事物。我对科学不仅感兴趣，而且怀有敬畏之心。摆在我们面前需要研究的问题很多，希望青年人努力去探索。战胜眼前的国际金融危机，根本的途径是科技革命，是新的发现、新的发明和新的产业革命。我希望中匈两国不仅加强经贸交流，还要加强科技教育的合作。

中国的发展，是同学们感兴趣的话题。罗兰大学女学生高迪问道：温总理好！中国有十几亿人，近年来社会经济发展取得了巨大成就，靠的是什么？

温家宝回答道：如果说中国近几十年来经济社会发展取得很大成就，那首先要归功于改革开放。中国是一个既古老而又崭新的国家，古语说，“如将不尽，与古为新”，“周虽旧邦，其命维新”，都是说只有不断地改革创新，国家才能进步。只有开放兼容，国家才能富强。我们要虚心地学习别国的长处，包括先进的文化、技术和管理。我们要相互学习，这样才能共同发展。

因为对温总理引用的古语并不熟悉，现场的翻译一时有些为难。温家宝笑着说：“翻译有困难了。”这引来了大家善意的笑声，礼堂内充满浓浓的情谊。

随后，温家宝向学校赠送了一批汉语教学书籍。

交流的时间实在太短暂了，一个多小时很快过去。小芙蓉依依惜别地走上前去，将匈中双语学校的校徽别在了温总理的胸前。温总理俯下身来，亲了亲芙蓉。

2011 年 6 月 24 日，温家宝同志在匈牙利首都布达佩斯的罗兰大学与当地师生联欢。这是活动结束后，温家宝同志与师生的合影

温家宝总理离开时，师生们夹道相送。热烈的掌声，难舍的目光，表达着传承匈中友谊的信心和希望……

现场向温总理提问的高迪对记者说："我提的问题很大，但温总理回答得十分巧妙、真实。正如温总理所说，匈牙利和中国互相了解和学习，对两国的发展都很有帮助。我们年轻人有责任将中匈之间的传统友谊传递下去……"

七、与青年人交流，就是与未来对话

"两国青年懂得尊重和热爱彼此的国家，他们的心就能连在一起，就会为着共同的美好追求而奋斗。"

2011年11月20日，中国国务院总理温家宝在文莱首都斯里巴加湾市与文莱大学〔27〕近千名年轻学子进行交流。这是温总理正式访问文莱的第一站。

文莱大学是文莱唯一的综合性大学，在校学生2 800多人，以培养商务、石油、文学语言、教育等方面人才而闻名。文莱苏丹哈桑纳尔〔28〕兼任校长。

下午3时30分许，温家宝走进文莱大学校园。白墙红瓦的校舍错落有致地分布在丘陵上，椰树、灌木与各色花卉点缀其间。礼堂前，一些身着文莱传统服装的学生踩着欢快的鼓点，跳起舞蹈欢迎温总理的到来。

文莱大学副校长阿兹曼迎上前去，陪同温总理步入礼堂。此时，礼堂内座无虚席。在座的大部分是文莱大学的学生和老师，还有文莱政府官员和一些国家驻文莱使节。他们以热烈的掌声欢迎温总理的到来。

阿兹曼在致辞中介绍了文莱大学和中国一些高等学府交流的情况。近年来，文莱大学与北京外国语大学、暨南大学、贵州大学、海南大学等多所中国高校开展了学术交流和学生交换等活动。他特别提到，文莱大学开设有汉语课程，举办过中国语言文化周。文莱不少大学生对中国兴趣浓厚，选择汉语作为拓展科目。

在热烈的掌声中，温家宝走上讲台。他对师生们说：今年是中国同文莱建交二十周年。我此次访问文莱，是为友谊和合作而来。中文关系之所以保持平稳发展趋势，最根本的是相互尊重、平等相待。

文莱是中国隔海相望的邻邦。中国与文莱的交往有近千年的历史。明成祖[29]年间，当时文莱古浡泥国王[30]访问中国，去世后葬在南京，他的墓园如今建成了文莱风情园。南京和斯里巴加湾市结为友好城市，这段佳话成为两国友好交往的历史象征。建交以来，两国关系良好，成为平等相待、互利合作、和谐共处的典范。温总理此访，是两国建交后中国总理首次正式访问文莱。

望着台下的年轻人，温家宝十分高兴。他继续说：国家发展的重任需要年轻一代承担，国家的未来在青年人身上，国与国友好的希望也在青年人身上。与青年人交流，就是与未来对话。

文科学生希达娅，在大学学习汉语已有一段时间，她用汉语向温总理提问："总理先生，您好。您如何评价东亚领导人系列峰会[31]？您对区域合作发展有什么样的看法？"

温家宝回答道：我已是第九年出席东亚领导人系列会议。连续九次出席东亚领导人系列会议的领导人目前只有三位，其中就包括贵国的苏丹哈桑纳尔。我们亲眼目睹了东亚的和平与发展。近年来，中国—东盟自贸区[32]建成，双方贸易飞速发展，同时加强了互联互通和教育、医疗卫生、救灾、扶贫等方面的合作。这是中国与东亚国家共同奋斗的结果。

温家宝接着说：东亚领导人系列会议是一次成功的会议。会议坚持团结、发展、合作的主题，坚持"10＋1""10＋3"[33]等行之有效的合作机制，坚持处理国与国之间的问题要用和平与协商的办法。会议期间，中国和其他国家提出了加强合作、互利互助的一系列倡议和建议，这对共同克服国际金融危机的影响，促进东亚经济发展，增进人民福祉，将发挥重要作用。

法克鲁拉是大学三年级学生，他提出了关于文莱和中国的合作前景的问题。

温家宝说：我对中文两国关系的未来抱有信心。中文两国政治上要加强高层交往，增进互信；经济上要加强合作，包括海上油田勘探、基础设施建设、农业发展的合作等；尤其要加强人文交流和青年交往。

理科学生张美芬曾经听自己的老师说过，温总理酷爱读书。她向温总理提问："您能不能给我们推荐几本必读的好书？"

温家宝听后说：在我看来，青年人最需要读的是经过时间的淘汰仍能保留下来的经典之作。我希望青年人读书学会涉猎和精读。有的书，只需要翻一翻，或者仅仅看看目录就可以了；有的书，需要带在身边，经常读、反复读，会终生受益。

“我给你们带来了书籍，希望有助于你们对中华文明和当代中国政治、经济、文化的理解。”掌声中，温家宝将赠书清单交给了阿兹曼副校长。同学们向温总理回赠了自己的画作。

随后，温家宝和文莱大学学生们一起在校园里植下一棵友谊树。

向温总理提问的法克鲁拉正在学校学习汉语，明年将前往广州暨南大学留学。他对记者说：“温总理访问文莱第一站就到文莱大学，并与我们做了很好的交流，表明他重视年轻人，重视教育，重视未来。我对在中国的学习充满期待。”

八、将一流人才输送给祖国外交事业

2012年9月10日，国务院总理温家宝来到位于北京市昌平区的外交学院新校区，出席周恩来同志和陈毅同志铜像揭幕仪式。

1955年周恩来倡议成立外交学院并亲自题写校牌，陈毅担任外交部长期间长期兼任学院院长。57年来，外交学院培养了包括近300位大使在内的大批外交人才，被誉为“中国外交官的摇篮”。

铜像高4.5米，以1964年周恩来、陈毅一起出访南亚时所拍摄的照片为原型设计。

温家宝为铜像揭幕，全场高唱国歌，学生们深情朗诵了自己创作的配乐诗歌《永远的怀念》，表达对老一辈革命家、外交家的深切缅怀和投身外交事业、报效祖国的坚定志向。

温家宝在礼堂向师生们发表讲话。温家宝说：旧中国饱受屈辱，山河破碎，弱国无外交。中国政府和人民比任何人都珍惜来之不易的国家主权和民族尊严，即使在极其艰难困苦的情况下，也是铮铮铁骨。钓鱼岛及其附属岛屿自古以来就是中国的固有领土，中国对此拥有无可争辩的主权。在主权和领土问题上，中国政府和人民绝不会退让半步。

温家宝说：中国走互利共赢的道路顺应了全球化的时代潮流，也是应对国际金融危机等挑战的唯一正确选择。近年来，我们倡议和推动了一系列重大合作举措，取得显著成效，为中国经济发展拓展了广阔空间，也为促进世界经济复苏和增长做出了贡献。

温家宝指出：当前，国际热点问题成因更加复杂，变化更加快速，影响面更广。中国坚持独立自主的和平外交政策，根据事情的是非曲直独立做出判断，不与任何国家或国家集团结盟，积极参与国际安全合作，切实维护国家利益和世界人民福祉。

温家宝说：作为最大的发展中国家，中国全面推进可持续发展的实践是人类历史上的创举，影响广泛而深远。我们将加强与世界各国的交流互鉴与合作，为推动全球可持续发展做出不懈努力。

温家宝强调，我们要积极、主动、客观地向世界介绍中国，吸收借鉴人类一切优秀文明成果，尊重和维护文明多样性，扩大同各国的友好交往，增进相互理解。

温家宝寄语外交学院要有一流师资、一流学科、一流理念，将一流人才输送给祖国外交事业。全体师生要保持和发扬优良传统，向新的更高目标不懈努力。

温家宝最后说：毛泽东、周恩来、陈毅等老一辈革命家缔造了中华人民共和国，结束了近代中国一百多年的屈辱历史，也奠定了新中国外交的基础。我们要永远缅怀他们的丰功伟绩，学习、继承和发扬他们的思想品格和精神风范。经过几代人艰苦卓绝的奋斗，今天的中国已经巍然屹立在世界东方，受到国际社会前所未有的瞩目，必将发挥越来越重要的作用。中国外交有着广阔的天地，我们要抓住机遇，团结一致，乘势而上，为推进新时期中国外交的历史使命而努力奋斗。

注　释

〔1〕塞万提斯学院是西班牙于1991年创办的非营利性官方机构，以文艺复兴时期西班牙文豪、名著《堂吉诃德》的作者塞万提斯（Miguel C. Saavedra，1547—1616）的名字命名，其宗旨是与以西班牙语为官方语言的20多个国家合作，共同推动全世界

的西班牙语教学和西班牙其他官方语言的教学，传播西班牙文化。塞万提斯学院在30多个非西语国家设有机构，分院遍及世界四大洲。

〔2〕有子（前518—?），名若，字子有。春秋时期鲁国人，孔子弟子中的“七十二贤人”之一。他曾提出“礼之用，和为贵”等学说。

〔3〕见《论语·学而》。

〔4〕《大中华文库》（汉英对照）出版工程是我国历史上首次全面系统地向世界推出外文版中国文化典籍的国家重大出版工程。1995年正式立项，组织专家从我国先秦至近代文化、历史、哲学、经济、军事、科技等领域最具代表性的经典著作中选出100种，进行校勘、整理，由古文译成白话文，再从白话文译成英文。

〔5〕哈辛托·贝纳文特（Jacinto Benavente，1866—1954），西班牙剧作家。1922年获得诺贝尔文学奖。代表作有《总督之妻》等。

〔6〕语出北宋张载《订顽》（后改称《西铭》）。原文为：“民，吾同胞；物，吾与也。”

〔7〕《堂吉诃德》是塞万提斯最具国际影响的杰作。该书通过塑造并刻画了堂吉诃德这一滑稽可笑、可爱而又可悲的人物形象，成功反映了西班牙当时的人文主义思想和现实之间的矛盾，揭露了封建贵族阶级的骄奢淫逸，表达了人民对社会变革的要求和愿望。

〔8〕洛尔迦（Federico G. Lorca，1898—1936），西班牙诗人、剧作家、导演。代表作为《血的婚礼》三部曲。

〔9〕缅甸语“同胞”和“亲戚”之意。缅甸人习惯以此语称呼中国人，以表示亲切。

〔10〕这是1957年12月14日，陈毅副总理在陪同周恩来总理访问缅甸时所作《赠缅甸友人》诗中的几句。原诗为：“我住江之头，君住江之尾。彼此情无限，共饮一江水。我吸川上流，君喝川下水。川流永不息，彼此共甘美。彼此为近邻，友谊长积累。不老如青山，不断似流水。彼此地相连，依山复靠水。反帝得自由，和平同一轨。彼此是胞波，语言多同汇。团结而互助，和平力量伟。临水叹浩渺，登山歌石磊。山山皆北向，条条南流水。”

〔11〕泰戈尔国际学校是位于印度首都新德里的一所知名学校。在上海人民对外友好协会的牵线下，该校于2008年11月28日通过网络与上海市晋元高级中学缔结为友好学校。

〔12〕上海世博会，即第41届世界博览会，于2010年5月1日至10月31日在中国上海举行。此次博览会的主题是“城市，让生活更美好”。

〔13〕泰戈尔（Rabindranath Tagore，1861—1941），印度作家、诗人、社会活动家。他一生创作丰富，著有长篇小说《小沙子》等和许多中、短篇小说，还著有诗集《吉檀迦利》《新月集》《园丁集》《飞鸟集》等。他于1913年获得诺贝尔文学奖。

〔14〕冰心(1900—1999),中国作家、诗人。原名谢婉莹,福建长乐人。1918年入协和女子大学学医,后改学文学。1923年赴美国威尔斯利女子大学留学。1926年回国后,曾执教于燕京大学、清华大学等校。新中国成立后,曾任中国文联副主席、中国作协书记处书记等职。著有诗集《繁星》《春水》,散文集《寄小读者》《樱花赞》,有译著《泰戈尔抒情诗选》等。

〔15〕徐志摩(1896—1931),中国诗人。浙江海宁人。曾留学欧美,先后在美国哥伦比亚大学、英国剑桥大学攻读政治、经济专业,获硕士学位。回国后,曾任北京大学、清华大学等校教授。他是"新月派"代表诗人,诗风多纤浓委婉,内容多咏叹爱情和梦幻。著有诗集《志摩的诗》等。

〔16〕纱丽,印度、尼泊尔、斯里兰卡等国妇女的一种传统服装。

〔17〕马来亚大学是马来西亚规模最大、最著名的大学之一,也是马来西亚历史最悠久的学府。它是一所文理学科和医学兼有的综合性大学,总校位于马来西亚首都吉隆坡的班台谷。

〔18〕龙脑香树,又称龙脑树,是一种常绿乔木。原产于印度尼西亚苏门答腊、加里曼丹岛等地。它的树干经蒸馏后所得的结晶,称为龙脑香,即冰片,是一种名贵的香料,有药用价值。

〔19〕阿拉扎大学是印度尼西亚的著名高等学府之一,校址位于首都雅加达。该校于2010年和福建师范大学共同创办了阿拉扎大学孔子学院,是印度尼西亚首批设立孔子学院的大学。

〔20〕萨满是满-通古斯语的音译,原意为"因兴奋而狂舞的人",后逐渐演变为萨满教巫师的通称。它一般被看作是氏族萨满神在氏族内的代理人和化身,是本氏族的保护人。

〔21〕《古兰经》,亦称《可兰经》,是伊斯兰教最高和根本的经典。它共有114章,6 200余节。文字上分为30等份,俗称30卷。它是伊斯兰教创传者穆罕默德在公元610—632年传教过程中作为安拉的"启示"而陆续颁布的经文。

〔22〕亚太经合组织,即亚太经济合作组织(Asia-Pacific Economic Co-operation,缩写APEC)的简称。它成立于1989年11月,旨在促进亚太地区的经济发展,扩大经济交往,发展和加强开放性多边贸易体制,减少区域内贸易壁垒,维护本地区人民的共同利益。该组织秘书处设在新加坡,现有21个成员经济体。自1993年开始,该组织每年举行一次成员领导人非正式会议。

〔23〕婆罗浮屠,意译为"千佛坛",是印度尼西亚佛教艺术的古建筑。该建筑位于爪哇岛日惹市西北30千米处,建于公元8—9世纪。

〔24〕罗兰大学是匈牙利历史最悠久、规模最大的高等学府，校址在首都布达佩斯。它建立于1635年，原为教授神学与哲学的天主教大学，现在已经发展成为一所涵盖各类学科的综合性大学。2006年，该校与北京外国语大学共同创办了匈牙利最早的一所孔子学院。

〔25〕李斯特(Ferencz Liszt，1811—1886)，匈牙利作曲家、钢琴家、指挥家。他于1875年创办布达佩斯音乐学院并任院长，是西方音乐史上重要的浪漫派音乐家。代表作有钢琴曲《匈牙利狂想曲》等。

〔26〕裴多菲(Petöfi Sándor，1823—1849)，匈牙利诗人。其诗作多用匈牙利民歌体裁反映人民的生活和思想感情。1849年，他在反抗沙俄军队的战斗中牺牲。代表作有《自由与爱情》《给贵族老爷们》《民族之歌》等。

〔27〕文莱大学全称"文莱达鲁萨兰大学"，是文莱高等教育和科学研究中心，也是文莱唯一的综合性大学。该校建立于1984年，校址在首都斯里巴加湾市以北10千米。

〔28〕哈桑纳尔，即哈吉·哈桑纳尔·博尔基亚(Haji Hassanal Bolkiah)，1946年出生于文莱斯里巴加湾市，是文莱第29世苏丹。

〔29〕明成祖，即朱棣(1360—1424)，明太祖朱元璋第四子，明朝第三位皇帝。他于1403—1424年在位，年号"永乐"。

〔30〕指国王麻那惹加那。他于明朝永乐三年(1405年)携王后、王子、亲属多人渡海来中国，永乐六年(1408年)八月到达京师(今南京)。后麻那惹加那不幸染病，卒于中国，享年28岁。

〔31〕东亚领导人系列峰会主要包括四项内容，即东盟与中国领导人会议、东盟与中日韩领导人会议、东亚峰会(East Asia Summit，缩写EAS)和中日韩领导人会议。

〔32〕中国—东盟自贸区，即中国—东盟自由贸易区(China and ASEAN Free Trade Area，缩写CAFTA)，是中国与东盟10国组建的自由贸易区。2000年11月，朱镕基总理在新加坡举行的第四次中国—东盟领导人会议上，首次提出建立中国—东盟自由贸易区的构想。后经专家组充分研究和多方论证，2001年11月，在文莱举行的第五次中国—东盟领导人会议上，组建自贸区的计划被正式宣布。2002年11月，第六次中国—东盟领导人会议在柬埔寨首都金边举行，中国和东盟10国签署了《中国与东盟全面经济合作框架协议》，决定到2010年建成中国—东盟自由贸易区。2010年1月1日，该贸易区正式全面启动，并逐步发展成为一个涵盖11个国家、19亿人口、GDP达6万亿美元的巨大经济体。目前，中国—东盟自贸区是世界上涵盖人口最多的贸易区，也是发展中国家间最大的贸易区。

〔33〕"10+3"，即东盟10国和中、日、韩3国合作机制的简称。